Yu Zhang 张彧 (Hrsg.)
China und Deutschland: 5.0
机会与挑战:中德关系 **5.0**

Yu Zhang 张彧 (Hrsg.)

China und Deutschland: 5.0
机会与挑战:中德关系 5.0

Chance, Herausforderung und Prognose

DE GRUYTER
OLDENBOURG

ISBN 978-3-11-062141-9
e-ISBN (PDF) 978-3-11-062473-1
e-ISBN (EPUB) 978-3-11-062147-1

Library of Congress Cataloging-in-Publication Data: 2019933083

Bibliografische Information der Deutschen Nationalbibliothek
Die Deutsche Nationalbibliothek verzeichnet diese Publikation in der Deutschen
Nationalbibliografie; detaillierte bibliografische Daten sind im Internet über
http://dnb.dnb.de abrufbar.

Gesamtkonzept: Yu Zhang (Herausgeberin)
Koordination: Kathleen Herfurth, Angelika Jaros

Übersetzung aus dem Chinesischen ins Deutsche:
Texte von Henry Cai und Midea: Axel Kassing
Text von China Media Capital: Silvia Kettelhut
Text von Wu Weishan: An Ni
Text von Ma Weihua: Cornelia Travnicek

Übersetzung aus dem Englischen ins Deutsche:
Texte von Parag Khanna und Ian Johnson: Alexandra Titze-Grabec

Lektorat deutsch: Ilka Backmeister-Collacott

© 2019 Walter de Gruyter GmbH, Berlin/Boston
Einbandabbildung: Getty Images / iStockphoto / DNY59
Satz: jürgen ullrich typosatz, Nördlingen
Druck und Bindung: CPI books GmbH, Leck

www.degruyter.com

Inhaltsverzeichnis

3 Kultur und Gesellschaft

4 Kulinarisches Nachwort

Yu Zhang

Einleitung: China und Deutschland 2030 – Distanz oder Nähe?

Das Organisationskomitee des Ludwig-Erhard-Gipfels muss sich etwas dabei gedacht haben, als es für den 11. Januar 2019 ein Podium unter anderem mit Friedrich Merz als Präsident der Atlantik-Brücke, Greg Hands als ehemaligem britischen Handelsminister und mir als China-Expertin einplante. Kommt bald der zweite Kalte Krieg, ausgelöst durch den Handelskonflikt zwischen den USA und China? Bricht die Europäische Union unter dem Brexit zusammen? Befindet sich die Welt in einer neuen Krise?

Wenn ich die aktuelle internationale Presse verfolge, wächst mein Unbehagen. Die Medien überbieten sich derzeit gegenseitig mit Warnungen und Untergangsmeldungen. „Der Crash wird kommen" – so war zum Beispiel ein Leitartikel in *Focus Money* im Oktober 2018 überschrieben.[1] Es handelte sich um eine Vorwarnung der Bank for International Settlements (BIZ) – der Zentralbank der Zentralbanken. Die BIZ, auch „Vatikan der Hochfinanz" genannt und älter als der Internationale Währungsfonds (IWF) oder die Weltbank, warnt vor einer neuen Finanzkrise und vor dem absehbaren Totalkollaps der Weltfinanzen. Der *manager-magazin*-Bestsellerautor Daniel Stelter stellt in seinem neuen Buch *Das Märchen vom reichen Land. Wie die Politik uns ruiniert* ein Totalversagen der deutschen politischen Elite fest und hält eine Rettung nur gegen viel Widerstand für möglich.[2] Über Chinas Schuldenberg und baldigen Kollaps wird ebenfalls viel in den Medien diskutiert. Der wohl letzte große Artikel im Jahr 2018 über China war „Messer am Hals" im Nachrichtenmagazin *Der Spiegel*. In einer ausführlichen Analyse des Konflikts zwischen den USA und China kommt der Autor zu dem Ergebnis, dass China in vielen Regionen der Welt geopolitisch „bereits da ist", so habe China auf dem letzten Gipfel der Asiatisch-Pazifischen Wirtschaftsgemeinschaft (APEC) wieder starke Präsenz gezeigt. Die Wirtschaftsära „Chimerica" gehe nun zu Ende und „ein systemisches Risiko von monumentalem Ausmaß" türme sich auf – „nicht nur für die Weltwirtschaft, sondern für die Weltordnung und den Weltfrieden".[3]

Die Idee zu diesem Buch fand mich just in dieser turbulenten Zeit. Als gebürtige Chinesin, die seit 26 Jahren in Deutschland lebt und agiert, ist bei mir die Sensibilität für die Beziehungen zwischen China und Deutschland besonders hoch. Das Verlangen, gerade in dieser global filigranen Zeit zwischen beiden Ländern zu vermitteln, ist stärker geworden, zumal ich seit geraumer Zeit – neben meinem Mutterland China – Deutschland als das Vaterland empfinde. Im globalen Kontext sind China und Deutschland zwei der wichtigsten Nationen. Wirtschaftlich rangieren sie weltweit auf

Prof. Yu Zhang, Gründerin und CEO der China Communications Holding, Berlin/Peking, Präsidentin der Gesellschaft für Deutsch-Chinesischen kulturellen Austausch.

https://doi.org/10.1515/9783110624731-001

dem zweiten und vierten Platz. Ihre wechselseitigen Beziehungen wirken sich zugleich maßgebend auf den Rest der Welt aus. Das eine Land ist die Führungsnation in Europa, während das andere die neue aufstrebende Macht aus Asien geworden ist. Und beide Länder sehen sich derzeit nationalen sowie internationalen Herausforderungen gegenüber.

Der Druck von außen

Seit Donald Trump US-Präsident geworden ist, trifft „Trumpmerika" beide Länder hart – wenn auch in unterschiedlichen Ausprägungen. Die Beziehungen zwischen den USA und China unter anderem mit den Vorzeichen eines Handelskriegs sind derzeit eines der Topthemen in den Medien. Die Spannung ist zu spüren: Es ist noch nicht mal zehn Jahre her, als Barack Obama 2009 China den G2 vorschlug. Die USA haben nun im Frühjahr 2018 ein Strategiepapier zur nationalen Sicherheitspolitik herausgegeben, die „National Defense Strategy". Darin werden China und Russland – und nicht der internationale Terrorismus – als größte Gefahr betrachtet.[4]

Die Experten in China reagieren. Sie warnen vor einer „ernsthaften gefährlichen strategischen Wende der Welt".[5] So wird das Verhältnis Chinas und der USA als klassische Dilemmasituation wahrgenommen, denn beide Länder haben zwar ähnliche strategische Zielsetzungen: „America First" beziehungsweise „Chinas Renaissance" (*„Zhong Guo Fu Xing"*). Das Misstrauen steht jedoch gegenseitig im Wege. Dazu kommt noch ein radikal verändertes wirtschaftliches Kräfteverhältnis zwischen China und den USA – von großem Gefälle am Beispiel vom Wachstum des Bruttoinlandsprodukts (vier Billionen US-Dollar versus 14 Billionen in den USA) noch vor zehn Jahren hin zu gleicher Augenhöhe heute (14,1 Billionen US-Dollar in China versus 19 Billionen im Jahr 2018).[6] Auch der Zwischenfall um Meng Wanzhou, die Tochter des Huawei-Gründers und Finanzvorstand des Unternehmens, die im Dezember 2018 in Kanada für einige Tage in Haft kam, ist ein weiterer bezeichnender Mosaikstein dieser komplexen Beziehungen. Die USA fühlen sich geopolitisch und wirtschaftlich bedroht. Der Handelskonflikt zwischen China und den USA ist eine düstere Vorausschau auf das, was auch zwischen der EU und den USA bevorstehen könnte. Längst haben die US-Amerikaner auch die EU-Länder mit Strafzöllen auf Stahl und Aluminium belegt, was möglicherweise auf Autos ausgedehnt wird. Hier droht ebenfalls Streit, den die USA gegebenenfalls auch ohne die Welthandelsorganisation (WTO) durchführen wird.[7] So kann die aktuelle Lage zwischen Deutschland und den USA zunehmend als belastet eingeschätzt werden. Das derzeitige Medienbild der USA in Deutschland wird durch massive Misstöne geprägt. In Deutschland habe ich eine so negative Grundstimmung in der Medienlandschaft gegenüber den USA wie derzeit noch nie beobachten können. Von „Deutschland – Kolonie der USA" war früher die Rede,[8] und nun bewerten 73 Prozent der Bevölkerung in einer Umfrage die Beziehung zu den USA als schlecht.[9] Dies hinterlässt Spuren in den transatlantischen Beziehungen. Die Deutschen Medien sind sich einig: Donald Trump isoliere mit seiner „America First"-Politik die Vereinigten Staaten und schädige den Ruf der USA erheblich.

Der Druck kommt für China und Deutschland nicht nur von den USA. Deutschland steht auch vor großen Herausforderungen innerhalb der EU. Neben Problemen wie dem Brexit wird das Land noch lange mit den Folgen der Finanzkrise und dem Schuldenberg der EU zu kämpfen haben. Laut IWF und EZB beträgt der Schuldenberg der Eurozone knapp 20 Prozent der Weltgesamtschulden. Zu erwähnen sind dabei die USA als Spitzenreiter mit etwa 31,8 Prozent und China mit 7,9 Prozent.[10] Laut IWF ist Deutschlands Staatsverschuldung im Verhältnis zum BIP mit 64 Prozent auf dem 57. Platz. Die USA stehen auf dem weltweit 14. Platz mit 107 Prozent und China nimmt den Platz 102 mit 48 Prozent ein.[11] Wie wird das Gefälle künftig ausgeglichen und eine gesunde finanzpolitische Balance erzielt werden können? Da die Staaten in der EU eine Schicksalsgemeinschaft bilden, spielt die Stabilität der EU für Deutschland die essenzielle Rolle.

Was die Staatsschulden anbelangt, ist die Lage in China vergleichsweise entspannter, selbst wenn die Schulden in den letzten Jahren enorm gestiegen sind. Fast 100 Prozent davon befinden sich bei inländischen Investoren statt in ausländischen Händen. Daher droht China in absehbarer Zeit keine schuldenbedingte Finanzkrise, so internationale Finanzexperten. Sie veranschaulichen es an einem Beispiel: In der internationalen Finanzkrise vor zehn Jahren reagierte Peking entschlossen. Es gab einen Bailout in Höhe von 3,5 Prozent der Wirtschaftsleistung. Nach heutigen Maßstäben wären das circa 450 Milliarden US-Dollar. Das reichte damals, um die chinesischen Banken vor faulen Krediten zu retten. Experten gehen davon aus, dass ein Land Kreditausfälle bis zu einer Höhe von circa zehn Prozent der eigenen Wirtschaftsleistung auffangen kann, ohne dass es zu einem finanziellen Kollaps kommen muss.[12]

Für China besteht jedoch noch ein anderer Druck von außen. Im Westen wird China immer häufiger „Weltmachtgehabe" vorgeworfen. Auch monieren immer mehr Stimmen in Deutschland Chinas geopolitische Ziele. Es bestehe die ernste Gefahr, dass Technologie und Arbeitsplätze durch die chinesischen Käufe in Deutschland verloren gingen.[13] China erklärt sich öffentlich und fühlt sich nicht verstanden: Das Land mit seiner konfuzianischen Philosophie der Balance (Ying und Yang) wolle die Welt nicht erobern, sondern lediglich berechtigterweise mitreden. Die Angst im Westen wächst, die existierende Weltordnung an China zu verlieren. Wirtschaftsvorhaben werden nicht mehr nur marktwirtschaftlich betrachtet, sondern zunehmend als geopolitische Maßnahmen verstanden. Dass chinesische Investitionen in Deutschland nicht immer willkommen sind, zeigt auch als jüngstes Beispiel der gescheiterte Deal zwischen 50Hertz und State Grid Corporation of China. Auch die Seidenstraßeninitiative Chinas „One Belt, One Road" (OBOR) wird häufig mehr als Drohung denn als Chance gesehen. Wie kann es China gelingen, sich in die vorhandene Weltordnung zu integrieren und sich dabei nachhaltig den Respekt der westlichen Industrienationen zu sichern?

Der Druck im Landesinneren

Sowohl für China als auch für Deutschland bestehen gegenwärtig auch große Herausforderungen im Inland.

In Deutschland erodiert zunehmend das Grundvertrauen in die Politik. Die Volksparteien verlieren ihre Wähler in einem rapiden Tempo. Es gibt laufende Debatten um die nicht gelöste Flüchtlings-, Migrations- und Sicherheitspolitik, Finanz- sowie Sozialpolitik. Auch der Wechsel im CDU-Parteivorsitz am 7. Dezember 2018 bedeutet noch keine endgültige Lösung. Annegret Kramp-Karrenbauer gewann das Rennen mit einer knappen Mehrheit, die Regierungspartei CDU ist weiterhin gespalten. Die Politik steht unter enormem Reformdruck. Der Gastbeitrag „Deutschland führt uns in den Abgrund" von Frank Rövekamp in der *FAZ* im Sommer 2018 erregte großes Aufsehen in Deutschland. Der Direktor am Ostasieninstitut der Hochschule Ludwigshafen und Japanexperte vermittelt in seinem Artikel das neue Deutschland-Bild in Japan: Deutschland verliere dort beachtlich an Respekt. Japanische Deutschland-Experten berichten von einem „Untergang von Deutschland und der EU durch die Führung von Deutschland". Norihide Miyoshi, der ehemalige Deutschland-Korrespondent der größten japanischen Tageszeitung, gewann mit seinem Buch *Das Deutschlandrisiko – Vom Chaos einer traumtänzerischen Politik* den renommierten Yamamoto-Shichihei-Preis für herausragende Publizistik auf den Gebieten Politik, Gesellschaft und Kultur in Japan. Damit erreichen seine Thesen eine breite Leserschaft in den Führungsetagen von Politik und Wirtschaft. Er stellt zudem fest, dass „die deutsche Mentalität und die diese widerspiegelnde deutsche Politik die fundamentale Tendenz aufweisen, sich an weltverbessernden Idealen auszurichten, dabei aber den Blick auf die Realitäten und auf andere Auffassungen zu verlieren. Dies führe zu systematischer Selbstüberschätzung und moralischer Arroganz."[14] Das kommt ausgerechnet aus Japan – dem eisernen Allianzpartner und langjährigen Freund Deutschlands. Wie wird Deutschland als Führungsnation in der EU beziehungsweise auch weltweit künftig überzeugen?

Schauen wir uns die derzeitige Wirtschaftssituation in Deutschland genauer an: Im Jahr 2017 betrug das Bruttoinlandsprodukt (BIP) rund 3,28 Billionen Euro.[15] Die Arbeitslosenquote lag 2018 bei rund 5,2 Prozent.[16] Auf den ersten Blick ist das gut, doch viele Experten warnen vor einem Scheinzustand. Der ehemalige Herausgeber des Handelsblatts, Gabor Steingart, formuliert süffisant Anfang Dezember in seinem scharfsinnigen Morning Briefing: „Die deutsche Volkswirtschaft ist nicht so gesund, wie es die Arbeitsmarktdaten und der Sprudel der Steuereinnahmen glauben machen. Wichtige Schlüsselindustrien segeln ohne Wind. Die Großbanken sind nur noch ein Schatten ihrer selbst. Die Energiekonzerne haben sich von der abrupten Energiewende bis heute nicht erholt. Der einst wertvollste deutsche Konzern, die Bayer AG, hat allein in 2018 circa 38 Prozent ihres Börsenwerts verloren."[17] Die Digitalwirtschaft in Deutschland ist viel zu klein, und überall fehlt digitale Infrastruktur. Mit einer Digitalisierungsbeauftragten im Kanzleramt will Deutschland das Problem meistern. Schafft es Deutschland damit noch rechtzeitig, auf den letzten Waggon des Digitalisierungszugs aufzuspringen?

Von einem „armen" Land und „Altersarmut" ist außerdem die Rede, denn die Deutschen verdienen zwar jetzt relativ gut, geben jedoch Geld für die falschen Dinge aus und bilden keine Vermögen. Das Nettovermögen des Landes ist zu gering.[18] Zudem gibt es noch keine Lösung für den sich abzeichnenden demografischen Wandel. Eine weitere Herausforderung stellt die verlangsamte Umsetzung der Innovationskraft dar. Wird zum Beispiel die deutsche Automobilindustrie die Transformation vom Verbrennungsmotor zur Elektromobilität noch rechtzeitig managen? Wenn das nicht gelingt, beeinträchtigt das eine tragende Säule der deutschen Volkswirtschaft. Dies sind einige der vielen Fragen, deren Antworten die deutsche Politik noch nicht hat. Das ist leider die Kehrseite einer Demokratie: oft lange Diskussionen und wenige Resultate.

China steht ebenfalls vor wesentlichen Herausforderungen: Es gibt einen wachsenden Reformdruck im Landesinneren. Wie Deutschland steht auch China vor einer Reform der Sozialpolitik, um soziale Ungerechtigkeiten zu reduzieren. China sieht sich ebenfalls mit einer alternden Gesellschaft konfrontiert und arbeitet hierfür noch an Lösungen. Hinzu kommt die enorme Umweltproblematik, und in manchen Regionen beginnen sich Immobilienkrisen abzuzeichnen. Im Jahr 2018 betrug das BIP in China rund 14,1 Billionen US-Dollar, etwa 2 Billionen mehr als 2017.[19] Das wirtschaftliche Wachstum verlangsamt sich seit einigen Jahren und beträgt aktuell circa 6,9 Prozent. Die Wirtschaftsstruktur ändert sich, und China will einen gewaltigen Industriewandel schaffen – von der produzierenden Struktur als Werkbank für die Welt zu einer Dienstleistungs- und Technologienation. Damit besteht in China ein Reformdrang aus der Mitte der Gesellschaft. Auf einem Unternehmensgipfel am 1. Dezember 2018 in Hangzhou – am Standort des Headquarters von Alibaba – hat dessen Gründer Jack Ma seine Betrachtungsweise auf die Zukunft Chinas vorgestellt. Sie vereint drei Perspektiven: Zukunftsperspektive, Vogelperspektive und globale Beobachtung. Auf dieser Grundlage hat Ma Entwicklungstendenzen Chinas prognostiziert: 1) Marktsteuerung statt Politikregulierung. Dazu appelliert er an eine gesunde Zusammenarbeit zwischen Politik und Wirtschaft, verlangt jedoch mehr Unabhängigkeit der Wirtschaft von der Politik. 2) Der Binnenmarkt in China muss weiterhin mit Hochdruck ausgebaut werden. 3) Die Digitalisierung sollte in China noch mehr verstärkt werden. Er regt an, die gesamte chinesische Wirtschaft schnellstens zu digitalisieren, denn nur so habe China eine Chance, im globalen Wettbewerb zu bestehen. All dies verlangt nach Reformen und Taten. Digitalisierung hat auch mit Ethik zu tun. Wie schafft China die Balance zwischen Digitalisierung und einer „Totalüberwachung", die beispielsweise in London zum Alltag gehört?[20] Nicht selten spüre ich vor Ort die Haltung bei Entscheidungsträgern in der Wirtschaft und Politik, mit „Händen und Füßen gefesselt zu sein". Die Redewendung „Es wird auf den vordersten Vogel geschossen" beschreibt genau diese Handlungshemmung im Zuge der Antikorruptionskampagnen. Wie gelingt es China, die nötige Handlungsfähigkeit zu gewinnen? Eine weitere immense Herausforderung für China ist der allmähliche Verlust eines gesellschaftlichen Normen- und Wertgefüges. Dies erläutert der amerikanische Journalist und Pulitzer-Preisträger Ian Johnson in seinem Beitrag für das vorliegende Buch etwas ausführlicher.

Beide Länder stehen außerdem vor einer ähnlichen medialen Herausforderung: Dabei ist von Chinas Drohungen und Deutschlands Abstieg die Rede. Wie wirkt das alles auf die Beziehung zwischen den beiden Ländern?

Die aktuelle Stimmung zwischen China und Deutschland

Nach dem engen Miteinander in der Ära Gerhard Schröder folgte eine Talfahrt, die mit dem offiziellen amtlichen Empfang des Dalai Lama im Kanzleramt 2008 begann. Seit 2011 entwickeln sich die Beziehungen zwischen beiden Ländern wieder positiver. 2016 war ein Rekordjahr mit vier gegenseitigen Staatsbesuchen. China ist der wichtigste Handelspartner Deutschlands mit einem Rekordwert von rund 188 Milliarden Euro im Jahr 2017. Jedes dritte Auto von deutschen Herstellern wird in China abgesetzt. Deutschland ist wiederum der wichtigste Handelspartner Chinas innerhalb der EU.

Gemäß der aktuellen chinesischen Außenpolitik möchte China künftig die strategische Partnerschaft mit Deutschland gern vertiefen. Chinesische Medien berichten von einer glänzenden Win-win-Partnerschaft. Die Haltung zu China ist in der deutschen Politik und insbesondere in der Wirtschaft nicht einheitlich. Während manche deutschen Unternehmen wirtschaftliche Erfolge in China leise feiern, beschweren sich andere über einen unfairen Marktzugang und ziehen sich aus China zurück. Der eine unterstützt die Seidenstraßeninitiative und sieht enorme Chancen für sich, während der andere die geopolitische Bedrohung für Deutschland sieht. Eric Schweitzer, der Präsident des Deutschen Industrie- und Handelskammertags (DIHK), nennt die derzeitige deutsch-chinesische Wirtschaftsbeziehung „neue Normalität" mit Potenzial. Dabei zitiert er in seinem Beitrag das chinesische Sprichwort „Wenn der Wind des Wandels weht, bauen die Einen Schutzmauern, die Anderen bauen Windmühlen." Der Bundesverband der Deutschen Industrie (BDI) brachte im Januar 2019 ein neues China-Grundsatzpapier unter dem Titel „Partner und systemischer Wettbewerber – Wie gehen wir mit Chinas staatlich gelenkter Volkswirtschaft um?" heraus, in dem sich 54 Forderungen an Berlin und Brüssel im Wettbewerb mit China finden.[21] So plant die Bundesregierung zum Beispiel eine Verschärfung der Außenwirtschaftsverordnung, um die Übernahme deutscher Hightech-Firmen durch chinesische Investoren zu erschweren, die oft von Peking unterstützt werden.

Wie werden beide Länder nun in dieser kritischen Phase miteinander umgehen: näher zusammenrücken oder auf Distanz gehen? Tatsache ist, dass sie aufeinander angewiesen sind. Die beiden Ankerländer aus Europa und Asien müssen gemeinsame Lösungen für die Zukunft finden, auch wenn sie oft in der Politik nicht immer einer Meinung sind. Der Ifo-Präsident Clemens Fuest erläutert diese Lage in seinem Beitrag für das vorliegende Buch.

Die Zukunftsfrage

Werden China und Deutschland zur globalen Stabilität beitragen können? Werden beide Länder bei der globalen Verschiebung von Macht und Wohlstand eine Rolle spielen? Werden sie führen oder dürfen sie nur folgen? Gelingt es Trump, Deutschland und andere Europäer in seine Front gegen China einzubinden, droht zwischen dem Westen und China ein neuer Kalter Krieg. Manche EU-Experten hoffen in der derzeitigen Turbulenz auf eine europäische Chance, um die EU stärker zu positionieren. Wenn China und Deutschland künftig Kräfte bündelten und sich in konkreten, ausgewählten Bereichen ergänzten, wäre das dann hilfreich für das jeweilige Land zur Bewährung interner sowie externer Herausforderungen? Was die Technologieführerschaft anbelangt, wo liegen die Grenzen und Potenziale zwischen China und Deutschland? Selten ist es bislang einem Land überhaupt gelungen, sich ohne Spitzentechnologieführerschaft an der Weltmachtspitze zu halten. Arbeiten Deutschland und China da gemeinsam oder jeder für sich? Mit welchem Zukunftsmodell werden beide Länder gestalten und wachsen?

Um diese und viele andere Fragen zu beantworten, habe ich bewusst davon abgesehen, nur meine persönliche Sicht der Dinge vorzustellen. Denn die Sichtweisen sind unterschiedlich, und es kann so auch nicht nur „den" einen Standpunkt geben. Daher habe ich 22 Persönlichkeiten aus beiden Ländern, unter anderem aus den Bereichen Künstliche Intelligenz (KI), Automotiv, Finanzen, Umwelt, Dienstleistung, Elektronik/ Robotik, Medien, Design, Stadtentwicklung sowie Literatur/Kunst dazu eingeladen, ihre persönliche Sicht darzustellen. Das Buch soll in dieser angespannten, aber auch äußerst spannenden Zeit nicht nur starke Stimmen aus Volkswirtschaft und Realwirtschaft, sondern auch aus den Bereichen mit sogenannter Softpower: Wissenschaft, Kultur und Medien zusammenbringen, um global interessierten Lesern einige Anregungen mit verschiedenen Perspektiven zu vermitteln. Eine US-amerikanische Perspektive und ein Beitrag aus Singapur runden das Bild global ab. Damit wird versucht, eine möglichst neutrale Bestandsaufnahme aus der Vogelperspektive für die Leserinnen und Leser dieses Buches zu schaffen – schließlich sollen sie, egal aus welchem Land und mit welchem Vorwissen, von den verschiedenen Kenntnissen profitieren, um sich ihre eigene Meinung zu bilden.

Eine vergleichende Betrachtung soll uns inspirieren und macht uns mit unterschiedlichen Wahrnehmungen der geistigen und physischen Welt vertraut. Sie setzt voraus, dass wir Neugier auf das Fremde mitbringen und dazu bereit sind, unsere Perspektive zu wechseln und eventuell auch unsere vorgefassten Ansichten zu transformieren. Das soll ein Beitrag von mir – einer Deutschland-Chinesin, mit zwei Herzen in der Brust – sein.

Kulturschock und Konfuzius

Ich kann mich noch sehr gut an meinen persönlichen ersten „Kulturschock" in Deutschland erinnern: eine völlig fremde Sprache, eine grundverschiedene Esskultur und dazu eine ganz und gar unterschiedliche Mentalität. Der erste öffentliche Artikel von mir als Publizistikstudentin vor 25 Jahren in der Universitätszeitung handelte von den Unterschieden beider kulturbedingten Familienmuster: Kollektiv versus Individualismus. Dann folgten viele weitere Beobachtungen und Veröffentlichungen aus Alltag und Geschäftsleben in den letzten Jahren in Deutschland. Auch wenn ich später doch ins Wirtschaftsleben tief eingetaucht bin und den einstigen Mädchentraum „Journalistin und Gerechtigkeitskämpferin" nicht mehr verfolgt habe, bin ich immer noch gern die Beobachterin. Ich habe die Überzeugung gewonnen, dass sich beide Länder mit den jeweiligen Unterschieden gut ergänzen können.

Als bekennende „Deutschland-Chinesin", die in China in einem ausgeprägten Pragmatismus aufgewachsen ist, komme ich oft in Situationen, wo ich eine goldene Mitte zwischen beiden Ländern zu zaubern wünsche. Denn dann hätten wir für viele scheinbar unlösbare Probleme das nötige Tempo und gleichzeitig die fundierte Lösung. Stellen wir uns vor, dass der internationale Flughafen Berlin-Brandenburg endlich mit einem chinesischen pragmatischen „Transrapid-Tempo" fertiggestellt würde. Die Planung wiederum sollte lieber auf der Grundlage des gründlichen deutschen Ingenieur-Know-hows basieren. Stellen wir Eltern uns vor, Lehrer und Lehrerinnen deutscher Schulen finanziell so zu motivieren wie in China. Dann müssten die deutschen Eltern sich nicht mehr über den Stundenausfall und Lehrermangel in den (öffentlichen) Schulen ärgern. Wiederum: Wäre das Bildungswesen Chinas ähnlich unkommerziell wie in Deutschland, dann hätten die Kinder mehr Freizeit für die sozialen Kompetenzen durch Reduzierung des übertriebenen Lernpensums und die Eltern geringere finanzielle Belastungen. So kostet ein Platz in einem internationalen Kindergarten in Peking jährlich oft das Doppelte wie eine gute Privatschule in Berlin.

Tatsächlich erlebe ich öfter zwei Extreme in beiden Ländern: Der eine will die sicherste und ausdiskutierte Lösung oft zulasten der Geschwindigkeit, während der andere das schnellste umsetzbare Vorgehen bevorzugt. Bevor neue Trends oder Produkte auf den Markt kommen, tendieren die Deutschen dazu, dies mit Skepsis gründlich und lang zu hinterfragen. Währenddessen sind Chinesen wahre Meister in „Learning by Doing", die alles Neue gerne sofort in die Hand nehmen und begeistert ausprobieren möchten. Diese Wesensunterschiede sehen wir deutlich beim aktuellen Thema Digitalisierung: Deutschland ist de facto digital hinterher und müsste andere Prioritäten in der innovativen Infrastruktur setzen, statt sich vordergründig nur mit dem Teilthema Ethik, einem mangelnden Schutz der Privatsphäre, zu beschäftigen. China hingegen baut die digitale Infrastruktur konsequent binnen weniger Jahre auf, ohne sich vorab genügend über die möglichen künftigen „Nebenwirkungen" Gedanken zu machen.

Bei diesen Gegenpolen frage ich mich, was der Meister Konfuzius sagen würde: Wahrscheinlich würde er den Kopf schütteln und sagen: Kinder, seht ihr das denn nicht, dort in der Mitte liegt der Königsweg!

Yu Zhang
Januar 2019, in Berlin

Anmerkungen

1 Vgl. *Focus*, Nr. 42, 10.10.2018.

2 Daniel Stelter, *Das Märchen vom reichen Land. Wie die Politik uns ruiniert*, München 2018, S. 196.

3 Vgl. Bernhard Zand, „Messer am Hals", in: *Der Spiegel*, Nr. 1, 29.12.2018, Ausgabe Schweiz, S. 12–20.

4 Vgl. Offizielle Webseite des Verteidigungsministeriums der Vereinigten Staaten, www.dod.defense.gov/portals/1/documents/pubs/2018-National-Defense-Strategy-Summary.pdf (letzter Aufruf: 2.1.2019).

5 Vgl. *Global Times online*, 21.12.2018.

6 Vgl. https://de.statista.com/statistik/daten/studie/14418/umfrage/bruttoinlandsprodukt-in-den-usa/ (letzter Aufruf: 5.1.2019).

7 Vgl. Nachrichtenagentur Reuters, reuters online 31.08.2018.

8 Vgl. Wolfgang Büttner, „Deutschland, Kolonie der USA", in: *KenFM*, 3.4.2018, https://kenfm.de/deutschland-kolonie-der-usa/ (letzter Aufruf: 2.1.2019).

9 Vgl. Juri Aurel, „Studie zu bilateralem Verhältnis. Deutsche bewerten Beziehung zu USA immer schlechter", in: *SZ*, 26.11.2018, https://www.sueddeutsche.de/politik/studie-verhaeltnis-usa-deutschland-pew-research-center-1.4228369 (letzter Aufruf: 2.1.2019).

10 Vgl. Eurostat, visualcapitalist.com (letzter Aufruf: 2.1.2019).

11 Vgl. Internationaler Währungsfonds. Tabellen: Staatsverschuldung in Prozent des Bruttoinlandsprodukts, Stand April 2018 (2018–2023 Schätzung), sortiert nach Verschuldung 2017.

12 Vgl. Clemens Schmale, „Chinas Schulden sind kein Problem", in: *GodmodeTrader*, 21.9.2018, https://www.godmode-trader.de/artikel/chinas-schulden-sind-kein-problem,6437322 (letzter Aufruf: 2.1.2019).

13 Daniel Stelter, *Das Märchen vom reichen Land. Wie die Politik uns ruiniert*, München 2018, S. 26.

14 Frank Rövekamp, „Deutschland führt uns in den Abgrund", in: *FAZ*, 20.6.2018, S. 15.

15 https://de.statista.com/statistik/daten/studie/4878/umfrage/bruttoinlandsprodukt-von-deutschland-seit-dem-jahr-1950/ (letzter Aufruf: 2.1.2019).

16 https://de.statista.com/statistik/daten/studie/1224/umfrage/arbeitslosenquote-in-deutschland-seit-1995/ (letzter Aufruf: 2.1.2019).

17 Gabor Steingart, „Das Morning Briefing", 7.12.2018.

18 Daniel Stelter, *Das Märchen vom reichen Land. Wie die Politik uns ruiniert*, München 2018, S. 11–19.

19 https://de.statista.com/statistik/daten/studie/19365/umfrage/bruttoinlandsprodukt-in-china/ (letzter Aufruf: 2.1.2019).

20 Vgl. Stephanie Pieper, Videoüberwachung in Großbritannien. Millionen Kameras und Zweifel am Nutzen, in: Deutschlandfunk, 23.12.2016, https://www.deutschlandfunk.de/videoueberwachung-in-grossbritannien-millionen-kameras-und.795.de.html?dram:article_id=374702 (letzter Aufruf 26.1.2019).

21 Vgl. „BDI präsentiert 54 Forderungen zum Wettbewerb mit China", 10.1.2019, https://bdi.eu/artikel/news/bdi-praesentiert-54-forderungen-zum-wettbewerb-mit-china/ (letzter Aufruf: 26.1.2019).

1 Institutionelle und globale Stimmen

Clemens Fuest

1.1 Deutschland, Europa und der Aufstieg Chinas – Der dritte Systemwettbewerb

Was bedeutet der Aufstieg Chinas für Deutschland und Europa?

Der ökonomische Aufstieg Chinas und die damit verbundene Gewichtsverlagerung der Weltwirtschaft in Richtung Asien gehören zu den wichtigsten Veränderungen unserer Zeit. Was bedeutet diese Veränderung für Deutschland, Europa und die westlichen Industriestaaten insgesamt? Die Auswirkungen sind vielfältig und komplex, und sie betreffen nicht nur wirtschaftliche, sondern auch geopolitische und kulturelle Aspekte.

Im Bereich der wirtschaftlichen Entwicklung sind die Reaktionen aus Europa ambivalent. Einerseits bieten sich neue Potenziale zur Steigerung des Wohlstands durch den wirtschaftlichen Austausch mit China. Andererseits besteht die Sorge, dass China im wirtschaftlichen Wettbewerb seine Interessen auf Kosten der europäischen Länder durchsetzen und mit der wirtschaftlichen Stärke auch politisch und militärisch an Macht gewinnen und die bisherige Dominanz des Westens beenden könnte.

Dieser Beitrag analysiert die Auswirkungen des wirtschaftlichen Aufstiegs Chinas auf Deutschland und Europa und diskutiert die Implikationen für die Wirtschaftspolitik.

Der Dritte Systemwettbewerb

Der Aufstieg Chinas wird im Westen unter anderem deshalb mit Argwohn betrachtet, weil China kein demokratischer Rechtsstaat und keine Marktwirtschaft westlicher Prägung ist, sondern ein Einparteienstaat mit einem Wirtschaftssystem, in dem der Staat nach wie vor beherrschenden Einfluss ausübt. In der von dem Wirtschaftsmagazin *Fortune* veröffentlichten Liste der 500 größten Unternehmen weltweit finden sich 103 chinesische Firmen, darunter 73, bei denen der Staat Mehrheitseigner ist. Auch bei Privatunternehmen ist der staatliche Einfluss groß und gleichzeitig für Außenstehende intransparent. Das Bankensystem befindet sich fast vollständig in der Hand des Staats.

Prof. Dr. Clemens Fuest, ist Präsident des Instituts für Wirtschaftsforschung (ifo) an der Universität München.

https://doi.org/10.1515/9783110624731-002

Dass eine Volkswirtschaft mit so großem Staatseinfluss und einem Einparteien-system eine dynamische Wirtschaftsentwicklung hervorbringt, passt schlecht zu der weitverbreiteten Vorstellung, dass wirtschaftlicher Wohlstand auf Dauer nur durch die Kombination aus Marktwirtschaft, Demokratie und Rechtsstaatlichkeit zu errei-chen ist.

Die westlichen Industriestaaten sind mit einem „dritten Systemwettbewerb" kon-frontiert.[1] Der erste Systemwettbewerb war die Auseinandersetzung zwischen den marktwirtschaftlichen Demokratien des Westens auf der einen und den kommunisti-schen Zentralverwaltungswirtschaften Osteuropas auf der anderen Seite. Dabei ging es um militärische Vorherrschaft und um die Ausdehnung des jeweiligen Wirtschafts-systems vor allem in der Dritten Welt. Er endete mit dem Untergang des Kommunis-mus in den meisten Teilen der Welt, insbesondere in Osteuropa.

Der zweite Systemwettbewerb ist die Standortkonkurrenz unter demokratischen Marktwirtschaften. In diesem Wettbewerb konkurrieren Staaten um mobiles Kapital, hoch qualifizierte Arbeitskräfte und Steuereinnahmen. Maßgebliche Handlungsfelder für die Politik sind in diesem Standortwettbewerb die Steuersysteme der Länder, ihre Regulierung, ihre Bildungssysteme, die Infrastruktur und die Sozialsysteme. Dieser zweite Systemwettbewerb besteht nach wie vor. Er wird derzeit beispielsweise inten-siv im Bereich der Steuerpolitik ausgetragen.

Im dritten Systemwettbewerb konkurrieren die westlichen Demokratien mit ei-nem autoritären Staatskapitalismus, der vor allem in China anzutreffen ist, aber in Varianten auch in anderen, kleineren Staaten wie etwa Vietnam. In diesem Wett-bewerb geht es um militärische Vorherrschaft, aber auch um wirtschaftliche Konkur-renz: Wird der chinesische Staatskapitalismus die westlichen Marktwirtschaften in Wissenschaft, Technik und letztlich in wirtschaftlicher Dynamik und Effizienz über-treffen? Wird die Rolle Chinas in Entwicklungs- und Schwellenländern, vor allem in Afrika, wachsen und den Einfluss des Westens zurückdrängen? Kommt es so weit, dass sich die globale Wirtschafts- und Handelsordnung zunehmend an chinesischen Interessen orientieren wird? Damit verbunden ist die Frage, ob westliche Werte wie individuelle Freiheit, Rechtsstaatlichkeit und Meinungsfreiheit Zukunft haben.

Auswirkungen des wirtschaftlichen Aufstiegs Chinas auf Deutschland und Europa

Welche Auswirkungen hatte der wirtschaftliche Aufstieg Chinas bislang auf Deutsch-land, Europa und andere wichtige Volkswirtschaften? Hier sollen im Folgenden drei Auswirkungen diskutiert werden, die miteinander zusammenhängen und sich eben-falls chronologisch ordnen lassen: erstens der Handel, zweitens die internationalen Investitionen und drittens die wachsende Bedeutung und Präsenz Chinas in der Welt von Forschung und Entwicklung.

Handel mit China

Spürbar wurde der Aufstieg Chinas in Europa, aber auch den USA, zuerst mit Importen von billigen Konsumgütern, insbesondere Textilien. Die Integration Chinas in den Welthandel hat den Konsumenten weltweit eine Flut günstiger Produkte beschert. Für die Unternehmen und ihre Beschäftigten, die diese Produkte vorher herstellten, war die Konkurrenz aus China aber ein Schock. Viele wurden zu Umstrukturierung oder Schließung gezwungen. Dabei sind Arbeitsplätze weggefallen, Löhne – vor allem niedrig qualifizierter Arbeitnehmer – sind gesunken. Das war für die Betroffenen hart. Viele sehen den Zorn der Verlierer dieser Form der Globalisierung als einen Treiber der aktuell in vielen Ländern auftretenden politischen Polarisierung.

Allerdings hat der Handel mit China auch Exporteuren in den Industrieländern neue Chancen eröffnet. Gerade deutsche Unternehmen haben in China neue Absatzmärkte gefunden, wodurch hierzulande viele Arbeitsplätze neu entstanden oder zumindest erhalten worden sind. Hinzu kommt, dass nicht nur die Öffnung Chinas, sondern auch die Transformation der ehemals kommunistischen Staaten in Mittel- und Osteuropa die Handelsströme und die Wirtschaftsstrukturen in den etablierten Industriestaaten massiv verändert haben. Es gibt eine wachsende wirtschaftswissenschaftliche Literatur, die untersucht, wie diese großen Veränderungen im internationalen Handel, beispielsweise die Öffnung Chinas oder der Übergang der ehemals kommunistischen Länder Osteuropas, verschiedene Arbeitnehmer, Sektoren und Regionen betroffen haben.

Verschiedene Studien über die USA haben gezeigt, dass Branchen, die mit chinesischen Importen konkurrieren, gelitten haben, ebenso wie Regionen, in denen diese Branchen konzentriert waren.[2] Die Liberalisierung des Handels gilt auch allgemein als Schlüsselfaktor für den Rückgang der Beschäftigung im Verarbeitenden Gewerbe in den USA. Autor et al. bezeichnen diese Effekte als „China-Syndrom".[3] In einer aktuellen Studie stellen Caliendo et al. fest, dass der chinesische Handelsschock zu einem Abbau von 0,55 Millionen Arbeitsplätzen im Verarbeitenden Gewerbe in den USA führte.[4] Dies entspricht etwa 16 Prozent des beobachteten Beschäftigungsrückgangs in der US-Produktion zwischen 2000 und 2007. Peirce und Schott finden einen Zusammenhang zwischen handelspolitischen Veränderungen, die die Wahrscheinlichkeit von Zollerhöhungen auf chinesische Importe und den Rückgang der US-Produktion verringern.[5]

Empirische Studien für Europa zeigen ein anderes Muster. Dauth et al. untersuchen, wie sich die Liberalisierung des Handels mit Osteuropa und China auf Unternehmen und Arbeitnehmer in importierenden konkurrierenden Branchen in Deutschland ausgewirkt hat.[6] Ihre wichtigste Erkenntnis ist, dass die Auswirkungen des Wettbewerbs aus Osteuropa stärker waren als die des Importwettbewerbs aus China. Das Spezialisierungsmuster der deutschen Industrie war so, dass Importe aus China weniger gefährdet waren als in anderen Ländern. So war beispielsweise die Textilindustrie in Deutschland schon vor der Integration Chinas in den Welthandel weitgehend verschwunden. Interessant ist auch, dass viele deutsche Unternehmen von den Exportmöglichkeiten profitieren konnten, die sich aus der Liberalisierung des Handels mit Osteuropa und China ergeben. Insgesamt stellen Dauth et al. fest, dass die Liberalisierung des Handels zu einem Nettozuwachs der Beschäftigung in Deutschland in Höhe von 442.000 Arbeitsplätzen geführt hat,[7] was darauf hindeutet, dass deutsche Arbeitnehmer in den letzten Jahrzehnten Gewinner der Globalisierung waren. Der größte Teil dieses Effekts ist jedoch auf den Handel mit Osteuropa und nicht mit China zurückzuführen.

Badinger und Reuter untersuchen die Auswirkungen des Handels mit China und Osteuropa auf Regionen in 17 westeuropäischen Ländern für den Zeitraum 1991–2011.[8] Ihre Ergebnisse bestätigen, dass in konkurrierenden Importregionen Arbeitsplätze verloren gegangen sind, während Regionen mit Industrien, die von Exportmöglichkeiten profitieren, ein Wachstum der Arbeitsplätze im Verarbeitenden Gewerbe verzeichnen konnten. Insgesamt glichen sich die Beschäftigungsgewinne und -verluste aus. Doch es gibt eine große Heterogenität zwischen den Ländern. Frankreich und das Vereinigte Königreich werden als die Länder mit den größten Verlusten identifiziert. Im Gegensatz dazu hat Deutschland durch den Handel mit China ebenfalls Arbeitsplätze verloren, was jedoch durch das Beschäftigungswachstum bei nach Osteuropa exportierenden Unternehmen überkompensiert wurde. Natürlich ist die Auswirkung des Handels auf die Beschäftigung im Verarbeitenden Gewerbe nur ein Aspekt der Folgen von Handelsschocks. Ein zentrales Thema ist die Fähigkeit der Wirtschaft, andere Beschäftigungs- und Wachstumsmöglichkeiten zu schaffen, insbesondere im Dienstleistungssektor. Natürlich können neue Arbeitsplätze im Dienstleistungssektor weniger gut bezahlt werden oder erfordern andere Qualifikationen und mehr Flexibilität als im Verarbeitenden Gewerbe. Insbesondere ältere Arbeitnehmer können Schwierigkeiten bei der Anpassung haben. Einige können auch den Vorruhestand dem Umzug oder der Umschulung vorziehen.

Insgesamt deutet die Literatur über die Auswirkungen des Handels mit China darauf hin, dass der Schock auf die Einfuhr konkurrierender Industrien in den USA stärker und negativer war als in Europa. Aber in beiden Regionen unterstreicht der „China-Schock" die Tatsache, dass die Handelsintegration Gewinner und Verlierer hervorbringt. Diese Gruppen neigen dazu, sich regional zu konzentrieren, was bedeutet, dass ganze Regionen oder sogar Länder Gewinner oder Verlierer sein können. Es ist wichtig zu beachten, dass die Gesamtauswirkungen der Zunahme des Handels auch von der Fähigkeit der Volkswirtschaften abhängen, sich anzupassen und neue Arbeitsplätze zu schaffen. Verschiedene europäische Länder haben in dieser Hinsicht sehr unterschiedliche Erfahrungen gemacht.

Kapitalströme und internationale Direktinvestitionen

Der Handel mit Waren und Dienstleistungen ist mit Kapitalströmen verbunden. Seit langer Zeit investieren ausländische Unternehmen in China. Bis etwa Mitte der 2000er-Jahre waren die chinesischen Direktinvestitionen im Ausland hingegen vernachlässigbar. Im Jahr 2005 betrugen sie nur 2,8 Prozent des chinesischen Bruttoinlandsprodukts. Seitdem haben die Aktivitäten chinesischer Investoren im Ausland erheblich zugenommen. Bis 2017 sind die Investitionen auf 12,8 Prozent des Bruttoinlandsprodukts gestiegen. Obwohl das Volumen der ausländischen Direktinvestitionen in China größer ist, wächst es langsamer. Im Jahr 2005 betrug es 20,6 Prozent der chinesischen Wirtschaftsleistung und im Jahr 2017 24,3 Prozent.

Das Volumen der chinesischen ausländischen Direktinvestitionen in Europa ist trotz der jüngsten Steigerungen noch vergleichsweise gering. Allerdings wächst es rasant. Ein großer Teil dieser Investitionen erfolgt in Form von Fusionen und Übernahmen. Einige dieser Akquisitionen haben in der öffentlichen Debatte große Aufmerksamkeit erregt. Eine aktuelle Bloomberg-Berichterstattung mit dem Titel „How China is buying its way into Europe"[9] berichtet, dass chinesische Investoren seit 2008 rund 360 Unternehmen übernommen haben, vom italienischen Reifenhersteller Pirelli & C. SpA bis zur irischen Flugzeug-Leasinggesellschaft Avolon Holdings Ltd., während chinesische Unternehmen auch teilweise oder vollständig mindestens vier Flughäfen, sechs Seehäfen, Windparks in mindestens neun Ländern und 13 Profi-Fußballteams besitzen.

In Deutschland sorgte die chinesische Übernahme des Industrieroboterherstellers KUKA für große Aufmerksamkeit. Chinesische Investoren haben auch bedeutende Beteiligungen an Automobilunternehmen wie Daimler in Deutschland und Peugeot-Citroën in Frankreich erworben.

Ein weiteres wichtiges Merkmal chinesischer Auslandsinvestitionen ist das wachsende Interesse an Infrastrukturprojekten. So haben beispielsweise chinesische Staatsunternehmen wie die China Ocean Shipping Company (COSCO) und China Merchants Port Holdings Frachtterminals und andere Einrichtungen erworben oder Managementfunktionen in verschiedenen Häfen in Europa übernommen, darunter in Malta, Antwerpen, Zeebrugge und Piräus. Chinesische Infrastrukturinvestitionen in Europa und anderen Teilen der Welt werden oft mit der chinesischen Initiative „Neue Seidenstraße" in Verbindung gebracht, die darauf abzielt, den wirtschaftlichen Austausch zwischen Asien und Europa durch den Ausbau von Straßen-, Schienen-, Hafen-, Kommunikations- und Energienetzen zu revolutionieren. Das Unternehmen China Merchants Port Holdings weist ausdrücklich darauf hin, dass seine Tochtergesellschaft Terminal Links „ein Netzwerk von Terminals mit globaler Reichweite betreibt, in Fernost, Nordeuropa, Mittelmeer, Westafrika [...], die wichtige Knotenpunkte entlang der ‚Neuen Seidenstraße' sind".[10]

Chinas wachsende Rolle in Wissenschaft und Technologie

Neben seiner wachsenden Rolle im internationalen Handel und bei grenzüberschreitenden Investitionen hat China auch als Global Player in Wissenschaft und Technologie an Bedeutung gewonnen. Noch vor zwei Jahrzehnten war das Land vor allem ein Produzent von Lowtechgütern im unteren Qualitätssegment, doch das hat sich geändert. Der Staat sowie staatliche und private Unternehmen haben erhebliche Anstrengungen unternommen, um in Forschung und Entwicklung zu investieren.

Der Aufholprozess in Wissenschaft und Technologie und die Übernahme einer Führungsrolle ist ein zentrales Ziel der chinesischen Wirtschaftspolitik. Im Jahr 2015 startete die chinesische Regierung ihre Initiative „Made in China 2025", die sie als „den ersten zehnjährigen Aktionsplan des Landes zur Förderung der Industrieproduktion"[11] definiert. In seinem Bericht über die Arbeit der Regierung im Jahr 2015 fasste der chinesische Premierminister Li Keqiang das Ziel von „Made in China 2025" wie folgt zusammen: „Wir werden [...] China von einem Hersteller von Quantität zu einem von Qualität aufwerten."[12]

Chinas Bemühungen, in Forschung und Entwicklung zu investieren und seinen großen Industriesektor zu modernisieren, sorgen in anderen Ländern für Unruhe. Ausländische Unternehmen haben auf das Risiko hingewiesen, dass „Made in China 2025" zu mehr Protektionismus und Importsubstitution führen könnte. Auf einer grundlegenderen Ebene wächst die Befürchtung, insbesondere in den USA, dass China andere überholen und zum führenden Land in Wissenschaft und Technologie werden könnte, mit weitreichenden wirtschaftlichen und geostrategischen Auswirkungen. In Europa ist die Debatte tendenziell positiver und erkennt an, dass der Aufstieg Chinas nicht nur Risiken, sondern auch erhebliche Chancen mit sich bringt.

Wirtschaftspolitische Implikationen für Deutschland und Europa

Handels- und Investitionspolitik

Europa und die EU haben eine lange Geschichte der Offenheit für Handel und ausländische Investitionen. Im Bereich der Handelspolitik liegt die Zuständigkeit bei den EU-Mitgliedstaaten auf der Ebene der EU. Sowohl die EU als auch China wehren sich derzeit gegen den vor allem von den USA ausgehenden Protektionismus. Dabei sollte aber nicht übersehen werden, dass es sowohl in Europa als auch in China nach wie vor erhebliche Handelshemmnisse gibt, in Europa vor allem im Agrarsektor.

Gegenüber China konzentriert sich die aktuelle wirtschaftspolitische Debatte in Deutschland und Europa allerdings stärker auf den Umgang mit chinesischen Investitionen. Es gibt eine Reihe von völlig legitimen Gründen für chinesische Auslandsinvestitionen. Erstens ist es verständlich, dass China sein Engagement in US-Dollar und US-Staatsanleihen reduzieren will. Zweitens versuchen immer mehr chinesische Privatanleger, Vermögenswerte im Ausland anzuhäufen, um ihr Portfolio zu diversifizieren und möglicherweise vor einer möglichen Beschlagnahmung durch die chinesische Regierung zu schützen. Drittens streben chinesische Unternehmen danach, die Vertriebswege für ihre Exporte durch den Erwerb ausländischer Unternehmen zu verbessern. Viertens probiert China, seinen Zugang zu Rohstoffen zu schützen. Fünftens kaufen chinesische Investoren Technologieunternehmen, um Know-how zu erwerben. Dies ist ein expliziter Bestandteil der Strategie „Made in China 2025".

Im Prinzip ähneln diese Gründe weitgehend den Anreizen, die Investoren in Europa, den USA oder anderswo antreiben. Es gibt Bedenken hinsichtlich ausländischer Investitionen, wenn es um den Erwerb von Unternehmen geht, die Technologien besitzen, welche für die Verteidigung oder andere Aspekte der Sicherheit relevant sind, aber das ist wiederum ein allgemeines Problem, nicht nur eines im Zusammenhang mit chinesischen Investoren.

Ein großer Unterschied besteht jedoch darin, dass es bei Investitionen von Unternehmen oder Einzelpersonen aus China schwieriger ist zu erkennen, ob ein privater Investor hinter der Transaktion steht oder ob die chinesische Regierung beteiligt ist. Der Grund dafür ist, dass die Trennung zwischen dem privaten und dem öffentlichen Sektor in China weniger stark ist als in den meisten anderen Ländern, selbst wenn diese Trennung in den westlichen Marktwirtschaften oft ebenfalls unscharf ist. Es ist klar, dass der chinesische Staat häufig beteiligt ist, wenn chinesische Investoren Unternehmen im Ausland kaufen. Viele chinesische Investoren sind staatliche Unternehmen. Aber auch in Fällen, in denen private Unternehmen investieren, dürfte die chinesische Regierung eingebunden sein. Man sollte auch bedenken, dass sich das chinesische Bankensystem fast vollständig in staatlichem Besitz befindet. In dem Maße, in dem chinesische Privatinvestoren ausländische Investitionen über inländische Banken finanzieren, ist der öffentliche Sektor zwangsläufig beteiligt. Dies wirft eine Reihe von Fragen auf.

Auf ganz allgemeiner Ebene ist es ein weit verbreiteter Grundsatz für die internationalen Wirtschaftsbeziehungen, dass Unternehmen und Investoren aus allen Ländern unter gleichen Wettbewerbsbedingungen agieren sollten. Regierungen sollten ihre Investoren nicht subventionieren, weil solche Subventionen zu wirtschaftlichen Verzerrungen und Wohlfahrtsverlusten führen können. Natürlich beeinflusst die Wirtschaftspolitik und insbesondere die Steuerpolitik die Wettbewerbsposition privater Unternehmen in vielerlei Hinsicht, und viele, wenn nicht sogar alle Länder einschließlich der westlichen Marktwirtschaften, nutzen wirtschaftspolitische Instrumente, um ihre wirtschaftlichen Interessen durchzusetzen.

Ein großer Teil der Debatte über ausländische Investitionen konzentriert sich allerdings weniger auf das Problem allgemeiner Wettbewerbsverzerrungen, sondern auf die spezifischere Frage des Technologietransfers und der Industriepolitik. Ein viel diskutiertes Beispiel ist die chinesische Übernahme des deutschen Robotikunternehmens

KUKA. Dieser Fall hat eine Debatte darüber ausgelöst, ob Übernahmen von Hightech-Unternehmen in Deutschland restriktiver reguliert werden sollten, um wirtschaftliche Nachteile zu vermeiden.

Grundsätzlich ist zu erwarten, dass Unternehmen, die wertvolle Patente besitzen oder einen technologischen Vorsprung gegenüber ihren Wettbewerbern haben, entsprechend teuer sind. Wenn chinesische Unternehmen, unterstützt von der Regierung, Interessenten aus anderen Ländern überbieten, könnten sie am Ende mehr für das betreffende Unternehmen bezahlen, als es tatsächlich wert ist. Andere Bieter mögen darüber unzufrieden sein, aber aus politischer Sicht gibt es keinen ersichtlichen Grund, chinesische Investoren daran zu hindern, Unternehmen zu überteuerten Preisen zu kaufen.

Aber diese Interpretation des Geschehens könnte auch naiv sein. Für ein europäisches oder US-amerikanisches Unternehmen mit Präsenz auf dem chinesischen Markt könnte es riskant sein, bei einer Übernahme gegen einen chinesischen Bieter anzutreten. Europäische oder US-amerikanische Interessenten könnten befürchten, dass die chinesische Regierung ihren Marktzugang in China blockieren könnte. Dies würde bedeuten, dass die staatliche Unterstützung chinesischer Investoren nicht dazu führt, dass sie zu viel bezahlen; sie könnten auch zu wenig bezahlen. Diese Art von Bedenken ist weniger relevant im Falle von Käufern aus Ländern mit einer klareren Trennung zwischen Regierung und Privatsektor als in China.

Darüber hinaus können die Übernahme eines Technologieunternehmens und Änderungen seiner Forschungs- und Entwicklungsaktivitäten externe Effekte auf die heimische Wirtschaft haben, die sich per Definition nicht im Kaufpreis widerspiegeln. Diese Effekte können allerdings positiv oder negativ sein. Für die Wirtschaftspolitik ist es sehr schwierig, wenn nicht gar unmöglich, von Fall zu Fall festzustellen, welche Art von externem Effekt vorliegt.

Ein weiteres umstrittenes Thema ist, ob eine stärkere Regulierung der chinesischen Infrastrukturinvestitionen in Europa erforderlich ist. Diese Investitionen werden aus zwei Gründen kritisiert. Der erste ist die Sorge, dass Sicherheitsrisiken entstehen können, wenn Investoren, die von ausländischen Regierungen kontrolliert werden, kritische Infrastrukturen betreiben. Das ist nicht sehr überzeugend. Wenn die belgische Regierung beispielsweise der Meinung ist, dass der Containerterminal im Hafen von Zeebrugge nicht so betrieben wird, wie es sein sollte, könnte sie die Investoren enteignen oder auf andere Weise neutralisieren. Die zweite Kritik besteht darin, dass Infrastrukturinvestitionen, insbesondere in ärmeren EU-Mitgliedstaaten, es der chinesischen Regierung ermöglichen könnten, politischen Einfluss im Land zu erwerben und über dieses Land politische Entscheidungen der EU zu beeinflussen. Viele EU-Beschlüsse erfordern Einstimmigkeit unter den Mitgliedern. Das macht die EU besonders anfällig für Versuche, sie durch Außenstehende zu spalten.

Ob chinesische Investoren wirklich politischen Einfluss erwerben und ob dieser politische Effekt stärker mit der Infrastruktur als mit anderen Arten von Investitionen verbunden ist, sollte genauer untersucht werden. Aber es ist klar, dass die EU nicht zulassen darf, dass China oder andere Akteure Risse in der EU verursachen, um politische Entscheidungen zu manipulieren. Das gilt nicht nur für die Außen- und Sicherheitspolitik, sondern auch für die Wirtschaftspolitik.

Ein weiterer, einfacherer Grund für die EU, ausländische Direktinvestitionen aus Ländern wie China zu regulieren, ist, dass europäische Investitionen in China ebenfalls stark reguliert werden und vielen Beschränkungen unterliegen. Wenn die EU einen besseren Marktzugang für ihre Unternehmen will, muss sie den Zugang zum EU-Markt als Hebel nutzen. Die einzelnen Mitgliedsstaaten können hier nur wenig erreichen. Gleichzeitig ist zu bedenken, dass derartige Investitions-Screening-Verfahren anfällig für Lobbyeinfluss und protektionistische politische Strömungen sind.

Politik in den Bereichen Technologie, Forschung und Innovation

Wirtschaftswachstum und Wohlstand werden weitgehend durch die Schaffung und Verbreitung von Wissen und neuen Technologien angetrieben. Aus diesem Grund legen die politischen Entscheidungsträger in allen Industrieländern den Schwerpunkt auf Humankapitalbildung, Forschung und Innovation.

Es wächst die Sorge, dass die USA und China die führenden Mächte in Technologie und Wissenschaft sein werden, und dass die EU zurückfallen wird. Chinas industriepolitische Initiative „Made in China 2025" wird oft als Beispiel für eine klare und zielgerichtete industriepolitische Strategie dargestellt, und es wird kritisiert, dass es in Europa und Deutschland an Ähnlichem mangelt. Gleichzeitig steht die Industriepolitik, die bestimmte Sektoren, Technologien oder sogar Unternehmen als Wachstumstreiber für die Zukunft auswählt, vor dem Problem, dass weder Regierungen noch private Unternehmer wissen, welche Sektoren oder Projekte zukünftige Gewinner sein werden. Die Vorstellung, dass Regierungen oder Branchenführer „Gewinner auswählen" können, ist eine Anmaßung von Wissen. Deshalb ist es wichtig, dass Regierungen die Grundlagenforschung finanzieren, ein günstiges Umfeld für unternehmerische Innovationen sowie Raum für Vielfalt und Experimente schaffen. Die Regierungen müssen möglicherweise auch die Schaffung ergänzender Infrastrukturen für neue Technologien bereitstellen oder koordinieren. Eines der Hindernisse für die Entwicklung der Elektromobilität ist beispielsweise der Mangel an Infrastruktur. Vor allem die deutsche Politik und die Unternehmen werden dafür kritisiert, die Errichtung dieser Infrastruktur nicht hinreichend vorangetrieben zu haben.

Für die EU würde all dies bedeuten, dass ihre Rolle in der Wissenschafts- und Technologiepolitik in erster Linie darin bestehen sollte, die grenzüberschreitende Forschungszusammenarbeit und den Forschungsaustausch zu fördern. Die unkoordinierten industriepolitischen Ansätze der einzelnen Mitgliedsstaaten können als ein Experimentierfeld angesehen werden, in dem die vielversprechendsten Ansätze gedeihen werden.

In vielen Bereichen kann dieser dezentrale Ansatz erfolgreich sein. Aber es gibt auch Bereiche, in denen es nicht genug ist. Erstens gibt es Projekte in Forschung und

Entwicklung, bei denen die Größe im Vordergrund steht – manchmal einfach aufgrund der hohen Kosten. Ein Beispiel ist das Kernfusionsreaktorprojekt ITER in Südfrankreich, das für einzelne Länder einfach zu groß ist. Finanziert wird es von 35 Nationen, zu denen nicht nur die EU, sondern auch die USA, Russland und China zählen. Das Beispiel des ITER legt nahe, dass auch die EU für bestimmte Arten von Projekten zu klein sein könnte; doch die EU kann mehr tun als die einzelnen Mitgliedstaaten. Zweitens kann unkoordinierte Forschung in bestimmten Fällen dazu führen, dass Arbeiten unnötig dupliziert werden. Das gilt allerdings nur für wenige Projekte, in denen Forschung und Entwicklung ein klar definiertes Ziel wie eine spezifische Anwendung einer Technologie hat. Meistens sind Wettbewerb und Vielfalt in Forschung und Entwicklung der richtige Weg. Drittens kann es Fälle von strategischer Interaktion zwischen Ländern oder Ländergruppen geben. Angenommen, ein Land wie China konzentriert sich darauf, die Führung in einer bestimmten Technologie wie künstliche Intelligenz oder Elektromobilität zu erlangen. Was ist die optimale Antwort der EU, wenn die einzelnen EU-Mitgliedstaaten zu klein sind, um im Wettbewerb zu bestehen? Eine Möglichkeit besteht darin, nichts zu tun und entweder zu erwarten, dass einzelne Mitgliedsstaaten im Wettbewerb stehen, oder zu akzeptieren, dass China die Entwicklung dieser Technologie anführen wird. Dies kann jedoch auch bedeuten, dass China in diesem Bereich Industriestandards definiert, die chinesischen Unternehmen einen langfristigen Wettbewerbsvorteil verschaffen. Aber die EU kann in andere Technologien investieren. Alternativ kann die EU konkurrieren, massiv investieren und versuchen, den Wettlauf um die neue Technologie und die Standardsetzung zu gewinnen. Dies kann sehr kostspielig sein, und es gibt keine Garantie für Erfolg.

Eine weitere Strategie könnte darin bestehen, sich auf andere Bereiche zu konzentrieren, aber sicherzustellen, dass die in China entwickelten Spitzentechnologien von europäischen Unternehmen und Forschern verstanden und schnell in Europa übernommen werden können. Bei alldem sollte nicht übersehen werden, dass wissenschaftliche Erkenntnisse Attribute eines öffentlichen Gutes haben. An der Spitze der technologischen Entwicklung und Innovation zu stehen, ist kostspielig. In einigen Bereichen kann es effizienter sein, in die Fähigkeit zu investieren, von anderen entwickelte Technologien anzupassen, sich an der Gestaltung von Industriestandards und der Anwendung der Technologie zu beteiligen.[13] Im wichtigen Bereich der Normen- und Standardsetzung, welche eng mit Forschung und Entwicklung verbunden ist, sollte die EU allerdings aktiv werden und gut über Prozesse in anderen Ländern informiert sein.

Diese Überlegungen legen insgesamt nahe, dass die Wissenschafts- und Technologiepolitik sowohl der EU als auch Deutschlands sich nicht unbedingt an Wettbewerben darüber beteiligen sollte, wer als Erster bestimmte Technologien entwickelt. Sie sollte aber dafür sorgen, dass europäische Forscher und Unternehmen in den Prozess der Entwicklung dieser Technologien einbezogen werden und in der Lage sind, sie schnell anzupassen und anzuwenden, selbst wenn andere sie zuerst entwickeln. Wichtig ist außerdem die Schaffung eines Umfelds in Europa, das Unternehmertum und Innovation fördert. Hier ist die Vertiefung des europäischen Binnenmarkts eine zentrale Herausforderung. Um erfolgreich zu sein, brauchen viele Innovationen einen großen Markt, damit neue Produkte oder Geschäftsmodelle schnell eine ausreichende Größe erreichen können. Die Verfügbarkeit eines tiefen Kapitalmarkts ist ein weiterer wichtiger Bestandteil. Und darüber hinaus muss mehr getan werden, um die grenzüberschreitenden Infrastrukturnetze für Daten, Telekommunikation, Energie und Verkehr zu verbessern. In all diesen Politikbereichen wird deutlich, dass Handeln auf der Ebene einzelner europäischer Staaten zwar wichtig ist, aber häufig erst im Rahmen europäischer Koordination wirklich wirksam wird.

Fazit

Der wirtschaftliche Aufstieg Chinas und der damit verbundene „dritte Systemwettbewerb" ist für Deutschland und Europa in erster Linie keine Bedrohung, sondern eine Chance. Ob sich langfristig das chinesische oder das westliche Wirtschaftsmodell als dynamischer erweist, muss sich zeigen. Die Nutzung der Chancen dieses Wettbewerbs erfordert in Europa effektiveres und gezieltes wirtschaftspolitisches Handeln auf europäischer Ebene und eine weitere Vertiefung der europäisch-chinesischen Beziehungen nicht nur in der Wirtschaft, sondern auch in Wissenschaft, Politik und Kultur.

Anmerkungen

1 Vgl. Clemens Fuest, „The Third Type of Inter-System Competition: Europe and the Rise of China", in: *EconPol Europe Opinion*, 10.10.2018.
2 David H. Autor/David Dorn/Gordon H. Hanson, „The China Syndrome: Local Labor Market Effects of Import Competition in the United States", in: *American Economic Review* 103, 2013, H. 6, S. 2121–2168.
3 David Autor/David Dorn/Gordon H. Hanson, „The China Syndrome: Local Labor Market Effects of Import Competition in the United States", in: *American Economic Review* 103, 2013, H. 6, S. 2121–2168.
4 Lorenzo Caliendo/Maximiliano Dvorkin/Fernando Parro, „Trade and Labor Market Dynamics: General Equilibrium Analysis of the China Trade Shock", unveröffentlichter Artikel, 2018, S. 4, http://faculty.som.yale.edu/lorenzocaliendo/CDP.pdf (letzter Aufruf: 15.1.2019).
5 Justin R. Pierce/Peter K. Schott, „The Surprisingly Swift Decline of U. S. Manufacturing Employment", in: *American Economic Review* 106, 2016, H. 7, S. 1632–1662.
6 Wolfgang Dauth/Sebastian Findeisen/Jens Suedekum, „The Rise of the East and the Far East: German Labor Markets and Trade Integration", in: *Journal of the European Economic Association* 12, 2014, H. 6, S. 1643–1675.
7 Wolfgang Dauth/Sebastian Findeisen/Jens Suedekum, „The Rise of the East and the Far East: German Labor Markets and Trade Integration", in: *Journal of the European Economic Association* 12, 2014, H. 6, S. 1643–1675, hier S. 1645.
8 Harald Badinger/Wolf Heinrich Reuter, „Trade Exposure of Western Europe to China and Eastern Europe: A spatial econometric analysis of the effects on regional manufacturing employment from 1991–2011", in: *German Council of Economic Experts / Working Paper* 6, 2017.

9 Vgl. Andre Tartar/Mira Rojanasakul/Jeremy Scott Diamond, „How China Is Buying Its Way Into Europe", *Bloomberg*, 23.4.2018, https://www.bloomberg.com/graphics/2018-china-business-in-europe/ (letzter Aufruf: 15.1.2019).

10 Vgl. China Merchants Port Holdings Company Limited, http://www.cmport.com.hk/EN/business/ Detail.aspx?id=10000819 (letzter Aufruf: 15.1.2019; Übers. d. Verf.).

11 Vgl. The State Council the People's Republic of China (2015), „‚Made in China 2025' plan issued", Pressemitteilung, 19.5.2015, http://english.gov.cn/policies/latest_releases/2015/05/19/content_281475 110703534.htm (letzter Aufruf: 15.1.2019).

12 Report on the Work of the Government (2015), Delivered at the Third session of the 12th National People's Congress on March 5th, 2015, Li Keqiang, Premier of the State Council, S. 26, http://online.wsj. com/public/resources/documents/NPC2015_WorkReport_ENG.pdf (letzter Aufruf: 15.1.2019; Übers. d. Verf.).

13 Daron Acemoglu/James A. Robinson/Thierry Verdier, „Asymmetric Growth and Institutions in an Interdependent World", in: *Journal of Political Economy* 125, 2017, S. 1245–1305.

Eric Schweitzer

1.2 Die neue Normalität für Deutschland und China – Die Chancen nutzen

Wir erleben aktuell einen sehr grundlegenden Wandel unserer Weltordnung, so viel steht fest. Ein Blick in die Tageszeitung genügt, um zu begreifen, dass handels- oder wirtschaftspolitische Glaubenssätze, die wir bislang für schier unverrückbar hielten, offen hinterfragt werden. Damit müssen wir umgehen. Aber wie?

In diesem Zusammenhang denke ich immer gerne an das chinesische Sprichwort: „Wenn der Wind des Wandels weht, bauen die einen Schutzmauern, die anderen bauen Windmühlen."[1] Als deutscher Geschäftsmann, China-Kenner und Präsident des Deutschen Industrie- und Handelskammertags (DIHK) sehe ich in China in vielerlei Hinsicht ein Land, das Windmühlen baut.

Es sind genau diese Windmühlen, die über wenige Jahre hinweg Millionen von Chinesen Rückenwind gaben, um sie aus der bitteren Armut zu befreien. Es sind die Windmühlen, die das kilometerlange Schienennetzwerk in jede Ecke des Landes wehen. Es sind die Windmühlen, die China zum wichtigsten Handelspartner Deutschlands haben werden lassen. Ich freue mich darüber, dass diese Windmühlen des Wandels über die letzten Jahrzehnte hinweg auch von kleinen Stellschrauben und Muttern „made in Germany" zusammengehalten werden. Die chinesische Erfolgsgeschichte ist unter anderem von deutschen Unternehmern mitgeschrieben worden.

Die deutsche Wirtschaft blickt auf eine jahrzehntelange enge Partnerschaft mit der chinesischen Wirtschaft zurück. Bereits in den 1930er-Jahren leistete deutsches Know-how einen wichtigen Beitrag, etwa beim Ausbau des Schienennetzwerks des Landes und bei der Errichtung von Stahl-, Chemie- und Maschinenfabriken. In der Nachkriegszeit wurde 1957 ein halboffizielles Handelsabkommen zwischen Westdeutschland und China mit zehnjähriger Laufzeit abgeschlossen. 1972 unterzeichneten der chinesische Außenminister Ji Pengfei und der deutsche Bundesaußenminister Walter Scheel in Peking das Abkommen zur Aufnahme der diplomatischen Beziehungen zwischen der Bundesrepublik Deutschland und der Volksrepublik China. Mit der Politik von Deng Xiaoping in China öffneten sich die Pforten für den deutsch-chinesischen Handel vollständig.

In den folgenden Jahren stieg das bilaterale Handelsvolumen rasant und kontinuierlich an. Inzwischen hat es ein beachtliches Volumen erreicht: Im Jahr 2017 lag es bei knapp 186 Milliarden Euro. Dabei entfielen 76 Milliarden Euro auf deutsche Exporte nach China und knapp 94 Milliarden Euro auf chinesische Exporte nach Deutschland. Von 2008 bis 2012 verdoppelten sich die Direktinvestitionen (FDI) deutscher Unternehmen in China auf einen Wert von circa 45 Milliarden Euro. 2016 lag der

Dr. Eric Schweitzer, ist Präsident des Deutschen Industrie- und Handelskammertages (DIHK), Berlin.

https://doi.org/10.1515/9783110624731-003

Bestand bereits bei rund 80 Milliarden Euro. Derzeit verantworten rund 5.200 in China tätige deutsche Unternehmen dort vor Ort insgesamt 1,1 Millionen Arbeitsplätze. Und chinesische Investoren gaben 2017 eine neue Rekordsumme von circa 11,2 Milliarden Euro für Firmenübernahmen und -beteiligungen in Deutschland aus. Diese Zahlen unterstreichen die enge Verknüpfung der deutsch-chinesischen Unternehmensnetzwerke.

Die deutsch-chinesische Partnerschaft beruht seit fast 100 Jahren auf Komplementarität: „Made in Germany" trägt zur Industrialisierung und Modernisierung Chinas bei. Deutsche Firmen profitieren im Gegenzug vom großen Absatzmarkt und machen gute Geschäfte im Reich der Mitte – einer der wichtigsten Gründe für das anhaltende Wachstum der deutschen Exportwirtschaft.

Chinas Wirtschaftswachstum ist vor allem seit der Jahrtausendwende beeindruckend: schwindelerregende Wachstumszahlen, unzählige neue Hochhäuser, Fabriken, Autobahnen und Autos inmitten eines Konsumwirbelwinds, der durch die neue Mittelklasse Chinas geschaffen wurde. Dieser Erfolg schafft Selbstbewusstsein, weswegen es vielleicht nicht verwunderlich ist, dass Staatspräsident Xi Jinping zu seinem Amtsantritt 2013 eine sogenannte „neue Normalität" ausrief. So sei es ab jetzt „normal", dass China nicht mehr zweistellige Wachstumzahlen verbuchen würde, angesichts der Transformation von einem quantitativen hin zu einem qualitativen Wirtschaftswachstum. Das bedeutet, dass China seit diesem Zeitpunkt das Ziel eines höheren Wertschöpfungsanteils im eigenen Land verfolgt. Das Motto ist seitdem: Nicht mehr bloß „made in China", sondern auch „designed and created in China". Damit verbunden ist die Tatsache, dass China in vielen Branchen nicht mehr nur Wirtschaftspartner Deutschlands ist, sondern zunehmend auch zum Wettbewerber wird. Bis zum 100. Geburtstag der Volksrepublik im Jahr 2049 möchte China offiziell zur Industriesupermacht aufgestiegen sein. Diese Ambitionen verfolgt China mit einem von staatlichen Eingriffen dominierten Wirtschaftsmodell. Das bedeutet, dass nicht Angebot und Nachfrage entscheidend sind, sondern der Staat bei vielen Unternehmensentscheidungen die Richtung vorgibt. Der Staat sorgt zudem für Marktzugangsbarrieren für ausländische Firmen, indem er einen Zwang zur Zusammenarbeit mit chinesischen Firmen in einigen Industrien vorschreibt. Auch werden ausländische Unternehmen bisweilen gezwungen, ihr Technologie-Know-how offenzulegen. Damit verbunden ist ein nicht ausreichend vorhandener Schutz des geistigen Eigentums. Ausländische Firmen sehen sich darüber hinaus – insbesondere im Bereich der Medizintechnik – mit der Erhebung von „Zwangslizenzen" konfrontiert, um Produkte überhaupt erst auf dem chinesischen Markt zulassen zu können. Mit Blick auf den Datentransfer stellen ausländische Firmen eine verlangsamte Internetgeschwindigkeit in China fest. Und bei der Datensicherung und Datenspeicherung sorgen sich ausländische Firmen um das 2017 verabschiedete „Cyber-Security-Gesetz" (CSL, Cyber Security Law), das die Speicherung von sensiblen Firmendaten ausschließlich auf lokalen chinesischen Servern vorschreiben könnte.

Aktuell wird intensiv darüber diskutiert, wie die westliche Welt mit dieser eigenen Industriepolitik Chinas und den daraus resultierenden Wettbewerbsverzerrungen umgehen sollte – der Handelskonflikt zwischen den USA und China ist auch ein Ausdruck dessen.

Als Präsident des DIHK ist es für mich ein wichtiges Anliegen, sowohl die Herausforderungen im Umgang mit Chinas „neuer Normalität" zu adressieren als auch die Chancen zu identifizieren, zu kommunizieren und zu nutzen. Chinas Transformation bietet auch weiterhin viele Anknüpfungspunkte für die deutsche Wirtschaft – Qualität und Kompetenz „made in Germany" genießen in China nach wie vor einen sehr guten Ruf. Jetzt geht es darum, das Potenzial der chinesisch-deutschen Kooperation während der vierten industriellen Revolution weiter auszuschöpfen und gleichzeitig die Herausforderungen durch Chinas eigene Industriepolitik nicht außer Acht zu lassen. Vor diesem Hintergrund hat der DIHK Ende 2018 einen „DIHK-Aktionsplan China 2019+" verfasst.

DIHK-Aktionsplan China 2019+

1. Handels- und Investitionspolitik

Für eine weiterhin erfolgreiche Zusammenarbeit zwischen China und Deutschland sind gleichberechtigte Rahmenbedingungen für deutsche und chinesische Firmen, ein sogenanntes Level Playing Field, von entscheidender Bedeutung. Trotz Chinas Beitritt zur Welthandelsorganisation (WTO) im Jahr 2001 hat das Reich der Mitte allerdings einige Verpflichtungen des Beitrittsprotokolls immer noch nicht umgesetzt. So ist zum Beispiel der Zugang zu öffentlichen Ausschreibungen für ausländische Unternehmen in China nach wie vor eingeschränkt. Auf EU-Ebene stagniert das EU-Investitionsschutzabkommen seit 2013, sodass europäische Firmen nicht auf ausreichend Rechtssicherheit und Transparenz bei ihren Investitionen in China bauen können. Im bilateralen Handel stoßen deutsche Firmen nach wie vor auf eine Reihe von Marktzugangsbarrieren. Dazu zählen unter anderem der Joint-Venture-Zwang in einigen Industrien, ein unzureichender Schutz des geistigen Eigentums, der Zwang zum Technologietransfer sowie zahlreiche administrative Hürden. Mit Blick auf chinesische Investitionen in Deutschland haben Wettbewerbsverzerrungen zwischen Deutschland und China Konsequenzen für den Standort Deutschland.

Gemäß Chinas Strategie „Made in China 2025" soll der Anteil chinesischer Hersteller von „Kernkomponenten und wichtigen Werkstoffen" in zehn Schlüsselsektoren auf dem einheimischen Markt bis 2025 auf 70 Prozent erhöht werden. Mit Investitionen in Milliardenhöhe will China zu einem Hightech-Produzenten werden. Das schließt die Marktführerschaft in Bereichen ein, auf denen heute das Wachstum vieler Industrieländer beruht: Informations- und Kommunikationstechnologie, Robotik, CNC-Maschinen, Luft- und Raumfahrt, Meerestechnik, Schienenfahrzeuge, Schiffsbau, KFZ mit alternativem Antrieb, autonomes Fahren, Ausrüstungen zur Stromerzeugung, moderne Agrartechnologie, neue Materialien, Biopharmazeutika sowie Medizintechnik. Zur

Umstellung der heimischen Industrieproduktion ist China an deutscher Spitzentechnologie interessiert. Entsprechende chinesische Investitionen in Deutschland nahmen in den letzten Jahren deutlich zu. Diese werden häufig staatlich subventioniert.

Die intensive öffentliche Diskussion findet dabei in einem wirtschaftspolitischen Spannungsfeld statt. Auf der einen Seite sind die deutsche wie die europäische Wirtschaft auf offene Grenzen, den Schutz des Eigentums sowie die Kapitalverkehrsfreiheit angewiesen. Unternehmerinnen und Unternehmer müssen rechtmäßig erworbenes Eigentum auch veräußern können dürfen. Auf der anderen Seite steht der berechtigte Schutz der öffentlichen Sicherheit und Ordnung bei der Übernahme durch ausländische Investoren.

Mit dem Netzwerk der 79 Industrie- und Handelskammern in Deutschland, einem DIHK-Büro in Brüssel sowie 300 Mitarbeiter/innen der zehn Delegationen der Deutschen Wirtschaft (Auslandshandelskammern, AHK) in China setzt sich das IHK/DIHK/AHK-Netzwerk intensiv für ein Level Playing Field ein. Es begleitet gesetzgeberische Maßnahmen auf EU-Ebene und in Deutschland, wirbt öffentlichkeitswirksam für den Multilateralismus und für das Zustandekommen des Investitionsschutzabkommens zwischen der EU und China.

2. Innovation

China ist längst nicht mehr verlängerte Werkbank, sondern steigt zunehmend zum weltweiten Innovationsführer auf – gemäß der Strategie „Made in China 2025": Jeden Tag erblicken in China mehr als 10.000 Start-ups das Licht der Welt. China exportiert mehr Hightech-Güter als Textilien und Schuhe. Jeder fünfte Internetnutzer kommt aus China. Während in Deutschland der Ausbau des Mobilfunknetzes 5G noch heiß diskutiert wird, wird es in 16 Städten in China bereits auf Hochtouren getestet. Im Bereich der Künstlichen Intelligenz nimmt China weltweit – auch im Wettbewerb mit den USA – eine Spitzenposition ein. Im Bereich Innovation liegt auch zukünftig enormes Kooperationspotenzial für die deutschen Unternehmen.

Vor diesem Hintergrund eröffnete der DIHK im Mai 2018 im Beisein von Bundeskanzlerin Merkel einen „AHK Innovation Hub" in Shenzhen, dem Innovationszentrum Chinas. Ziel dieses Hubs ist es, die Innovationsszene in China konsequent zu verfolgen und marktnahe, aktuelle Informationen der deutschen Wirtschaft zur Verfügung zu stellen. Im Rahmen einer „Innovationsroadshow China 2019" zeigt das IHK/DIHK/AHK-Netzwerk interessierten deutschen Unternehmen Chancen in der deutsch-chinesischen Zusammenarbeit beim Thema Innovation auf.

3. Neue Seidenstraße – Belt and Road Initiative

Die „neue Normalität" wird auch als ein neues Kapitel im chinesischen Selbstver-
ständnis auf der Weltbühne begriffen. Vorbei sind die Zeiten, zu denen China das
Rampenlicht scheute und eher auf das Weltgeschehen reagierte. Vielmehr rief Staatspräsident Xi Jinping 2013 selbstbewusst die sogenannte Belt and Road Initiative (BRI)
aus. Es handelt sich dabei um eine groß angelegte wirtschaftliche, geopolitische und
diplomatische Initiative Chinas, die 65 Länder, 60 Prozent der Weltbevölkerung und
30 Prozent des globalen BIP umfasst. Deutsche Unternehmen können mit ihrem
Know-how und ihrer internationalen Erfahrung durch Beiträge zu den geplanten Infrastrukturprojekten von der Initiative profitieren. Chancen für die deutsche Wirtschaft ergeben sich laut Befragungen vor allem beim Ausbau von Häfen, Schienen-,
Straßen- und Energienetzen. Dies gilt insbesondere für Zulieferer und Qualitätsmana-
ger, für den Technologiebereich, Ingenieurdienstleistungen und für den Maschinen-
und Anlagenbau.

Entscheidend für erfolgreiche deutsch-chinesische Kooperationen auf diesem
Feld sind der offene Zugang zu öffentlichen Aufträgen, keine zusätzlichen bürokrati-
schen Hürden für deutsche Unternehmen sowie das Einhalten von Sozial- und Um-
weltstandards. Weiterhin ist das Thema „Normen und Standards" für die deutsche
Wirtschaft von hoher Bedeutung.

Von den 14 AHK-Standorten in 92 Ländern befindet sich ein gutes Drittel im eurasischen Raum. Diese AHKs analysieren vor Ort Beteiligungsmöglichkeiten deutscher
Unternehmen an der „Neuen Seidenstraße". Mittels gezielter AHK-Befragungen in den
entsprechenden Ländern sowie einer „BRI-Roadshow" in Deutschland stellt das
DIHK/IHK-AHK-Netzwerk deutschen Unternehmen umfangreiche Informationen zur
Verfügung. Auch werden konkrete Projektbeispiele zwischen Eurasien und Deutschland von Unternehmern aus der Region vorgestellt.

4. Kooperation auf Drittmärkten

China weitet sein Engagement über die Seidenstraßeninitiative auch auf weiteren viel-
versprechenden Drittmärkten aus. 60 Milliarden US-Dollar will China beispielsweise
in das rohstoffreiche Afrika mit seinen 1,3 Milliarden Menschen investieren. Vor diesem Hintergrund stellt sich die Frage, wie Deutschland mit dieser Dynamik umgeht.
Versteht es China als Konkurrenten, als Wegbereiter oder als Kooperationspartner auf
diesen Drittmärkten?

Im letzten Jahr veröffentlichte der DIHK in Zusammenarbeit mit Germany Trade
and Invest (GATI) die Studie „China in Afrika". Ein zentrales Ergebnis dieser Studie
ist, dass eine große Zahl der befragten deutschen Unternehmen sich für trilaterale
Kooperationen ausspricht. Die befragten chinesischen und afrikanischen Betriebe begrüßen mehr Kontakte zu deutschen Unternehmen und einen engeren Austausch.

Dementsprechend stellt das IHK/DIHK/AHK-Netzwerk spezifisches Informations-material zu möglichen trilateralen Kooperationen auf dem afrikanischen Kontinent bereit. Gleichzeitig thematisiert es die Herausforderung, dass deutsche Unternehmen mit eigenen Großprojekten häufig auf Wettbewerbsnachteile gegenüber chinesischen Firmen stoßen.

5. Kommunikation und Engagement bei Dialogforen

Die „Neue Normalität" bedeutet, dass China für die deutsche Wirtschaft Partner und Wettbewerber zugleich ist. Dabei gilt es einerseits, immer wieder die Tatsache zu adressieren, dass China mit seiner eigenen Industriepolitik zunehmend zum Konkur-renten für deutsche Unternehmen wird. Gleichzeitig ist es elementar, öffentlichkeits-wirksam immer wieder auch die Chancen in der deutsch-chinesischen Zusammen-arbeit zu betonen. China ist und bleibt für die deutsche Wirtschaft einer der wichtigsten Absatz- und Investitionsmärkte weltweit.

Vor diesem Hintergrund kommuniziert das IHK/DIHK/AHK-Netzwerk bei den skizzierten Themen Innovation, Neue Seidenstraße und Kooperation auf Drittmärkten in den deutschen und chinesischen Medien die dargestellten Chancen unter angemes-sener Berücksichtigung von Risiken. Mit dieser ausgewogenen Kommunikation enga-giert sich das IHK/DIHK/AHK-Netzwerk auch auf existierenden Dialogforen und Platt-formen, wie beispielsweise der Plattform 4.0, der Plattform Innovation, dem Deutsch-Chinesisches Zentrum für Nachhaltige Entwicklung und der Umweltpartnerschaft.

Fazit

China und Deutschland verbindet eine einzigartige Erfolgsgeschichte. Die deutsche Wirtschaft begreift Chinas Ambitionen mit der „neuen Normalität" als Chance – im-mer unter der Voraussetzung, dass der Wettbewerb wirtschaftsgetrieben und fair bleibt. Zur Weiterentwicklung der deutsch-chinesischen Wirtschaftsbeziehungen ist es aus meiner Sicht unerlässlich, nicht zu sehr *über* China zu reden, sondern immer *mit* China zu reden. Die regelmäßig stattfindenden deutsch-chinesischen Regierungs-konsultationen und die Einrichtung des Deutsch-Chinesischen beratenden Wirt-schaftsausschusses (DCBWA) sind dafür geeignete Formate.

Im Juni 2018 wurden Erklärungen zur Kooperation im Bereich des autonomen Fah-rens, bei der beruflichen Bildung und der Erleichterung von bilateralen Praktikanten-programmen verabschiedet. Alle Vereinbarungen zielen auf eine Intensivierung der bestehenden Beziehung ab. Und auch die Förderung von Sprachunterricht stärkt das Verständnis und die Vernetzung unserer beiden Länder, wie Botschafter Shi Mingde es trefflich in einer öffentlichen Rede verkündete: Sprache fördern heißt auch Frieden fördern.

China und Deutschland sollten den Wind des Wandels nutzen und ihn auf neue Windmühlen lenken. Zugleich sollten beide Länder Mauern abbauen. Wie in der chinesischen Philosophie, in der sich Yin und Yang als im Wettbewerb stehende, aber zum Einvernehmen bereite Entitäten gegenüberstehen, müssen Deutschland und China gemeinsam Lösungen für bestehende Herausforderungen finden. Nach chinesischer Auffassung sind Yin und Yang keine Antagonisten, sondern komplementäre Kräfte. Diese Komplementarität – oder anders ausgedrückt: diesen Mehrwert für beide Länder – gilt es auch in Zukunft zu sichern. Das IHK/DIHK/AHK-Netzwerk will dazu mit seinem Aktionsplan China 2019+ einen Beitrag leisten, um die erfolgreiche deutsch-chinesische Geschichte fortzuschreiben.

Anmerkungen

1 当变幻的风吹起时,有人会造墙,有人会造风车, chinesisches Sprichwort.

Ma Weihua

1.3 Wie China und Deutschland einander ergänzen und erfolgreich zusammenarbeiten können

Im Oktober 2015 organisierte der Chinese Entrepreneur Club (CEC), dessen Präsident ich bin, einen Deutschlandbesuch für seine Vorstandsmitglieder, bei dem wir hochrangige Persönlichkeiten aus Politik und Wirtschaft trafen und an unterschiedlichen Meetings teilnahmen.

Im Rahmen dieser Besuchsreise gab es für die chinesischen Unternehmer nicht nur ein Zusammentreffen mit dem deutschen Finanzminister Wolfgang Schäuble, sie wurden außerdem eingeladen am Unternehmeraustausch des Bundesverbands der Deutschen Industrie (BDI) teilzunehmen und besuchten bekannte Unternehmen wie SAP, BMW und den FC Bayern München.

Deutschland ist die größte Volkswirtschaft und das bevölkerungsreichste Land Europas, es ist der Motor der europäischen Wirtschaft, darüber hinaus die viertgrößte Volkswirtschaft und das drittbevölkerungsreichste Land der Welt. Die chinesischen Unternehmer sprachen mit größtem Enthusiasmus über die technologische Überlegenheit der deutschen herstellenden Industrie und freuten sich auf einen tiefgehenden Austausch mit zahlreichen deutschen Unternehmen im Hightech-Sektor.

Heute, 2018, drei Jahre später, verlangsamt sich Chinas Wirtschaftswachstum zunehmend, während die europäische Wirtschaft weiterhin unter Wachstumsdruck steht. Wie die deutschen und chinesischen Unternehmen von den Stärken der jeweils anderen profitieren und mit innovativen Methoden erfolgreich zusammenarbeiten können, ist immer noch ein wichtiges Thema zwischen unseren beiden Ländern.

Chinas Wandel und Modernisierung bringen Chancen mit sich

Damals, beim „Runden Tisch der deutschen und chinesischen Unternehmer" des BDI, warf die deutsche Seite als Erstes die Frage auf, wie wir chinesische Unternehmen das verlangsamte Wirtschaftswachstum unseres Landes sehen würden. Ich erinnere mich

Ma Weihua, ist Gründungspräsident des einflussreichen Unternehmerclubs „China Entrepreneur Club", Peking, und ehemaliger stellvertretender Generaldirektor der People's Bank of China und Vorstandvorsitzender der China Merchants Bank.

https://doi.org/10.1515/9783110624731-004

geantwortet zu haben: In den letzten dreißig Jahren ist die chinesische Wirtschaft kontinuierlich schnell gewachsen und hat damit die besondere Aufmerksamkeit der restlichen Welt auf sich gezogen. Aber kein Land kann eine solche Wachstumsrate für immer aufrechterhalten, in allen Industrienationen ist das Wirtschaftswachstum im vierten Jahrzehnt auf ungefähr fünf Prozent gefallen. Auch können Chinas Ressourcen und Umwelt diese Art von Wachstum nicht weiter stützen, weshalb sich China modernisieren und, anstatt wie früher auf Export, nun auf Innovation setzen muss.

Uns ist mittlerweile klar geworden, dass Chinas Wirtschaft während ihres schnellen Wachstums unvernünftig strukturiert war, so war sie zum Beispiel sehr arbeitsintensiv, wenig technologieintensiv und wenig wettbewerbsfähig. Bisher wurde an „Reform und Öffnung" festgehalten, die Umstrukturierung soll den Technologieanteil der chinesischen Wirtschaft erhöhen und ihre Qualität und Wettbewerbsfähigkeit verbessern. Durch diese Neuausrichtung hat Chinas Wirtschaft endlich eine gesunde Entwicklungsperspektive.

Die Modernisierung und Umstrukturierung der chinesischen Wirtschaft muss in Zusammenarbeit mit der Außenwelt ablaufen, hier eröffnen sich also neue Möglichkeiten für deutsche Unternehmen. China muss den Standard seiner technischen Ausstattung erhöhen und den Anteil an „neuer Industrie" in seiner Wirtschaft vergrößern. China hat einen riesigen Markt, verfügt über immer mehr Kapital, aber es benötigt Technologie, Equipment, das auf dem neuesten Stand ist, virtuoses Handwerk und Know-how über die Entwicklung von kleinen und mittleren Unternehmen (KMU), und alles das kann Deutschland bereitstellen. Darum erscheint gerade heute diese Art von wirtschaftlicher Komplementarität in Investitionen und Handel zwischen China und Deutschland besonders wichtig und sinnvoll.

„Made in Germany" ist ein Synonym für hohe Qualität. Es steht für Exzellenz, führende Technologie, exquisites Handwerk, einen hohen Grad an Automatisierung, insbesondere für die vor allem von Autos und Präzisionswerkzeugmaschinen repräsentierte High-End-Fertigungsindustrie – all das ist immer noch das Aushängeschild Deutschlands in der Welt. Der Einfluss der beiden Etiketten „Made in Germany" und „Made in China" ist derzeit international außergewöhnlich groß, sowohl China als auch Deutschland sind Staaten mit einer beeindruckenden Fertigungsindustrie als Basis. China ist eine Produktionsmacht, aber Deutschland ist eine Produktionssupermacht, und die Komplementarität unserer beiden Länder ist sehr stark.

Derzeit fördert die deutsche Regierung die sogenannte Industrie 4.0, während die chinesische Regierung im Bereich der Verarbeitung und der neuen Fertigung das Programm „Made in China 2025" vorantreibt. China und Deutschland sind sowohl Wettbewerber als auch Freunde, ihre Beziehung ist sowohl eine der Konkurrenz als auch eine der Kooperation. Wir sehen uns als Menschheit der sogenannten vierten industriellen Revolution gegenüber, weshalb es notwendig ist, im Rahmen, den uns die Globalisierung vorgibt, sowohl zu konkurrieren als auch zu kooperieren – jeder Erfolg, jede Errungenschaft wird der gesamten Menschheit dienen. Die chinesische Industrie verfügt über die vollständigste Lieferkette der Welt, Deutschland ist die Wiege der Industrie 4.0 und besitzt fortschrittliche smarte Produktionsanlagen und cyber-physische Systeme (CPS).

Obwohl gute und weltbekannte Großunternehmen wie Siemens, BMW und Mercedes Benz in Deutschland zu Hause sind, liegt die wahre Stärke Deutschlands in seinen KMU. Laut einer Studie von Hermann Simon gibt es weltweit über 3000 „Hidden Champions" genannte Unternehmen, wobei Deutschland mit allein 1.300 von ihnen auf dem ersten und Japan auf dem zweiten Platz liegt; in China gibt es nur 68 davon. KMU sind längst zum Rückgrat des deutschen Exporthandels geworden, und in diesem Bereich besteht noch ein enormes Potenzial für eine stärkere Zusammenarbeit.

Herausforderungen und Perspektiven der Zusammenarbeit im Bereich Finanzwirtschaft zwischen China und Deutschland

Bei jenem Besuch vor drei Jahren kamen wir mit dem deutschen Finanzminister Wolfgang Schäuble zu einem beinahe zweistündigen Treffen im kleinen Kreis zusammen. Dabei waren Finanzfragen ein von ihm und den chinesischen Unternehmern leidenschaftlich diskutiertes Kernthema. Schäuble ist seit Jahrzehnten eine der wichtigsten Persönlichkeiten in der CDU, er besetzte lange Zeit Posten wie den des Innenministers, des Finanzministers oder den als Chef des Bundeskanzleramts.

Ich selbst bin seit Langem im Finanzsektor tätig und verfüge ein gewisses Wissen über die Finanzmarktaufsichten in den jeweiligen Industrienationen. Die deutsche Finanzmarktaufsicht ist vergleichsweise streng und chinesische Banken sahen sich in Deutschland in den letzten Jahren mit einer unfairen Behandlung konfrontiert. Als Finanzminister Schäuble diese Problematik aufbrachte, antwortete ich geradeheraus: Ja, es gibt vielfältigen bilateralen Handel und Investitionen zwischen Deutschland und China, aber die Entwicklung im Finanzwesen entspricht diesen noch lange nicht. Auch stehen sich unsere beiden Länder im Bereich der Handelsbanken aufgeschlossen gegenüber, dennoch entwickelt sich das Geschäft in Deutschland für uns weiterhin nicht optimal. Und obwohl das Renminbi-Clearingcenter in Frankfurt etabliert wurde, ist das abgewickelte Volumen im Vergleich zu London gering; London hingegen hat sogar bereits eine Staatsanleihe in RMB aufgelegt.

Darauf sagte der von der *Financial Times* zum „besten Finanzminister Europas" gekrönte Wolfgang Schäuble: Deutschland hat später damit begonnen als Großbritannien, und es mag sein, dass die Regelungen hier ein bisschen komplizierter sind, aber Deutschland wird sehr bald aufholen. London ist aus globaler Sicht unumstritten das Finanzzentrum Europas, doch Großbritannien ist kein Mitglied der Eurozone, demnach ist Deutschland das wichtigste Finanzzentrum Kontinentaleuropas und es besitzt weltweit agierende Finanzinstitute wie die Deutsche Bank. Er räumte auch ein, dass manche Dinge in Deutschland bisher nicht reibungslos abgelaufen seien, eigene Arbeitsgruppen untersuchten dies nun genauer, sei es in der Finanzaufsichtsbehörde, der Bundesbank oder im Finanzministerium, überall werde es solche Arbeitsgruppen geben, die spezifische Probleme aufarbeiten sollten.

Nur zwei Monate nach unserem Besuch verkündete der IWF, dass der RMB bereits ein Jahr später dem Währungskorb des Sonderziehungsrechts (SZR) beigefügt werden sollte. Die Internationalisierung des RMB ist in den letzten Jahren recht schnell vorangeschritten und ist mittlerweile die drittgrößte Abrechnungswährung, wenngleich seine Bedeutung weiterhin nicht besonders groß ist. Für die Zukunft bin ich voll Zuversicht, was die Internationalisierung des RMB betrifft. Diese ist jedoch abhängig von der gesunden Entwicklung der chinesischen Wirtschaft, von den RMB-Wechselkursen und Zinssätzen, sowie nicht zuletzt von der Öffnung der chinesischen Kapitalbilanz. In allen diesen Bereichen hat China aber bereits proaktiv Maßnahmen gesetzt, von den 40 Punkten der Regelung des IWF zur Konvertierbarkeit der Kapitalbilanz sind in China bereits 35 Standard; es fehlen also nur 5, die noch nicht voll umgesetzt sind, was jedoch schnell passieren wird. Sobald die Internationalisierung des RMB Fahrt aufnimmt, vereinfacht das den Handel und die Finanzen, was wiederum auch für ein schnelles Wachstum der deutsch-chinesischen Finanzbranche sorgen wird.

Den Globalisierungsprozess gemeinsam vorantreiben

Deutschland ist eine exportorientierte Wirtschaft. Jahrzehntelang stand Deutschland in Sachen Exporte weltweit an der Spitze und wurde dafür als „Exportweltmeister" gepriesen. Erst in den letzten Jahren wurde Deutschland von China und den USA überholt, steht aber weiterhin an dritter Stelle. Nach Jahrzehnten der Reform und Öffnung hat China sich zu einer Produktions- und Handelsnation entwickelt. Es ist mittlerweile der zweitgrößte Auslandsinvestor der Welt und hat, genau wie Deutschland, einen massiven Handelsüberschuss.

Aktuell verschärft sich der chinesisch-amerikanische Handelskonflikt täglich, was die beiden größten Volkswirtschaften der Welt in den schwerwiegendsten Handelskrieg seit den 1930er-Jahren stürzen könnte. Das wiederum könnte chinesische Hersteller und ihre Kunden auf aller Welt dazu zwingen, ihre bereits etablierten komplexen Lieferketten neu zu überdenken. Durch diesen Konflikt steht jedenfalls eine Umstrukturierung der Handelsbeziehungen zwischen China und den USA bevor. Es ist absehbar, dass die Beziehungen zwischen diesen beiden Staaten in Zukunft ständig zwischen Konfrontation und Kooperation schwanken werden – was wiederum neue Chancen für die chinesisch-deutsche Handelsbeziehung mit sich bringt. Es ist hinlänglich bekannt, dass die Freiheit des Handels und die Erleichterung von Investitionen für alle Staaten von Vorteil sind. Sowohl China als auch Deutschland sind

Profiteure der Globalisierung und des Freihandels. Vor dem derzeitigen Hintergrund des internationalen Trends zum Handelsprotektionismus und der Antiglobalisierungsbewegung müssen China und Deutschland gemeinsam das System der multilateralen Handelsbeziehungen schützen und den Globalisierungsprozess vorantreiben.

Die Handelskooperation ist das „Ballastwasser" der chinesisch-deutschen Beziehung. In den letzten Jahren haben sich die bilateralen Handelskontakte rasant entwickelt: Deutschland hält seit 40 Jahren durchgehend den Status als Chinas größter Handelspartner in Europa. Der deutsch-chinesische Handel macht etwa ein Drittel des gesamten chinesischen Handels mit Europa aus, was dem Handel Chinas mit den drei Ländern Großbritannien, Frankreich und Italien zusammengenommen entspricht. Einer deutschen Statistik nach betrug das Handelsvolumen zwischen China und Deutschland im letzten Jahr 186,6 Milliarden Euro, womit China das zweite Jahr in Folge der größte Handelspartner Deutschlands war. China stand bei Deutschland als Exportziel an dritter Stelle und als Quelle von Importen an erster, Chinas Bedeutung in der globalen Handelsstrategie Deutschlands ist also weiter angewachsen. Deutschland ist bereits seit langer Zeit der größte Investor in China; die deutschen Investitionen machen insgesamt ein Viertel aller Auslandsinvestitionen in China aus.

Der Handel zwischen China und Deutschland profitiert von den unterschiedlichen Stadien der Industrialisierung der beiden Länder. Wirtschaftlich betrachtet gibt es eine starke Komplementarität und Raum für Zusammenarbeit. Handelsüberschüsse und -defizite treten in Handelsbeziehungen immer wieder auf, eine vollständige Balance kann nicht erreicht werden. Handelskonflikte sind keine Lösung, außerdem verkomplizieren sie die Lage zunehmend. China exportiert nach Deutschland größtenteils Produkte aus arbeitsintensiver Fertigung, während umgekehrt Deutschland nach China hauptsächlich High-End-Produkte wie Autos, Maschinen und Pharmazeutika exportiert. Bei Handelspartnern, die sich in unterschiedlichen Entwicklungsstadien befinden, müssen Fragen des Handels in einem positiven Licht gesehen und mit Blick auf die Entwicklungsaussichten angegangen werden. Die Sorgen der deutschen Regierung und der deutschen Unternehmen hinsichtlich des geistigen Eigentums und die diesem beigemessene Wichtigkeit sind verständlich, dieses Thema ist jedoch auch der chinesischen Regierung ein Anliegen. So hat China in den letzten Jahren im Bereich des geistigen Eigentums nicht wenig Arbeit geleistet und zahlreiche Gesetze erlassen. In Bezug auf den Technologietransfer hat China viele Schutzmaßnahmen für das geistige Eigentum ergriffen, da eine deutsch-chinesische Zusammenarbeit auf einem noch höheren Level davon abhängt. Die Systeme unserer beiden Länder sind ebenso wenig gleich wie die wirtschaftlichen Umstände, und wir sind auch nicht auf dem gleichen Entwicklungsstand. Dass also auf beiden Seiten einige Fragen auftreten, ist nur normal, doch wir müssen uns diesen Differenzen stellen und uns bewusst sein, dass unsere gemeinsamen Interessen größer sind als diese. Nur durch Austausch kann ein tieferes Verständnis entstehen, von dem beide Seiten profitieren können.

Die Brückenfunktion der deutschen und chinesischen Unternehmer wertschätzen und weiterentwickeln

Seit mehr als zehn Jahren verändern aufstrebende Volkswirtschaften die Gewichtungen innerhalb der Weltwirtschaft. Nach dem WHO-Beitritt Chinas im Jahr 2001 konnten sich chinesische Unternehmen noch besser in den Weltmarkt integrieren, ausländische Ressourcen nutzen, Technologie aus dem Ausland einführen und transnationale Fusionen und Übernahmen sowie Finanztransaktionen durchführen.

Derzeit gibt es 8.200 deutsche Unternehmen in China, die in verschiedenen Branchen wie Chemie, Finanzwesen, Elektronik, Automobil- und Pharmaindustrie sowie Einzelhandel tätig sind. Umgekehrt gibt es 2.000 chinesische Unternehmen in Deutschland. Die chinesischen Investitionen in Deutschland haben sich im letzten Jahr verzwanzigfacht und ein Volumen von 10,8 Milliarden Euro erreicht, womit China Deutschlands wichtigster Investor ist. Die „Neue Seidenstraße" ist bereits zu einer neuen Plattform für die Zusammenarbeit zwischen deutschen und chinesischen Unternehmen geworden, die Hälfte aller Züge auf dem China Railway Express (Trans-Eurasia Express) verkehrt zwischen Deutschland und China. Der Austausch und die Kommunikation zwischen den Unternehmern aus unseren beiden Ländern wird sich stark verbessern, weil ihre Erfahrungen betreffend Unternehmensgründungen und Geschäftstätigkeit sich nur wenig unterscheiden werden. Außerdem erleben sie derzeit gemeinsam den wirtschaftlichen Wettbewerb der Globalisierung, die Fragen und Differenzen, die vor den Unternehmern liegen, werden sich also alle sehr leicht lösen und beilegen lassen.

Bei jenem „Runden Tisch der deutschen und chinesischen Unternehmer" vor drei Jahren brachte Guo Guangchang, Vorsitzender der FOSUN-Gruppe, vor, sowohl Deutschland als auch China seien Gestalter und Profiteure der Globalisierung und sollten in dieser Rolle auch ein gemeinsames Ziel haben: sich zukünftig mehr bei den globalen Regulierungen einzubringen.

Er meinte, die Regierungen unserer beiden Länder müssten sich austauschen und zu einem Konsens in diesen Fragen finden, dann könnten auch beide ihrer jeweiligen Verantwortung besser nachkommen. Er sagte: „Beim Fall der Berliner Mauer musste eine tatsächliche Mauer zum Einsturz gebracht werden. Heute sind wir in der wirtschaftlichen Zusammenarbeit zwischen zwei Ländern mit vielen unsichtbaren Mauern konfrontiert. Wir müssen effektive Plattformen errichten, denn wir brauchen diese unsichtbaren Mauern nicht – was wir brauchen, sind mehr Brücken."

Chinesische Unternehmer haben wiederholt an solchen Besuchsreisen teilgenommen, und zwar nicht nur in der Hoffnung auf einen Austausch der Ideen, sondern auch darauf, dass dieser letzten Endes zu einer praktischen Zusammenarbeit zwischen den Unternehmen und zu einer Unterstützung der lokalen Aktivitäten im jeweiligen Gastland führt. Genau zu dieser Zusammenarbeit zwischen deutschen und chinesischen Unternehmen habe ich einige persönliche Vorschläge:

Zum einen sollen deutsche und chinesische Unternehmen die Komplementarität unserer beiden Länder ausschöpfen und die deutsch-chinesischen Handelsstrukturen Schritt für Schritt aufwerten. Hierfür bedarf es nicht nur des Wachstums, sondern auch der Optimierung. Die Nachfrage Chinas nach hochwertiger elektromechanischer Ausrüstung und Transportmitteln aus Deutschland ist besonders hoch, da China sich in einer Phase der Transformation und Modernisierung befindet und das Potenzial der Zusammenarbeit in diesem Bereich also sehr groß ist. Der chinesische Export nach Deutschland ist auch bei Weitem nicht mehr auf Rohmaterialien und Billigwaren beschränkt; heutzutage gibt es vielfältige Produkte wie Motoren für Luft- und Raumfahrt, Maschinen und Kommunikationsmittel, um die der Export ausgeweitet werden kann.

Der zweite Punkt betrifft die Stärkung der Zusammenarbeit und des Austauschs zwischen deutschen und chinesischen KMU: Deutsche Unternehmen verfügen über viel Erfahrung in der Produktion sowie im Management und auch über ausgezeichnete Technologie – und das ist genau, was China derzeit braucht.

Der dritte Punkt ist die Stärkung der Zusammenarbeit im Finanzsektor: Die Unterstützung der Finanzinstitute für Handel und Investition zwischen unseren beiden Ländern muss ausgebaut werden, um hier Raum für noch größere Entwicklungen zu schaffen.

Darüber hinaus sollten deutsche und chinesische Unternehmen ihre Zusammenarbeit im Bereich der transnationalen Fusionen und Übernahmen stärken. In den letzten Jahren gab es bereits zahlreiche Fusionen und Übernahmen zwischen deutschen und chinesischen Firmen, die Finanzinstitute sollten also dafür hochqualitative Services anbieten. Um unsere finanzielle Zusammenarbeit weiter zu vereinfachen, appellieren wir auch an die Regulierungsbehörden, die beidseitige Entwicklung der bilateralen Finanzmärkte zu fördern. Wenn wir in diesen Bereichen die Zusammenarbeit verstärken können, besteht sowohl für den Handel und die Investitionen zwischen China und Deutschland als auch die chinesisch-deutschen Handelsbeziehungen die Möglichkeit, ein ganz neues Level zu erreichen.

Deutschland ist Chinas wichtigster Handelspartner in Europa und aus politischer sowie wirtschaftlicher Sicht für China das „Tor nach Europa". China ist Deutschlands wichtigster Handelspartner in Asien, und dies mit guten Marktaussichten. China ist geprägt durch alte östliche Weisheiten und Deutschland ist bekannt als das „Land der Dichter und Denker". Ich glaube fest daran, dass die deutsch-chinesischen Beziehungen durch die Zusammenarbeit der deutschen und chinesischen Regierung sowie der Unternehmer in unseren beiden Ländern, eine kluge Nutzung der Komplementarität, einen verbreiterten Konsens und ein gemeinsames Vorgehen eine noch bessere Zukunft haben werden.

Parag Khanna

1.4 Kann China ein gigantisches Deutschland werden?

Ein eurasisches Zeitalter

Die Beziehungen Asiens zu Europa währen lange und sind intensiv. Von den griechischen Heeren über die Kreuzzüge bis hin zur europäischen Kolonialisierung war der Großraum Asien jahrtausendelang das Objekt europäischer Faszinationen und imperialer Entwürfe. Im Gegenzug beherrschten die Phönizier den Mittelmeerraum, die Mongolen plünderten Osteuropa, die Araber bewahrten das Wissen der alten Griechen, und chinesische Erfindungen und Waren beflügelten die Seidenstraße.

Der Großteil des westlichen Wissens zu asiatischen Zivilisationen, Sprachen und Religionen stammt von europäischen Entdeckern und Missionaren, wie dem englischen Seefahrer James Cook (1728–1779), der die südpazifischen Inseln kartografierte, oder Friedrich Max Müller (1823–1900), dem deutschen Professor in Oxford, der den Osten – besonders Indien –, aus dem er transzendentale Weisheiten schöpfte, romantisierte. Nicht zu vergessen auch Nicholas Roerich (1874–1947). Der russische Mystiker und Spion, der Tibet und den Himalaya durchwanderte, war der festen Überzeugung, dass die antike Symbologie der Region eine rationale Struktur biete, um Kunst, Wissenschaft und Religion miteinander in Einklang zu bringen.

Obwohl selbst der Begriff „Asien" eine europäische Prägung aufweist, die „das Andere" in fernen Ländern bezeichnete, weist die rasche Vermischung zwischen Europa und Asien, die aktuell stattfindet, auf eine kontinentale Superfusion hin. Von London bis Shanghai untermauern Netzwerke von Hochgeschwindigkeitszügen, Handelszentren und Internetkabeln eine euro-asiatische Gewerbeachse, die sogar Anzeichen der Ausbildung eines eurasischen Systems aufweist. Europäer empfinden Asien plötzlich als stabileres, langfristigeres Leistungsversprechen als Amerika. Das Asien-Europa-Treffen (ASEM) stellt bereits die weltweit größte wirtschaftliche Gruppierung dar, die mehr als die Hälfte des globalen BIP und mehr als 60 Prozent des Welthandels generiert. Der Asien-Europa-Handel soll im Jahr 2025 Schätzungen zufolge 2,5 Billionen US-Dollar ausmachen, etwa das Doppelte des aktuellen Handels zwischen Europa und Nordamerika oder zwischen Nordamerika und Asien.[1] Da sowohl Europa als auch Asien den schleichenden Protektionismus der „America First"-Politik fürchten, hat ihr gemeinsames Interesse, Amerika durch neue eurasische Bande zu ersetzen, noch bestärkt. Das Endergebnis der protektionistischen amerikanischen Maßnahmen schadet sowohl den amerikanischen Arbeitnehmern als auch den Exporten. Europa hingegen

Parag Khanna, ist CNN-Experte für Globalisierung und Geopolitik, Bestsellerautor und Gründer von FutureMap, Singapur.

https://doi.org/10.1515/9783110624731-005

lässt keine Gelegenheit aus, sich Märkte zu sichern, aus denen die Amerikaner durch gegenseitige Zollkontingente ausgeschlossen wurden.[2] Nachdem die asiatische Nachfrage die europäischen Handelsüberschüsse gewissermaßen absorbiert, weisen deutsche Minister die Aufforderung des US-Finanzministeriums, diese einzuschränken, ganz offen zurück.

Deutschland und China: Alte Freunde, neue Partner

Europäer und Asiaten stimmen darin überein, dass ihr gemeinsames Hauptinteresse darin besteht, den Atlantik mit dem Pazifik zu verbinden – ganz besonders trifft das auf Deutschland und China zu. Als feste Größen ihrer Regionen ist wohl niemand besser dazu geeignet als Xi Jinpging und Angela Merkel, eine neue eurasische Allianz zu schmieden. Ein Jahrhundert, nachdem China Deutschland den Krieg erklärt hatte, verfügt dieses nun über florierende Beziehungen zum Land der Mitte.

Die heute florierende deutsch-chinesische Verbindung ist scheinbar das Ergebnis von Chinas Aufstieg. Die Beziehung zwischen China und Deutschland kann jedoch auf Wurzeln verweisen, die Jahrhunderte zurückreichen. Im 18. Jahrhundert, auf dem Höhepunkt des China-Kults, formten chinesisches Porzellan, chinesisches Design – durch die in der europäischen Mittel- und Oberschicht beliebten Chinoiserien –, aber auch der Export chinesischen Tees die soziale und kulturelle Landschaft europäischen Alltagslebens. Chinas langlebigster Beitrag fand jedoch durch die Übernahme der Staatsprüfung für den öffentlichen Dienst statt, die Deutschland als erstes europäisches Land aufgriff.[3] Gegen Mitte des 17. Jahrhunderts hatte Friedrich Wilhelm, Kurfürst von Brandenburg, eine effektive Administration mit Beamten geschaffen, die auf Basis eines Wettbewerbsprinzips ausgewählt wurden. Und obwohl der deutsche Staat niemals so direkt mit dem frühneuzeitlichen China zu tun hatte wie etwa Portugal oder die Niederlande, hinterließen einzelne deutsche Persönlichkeiten dort ihren Fußabdruck. Besonders jesuitische Missionare drückten der chinesischen Geschichte ihren eigenen Stempel auf. So wurde zum Beispiel Johann Adam Schall von Bell (1591–1666) zum Mandarin und Berater von Kaiser Shunzi aus der Qing-Dynastie ernannt.

Im Zuge der kolonialen Bestrebungen in Ostasien nahm sich auch das deutsche Kaiserreich ein Beispiel an den Aktivitäten seiner westlichen Zeitgenossen und streckte seine Fühler in die Küstenstadt Tsingtao im Qing-Reich aus. Heute wird der Name Tsingtao sofort mit dem in China allgegenwärtigen Tsingtao-Bier assoziiert, das – wenig überraschend – seine Wurzeln in der Germania Brauerei der Kolonialepoche hat. Doch erst nach dem Ersten Weltkrieg begannen die deutsch-chinesischen Beziehungen wirklich zu florieren. Paradoxerweise hatte Deutschlands Verlust imperialistischer Privilegien in China nach diesem Krieg zur Folge, dass es unter den Großmächten der Zeit nur Deutschland gestattet war, mit China auf gleicher Ebene Handel zu betreiben. Und so blühten zwischen 1928 und 1938 die deutsch-chinesischen Beziehungen und Chiang Kai-shek (1887–1975) hieß deutsche Unternehmer und Berater herzlich willkommen. Einen bleibenden Eindruck hinterließ vor allem die militärische Unterstützung, die Deutschland China zuteilwerden ließ und in deren Zuge mehr als hundert hochrangige deutsche Amtsträger nach China reisten, um Chiang und die Kuomintang hinsichtlich militärischer Modernisierung und Industrialisierung zu beraten.[4] Die deutsche Militärmission in China führte zu einer Umgestaltung der chinesischen Armee von einem willkürlich zusammengewürfelten Verband dürftig ausgebildeter und bewaffneter feudaler Warlord-Armeen zu einem modernen nationalen Militär. Deutschland stand für ein Ethos von Disziplin und eine Erfolgsbilanz im Hinblick auf Entwicklung, die Chiang und andere nationalistische Führer bewunderten. In der Folge kam es zu einer beträchtlichen Ausweitung der wirtschaftlichen Interessen Deutschlands während der sogenannten Nanking-Dekade unter Chiangs Schirmherrschaft.[5] Es lässt sich wohl als Ironie des Schicksals bezeichnen, dass – obwohl das Wiederaufleben des deutschen Imperialismus unter Hitler die Beziehung unwiederbringlich zerstörte – es Deutschland war, das China bei der Verteidigung gegen japanische Übergriffe unterstützte und damit einen vielleicht einmaligen Zwischenfall im Jahr 1937 in eine ausgewachsene Konfrontation umwandelte, die den Zweiten Weltkrieg in Asien entfachte.[6]

Angesichts der großen Tradition deutschen sozialen Denkens überrascht es nicht, dass es unter Wissenschaftler eine Diskussion über den Einfluss der Ideen Friedrich Nietzsches auf den chinesischen Revolutionsschriftsteller Lu Xun (1881–1936) gibt.[7] Und natürlich hatte kein Deutscher größeren Einfluss auf die kulturellen und intellektuellen Fundamente des modernen China als der deutsche Emigrant Karl Marx (1818–1883). Während der 200. Jahrestag von Marx' Geburt Anfang 2018 in Deutschland nur zurückhaltend begangen wurde, feierte Xi Jinping den Anlass in der Großen Halle des Volkes und würdigte Marx als den „größten Denker des modernen Zeitalters".[8] China stiftete Trier, der Heimatstadt von Marx, sogar eine gigantische Bronzestatue des Philosophen. Trotz der Tatsache, dass Klassenkampf im heutigen China zu bloßer Rhetorik verkommen ist, bietet der historische Marxismus chinesischen Führern dennoch die große Vision einer wissenschaftlich fortschrittlichen Geschichte – einer, für die der große „chinesische Traum" mehr als bereit ist.

Am 11. Oktober 1972 – auf dem Höhepunkt der Entspannungspolitik während des Kalten Krieges – nahm China die diplomatischen Beziehungen zur damaligen Bundesrepublik Deutschland wieder auf. Im Laufe der vergangenen 40 Jahre haben die deutsch-chinesischen Beziehungen erstaunliche Fortschritte gemacht. 1993 stellte die deutsche Regierung unter Helmut Kohl ihr „Asien-Konzept" vor, das deutsche Investitionen auf dem gesamten Kontinent, besonders jedoch in China, einleitete. Unter Staatspräsident Deng Xiaoping (1904–1997) kam es zur Stärkung der deutsch-chinesischen Verbindungen auf Grundlage der Förderung von Handel. Auf ihren Reisen nach China ließen sich die deutschen Kanzler schließlich auch von großen Firmendelegationen begleiten.[9] Heute hat China die Vereinigten Staaten als Deutschlands Haupthandelspartner außerhalb der EU ersetzt. Sämtliche europäische Staatsoberhäupter reisen öfter in asiatische Länder als in die USA, und Angela Merkel besuchte China zwischen 2004 und 2018 ganze acht Mal. Die deutsch-chinesischen Beziehungen wurden während Xi Jinpings offiziellem Deutschlandbesuch im März 2014 von einer „strategischen Partnerschaft in globaler Verantwortung" zu einer „umfassenden globalen Partnerschaft"[10] aufgewertet. Jährlich treffen die deutsche und die chinesische Regierung zu einer gemeinsamen Sitzung zusammen. Der chinesische Einfluss in Deutschland wird mithilfe von 19 Konfuzius-Instituten und Freundschaftsverbänden noch weiter gestärkt.

Im Vorfeld des G-20-Gipfels im Jahr 2017 schrieb Xi Jinping in einem Gastbeitrag in der Zeitung *Die Welt*:[11] „Der strategische Charakter der chinesisch-deutschen Beziehungen gewinnt ständig an Bedeutung." Mit Trumps möglichem Rückzug vom G-20-Gipfel, den die internationale Elite wohl immer im Hinterkopf hatte, appellierte Xi an die beiden Staaten, sie sollten „die Zusammenarbeit bei der Umsetzung von Chinas ‚One Belt, One Road' intensivieren und gemeinsam für die Sicherheit, Stabilität und Prosperität der Anrainerstaaten Beiträge leisten". Während Merkels China-Besuch 2018 versprach Xi Jinping für deutsche Unternehmungen „die Türe noch weiter zu öffnen".

Dementsprechend pulsiert der Lebensnerv von deutsch-chinesischer Beziehung, Handel und Gewerbe auch weiterhin. Hamburg pflegt seit nunmehr drei Jahrzehnten eine Städtepartnerschaft mit Shanghai, die an Intensität zunahm, als der Schiffsverkehr zwischen den Häfen der beiden Städte immer stärker zulegte. Der deutsche Sportartikelgigant Adidas verkauft allein in Shanghai mehr Schuhe als in der Schweiz und Österreich zusammengenommen. Sowohl Deutschlands multinationale Konzerne als auch seine KMUs erfreuen sich eines immer reibungsloser funktionierenden Zugangs zu B2C-Plattformen wie Alibabas T-Mall (ehemals Taobao Mall). Abgesehen von konkreten Beispielen verdeutlicht auch die Statistik das kontinuierliche Wachstum des bilateralen Handels: Deutschlands Handel mit China stieg 2017 um 35 Prozent auf insgesamt 230 Milliarden US-Dollar, im Vergleich zu 70,2 Milliarden US-Dollar im Jahr 2016. Während seines Besuchs in Berlin im Jahr 2017 unterzeichneten der chinesische Ministerpräsident Li Keqiang und die deutsche Kanzlerin Angela Merkel Kooperationsabkommen im Bereich Wirtschaft und Handel, Finanzen, Elektromobilität und künstlicher Intelligenz. Und im März 2018 lancierten die beiden Länder gemeinsam elf Innovationsplattformen in den Bereichen Elektrofahrzeuge, Biowissenschaft, sauberes Wasser, intelligente Fertigung und grüne Energie.[12]

Auch deutsche Unternehmen sind in China aktiver denn je. 2016 starteten deutsche Firmen mehr als 300 neue Projekte in China, mit einem Wert von 2,71 Milliarden US-Dollar. Im darauffolgenden Jahr waren mehr als 8.200 deutsche Unternehmen in China tätig, mit einer Gesamtinvestitionssumme von 67,34 Milliarden US-Dollar.[13] Viele von ihnen nehmen an Chinas gewaltiger Belt and Road Initiative (BRI) teil. Eine Umfrage der deutschen Handelskammer im Jahr 2017 belegte, dass etwa 30 Prozent der deutschen Unternehmen, die in China aktiv sind, entweder an der Initiative beteiligt sind oder eine Teilnahme erwägen. So stellte sich zum Beispiel der deutsche

Technologiegigant Siemens hinter die Belt and Road Initiative, da er in den Märkten zwischen Deutschland und China bereits sehr viel länger tätig ist als chinesische Unternehmen – und China benötigt dessen Hightech-Produkte zudem zur Verwirklichung seiner Vision „Made in China 2025". Ein weiteres Beispiel ist das deutsche Unternehmen Manz, das eine hochentwickelte Dünnfilmbeschichtung an chinesische Hersteller von Solarpaneelen, wie die Shanghai Electric Group, verkauft.

Duisburg, Deutschlands größter Inlandshafen, ist Standort umfassender chinesischer Investitionen in Transport- und Logistikoperationen und zugleich Ausgangspunkt für 20 Züge pro Woche Richtung China. 2017 organisierte eine deutsch-chinesische Kulturaustauschkommission einen Kasachstan-Tag in Duisburg, in dessen Rahmen mehr als ein Dutzend Nationen Pavillons betrieben und mit Vorträgen, Konzerten, Kunstausstellungen und Food-Trucks die zahlreichen Länder feierten, die sich entlang der „Eisernen Seidenstraßen" befinden, die die beiden Enden Eurasiens miteinander verbinden. Im Zentrum dieses Blue-Container-Festivals standen die Züge.

Angesichts der rasanten Geschwindigkeit, mit der die chinesische Urbanisierung voranschreitet, ist einer der Hauptexporte Deutschlands das Modell nachhaltiger Städte für die vor Menschen nur so wimmelnden chinesischen Megastädte. Bereits 1982 wurde das chinesisch-deutsche Bürgermeisterprogramm initiiert, das den politischen Dialog zwischen Deutschland und China zu Fragen der Stadtverwaltung einleitete. Im Mai 2013 einigten sich Merkel und der chinesische Ministerpräsident Li Keqiang auf die Deutsch-Chinesische Urbanisierungspartnerschaft, die der bestehenden EU-China-Urbanisierungspartnerschaft eine zusätzliche bilaterale Dimension verlieh. Das Projekt soll den Dialog zwischen dem Deutschen Umweltministerium und dem Chinesischen Ministerium für Wohnungsbau und städtische/ländliche Entwicklung mittels interministerieller Arbeitsgruppen unterstützen. Stadtvertreter, Architekten, Stadtplaner und Wissenschaftler aus beiden Ländern treffen dabei für einen städteübergreifenden Dialog zu nachhaltiger Stadtentwicklung zusammen. Deutsche Stadtplaner planten die Ökostadt Tianjin in China und arbeiten nun an einem ähnlichen Plan für die mongolische Steppe. Und im September 2018 versammelte der eben erst gegründete deutsch-chinesische Kulturaustausch „Heritage Conservation for Sustainable Development", der auf Initiative der UNESCO organisiert wurde, internationale Experten in Berlin für Überlegungen zur Rolle der Kultur in der internationalen nachhaltigen Entwicklung. Die DENA (Deutsche Energie-Agentur) evaluiert und entwickelt in zwölf chinesisch-deutschen Pilot-Ökostädten in China energieeffiziente Technologien deutscher Unternehmen.

Deutschlands China-Problem

Trotz des raschen Fortschritts auf sämtlichen Ebenen der chinesisch-deutschen Beziehungen warnen deutsche Politiker und Investoren schon lange vor den Herausforderungen, die mit der Annäherung an Xi Jinpings China einhergehen. Bis vor Kurzem waren die Beziehungen zwischen China und Deutschland von klar definierten Rollen geprägt: Deutschland, die entwickelte, postindustrielle Wirtschaft, verkauft Hightech-Maschinen an China und profitiert im Gegenzug von Möbeln und Elektronik, die zu erstaunlich niedrigen Preisen aus der „Weltfabrik" importiert werden. Doch Chinas auf Hochtechnologiewissen basierende Wirtschaft hat weitaus schneller aufgeholt als ursprünglich erwartet. So werden dort Autos und Mobiltelefone mit westlichem Standard zu Preisen gefertigt, von denen der Westen nur träumen kann. Die Annahme, dass China Deutschland mehr braucht als umgekehrt, besitzt nun nicht mehr gar so viel Gültigkeit: Deutschland wird hingegen in zunehmendem Maße abhängig von China. Das chinesische Wachstum in der Hochtechnologieindustrie bietet Konsumenten eine größere Wahlmöglichkeit – oft zu unschlagbaren Preisen –, doch Deutschland muss auch auf schmerzvolle Art und Weise erkennen, wie gefährlich China als Konkurrent bald werden könnte.

So herrscht zum Beispiel große Unsicherheit, was Chinas Bestrebungen betreffend deutsche Unternehmen angeht. Chinesische Firmen haben bereits große Namen wie KraussMaffei und Putzmeister erworben.[14] Im Jahr 2016 wurden 68 deutsche Unternehmen von chinesischen Betrieben gekauft; 2017 waren es 57, hauptsächlich im mächtigen deutschen Maschinenbausektor.[15] Chinesische Käufer beweisen wachsenden Appetit auf im Deutschen Aktienindex (DAX) gelistete Unternehmen. Der Milliardär Li Shufu erwarb im Februar 2018 ganz im Stillen eine 10-Prozent-Beteiligung an Daimler, und gerüchteweise soll das staatliche Unternehmen BAIC, Daimlers chinesischer Partner, bald nachziehen.

Während frühere Reaktionen auf chinesische Inhaber durchaus positiv waren, sind Unternehmen und deren Kunden zunehmend misstrauisch, ob man sich durch die Einladung chinesischer Investoren nicht ein trojanisches Pferd aufgehalst habe. Als die chinesische Firma Midea im Mai 2016 ankündigte, eine Übernahme von KUKA zu planen, des führenden deutschen Unternehmens im Bereich industrieller Robotertechnik, sorgte dies in der gesamten deutschen Geschäftswelt für Schockstarre. Der damalige deutsche Wirtschaftsminister Sigmar Gabriel rief deutsche Konzerne auf, eigene Angebote zu unterbreiten, was jedoch nur mäßige Reaktionen zur Folge hatte. Der schlussendliche Verkauf von KUKA war ein Weckruf für deutsche Unternehmen und wirtschaftspolitische Akteure.

Kein Wunder, dass die EU China die eine Weihe verwehrt, nach der es am meisten strebt, nämlich den Status als „Marktwirtschaft" – trotz ganzer 30 Europareisen von Xi Jinping und Li Keqiang. Da Chinas Wirtschaft sich auf einer völlig anderen Ebene befindet als die anderer ausländischer Marktteilnehmer, verlangt Europa auf Gegenseitigkeit basierenden Zugang zu chinesischen Konsumenten und stärkeren Schutz für europäische Unternehmen, ehe es China eine Aufwertung gewährt. Und wie die USA, reagiert Europa zunehmend vorsichtig bei der Genehmigung chinesischer Erwerbungen sensibler Technologien mit potenzieller militärischer Anwendung – weshalb Deutschland auch den versuchten Verkauf des Halbleiter-Anlagenherstellers Aixtron SE an den Fujian Grand Chip Investment Fund blockierte. Das Misstrauen

China gegenüber bleibt vor allem in Ländern mit sehr vielen chinesischen Investitionen hoch.

Für Investoren liegt die größte Herausforderung im Augenblick jedoch in Chinas häufig wechselnden Regelungsrahmen und den willkürlichen Neuerungen in der regionalen Verwaltung. Deutsche Unternehmen wenden Jahre auf für Investitionsstrategien in China, sind jedoch aufgrund im Vorfeld unberücksichtigter Änderungen in ordnungspolitischen Maßnahmen oder der Regierungspolitik zu ständigen Anpassungen gezwungen. Und wie die meisten westlichen Unternehmen, die bestrebt sind, in den chinesischen Markt einzutreten, sind auch deutsche Investoren und Unternehmen wachsam, was die Verstöße Chinas gegen die geistigen Eigentumsrechte angeht.

Dennoch werden deutsche Verordnungen – wie auch im Rest Europas – rasch an die Realität der unvermeidbaren deutsch-chinesischen Handelsintegration angepasst. Zuvor hatte es in Europa an effektiven Marktberatungsdiensten und Überwachungsmechanismen für Asien gemangelt. Doch jetzt bieten etliche Gruppen – vom Asia-Europe Business Forum über das European Chamber of Commerce bis zum Mercator Institute for China Studies (MERICS) in Berlin – topaktuelle Orientierungshilfe für europäische Unternehmen, politische Entscheidungsträger und Nachrichtendienste. Deutschland fördert nun neue Handelsschutzinstrumente und hat seine Unterstützung für Investment-Screening zugesichert – ein drastischer Schritt für ein Land, das sich lange Zeit dem freien Handel verschrieben hat. Gleichzeitig stellt sich Deutschland zunehmend dem Anstieg chinesischer Angebote für Beteiligungen an deutschen Technologieunternehmen entgegen, unter anderem mit der Schaffung eines 100-Milliarden-Euro-Fonds, um Firmen in Schwierigkeiten zu retten. Und obwohl Frankreich und Deutschland den Löwenanteil an chinesischen Investitionen in Europa tragen, haben sich die beiden Länder zusammengetan, um die Europäische Kommission zur Einrichtung neuer Handelsschutzinstrumente zu bewegen.

Auch China reagiert zunehmend wachsam, was die Beziehung zu Deutschland betrifft. Direkt vor einem Treffen zwischen Ministerpräsident Li Keqiang und Kanzlerin Angela Merkel in Berlin im Juli 2018 kündigte der Autohersteller BMW Pläne an, Batteriezellen im Wert von 5,5 Milliarden US-Dollar vom chinesischen Batteriehersteller Contemporary Amperex Technology (CATL) zu beziehen, mit einem Vertrag, der die Errichtung einer neuen CATL-Fabrik in Erfurt vorsieht. Im Zuge von Lis Besuch wurde der Vertrag zur Errichtung einer neuen Anlage unterzeichnet. Beim gleichen Treffen erwähnte der chinesische Außenminister Wang Yi jedoch, er hoffe, Europa „falle China nicht in den Rücken", aus Angst vor einem Abkommen Europas mit den USA, das Chinas Position in der Region gefährden würde.[16]

Bedenken, was politische Fragen und Themen der Sicherheit betrifft, treiben ebenfalls einen Keil zwischen die beiden Länder. Neben der Durchsetzung von Antidumping und Investment-Screening bei der EU ist Deutschland auch zu einem der entschiedensten Kritiker Chinas geworden. Wie zahlreiche andere europäische Staaten, hinterfragt auch Deutschland Chinas strategische Absichten in Europa, wobei die Sorge besteht, dass der Wettkampf um Investitionen aus der Chinese Belt and Road

Initiative bestehende politische Blöcke schwächen könnten, was es Peking erlauben würde, eine Taktik des „Teilens und Herrschens" zu verfolgen.[17]

Im September 2017 betonte der deutsche Außenminister Sigmar Gabriel ausdrücklich die Notwendigkeit einer gemeinsamen europäischen China-Strategie. Deutschland ist besorgt, was seine Sicherheit angeht, besonders im nebulösen Cyber-Bereich, gilt doch China nach Russland als zweitgrößte Cyber-Bedrohung des Landes. Trotz regelmäßiger zwischenstaatlicher Dialoge wird von deutscher Seite auch immer häufiger Kritik laut, was Menschenrechtsfragen anbelangt.[18] Merkels öffentlichkeitswirksames Engagement im Fall des chinesischen Dissidenten Liu Xiaobo und – nach seinem Tod – seiner Witwe Liu Xia ist ein Paradebeispiel dafür. Selbst als die beiden Länder Handelsabkommen miteinander schlossen, schloss Deutschland eine gemeinsame Erklärung, mit der im März 2016 Chinas Missachtung von Menschenrechten beim UN-Menschenrechtsrat verurteilt wurde. Im Februar 2017 unterzeichnete Deutschland erneut einen Brief, der die Folterung chinesischer Menschenrechtsanwälte verurteilte. Zudem besuchte der Dalai Lama seit 2009 fünf Mal deutsche Staatsbeamte, sehr zu Pekings Missfallen. Doch vielleicht war es die Rede des deutschen Bundespräsidenten Joachim Gauck im März 2016, mit der Chinas autoritärem Regime die expliziteste Zurechtweisung zuteilwurde. In Hinblick auf seine eigenen Erfahrungen in Ostdeutschland verurteilte der Präsident die chinesische „Diktatur" an Studenten von Shanghais renommierter Tongjii-Universität.

Der Weg nach vorne

Die deutsch-chinesische Beziehung ist ganz eindeutig sowohl von steigendem Engagement als auch von wachsendem Misstrauen gekennzeichnet. Es gibt jedoch einen Silberstreif am Horizont dieser verschlungenen, wenngleich zunehmend engen Beziehung. Letzten Endes verändern die inhärenten Spannungen in der chinesisch-deutschen Beziehung auch die Partnerschaften in der gesamten Region – oder aber stärken sie –, gerade in einem Augenblick, in dem der Rückzug der USA neue geopolitische Orientierungen durch ganz Eurasien formt. Denn Deutschland verstärkt seine Bemühungen um Kooperationen mit anderen asiatischen Partnern, um innerhalb der Region ein Gegengewicht zu China zu schaffen, etwa mithilfe von Beschaffungsverträgen im Bereich der militärischen Abwehr mit Japan.

Während die Deutschen – und die Europäer im Allgemeinen – gegen verlangsamtes Wachstum und gefährdetes intellektuelles Eigentum in China anrennen, lenken sie gleichzeitig Investitionen in andere Gebiete Asiens um. Aufgrund wettbewerbsfähiger Lohnkosten und immer höherer Kompetenzen haben bedeutende deutsche Industriekonzerne wie Bosch begonnen, die Produktion hochentwickelter Antiblockiersysteme und anderer Automobilkomponenten nach Vietnam zu verlegen, wo sie die neuesten Technologien einsetzen und Techniker ausbilden. In Singapur gibt es bereits 1.800 deutsche Unternehmen, und jedes Jahr kommen im Durchschnitt 100 neue dazu. Mit mehr als 20 Milliarden US-Dollar an jährlichen Investitionsströmen in die ASEAN-Staaten ist die EU der größte Investor in Südostasien, und die insgesamt 85 Milliarden US-Dollar an Auslandsinvestitionen sind höher als die jeder anderen Region. Und mit mehr als 250 Milliarden US-Dollar an jährlichem Handelsaufkommen hat die EU bereits Japan als zweitgrößten Handelspartner der ASEAN, hinter China, überholt. Die ASEAN-Mitglieder sind im Gegenzug der drittgrößte Handelspartner der EU hinter den USA und China. Die EU verhandelt zudem ein Freihandelsabkommen mit der ASEAN, das auf einer bereits bestehenden Vereinbarung mit Singapur basiert.

Als europäische Führungsmacht wird Deutschland aller Voraussicht nach den Ton angeben, was die sich verändernden Strategien der Region China gegenüber angeht. Ein Bericht des European Council on Foreign Relations kam zu dem Ergebnis, dass die meisten europäischen Unternehmen dem Beispiel Deutschlands folgen, wenn es um strengere Durchführungsverordnungen für Antidumping-Maßnahmen geht.[19] Von daher übt Deutschland – obwohl auch China über politische Macht verfügt – weiterhin stärkeren politischen Einfluss in Europa, wenn nicht sogar in den demokratischen Staaten Asiens, aus. Frankreich und Großbritannien folgen dem deutschen Beispiel bereits, was die verstärkte Überprüfung chinesischer Investitionen betrifft, und einige Prognosen gehen von einem Dominoeffekt in der gesamten EU aus. China beginnt derweil, den Gegenwind zu spüren und diesem nachzugeben. Vor einem knappen Jahr sah China nur wenig Anlass, die Meinung seiner Freunde – einschließlich Deutschland – zu berücksichtigen, doch die Zeichen der Zeit stehen auf Veränderung. All dies lässt darauf schließen, dass deutsche Vorstellungen im 21. Jahrhundert von ebenso großer Bedeutung für China sein könnten, wie sie es im 20. Jahrhundert waren.

Anmerkungen

1 Wilhelm Hofmeister/Patrick Rueppel (Hg.), „The Future of Asia-Europe Cooperation", in: *EU-Asia Dialogue*, Konrad-Adenauer Stiftung/Europäische Union, Singapur 2015, S. 6.
2 Max Bouchet/Joseph Parilla, „How Trump's Steel and Aluminum Tariffs Could Affect State Economies", in: *Brookings Institution*, 26.3.2018.
3 Michael Yahuda, „The Sino-European Encounter: Historical Influences on Contemporary Relations", in: David Shambaugh, u. a. (Hg.), *China-Europe Relations: Perceptions, Politics, and Prospects*, London 2008, S. 13–32, hier S. 17.
4 Robyn L. Rodriguez, *Journey to the East: The German Military Mission in China, 1927–1938*, Ohio State Univ., Ph. D., 2011.
5 William Kirby, *Germany and Republican China*, Stanford 1984.
6 William Kirby, *Germany and Republican China*, Stanford 1984.
7 Ricardo Mak u. a., *Sino-German Relations since 1800: Multidisciplinary Explorations*, Frankfurt 2000.
8 Kerry Brown, „What Has Marx Ever Done for China?", in: *The Diplomat*, 14.5.2018.
9 „40 Years of Sino-German Relations", in: *DW*, 10.11.2012.
10 Shashi Taroor, „China and Germany: So Far, Yet So Close", in: *The Diplomat,* 6.12.2017.
11 Xi Jinping, *Die Welt*, 4.7.2017, https://www.welt.de/debatte/kommentare/article166231727/Fuer-eine-bessere-Welt.html (letzter Aufruf: 4.12.2018).

12 I-Ting Shelly Lin, „China-Germany Relations: Opportunities Emerge as Investment Ties Grow", in: *China Briefing*, 23.4.2018.

13 I-Ting Shelly Lin, „China-Germany Relations: Opportunities Emerge as Investment Ties Grow", in: *China Briefing*, 23.4.2018.

14 „Wie abhängig Deutschlands Wirtschaft von China ist", in: *Der Spiegel*, 21/2018, 23.5.2018, http://www.spiegel.de/spiegel/deutschlands-wirtschaft-ist-von-china-abhaengig-a-1208784.html (letzter Aufruf: 4.12.2018).

15 Soraya Sarhaddi Nelson, „Chinese Companies Get Tech-Savvy Gobbling Up Germany's Factories", in: *NPR*, 3.10.2018.

16 Keegan Elmer, „China and Germany Band Together Against US on Trade, But It's ‚Tenuous'", in: *South China Morning Post,* 9.7.2018.

17 „China at the Gate: A New Power Audit of EU-China Relations", European Council on Foreign Relations, Dezember 2017.

18 „China at the Gate: A New Power Audit of EU-China Relations", European Council on Foreign Relations, Dezember 2017.

19 „China at the Gate: A New Power Audit of EU-China Relations", European Council on Foreign Relations, Dezember 2017.

2 Wirtschaft und Umwelt

Dieter Zetsche

2.1 Daimler in China – Geschichte und Zukunft wachsender Partnerschaften

29 Millionen Fahrzeuge wurden 2018 in China verkauft. Damit ist das Reich der Mitte der größte Automobilmarkt der Welt. In den nächsten zehn Jahren könnte das jährliche Volumen sogar auf über 35 Millionen Einheiten anwachsen. Für die deutschen Premiumhersteller ist die Volksrepublik zum weltweit größten Markt aufgestiegen. Mit mehr als 600.000 verkauften Einheiten im Jahr 2018 ist China bereits im vierten Jahr in Folge der größte Einzelmarkt für Mercedes-Benz-Pkw. Mehr als 70 Prozent der vor Ort verkauften Fahrzeuge werden inzwischen auch im Land produziert. Wie kam es dazu? Was haben wir über Markt und Kunden gelernt? Und welche Rolle spielt China mit Blick auf die Zukunft der Mobilität? Dieser Beitrag beleuchtet diese Fragen – mit Fokus auf das Unternehmen Daimler und seine Kernmarke Mercedes-Benz.

Langjährige Partnerschaften

Daimler hat eine lange Tradition im chinesischen Markt. Die Geschichte reicht bis ins Jahr 1913. Damals importierte der Geschäftsmann Franz Oster den ersten Mercedes-Benz nach China. Wenig später eröffnete er das erste Mercedes-Autohaus. Das Land war zu der Zeit vornehmlich agrarwirtschaftlich geprägt. Die Zahl der Autos war begrenzt – und das sollte noch viele Jahrzehnte so bleiben.

Mit der schrittweisen wirtschaftlichen Öffnung des Landes Ende der 1970er-Jahre begann ein rapider wirtschaftlicher Aufschwung. Die Exportwirtschaft gewann an Bedeutung, die Zahl ausländischer Investoren nahm zu. Anfang der 1980er-Jahre umfasste der Markt weniger als 10.000, zur Jahrtausendwende bereits etwa 600.000 Autos. Vor gut drei Jahrzehnten wurde mit der Mercedes-Benz China Ltd. unsere erste Landesgesellschaft gegründet. Sie organisierte den Import aller Mercedes-Benz-Fahrzeuge.

Der Beitritt zur Welthandelsorganisation 2001 sorgte für weitere starke Wachstumsimpulse: Zur Jahrtausendwende lag Chinas Anteil am weltweiten Bruttoinlandsprodukt bei vier, 2017 bereits bei 15 Prozent. Die Wachstumsraten der chinesischen Wirtschaft wurden in den letzten Jahren zwar moderater, die absoluten Zuwächse blieben aber konstant. Mit steigender Kaufkraft verbreitete sich auch der Wunsch nach individueller Mobilität. Seit fünf Jahren ist China nun bereits der größte Pkw-Markt der Welt.

Dr. Dieter Zetsche, ist Vorstandsvorsitzender der Daimler AG, Stuttgart.

https://doi.org/10.1515/9783110624731-006

Schlüsselfaktoren, um die rasant wachsende Nachfrage zu bedienen, waren und sind starke chinesische Partner und die Nähe zum Markt. Für Daimler war hier ein Meilenstein im Jahr 2005 die Gründung des Joint Ventures Beijing Benz Automotive (BBAC) mit dem chinesischen Automobilunternehmen Beijing Automotive Group (BAIC). Es war dies der Startschuss zu einer breiten Lokalisierung in China.

Die ersten Aktivitäten im Bereich Forschung und Entwicklung begannen 2005 mit dem ersten lokal produzierten Modell, der Mercedes-Benz E-Klasse. Vor knapp zehn Jahren eröffneten wir als erster deutscher Premiumhersteller ein Advanced Design Studio für die Analyse gesellschaftlicher Trends in China. 2014 folgte das Mercedes-Benz Forschungs- und Entwicklungszentrum in Peking, welches ab dem Jahr 2020 um einen zweiten Standort für Forschung und Entwicklung in der Landeshauptstadt erweitert werden wird.

Produziert wurde bei BBAC anfangs nur die E-Klasse. Inzwischen sind es fünf Modelle. Insgesamt rollten im Jahr 2017 dort insgesamt 430.000 Autos vom Band – das sind deutlich über 70 Mal so viele wie noch im ersten Produktionsjahr nach der Gründung. Vor einigen Jahren haben wir in Peking die erste Motorenfabrik außerhalb Deutschlands eröffnet. In kurzer Zeit wurde unser Werk in Peking zum größten Produktionsstandort von Mercedes-Benz-Modellen weltweit. In 2018 haben wir zusammen mit unserem Partner BAIC verkündet, unsere Produktionskapazitäten um ein zweites Pkw-Werk bei BBAC in Peking zu erweitern.

Seit jeher ist eine Maxime auch für BBAC: Wachstum darf nie zu Lasten der Qualität gehen. Um dem Markenversprechen von Mercedes-Benz gerecht zu werden, haben wir dort Personal aufgebaut und die Mitarbeiter kontinuierlich geschult – vor Ort und im Ausland. Zurück in Peking gaben sie als Multiplikatoren ihr Wissen an Hunderte Kollegen weiter. Zudem haben wir das deutsche Ausbildungssystem bei BBAC eingeführt. Qualität sichern wir auch durch intelligente und umweltfreundliche Produktion. Insgesamt gehört Peking heute zu unseren fortschrittlichsten Produktionswerken.

Fortschritte haben wir auch beim Vertrieb in China gemacht. Seit 2010 hat sich die Zahl der Händlerbetriebe fast verdreifacht – und wir expandieren weiter. Lange lief der Verkauf lokal produzierter Mercedes-Modelle und importierter Mercedes-Modelle über zwei getrennte Organisationen. Diese haben wir vor gut fünf Jahren zusammengelegt. Das verlieh uns mehr Schlagkraft und trug zu einem einheitlicheren Markenbild bei.

Die Lokalisierung war – neben weiteren Faktoren – ein zentraler Schlüssel für die starke Absatzentwicklung der letzten Jahre. Im November 2018 haben wir erstmals die Marke von 600.000 verkauften Autos im laufenden Jahr erreicht.

Zu Daimlers Portfolio zählen auch Nutzfahrzeuge. Mit unserem Partner Beiqi Foton Motor produzieren wir seit vielen Jahren erfolgreich Lkw der Marke Auman. Und unser Joint Venture Fujian Benz Automotive für Mercedes-Benz Vans feierte im letzten Jahr sein zehnjähriges Bestehen. Seit 2015 hat sich unser Van-Absatz dort verdreifacht – und wir sehen weitere Wachstumspotenziale. Erfolgsentscheidend auch hier: ein umfassendes Engagement in China – von der Entwicklung über die Produktion bis zum Vertrieb. Auch das Geschäft mit Finanzdienstleistungen entwickelt sich sehr positiv. Der Schritt nach China erfolgte hier 2005.

Insgesamt ist das Land für uns zur zweiten Heimat geworden. Unsere Präsenz wollen wir über die gesamte Wertschöpfungskette weiter stärken. Zu verdanken haben wir das allem voran der Kooperation mit unseren chinesischen Partnern. Sie kennen ihren Heimatmarkt und geben uns wichtige Einblicke, um China zu verstehen.

China verstehen lernen

Seit seiner Erfindung durch Gottlieb Daimler und Carl Benz 1886 war das Automobil stark auf die Kultur und Rahmenbedingungen des Westens zugeschnitten. Doch ein Produkt, das in Ländern wie Deutschland oder den Vereinigten Staaten von Amerika erfolgreich ist, wurde und wird nicht automatisch auch im chinesischen Markt nachgefragt. Es gibt Unterschiede, die es immer wieder aufs Neue zu verstehen gilt.

China ist mit rund 1,4 Milliarden Menschen das bevölkerungsreichste Land der Erde. Auch von Region zu Region gibt es eigene Geschmäcker und Anforderungen an ein Fahrzeug. Wie in anderen Märkten unterliegen diese einem kontinuierlichen Wandel, der nicht über Jahre hinweg mit den gleichen Regeln beschrieben werden kann. Den *einen* chinesischen Kunden gibt es also nicht.

Besonders in China nehmen Entwicklungen rasant an Fahrt auf – auch in der Automobilindustrie. 2007 waren 90 Prozent der dort verkauften Pkw-Limousinen. Inzwischen hat der Markt für Geländewagen kräftig angezogen. Gewandelt hat sich auch die Definition luxuriösen Designs. Vor nicht allzu langer Zeit bedeutete das: prunkvolle Elemente, die zum Beispiel an europäische Monarchien erinnerten. Heute wird unter Luxus dort eher zurückhaltende Eleganz verstanden. Dies spiegelt sich etwa in der Gestaltung des Interieurs von Premiumautos wider. Ein weiteres Beispiel ist der Autokauf. Lange war es in China gängig, sein Auto bar zu bezahlen. Heute wird jedes zweite Fahrzeug, das Daimler in China verkauft, finanziert oder geleast.

Durch den konsequenten Ausbau der lokalen Forschung und Entwicklung verstehen wir die Erfordernisse des Markts immer besser. Unter anderem analysieren wir vor Ort aktuelle Entwicklungen der chinesischen Gesellschaft und ihre Auswirkungen auf künftige Mobilitätsanforderungen. Beispielsweise wurden im Rahmen einer von uns durchgeführten Studie vor nicht allzu langer Zeit über 1.000 Mercedes-Benz-Autos in Kundenhand untersucht: Welche Gegenstände befinden sich im Auto? Wo werden sie bevorzugt abgelegt? Welche Funktionalitäten im Innenraum werden genutzt, welche eher zweckentfremdet? Um beim Design in China am Puls der Zeit zu sein, tauschen wir uns regelmäßig mit anderen Branchen aus, etwa im Bereich Fashion oder Tech. Zudem arbeiten wir mit Start-ups zusammen und untersuchen Trends in sozialen Medien. Die Erkenntnisse fließen in die Entwicklung ein. Was sind also idealtypische Besonderheiten, die die chinesische Gesellschaft auszeichnen? Welche speziellen

Kundenanforderungen sind damit verbunden? Und wie richten die Autobauer ihre Produkte danach aus?

In China wird typischerweise viel Wert auf starke Beziehungen innerhalb der Familie gelegt. Dabei genießen die ältesten der Familie größten Respekt. Allerdings sind sie in vielen Fällen vor der Massenmotorisierung aufgewachsen und haben oft keinen Führerschein. Mit 36 Jahren ist der durchschnittliche Premiumkunde in China fast 20 Jahre jünger als in Deutschland. Er erzieht meist gerade ein Kind. Insgesamt holen 60 Prozent der chinesischen Mercedes-Kunden mindestens einmal pro Woche Familienmitglieder ab – also doppelt so häufig wie etwa in Deutschland.

Der Fokus in der Entwicklung von Autos für China liegt deshalb verstärkt auf einem komfortablen Fond. Die wohl bekannteste Anpassung, die viele Hersteller speziell für den Markt vornehmen, ist die Verlängerung des Radstands für mehr Beinfreiheit. Auch gut ausgestattet sollte die Rückbank sein. Der Fond der aktuellen E-Klasse beispielsweise ist im Vergleich zum Vorgänger deutlich aufgewertet: Per Touchscreen kann von dort das Infotainment-System bedient werden. In der hinteren, klappbaren Mittelarmlehne sind Getränkehalter, USB-Anschluss und Stauraum integriert. Auch Wellness-Funktionen, allen voran beim hinteren rechten Sitz, werden angeboten. Hinzu kommen spezielle Vorlieben, was Temperatur und Luftzirkulation im Auto angeht. Darauf wurde etwa die Klimatisierung angepasst. Zusätzliche Herausforderungen entstehen durch die weitverbreiteten Bremsschwellen oder die Eigenheiten des lokalen Fahrbahnbelags. Beim Geräuschniveau wurde über verschiedene Stellhebel nachjustiert.

Darüber hinaus ist das Nutzen digitaler Dienste bei unseren vergleichsweise jungen chinesischen Kundinnen und Kunden sehr ausgeprägt. Rund 30 Prozent von ihnen besaßen noch nie zuvor ein Auto – auch nicht als Mitnutzer eines Fahrzeugs im gemeinsamen Haushalt. Diese Generation ist aber mit dem Smartphone groß geworden. Kein Wunder, dass sie von ihrem Auto erwarten, dass es mindestens den technologischen Standard bietet, den sie aus anderen Bereichen ihres Lebens kennen. Insgesamt wird das Smartphone in China etwa doppelt so häufig genutzt wie in Deutschland. Es ist zum Beispiel oft auch Portemonnaie: Fast 70 Prozent aller Offline-Verkäufe in China werden übers Handy bezahlt. Und es dient auch als Autoschlüssel und Lenkrad: Ein Mercedes lässt sich per Fingertipp öffnen oder einparken.

Neben den Kundenpräferenzen unterscheidet sich auch der Verkehr. Es gibt eine hohe Dichte an Autos, Zwei- und Dreirädern sowie Fußgängern. Hinzu kommen Verkehrsschilder mit chinesischen Schriftzeichen und Spurmarkierungen, die in China eine andere oder auch mehrere Bedeutungen haben können. So sind beispielsweise kurze weiße Linien, die weltweit als Zebrastreifen bekannt sind, auch auf Autobahnen zu finden. Dort markieren sie allerdings keinen Fußgängerübergang, sondern den Mindestabstand zwischen den Fahrzeugen. Dies muss die Sensorik bei unseren autonomen Fahrfunktionen erkennen und richtig interpretieren. Dasselbe gilt für Tempolimits, die sich von Fahrspur zu Fahrspur unterscheiden können. Diese landesspezifischen Besonderheiten zeigen, wie wichtig umfassende lokale Forschungs- und

Entwicklungsaktivitäten für Fahrzeuge „made in China, for China" sind und wie wichtig ein starkes lokales Team von mehrheitlich chinesischen Talenten ist.

Insgesamt hat sich die Automobilwelt in China in den letzten Jahren stark verändert. Dabei finden Entwicklungen für China immer mehr Anklang in Märkten weltweit. Für unser kürzlich vorgestelltes Modell Mercedes-Benz GLE war eine Langversion für China geplant. Auf Basis von Kundenanalysen haben wir beschlossen, das Auto weltweit als Langversion anzubieten. Die Tendenz lautet also: Wir entwickeln längst nicht mehr nur in China für China, sondern mehr und mehr aus China heraus für die ganze Welt.

China als Treiber der Zukunft der Mobilität

Marktverständnis geht immer auch einher mit dem Verständnis der gesellschaftlichen und politischen Rahmenbedingungen eines Landes. Im Mai 2015 hat China die Strategie „Made in China 2025" verabschiedet. Ziel ist, die Industrie des Landes zu stärken und eine technologische Führungsposition in Zukunftsindustrien zu erlangen. Dazu wurden Ziele formuliert, Initiativen entwickelt und Schlüsselindustrien definiert. Beispielsweise sollen neue, smarte Technologien, eine intelligente Urbanisierung oder die Elektromobilität vorangetrieben werden. Der Staat stellt dazu umfangreiche Förderprogramme zur Verfügung.

Wir bei Daimler sind überzeugt, dass insbesondere vier Megatrends die Zukunft der Mobilität gestalten: Connectivity, autonomes Fahren, Sharing und Elektromobilität. Daimler fasst sie unter dem Akronym „CASE" zusammen. Jedes der Felder hat das Potenzial, die gesamte Industrie auf den Kopf zu stellen. Für uns liegt die eigentliche Revolution in ihrer Kombination.

Doch Zukunftsstrategien von Politik und Wirtschaft alleine schaffen keinen Markt – darüber entscheidet der Kunde. Über 70 Prozent der Chinesen glauben daran, dass neue Technologien unsere Welt zu einem besseren Ort machen. Der weltweite Durchschnitt liegt bei rund 40 Prozent. Diese Einstellung ist ein wichtiger Baustein, um Mobilität von morgen erfolgreich zu gestalten. Welche Rolle spielt China also bei den vier Megatrends Connectivity, autonomes Fahren, Sharing und Elektromobilität?

Die stark ausgeprägte Digitalisierung der chinesischen Gesellschaft ist im vorherigen Kapitel bereits angeklungen. Für über 80 Prozent unserer Kunden ist **Connectivity** ein entscheidendes Kaufargument. In Deutschland gilt das nur für 17 Prozent. Umso wichtiger ist es, intuitive Infotainment-Systeme anzubieten, die auch auf China zugeschnitten sind. Die Sprachsteuerung unseres neuen Systems MBUX spricht und versteht verschiedene chinesische Dialekte. Die Navigationsdarstellung mit Augmented Reality Features bieten wir als erster Hersteller für den chinesischen Markt. MBUX können wir „over the air", sprich ohne Werkstattbesuch, aktualisieren und erweitern. Damit entkoppeln wir das Infotainment-System von den längeren Entwicklungszyklen des Gesamtfahrzeugs. So werden neue Features schnell im Auto erlebbar. Mehr als 60 Prozent unserer Kunden dort sehen das und die damit verbundene Aktualität als eine der wichtigsten Connectivity-Funktionen an.

Um unseren Kunden das bestmögliche digitale Ökosystem zu bieten, arbeiten wir mit zahlreichen chinesischen Tech-Größen zusammen. Wieso das so wichtig ist, zeigt die Verbreitung ihrer Dienste: Fast 1,1 Milliarden Menschen nutzen WeChat. Um die vielleicht beliebteste App Chinas in unsere Autos zu integrieren, kooperieren wir mit Tencent. Bei den Suchmaschinen hatte Baidu 2017 einen Marktanteil von rund 60 Prozent. Anwendungen von Baidu sind daher ebenfalls über MBUX nutzbar. Darüber hinaus haben wir mit Alibaba verkündet, gemeinsam neue Felder für den weiteren Ausbau des digitalen Ökosystems bei Fahrzeugen zu erkunden. Gerade im Bereich Connectivity wird deutlich: Die jungen Mercedes-Kunden in China sind ein Seismograf für künftige Interessen von Kunden weltweit. Um erfolgreich zu bleiben, gilt es also gerade in China am Puls der Zeit zu bleiben.

Egal ob mit anderen Fahrzeugen oder mit der Infrastruktur – Vernetzung ist auch ein Schlüssel für das **autonome Fahren**. Die großen Fortschritte der letzten Jahre in dem Feld dürften ein Grund sein, wieso Chinesinnen und Chinesen der Technologie sehr aufgeschlossen gegenüberstehen. Auch die staatliche Politik fördert das autonome Fahren: Geplant ist, dass Mitte des nächsten Jahrzehnts bis zu 20 Prozent der Fahrzeuge hochautomatisiert und bis 2030 bis zu zehn Prozent vollautonom unterwegs sein sollen.

Unsere automatisierten Assistenzsysteme in unseren Serienfahrzeugen zeigen: Wir sind eines der führenden Unternehmen in dem Bereich. Die Technologie bringt mehr Komfort für unsere Kunden – und darauf legt man in China viel Wert. Eine Umfrage unter chinesischen Premiumkunden hat ergeben, dass sie sich einen Service wünschen, mit dem sich das Auto per Smartphone einparken lässt. Diese Möglichkeit bieten wir bereits seit der neuen E-Klasse. Gemeinsam mit dem Unternehmen Bosch heben wir das Ganze auf die nächste Stufe: Das Automated Valet Parking ermöglicht es, Fahrzeuge per Smartphone zu einem zugewiesenen Ort zu manövrieren. 2018 haben wir die Technologie erfolgreich der Öffentlichkeit in Peking demonstriert. Das Pilotprojekt im Bereich des infrastrukturgestützten fahrerlosen Parkens ist das erste seiner Art in China.

Autonomes Fahren sorgt aber nicht nur für mehr Komfort, es macht den Verkehr auch sicherer. Das Potenzial dafür ist im komplexen, dynamischen Verkehrstreiben in Chinas Metropolen besonders hoch. Mithilfe künstlicher Intelligenz bringen wir unseren Autos die bereits im vorangegangenen Kapitel erwähnten Besonderheiten des dortigen Verkehrs bei. Dank der Fortschritte der letzten Jahre können unsere Autos – insbesondere auch in China – schon heute zuverlässig selbstständige Entscheidungen treffen.

Grundlage für bisherige und künftige Entwicklungen sind – auch in diesem Feld – enge Kooperationen mit chinesischen Partnern. Mit der Tsinghua-Universität zum Beispiel treiben wir seit 2012 Projekte zur Anpassung automatisierter Fahrfunktionen an lokale Gegebenheiten voran – von der Datenerfassung von Verkehrssituationen bis hin zu technischen Parametern wie Kamera-Algorithmen. Mit Baidu kooperieren wir im Rahmen des sogenannten Apollo-Projekts. Auf der Apollo-Plattform werden unter anderem wichtige, für China spezifische gesetzliche Anforderungen an die Technologie gebündelt. Dies hilft uns, technische Trends früh zu erkennen. Im Juli 2018 haben wir als erster internationaler Autobauer eine Genehmigung zur Erprobung vollautomatisierter Testfahrzeuge auf öffentlichen Straßen in Peking erhalten. Die Fahrzeuge sind mit zusätzlichen technischen Applikationen von Baidu Apollo ausgestattet.

Das S in CASE steht für **Sharing**, also geteilte Mobilitätsdienstleistungen. Der Markt dafür wächst in China rasant. Eine Studie der Unternehmensberatung Roland Berger hat ergeben, dass es beim Carsharing bis 2025 jährliche Zuwächse von 45 Prozent geben könnte. Damit gäbe es Mitte des nächsten Jahrzehnts 600.000 geteilte Autos in China.

Mit car2go und Car2Share bieten wir sowohl stationsbasierte als auch flexible Dienste für fast eine halbe Million Kunden in China. Chongqing avancierte in kurzer Zeit zu einem der weltweit größten car2go-Standorte. Die Kundenakzeptanz von Mobility Services in China hat mehrere Gründe: In vielen Metropolen wächst der Bedarf nach Mobilität schneller als das Angebot an öffentlichem Nahverkehr. Mobilitätsdienste stellen also oft eine effektive Ergänzung dar. Außerdem gibt es viel mehr Leute mit Führerschein als Privatwagen. Mobilitätsdienste verschaffen denjenigen Zugang zu einem Auto, die keines besitzen wollen oder können. Viele junge Chinesen schätzen insbesondere die Pragmatik der Dienste: Die Miete ist flexibel, ein Kleinwagen wie der smart leicht zu parken und praktisch in Staus. Das zeigt: Das Verständnis von Komfort ist von Kunde zu Kunde unterschiedlich.

Deshalb planen wir bei Daimler, unser Portfolio bei den Mobilitätsdienstleistungen in China auszuweiten – um einen Premium-Service im Bereich Ride Hailing. Dazu wollen wir ein Joint Venture mit dem chinesischen Autobauer Geely gründen. Die Software für den Dienst entwickeln wir zusammen. Die Flotte soll zunächst aus Mercedes-Modellen bestehen – von V-Klassen, die als VIP-Shuttles ausgelegt sind, bis hin zu unseren luxuriösen Maybach-Limousinen.

Schon in den vergangenen Jahren hat die **Elektromobilität** in China an Fahrt aufgenommen. Mehr als die Hälfte des Absatzvolumens des Weltmarkts entfällt auf China. 2018 dürften dort erstmals über eine Million E-Autos pro Jahr verkauft werden. Die Politik hat die große strategische Bedeutung der Elektromobilität erkannt. Dementsprechend hoch ist ihr Gestaltungsanspruch. So wurden Quoten für die Hersteller bezüglich des Anteils alternativer Antriebe in Produktion und Verkauf definiert: 2019 liegt die Quote bei zehn, 2020 bei zwölf Prozent.

Gleichzeitig unterstützt der Staat den Kauf von Fahrzeugen mit alternativem Antrieb mit finanziellen Zuschüssen und Steuererleichterungen. Im Gegensatz zu Autos mit Verbrennungsmotor sind Elektroautos von Fahrverboten ausgenommen. Ziel der Regierung ist, dass der Markt zur Mitte des nächsten Jahrzehnts rund sieben Millionen Elektroautos umfasst. Das entspräche einem Marktanteil von 20 Prozent. Ein solcher Durchbruch kann nur mit einer flächendeckenden Ladeinfrastruktur gelingen.

Die weitet der Staat aktuell massiv aus und finanziert auch den Aufbau privater Ladesäulen. All das dürfte die Verbreitung der Elektromobilität noch stärker beschleunigen.

Auch Daimler ist überzeugt von der Elektromobilität und ihrem enormen Potenzial allem voran für China. Gezeigt haben wir das mit der Gründung des ersten deutsch-chinesischen Joint Ventures für batterieelektrische Fahrzeuge gemeinsam mit BYD. Ein weiterer Meilenstein unseres Engagements für Elektromobilität ist die Beteiligung an Beijing Electric Vehicle (BJEV), einer Tochtergesellschaft unseres Partners BAIC. Beides trägt dazu bei, ein noch besseres Verständnis der chinesischen Kundinnen und Kunden in diesem Bereich zu bekommen.

Wir sind fest entschlossen, unsere Elektro-Offensive auch in China erfolgreich zu gestalten. Insgesamt werden wir weltweit 130 elektrifizierte Pkw-Varianten anbieten. In jedem Segment gibt es künftig eine vollelektrische Variante. Bis 2022 fließen mehr als zehn Milliarden Euro in den Ausbau unserer Elektroflotte. Startschuss dafür war im Herbst 2018 die Premiere des Mercedes-Benz EQC, eines vollelektrischen Geländewagens mit bis zu 450 Kilometern Reichweite. Der EQC ist der erste elektrische Mercedes, den wir in Peking produzieren werden – weitere werden folgen. Unsere E-Autos sind Teil eines umfassenden elektromobilen Ökosystems: von intelligenten Services über private Energiespeicher und induktives Laden bis hin zum nachhaltigen Recycling der Batterien.

Unabhängig von Antriebsart oder Fahrzeugtyp werden wir alle Pkw künftig auf einer Linie produzieren – natürlich auch bei BBAC in Peking. Auch Batterien für unsere E-Autos fertigen wir vor Ort gemeinsam mit unserem Partner BAIC. Die Produktion wird neueste Standards und modernste Produktionsanlagen mit Industrie-4.0-Technologien verbinden. Die Zellen für die Batteriefabrik werden aus China stammen. Durch all das sind wir in der Lage, eine steigende lokale Nachfrage schnell zu bedienen. Bis Mitte des nächsten Jahrzehnts wird China einen substanziellen Anteil am Absatz von Elektrofahrzeugen von Mercedes-Benz darstellen.

Egal ob Connectivity, autonomes Fahren, Sharing oder Elektromobilität – nirgendwo sonst sind Verbreitung und Akzeptanz in der Bevölkerung größer als in China. Wir betrachten den Markt als Turbo der globalen Transformation der Automobilindustrie.

Um den Wandel erfolgreich zu gestalten, gilt es China immer wieder aufs Neue zu verstehen. Die nötigen Strukturen haben wir geschaffen, weitere wichtige Weichen sind gestellt. Mehr denn je wird es in Zukunft aber auf Kooperationen mit lokalen Partnern ankommen. Insbesondere die Kooperation mit BAIC hat sich sehr gut entwickelt. Auch bei den einzelnen CASE-Themen wissen wir starke chinesische Partner an unserer Seite. Diese Erfolgsgeschichten wollen wir fortschreiben. Bei Daimler sind wir überzeugt: Gemeinsam mit China werden wir die Mobilität der Zukunft noch facettenreicher und faszinierender machen.

Michael Reuther

2.2 Auf den Spuren des großen Wirtschaftspartners – Potenziale in der Finanzwirtschaft zwischen China und Deutschland

Die Seidenstraße war immer ein Projekt der Kaufleute. In Antike und Mittelalter waren es Händler, die mit ihren Pferden und Kamelen Wüsten und Berge überquerten, um ihre Waren in neue Märkte zu tragen. Der Austausch zwischen Europa und China brachte den Ländern Zentralasiens zugleich einen Schub an Wachstum und Entwicklung. Schon damals bewegte sich dabei auch viel Geld: Bereits um das Jahr 70 n. Chr. berichtet Plinius d. Ä. von einem erheblichen Abfluss von Gold aus dem Römischen Reich, um Luxuswaren wie Seide aus China zu bezahlen.[1] Historiker nennen den pazifischen Seehandel ab dem 16. Jahrhunderts als Nachfolger der landgebundenen Seidenstraße aus ähnlichen Gründen „Silber-Route".[2] Damals strömten enorme Summen an Edelmetallen zur Bezahlung von Gütern in Richtung China.

Heute haben die Handelskarawanen und Segelschiffe einen Nachfolger in den Logistikfirmen gefunden, die den Containerverkehr rund um den Globus organisieren. Wir erleben, wie Zentralasien nach Jahrzehnten der Vernachlässigung aus dem Dornröschenschlaf erwacht und wie neue Hoffnung für eine Trendwende in Afrika aufkeimt. Die globalisierte, technisierte Zivilisation gibt sich dabei nicht mit natürlichen Karawanenpfaden zufrieden. Sie gestaltet die Welt um und baut mächtige Verbindungswege. China hat hier die Initiative ergriffen und schafft völlig neue Strukturen. Seit 2013 läuft offiziell die „Belt and Road Initiative" (BRI), eine vielfach potenzierte Neuauflage der Seidenstraße. Der „Belt" bezeichnet dabei die Landwege durch Russland und den Nahen Osten nach Europa, die zu florierenden Wirtschaftskorridoren werden sollen. Die „Road" ist die „maritime Seidenstraße". Dabei handelt es sich um die moderne Fortführung der Handelswege zur See, also die neue Version der Silber-Route. Rund 70 Länder haben sich mittlerweile zu Unterstützern der Initiative erklärt und über 1000 größere Projekte haben bereits begonnen.[3] Die Förderung des freien Handels zwischen den Teilnehmern ist ein wichtiger Teil der Idee und kommt gut voran.[4]

Die alte Seidenstraße kam in puncto Zahlungsmittel mit Edelmetallwährungen aus. Heute spielen Banken und moderne Finanzdienste die zentrale Rolle. Sie sind das Vehikel, über die Chinas Regierung das Geld für die Seidenstraßenprojekte bereitstellt. Die Mittel speisen sich aus mehreren staatlichen Fonds, die zugleich auch kompetentes Personal und organisatorisches Wissen zur Verfügung stellen.[5] Die Weitervergabe erfolgt über Förderbanken und staatliche Geschäftsbanken,[6] dazu kommen Beiträge von

Michael Reuther, ist Mitglied des Vorstands der Commerzbank AG, Frankfurt am Main.

https://doi.org/10.1515/9783110624731-007

privaten Investoren, die China mit ins Boot holen will. Trotz der romantisch-altertümlichen Anklänge des Namens: Die entscheidenden Fragen im Zusammenhang mit der neuen Seidenstraße drehen sich um den richtigen Einsatz von Kapital.

Tatsächlich sieht China die BRI als hervorragende Möglichkeit, Reserven aus den Handelsüberschüssen des Landes zukunftsorientiert einzusetzen. Von Anfang hat die Führung des Landes das Projekt daher auch als Vorhaben der Finanzindustrie definiert. „Die Finanzintegration bildet einen wichtigen Teil der Basis für die Umsetzung Belt-and-Road-Initiative", heißt es in dem grundlegenden BRI-Aktionsplan der chinesischen Regierung.[7] Die Entwicklung von Anleihemärkten, die gegenseitige Verschränkung der Finanzinfrastruktur und die Schaffung von Plattformen für die Abwicklung von Transaktionen mit den Partnerländern sollen dem Dokument zufolge die Grundlage der Zusammenarbeit bilden.

Die chinesische Führung überträgt hier die eigenen Erfahrungen mit erfolgreicher Entwicklungspolitik auf die neuen Partnerländer. Auch in China war es nach 1979 der geschickte Umgang mit dem erst erschreckend knappen, dann immer reicher vorhandenen Kapital, der den Aufstieg eingeleitet und dann weiter befeuert hat.[8] Die Investitionen des Auslands haben dabei den wirtschaftlichen Wandel in den ersten Jahrzehnten nach der Öffnung entscheidend angetrieben. Jetzt ist das Land stark genug, um selbst Kapital zu exportieren und sich seinerseits in weniger entwickelten Regionen zu engagieren.

China spannt dafür ein Netz von Handels- und Investitionsbeziehungen – und Deutschland ist von Anfang an unmittelbar mit eingebunden. Auch wenn Frankfurt fast 9.000 Kilometer von Shanghai entfernt liegt: Europa ist Teil der Seidenstraße, zumindest nach chinesischem Verständnis. Der Duisburger Binnenhafen, Leipzig, Hamburg und Nürnberg sind bereits wichtige Endpunkte neuer Eisenbahnverbindungen quer durch den eurasischen Kontinent, die China mit erheblichem Aufwand möglich gemacht hat. Mit dem Eisenbahnausbau und der Aufnahme des direkten Handels mit Deutschland verwirklicht die Volksrepublik eine Idee, die der Schöpfer des Wortes „Seidenstraße", der Forschungsreisende und Chinakundler Ferdinand von Richthofen, bereits Ende des 19. Jahrhunderts verbreitet hat.[9] So schließt sich auch personell ein geschichtlicher Bogen: Ein Nachfahre dieses Pioniers der Länderkunde, der Finanzexperte Peter von Richthofen, arbeitet heute in verantwortlicher Position für die Commerzbank am Standort Hongkong und trägt seinen Teil zum Knüpfen der internationalen Finanzbeziehungen innerhalb der neuen Seidenstraße bei.

Die geistige Idee der Seidenstraße geht eben weit über die Schaffung physischer Verkehrswege hinaus. Es handelt sich bei der BRI nicht nur um ein Konjunkturprogramm zur Errichtung neuer Bauwerke aus Stahl und Beton, sondern um ein Sinnbild für ein chinesisch angeführtes Handels- und Investitionssystem. Für die Mehrheit der deutschen Wirtschaftsvertreter steht heute fest: Wenn China seine Wirtschaftsinteressen ausdehnt, dann ist automatisch auch Deutschland dabei. Schließlich ist die Volksrepublik mit einem Handelsumsatz von knapp 187 Milliarden Euro im Jahr 2017 der weltweit wichtigste Wirtschaftspartner Deutschlands. Damit lag das asiatische

Land noch vor den unmittelbaren EU-Nachbarn Frankreich und den Niederlanden und deutlich vor den USA. China wiederum ist einer der größeren Auslandsinvestoren in Deutschland und betrachtet die Bundesrepublik als einen der wichtigsten Verbündeten.

Die deutsche Politik mag noch zögern, sich hinter die Seidenstraßeninitiative zu stellen. Große Teile der deutschen Wirtschaft sind gleichwohl ganz vorne mit dabei. Konzerne mit Infrastrukturschwerpunkt wie Siemens sehen besonders großes Potenzial. Das Unternehmen hat bereits Verträge über eine Zusammenarbeit mit zehn chinesischen Partnern abgeschlossen, die speziell auf Bestellungen im Rahmen der BRI abzielen.[10] In Peking hat Siemens ein eigenes Büro zur Koordinierung der Seidenstraßenaktivitäten eröffnet. „Die Belt-and-Road-Initiative ist eine Einladung an die Welt, am größten Infrastrukturprojekt aller Zeiten teilzunehmen", so Joe Kaeser, der Vorstandsvorsitzende von Siemens. „Es handelt sich hier um ein Projekt, das fast allen Branchen neue Chancen eröffnet."[11]

Siemens kann bereits auf mehrere erfolgreich abgeschlossene Aufträge zurückblicken, deren Finanzierung direkt auf die Seidenstraßeninitiative zurückgeht. Dazu gehört beispielsweise die Lieferung von Gasturbinen für ein Kraftwerk in Pakistan oder der Bau einer Natriumcarbonatfabrik in der Türkei.

Auch inhabergeführte Unternehmen profitieren von Chinas Infrastrukturboom. Für die Herrenknecht AG, einen Hersteller von Tunnelbohrmaschinen, ist China bereits der wichtigste Markt. Herrenknecht erwartet zusätzliche Aufträge, wenn entlang der Seidenstraße weitere Autobahnen, Zugstrecken, Wasserleitungen entstehen: Im unwegsamen Gelände sind dafür stets auch Tunnel nötig. Knorr-Bremse, Weltmarktführer für Bremssysteme und ein führender Anbieter sicherheitskritischer Subsysteme für Schienen- und Nutzfahrzeuge, erhielt bereits Aufträge, die unter anderem aus BRI-Töpfen finanziert sind. Das Unternehmen ist ein wichtiger Zulieferer der chinesischen Zughersteller. Unterm Strich lässt sich sagen, dass die deutsche Wirtschaft Chinas hohe Investitionen in infrastrukturschwachen Gebieten vollständig begrüßt. Auch Unternehmen, die nicht direkt dabei sind, können potenziell von der neuen Entwicklung profitieren. Das chinesische Engagement schafft Wachstum und Wohlstand in Regionen, an denen der globale Aufschwung bisher vorbeigegangen ist. China stößt dafür in Länder vor, die von den anderen großen Volkswirtschaften bisher ignoriert wurden. Hier entstehen nun neue Märkte.

Hochpreisige Produkte, wie Deutschland sie anbietet, brauchen zahlungskräftige Abnehmer. Eine Ausdehnung der chinesischen Rezepte zur Schaffung von Wohlstand kann daher nur nutzen. Ein Beispiel: Kasachstan ist erst kürzlich unter die Länder der mittleren Einkommensklasse aufgerückt. Seit 2002 haben sich die Einkommen dort versechsfacht.[12] Das Land kann damit künftig viel mehr sein als zuvor: Produktionsstandort mit qualifiziertem Personal ebenso wie Absatzmarkt für Qualitätswaren. Das nutzt allen Seiten.

Besonders beeindruckend ist Chinas Engagement in Afrika, das ebenfalls zur Sphäre der BRI zählt – konkret verläuft hierhin die „Road", die „maritime Seidenstraße".

Präsident Xi Jinping stellte Kredite in Höhe von 60 Milliarden Dollar für die Länder des afrikanischen Kontinents in Aussicht.[13] Er machte dabei klar, dass die Mittel langfristig orientierten Umwelt- und Infrastrukturvorhaben vorbehalten sind. Das Forum on China-Africa Cooperation (FOCAC) endete im Sommer 2018 dementsprechend mit einem erstaunlich weitreichenden Bekenntnis von 53 afrikanischen Ländern zur Zusammenarbeit mit China.[14]

China hilft dabei auch, die eigene Entwicklungsblaupause auf andere Länder zu übertragen. Ein wichtiger erster Schritt ist es, physische Infrastruktur zu schaffen. Das zeigt sich etwa in afrikanischen Ländern, in denen mit chinesischer Beteiligung die ersten modernen Eisenbahnlinien entstehen.[15] In Sonderwirtschaftszonen kann sodann eine Öffnung gegenüber dem Weltmarkt erfolgen, ohne die eigene Binnenwirtschaft sofort allzu hohem Konkurrenzdruck auszusetzen. Export und Handel ermöglichen es, Arbeitsplätze zu schaffen. In international finanzierten und verwalteten Produktionsstätten lassen sich wiederum die besten Praktiken und Techniken lernen. Diese Saat wird vielleicht nicht in allen beteiligten Ländern aufgehen. Doch schon jetzt ist abzusehen, dass die chinesische Initiative entscheidende Entwicklungsimpulse aussendet. Das wiederum fördert die politische Stabilität[16] – ein Umstand, der ebenso im Sinne Chinas wie Deutschlands ist. Für die chinesische Regierung ist Stabilität ein zentraler Wert – und nun auch ein Exportgut.

Und auch die Umwelt profitiert. China selbst vollzieht derzeit eine radikale Wende zu mehr Nachhaltigkeit. Das bleibt nicht ohne Auswirkung auf das Investitionsverhalten, schon allein aus Eigennutz. Wenn Solarzellen das Exportgut der Wahl sind und wenn sie hinreichend preiswert geworden sind, dann ergibt es Sinn, sie in großer Zahl zu nutzen.[17] Zugleich kommt Elektrizität dahin, wo vorher keine war.

Finanzarchitektur schaffen

All das scheint zunächst vor allem Geld zu kosten, doch das Engagement zahlt sich mit hoher Wahrscheinlichkeit aus. Die Wechselbeziehung zwischen Kapitalgeber und -nehmer im Rahmen einer BRI-Beziehung sieht idealerweise so aus: China stellt per Kredit die Mittel für ein Bauvorhaben zur Verfügung, das wiederum einen örtlichen Aufschwung auslöst, der die Rückzahlung des Kredits ermöglicht. Neue Eisenbahnlinien, Stromleitungen, Gewerbeparks, die Öffnung von Exportrouten für die Waren – das sind erprobte Zutaten für Wirtschaftswachstum. Gerade Volkswirtschaften, die von einem niedrigen Niveau herkommen, wie Ghana oder Kasachstan, reagieren oft bereitwillig auf so einen Stimulus. Auch wenn nicht jedes Projekt ein voller Erfolg sein wird – Risiken liegen in der Natur von Investitionen –, so ist in der Gesamtbetrachtung die Chance hoch, dass der Kapitaleinsatz sich unterm Strich auszahlt.

Milliardeninvestitionen sollten jedoch möglichst professionell organisiert sein. Das ist der Grund, aus dem China die Rolle der Finanzwirtschaft als Teil der BRI so betont. Auch wenn chinesische Förderbanken und die großen staatlichen Bankengruppen die Hauptlast der Kredite tragen, sind ausländische Institute eingeladen, sich zu beteiligen und ihr Know-how einzubringen. Als gutes Beispiel dafür kann ich eine Partnerschaft anführen, die unser Haus, die Commerzbank, im Juli 2018 in die Wege geleitet hat: Wir sind mit der größten chinesischen Bank, der Industrial and Commercial Bank of China (ICBC), übereingekommen, den Rahmen für die Finanzierung von BRI-Projekten durch die Commerzbank zu entwickeln. Wir streben an, in den kommenden fünf Jahren Vorhaben mit einem Geschäftsvolumen von fünf Milliarden Dollar gemeinsam mit der ICBC zu begleiten. Die Commerzbank ist hier einer der Vorreiter, doch zahlreiche weitere Institute folgen unserem Beispiel: China holt in rascher Folge weitere international operierende Banken mit ins Boot.[18]

Das trägt insgesamt zur Vertiefung der gegenseitigen Beziehungen zwischen China und der Welt bei. In der Zeit vor BRI verlief Chinas Öffnung eher passiv: Peking gab dem Drängen der ausländischen Akteure nach mehr Marktzugang nach. Mit der BRI wird das Verhalten proaktiv. Umso wichtiger ist es auch heute, bei der chinesischen Erfolgsgeschichte dabei zu sein. Sie wird sich in der einen oder anderen Form im Lauf dieses Jahrhunderts fortsetzen. Zwar strebt die Führung des Landes für die nahe Zukunft keine vollständige Öffnung und Deregulierung der Finanzmärkte an. Doch die BRI-Aktivitäten sind eine wichtige Möglichkeit, trotzdem an der Entwicklung teilzunehmen.

Die Zahl und Bandbreite der nachgefragten Finanzdienstleistungen sind in dem neu entstehenden und expandierenden Wirtschaftsraum entlang der Seidenstraße sehr hoch. China hat in den ersten Jahrzehnten seiner Entwicklung zur Finanzierung der Wirtschaft vor allem auf den Bankkredit gesetzt. Das funktioniert zwar, doch in vielen Fällen ist der klassische Kredit für die Finanzierung reifer Unternehmen nicht optimal. Die chinesische Regierung hat auch längst registriert, dass das System an seine Grenzen stößt, und eine Umstellung auf andere Finanzierungsformen eingeleitet. Dabei stehen Anleihen und der Aktienmarkt im Fokus des Interesses. Bond-Investoren können Unternehmen erfahrungsgemäß gut einschätzen: Es entsteht ein effizienter Marktpreis für das Kapital. Damit verbessert sich die Allokation der Mittel. Auch Laufzeit, Zinssatz und Ausgestaltung kommen den Bedürfnissen der Firmenkunden besser entgegen. Gerade langfristige Projekte wie Infrastrukturbauten lassen sich viel besser mit Anleihen finanzieren, deren Laufzeit sich an den Bau- und Nutzungszeiten orientiert.

Schon jetzt fördert Peking die Nutzung des Anleihemarktes, um das nötige Kapital für die BRI aufzubringen. Die Firma Global Logistics Properties aus Singapur war im Januar 2018 die erste, die in der südchinesischen Metropole Shenzhen sogenannte Belt and Road Bonds ausgegeben hat.[19] Die namentliche Verknüpfung mit dem Prestigeprojekt hat sichergestellt, dass die Wertpapieraufsicht die Emission von Anleihen mit einem Volumen von 1,8 Milliarden US-Dollar befürwortet. Zugleich ist das Schlagwort ein Gütesiegel für chinesische Investoren, die eine gewisse Rückendeckung der Regierung vermuten.

Tatsächlich ist internationale und privatwirtschaftliche Beteiligung an der BRI fest vorgesehen. China könnte die nötigen Summen trotz der tiefen Kassen der

Devisenbehörden nicht allein stemmen. Zwar haben Institutionen wie die Asian Infra-structure Investment Bank (AIIB), der Silk Road Fund, die New Development Bank, die chinesischen Förderbanken und die Staatsbanken zusammen eine Summe in der Nähe von einer Billion Dollar für Projektfinanzierung in Aussicht gestellt, wie oft berichtet wurde. Doch sie rechnen hier offenbar Mittel ein, die sie über Anleiheausgabe im In- und Ausland von weiteren Investoren einsammeln. Der chinesische Staat selbst trägt regelmäßig eher die Größenordnung zweistelliger Dollar-Milliardenbeträge zu den Fonds bei. Entscheidend ist hier, dass die quasistaatliche Kreditrisikobewertung am Markt günstige Zinsen ermöglicht. Um den Erfolg der Emissionen zu gewährleisten, brauchen die Akteure jedoch Dienstleister und Partner, die sie bei der Aufnahme so gewaltiger Mittel begleiten.

Internationale Banken bringen bei der Aufwertung der Finanzierungsformen in Fernost ihr Wissen bereits auf breiter Front ein. Die chinesische Regierung fördert das: Sie will die Staatsgiganten des Landes auf Vordermann bringen und dafür marktwirtschaftliche Mechanismen aktivieren. Unser Haus hat in diesem Zusammenhang bereits zahlreiche Bondemissionen für chinesische Unternehmen federführend betreut. Darunter befanden sich so hochkarätige Kunden wie die Industrial and Commercial Bank of China (ICBC), die Bank of China (BOC) oder das Chemieunternehmen Chemchina, das bei der Übernahme des Schweizer Agrarchemiespezialisten Syngenta auf Zwischenfinanzierungen angewiesen war.

Im nächsten Schritt geht es nun um die wirklich modernen Instrumente, die uns inzwischen zur Verfügung stehen, die jedoch im Seidenstraßenkosmos noch zu wenig zum Einsatz kommen. Ein gutes Beispiel ist „Green Financing". In diesem ökologisch orientierten Finanzierungswerkzeugkasten finden sich Anleihen, Direktbeteiligungen oder Aktienemissionen an Unternehmen, die das Geld zumindest zum Teil nutzen, um neben ihren üblichen Geschäftsinteressen einen positiven Umwelteffekt zu erzielen.

Die Commerzbank war hier im November 2017 einer der Vorreiter: Als die China Development Bank, die zentrale Förderbank des Landes, eine ökologische Seidenstraßenanleihe herausgegeben hat, wollte sie gleichzeitig in mehreren Währungsräumen Geld aufnehmen. Wir haben diese Emission für den Euroraum als Konsortialbank federführend begleitet.

Damit gelang eine Reihe von Erstleistungen. Es handelte sich um die erste grüne Anleihe einer chinesischen Förderbank, die erste grüne BRI-Anleihe und die erste Euroanleihe mit vierjähriger Laufzeit eines chinesischen Emittenten. Das Projekt weist den Weg für künftige Finanzierungslösungen entlang der Seidenstraße. Der Rückstau an ökologischer Infrastruktur ist in den Teilnehmerländern enorm; und trotz aller Bemühungen gehört auch China weiterhin zu den größten Treibhausgasemittenten. Viele der Infrastrukturprojekte verlaufen durch bisher wenig berührte Regionen wie die Steppen Zentralasiens. Wer setzt die Standards für den Schutz der Natur? Spielen Umweltfolgen für die Planer überhaupt eine Rolle?

Es ist durchaus Bewusstsein für diese Fragen da. Präsident Xi Jinping selbst betont als Initiator des Vorhabens die Wichtigkeit eines nachhaltigen Ansatzes.

„Wir müssen die Chancen nutzen, die sich aus der neuen Runde der Energiewende und der Revolution der Energietechnik ergeben, um ein globales Energienetz zu schaffen und ökologische Entwicklung bei Verringerung der Kohlendioxidemissionen zu erreichen", sagte Xi zum Auftakt des Seidenstraßenforums im Jahr 2017.[20]

Den Banken kann demnach auch hier eine zentrale Rolle zukommen. Ökologische Aspekte könnten integraler Teil der Kreditvergabekriterien werden; die Bewertung der Umweltfolgen würde damit auf Ebene der Finanzierungszusage erfolgen. Das könnte den Umweltschutz in den Teilnehmerländern deutlich stärken. Es würde auch helfen, die Bedenken von internationalen Investoren zu zerstreuen. Dafür sind jedoch transparent angewandte Standards erforderlich. Als deutsches Institut sieht die Commerzbank hier spannende Möglichkeiten zur Zusammenarbeit mit Umweltorganisationen und anderen vertrauenswürdigen Akteuren.

Ein Vorbild ist die Climate Bonds Initiative mit Sitz in London. Sie definiert Standards für die Bewertung der Umweltfreundlichkeit von Anleihen. Darüber hinaus dienen die Green Bond Principles, bei denen die Commerzbank bereits seit 2014 Mitglied ist, als wichtiger Marktstandard für die Begebung grüner Anleihen. Die chinesische Regierung hat derweil eigene Definitionen für „grüne Anleihen" entwickelt. Den Verantwortlichen ist klar, dass die Seidenstraßeninitiative ihre Glaubwürdigkeit sowohl bei Investoren als auch bei den Empfängerländern verspielt, wenn die Weltöffentlichkeit sie auf breiter Front mit Naturzerstörung in Verbindung bringt. Eine stärkere Zusammenarbeit mit international verantwortlichen Spielern kann hier entscheidend zu einer zuverlässigen Umsetzung beitragen.

Ein Wirtschaftsprogramm von der Dimension der Seidenstraßeninitiative birgt auch über die reine Projektfinanzierung hinaus große Chancen für die Finanzwirtschaft. Wo so hohe Kredite vergeben werden, ist ein Management der Schulden gefragt. Weil nicht jedes Projekt in jedem Land sofort ein kommerzieller Erfolg sein kann, sind mittelfristig auch Umschuldungen und ultimativ die Weiterverwertung uneinbringlicher Kredite notwendig. Heute gibt es gute Instrumente zum Umgang mit solchen Situationen. Dazu gehört zum Beispiel die Verbriefung von Verbindlichkeiten, die einen marktwirtschaftlichen Umgang mit den Risiken ermöglicht.

Je weiter sich die chinesische Wirtschaft mit den Volkswirtschaften anderer Länder verschränkt, desto wichtiger wird auch die Begleitung von Übernahmen und Fusionen. Und je mehr internationale Firmen in China und entlang der Seidenstraße aktiv sind, desto wichtiger wird das grenzübergreifende Liquiditätsmanagement. Dabei sorgt der Dienstleister beispielsweise dafür, die Einnahmen und Rücklagen eines Unternehmens an den Standorten zu bündeln, wo sie am sinnvollsten angelegt werden können.

Generell schafft die Internationalisierung Chinas Nachfrage nach hochentwickelten Finanzdiensten. Chinesische Unternehmen können sich seit 2018 an der neuen Börse China Europe International Exchange (Ceinex) in Frankfurt listen lassen. Das Unternehmen Haier aus Qingdao, einer der Weltmarktführer bei Hausgeräten wie Kühlschränken und Waschmaschinen, hat dort im Oktober erstmals Anteilsscheine ausgegeben. Die Ceinex will so die Brücke zwischen den Kapitalmärkten in China und Europa werden.

Es zeichnet sich im Gesamtbild ein neues Muster der Wirtschaftsentwicklung ab. Nachdem Globalisierung zunächst bedeutete, dass westliche Unternehmen in unterentwickelten asiatischen Ländern investierten, schwingt das Pendel nun zurück. China steigt als Partner auf Augenhöhe in Europa und Amerika ein, während es sich zugleich als Schutzherr einer Riege von kooperationsbereiten Schwellenländern engagiert.

Der Netzwerkeffekt

Das alles sind Beispiele dafür, dass die Entwicklung der globalen Wirtschaft den etablierten Industrieländern nicht etwa etwas wegnimmt, sondern dass hinterher einfach mehr für alle da ist. Die Wirtschaftskorridore und die Seewege der Seidenstraße bilden dank China die nächste Front der Wirtschaftsentwicklung. Dadurch wird ein weiterer, gemeinsamer Aufschwung möglich. Die chinesische Story reißt nicht ab, sie verlagert sich. Die BRI-Sphäre umfasst 25 Prozent der weltweiten Wirtschaftsleistung und 60 Prozent der Weltbevölkerung. Da gibt es gewaltige Ressourcen, die sich noch aktivieren lassen: Neben Bodenschätzen, Energiequellen und landwirtschaftlicher Nutzfläche sind dies auch Personal, Talente und Ideen.

Unsere Studie „Die Belt & Road Initiative – Geschäftsstrategien und Wahrnehmung chinesischer Unternehmen im Wandel"[21] zeigt in diesem Zusammenhang, dass chinesische Firmen in der Öffentlichkeit inzwischen deutlich positiver dastehen als noch vor wenigen Jahren. Die zunehmende Präsenz von Qualitätsprodukten „made in China" und eine Reihe gelungener Beteiligungen und Übernahmen in Deutschland haben das Image des Landes verschoben. Statt nur als billiger Standort erscheint China nun als starker Wirtschaftspartner und als Herkunftsland innovativer Waren.

Dazu trägt auch die BRI bei. Sie gibt dem Bestreben der chinesischen Unternehmen nach Expansion einen Fokus. Noch vor wenigen Jahren stand China in den Augen der Weltöffentlichkeit deutlich schlechter da: Die Jagd auf Übernahmeobjekte rund um den Planeten wirkte unstrukturiert, die Auswahl der Ziele erschien zum Teil beliebig. Firmengruppen kauften Beteiligungen ein, deren strategischer Wert sich nur schwer nachvollziehen ließ. Mit der BRI lenkt die Regierung die Investitionen nun in Richtung der Seidenstraßenländer. Bezeichnenderweise ging die Zahl der Übernahmen in Westeuropa im Jahr 2017 gegenüber dem Vorjahr um fast ein Fünftel zurück, während sie in den BRI-Staaten um acht Prozent anstieg.

Die Einordnung Deutschlands in der chinesischen Wahrnehmung ist dabei nicht ganz eindeutig. Offiziell ist Deutschland kein Teilnehmer an der BRI, doch es liegt ganz klar am westlichen Endpunkt der „Gürtel". Unsere Analysten erwarten auf jeden Fall, dass auch künftig viele Fusionen und Übernahmen von EU-Unternehmen durch chinesische Firmen zu sehen sein werden.

Deutschland ist hier weiterhin hochgeschätzt. Es sind vor allem die wertvolle Technik, die starken Marken und das Image als Qualitätsstandort, die es für chinesische Kaufinteressenten attraktiv machen. Auch jenseits der schlagzeilenträchtigen Großinvestitionen tut sich einiges: Es gehen immer mehr Mittelständler in chinesische Hände über. Auch das ist kein Grund zur Sorge, sondern eine gute Nachricht. Der Kauf gesunder Unternehmen markiert oft das Ende eines Nachfolgeproblems. Der chinesische Käufer öffnet zudem in vielen Fällen ein Tor zu seinem Heimatmarkt für die Produkte.

Im Gesamtbild eröffnen sich damit positive Perspektiven. Wirtschaft ist ein Netzwerk von Beziehungen: Lieferketten, Finanzierungen und persönliches Vertrauen zwischen Akteuren sind die wichtigsten Verbindungen. Ein Netz wird jedoch stärker, je mehr Knotenpunkte und Querverbindungen es hat. Die Volkswirtschaftslehre und die Informatik nennen das den Netzwerkeffekt: Wirtschaftsbeziehungen werden reicher und tragfähiger, je mehr Teilnehmer dabei sind. Das ist einer der Gründe dafür, dass wirtschaftliche Zusammenschlüsse, angefangen mit dem Deutschen Zollverein in den 1830er-Jahren bis hin zur EU, einen solchen Wohlstandsgewinn gebracht haben. Eine weitere Verflechtung unserer Volkswirtschaft mit China und den BRI-Staaten wird ebenfalls ein Plus bringen.

China schafft mit der neuen Seidenstraße einen Korridor der offenen Türen. In Zeiten global zunehmender Skepsis gegenüber dem Freihandel erklingt hier ein wichtiger Kontrapunkt. Der britische EU-Ausstieg und das Aufkommen handelskritischer politischer Kräfte in anderen Ländern zeigen, dass der Nutzen des Freihandels in Teilen der Gesellschaft besserer Aufklärung bedarf. Die konkreten Verkehrswege, die im Rahmen der BRI entstehen, zeigen nun anschaulicher als alle Statistiken, welche Veränderungen im Gange sind. Wie dies Ferdinand von Richthofen einst vorhergesagt hat, sind die Bahnnetze dabei „aneinanderzuschießen". China bindet gerade Nachbarländer wie Thailand, Kambodscha und Laos an die eigenen Schienenwege an. Zugleich kommen Gespräche mit Russland über den Bau chinesischer Bahnstrecken voran. Eines Tages könnte eine Fahrt auf einheitlicher Technik mit 300 Kilometern pro Stunde von Singapur bis Moskau möglich sein.[22] Wer offene Türen und freien Verkehr von Personen und Waren befürwortet, kann sich über solche Aussichten nur freuen.

China als Vorbild für länderübergreifende Investitionsprogramme

Es mangelt weltweit nicht an Kapital. Die lockere Geldpolitik aller relevanten Notenbanken hat dazu geführt, dass sich erhebliche liquide Mittel im Umlauf befinden. Was ist die richtige Anwendung für diese Mittel? China macht es vor und setzt sie da ein, wo Geld gebraucht wird und Potenzial brachliegt. Die BRI ist auch ein Investitionsprogramm, das Infrastrukturausgaben in der Größenordnung des Bruttoinlandprodukts einer kleinen Volkswirtschaft aktivieren kann und damit den Lebensstandard für sieben Zehntel der Wertbevölkerung verbessert. Auch wenn das Projekt noch am Anfang steht, hat China damit eines bereits bewiesen: Die Lösung des Rätsels der besten Entwicklungsförderung liegt in Finanzkompetenz und dem geschickten Einsatz von Kapital.

Anmerkungen

1 https://www.sciencedirect.com/science/article/pii/S187936651630032X (letzter Aufruf: 23.11.2018). Originalfundstellen bei Gaius Plinius Secundus Maior, *Naturalis Historia*, Bücher 6 (zum Handelsdefizit von 50 Millionen Sesterzen mit Indien) und 12 (zu China, Indien und Arabien; die Angabe lautet „100 Millionen Sesterzen“).
2 „Ruta de la Plata“; siehe Peter Gordon/Juan Jose Morales, *The Silver Way – China, Spanish America and the birth of globalisation 1565–1815*, Sydney 2017.
3 https://www.merics.org/en/bri-tracker/mapping-the-belt-and-road-initiative (letzter Aufruf: 23.11.2018).
4 http://www.xinhuanet.com/english/2018-05/31/c_137220884.htm (letzter Aufruf: 23.11.2018).
5 https://www.researchgate.net/publication/325339625_The_Role_of_China%27s_Sovereign_Wealth_Funds_in_President_Xi_Jinping%27s_Ambitious_Belt_and_Road_Initiative (letzter Aufruf: 23.11.2018).
6 Besonders involviert sind die China Development Bank (CDB), die Exim Bank of China oder die Industrial and Commercial Bank of China (ICBC); vgl. z. B. https://www.reuters.com/article/china-cexim-beltandroad/chinas-eximbanks-belt-and-road-loans-up-37-pct-in-h1-xinhua-idUSL4N1UV053 (letzter Aufruf: 23.11.2018).
7 http://www.xinhuanet.com//english/china/2015-03/28/c_134105858_3.htm (letzter Aufruf: 23.11.2018).
8 Carl E. Walter/Fraser J. T. Howie, *Red Capitalism. The fragile financial foundation of China's extraordinary rise*, Singapur 2011, S. 2–20.
9 Ferdinand Richthofen, *Kiautschou – Seine Weltstellung und voraussichtliche Bedeutung*, Berlin 1897, S. 29, https://digital.staatsbibliothek-berlin.de/werkansicht?PPN=PPN610384627&PHYSID=PHYS_00 07&DMDID= (letzter Aufruf: 23.11.2018). Richthofen erwartete damals bereits ein Zusammenwachsen des Bahnnetzes quer über die eurasische Landmasse hinweg: „Wie vor einigen Jahren, nachdem der Versuch einer ersten Telegraphenlinie erfolgreich durchgeführt war, das Himmlische Reich in kurzer Zeit nach allen Richtungen bis zu seiner fernen Westgrenze mit Drähten durchzogen war, so werden voraussichtlich bald die Eisenbahnen wie Krystalle aneinanderschießen." Er träumt hier vor allem vom Kohleexport nach Deutschland auf dem Land- und dem Seeweg. Als Forscher im Auftrag des Kaiserreichs hatte er dabei zwar vor allem eine Verbesserung der Rohstoffversorgung Deutschlands im Blick, registrierte durch den Handel mit den westlichen Ländern aber zugleich auch einen Aufschwung in China, der das Land insgesamt stärkte.
10 http://w1.siemens.com.cn/news_en/news_articles_en/5754.aspx (letzter Aufruf: 23.11.2018).
11 http://w1.siemens.com.cn/news_en/news_articles_en/5756.aspx (letzter Aufruf: 23.11.2018).
12 https://www.worldbank.org/en/country/kazakhstan/overview (letzter Aufruf: 23.11.2018).
13 https://www.fmprc.gov.cn/zfltfh2018/eng/zxyw_1/t1591508.htm (letzter Aufruf: 23.11.2018).
14 https://www.fmprc.gov.cn/zfltfh2018/eng/zxyw_1/t1591508.htm (letzter Aufruf: 23.11.2018).
15 http://www.xinhuanet.com/english/2016-10/05/c_135732122.htm (letzter Aufruf: 23.11.2018).
16 https://www.merics.org/en/china-mapping/china-conflict-mediator (letzter Aufruf: 23.11.2018).
17 https://solarmagazine.com/one-belt-one-solar-road-solar-strides-to-africa/ (letzter Aufruf: 23.11.2018).

18 http://www.chinadaily.com.cn/a/201807/19/WS5b5055fca310796df4df77f7.html (letzter Aufruf: 23.11.2018).
19 https://www.glprop.com/news-releases/510-glp-approved-as-the-first-belt-road-bond-issuer-in-china.html (letzter Aufruf: 23.11.2018).
20 http://www.xinhuanet.com/english/2017-05/14/c_136282982.htm (letzter Aufruf: 23.11.2018).
21 https://www.firmenkunden.commerzbank.de/portal/media/corporatebanking/neu-hauptportal-rebrush/insights/bri/42340_DEU_BRI_Whitepaper_brochure-A4_260618_Online.pdf (letzter Aufruf: 23.11.2018).
22 http://www.chinadaily.com.cn/world/cn_eu/2017-11/02/content_34033393_4.htm (letzter Aufruf: 23.11.2018).

Henry Cai
2.3 Chinesisch-deutsche Win-win-Investitionen fördern die Entwicklung der Industrie 4.0

In diesem Jahr jährt sich sowohl der Beginn der chinesischen Reform- und Öffnungs-bewegung als auch die Unterzeichnung des Abkommens über technische Zusammen-arbeit durch die chinesische und die deutsche Regierung zum 40. Mal. In diesen 40 Jahren haben die grenzüberschreitenden chinesischen und deutschen Investitio-nen und hierbei insbesondere die deutschen Investitionen in China zur starken Ent-wicklung der deutschen Wirtschaft beigetragen; zudem haben die wirtschaftliche Zu-sammenarbeit Chinas und Deutschlands sowie die Win-win-Effekte deutlich sichtbare Entfaltung und Entwicklung erfahren lassen und zur Herausbildung eines einzigarti-gen Systems wirtschaftlicher Symbiose geführt.

Nach Statistiken des chinesischen Handelsministeriums erreichte der Handel zwi-schen China und Deutschland im Jahr 2017 eine Höhe von 168,1 Milliarden US-Dollar, wobei China nun bereits zwei Jahre nacheinander der größte Handelspartner Deutsch-lands ist. Deutschland wiederum nimmt seit vielen Jahren den Spitzenplatz als größ-ter Handelspartner Chinas in Europa ein. Die Summe des Handels zwischen China und Deutschland macht annähernd ein Drittel des gesamten Handels zwischen China und der Europäischen Union aus und erreicht die Gesamthöhe des Handels Chinas mit England, Frankreich und Italien. Heutzutage ist die Summe des täglichen Handels zwischen China und Deutschland ebenso groß wie die des bilateralen Handels der ersten anderthalb Jahre nach der Aufnahme diplomatischer Beziehungen.

Deutschland ist auch unter den Mitgliedsländern der Europäischen Union das Land mit den höchsten Investitionen in China. So haben mehr als 8000 deutsche Un-ternehmen in China investiert, die Gesamthöhe dieser Investitionen hat sich auf mehr als 65 Milliarden Euro belaufen. Seit 2010 nehmen auch die Investitionen chinesischer Unternehmen in Deutschland Fahrt auf, sodass es sich bei den bilateralen Investitio-nen nicht länger um eine Einbahnstraße handelt. Nach der Statistik des chinesischen Handelsministeriums haben bereits mehr als 2000 chinesische Unternehmen in Deutschland investiert und Firmen gegründet, wobei die chinesischen Direktinvesti-tionen im Jahr 2016 eine Höhe von 2,381 Milliarden US-Dollar erreichten. Allerdings ist die Gesamthöhe der chinesischen Investitionen in Deutschland noch vergleichsweise gering – die Summe der bestehenden Investitionen macht etwa ein Zehntel der Sum-me der deutschen Investitionen in China aus.

Henry Cai, ist Gründer und Chairman von Asian German Industry Fund (AGIC), Peking/München. AGIC ist Gesellschafter der KraussMaffei Group.

https://doi.org/10.1515/9783110624731-008

Für die Entwicklung der deutschen Industrie 4.0 ist eine Anbindung an den chinesischen Markt, an chinesisches Kapital und an chinesische Unternehmen unabdingbar

Der Aufschwung des bilateralen Handels und der beiderseitigen Investitionen zwischen China und Deutschland ist zu einem großen Teil von der Strategie eines Upgrades der deutschen fertigenden Industrie getrieben.

Im Jahre 2013 verkündete der damalige Präsident der acatech – Deutsche Akademie der Technikwissenschaften, Henning Kagermann, auf der Hannover Messe die „Industrie-4.0-Strategie". Er verwies darauf, dass die Industrie 4.0 für Deutschland eine Chance darstelle, seine Rolle als Produktions- und Fertigungsstandort sowie als Anbieter von Produktionsanlagen und IT-Lösungen zu festigen. Die Bezeichnung „Industrie 4.0" orientiert sich im Wesentlichen an den vorangegangenen drei industriellen Revolutionen: „Industrie 1.0" bezeichnet die erste industrielle Revolution im 18. Jahrhundert, in deren Zuge maschinelle Produktion allmählich die Arbeit per Hand ersetzte; „Industrie 2.0" benennt die zweite industrielle Revolution zu Beginn des 20. Jahrhunderts, in deren Verlauf mithilfe des Einsatzes elektrischen Stroms eine industrialisierte Produktion verwirklicht wurde; „Industrie 3.0" bezeichnet die im Anschluss an die 1970er-Jahre unter Einsatz elektronischer Systeme und der Informationstechnik realisierten Produktionslinien und die Automatisierung der Produktion.

Der Kern von Industrie 4.0 besteht in der intelligenten Fertigung, bei der durch eingebettete Prozessoren, Speicher, Sensoren und Datenkommunikationsmodule die Anlagen, Produkte, Rohmaterialien und die Software miteinander verbunden und auf diese Weise die gegenseitige Identifizierung und Vernetzung der Produkte und der unterschiedlichen Produktionsanlagen verstärkt werden. Einen Schritt weiter führt dies zu Digitalisierung, Erleichterung der Kommunikation zwischen und Automatisierung von Produkten, Fabriken, Lieferanten und Konsumenten sowie in letzter Konsequenz zu einer Vernetzung der Produktions- und Konsumweisen der gesamten Gesellschaft. Die deutsche Fertigungsindustrie verfügt über eine starke Basis und entscheidende Voraussetzungen für die Entwicklung intelligenter Fertigung, sodass sie für das Upgrade der Fertigung der Entwicklungsländer und -regionen einschließlich China wertvolle Erfahrungen liefern und als Referenzmodell dienen kann.

Zu der Zeit, 2013, war ich als Executive Chairman Investment Banking Asia Pacific der Deutschen Bank tätig und konnte mehr als 20 Jahre lang die Industrieunternehmen und Märkte beider Länder sowohl beobachten als auch persönliche Erfahrungen in diesen sammeln. Ich habe das Konzept der deutschen Industrie 4.0 in China eingeführt und dessen Ideen propagiert. Außerdem habe ich im Jahr 2015 einen Brückenfonds zur Verbindung der deutschen Industrie 4.0 mit dem chinesischen Markt gegründet: AGIC Capital. Ich bin fest davon überzeugt, dass die Zukunft der

Fertigungsindustrie in ihrer Digitalisierung liegt und sich die deutsche Industrie-4.0-Strategie und die Entwicklung der chinesischen Industrie auf natürliche Weise ergänzen, sodass eine Win-win-Kooperationsbeziehung möglich ist. Die Entwicklung der deutschen Industrie 4.0 lässt sich vom chinesischen Markt nicht trennen, weshalb die Verbindung mit chinesischem Kapital und chinesischen Unternehmen für die Zukunftsorientierung fortschrittlicher deutscher Unternehmen eine immer bedeutendere Brücke darstellt.

Die Bedeutung des chinesischen Markts für die technologische Entwicklung der deutschen Industrie 4.0 ist augenfällig. Mit der Automobilindustrie wählte Deutschland im Prozess der Etablierung von Industrie 4.0 die Industrie mit der längsten Wertschöpfungskette, der höchsten Anzahl von Prozessen und dem höchsten Individualisierungsgrad der Anforderungen der Konsumenten für den Durchbruch und damit zugleich die Industrie mit dem höchsten Anspruch und Durchschlagseffekt. Die weltweit führende und globalisierte Automobilindustrie mit VW, BMW und Daimler als ihren Vertretern stellte der deutschen Industrie eine starke Produktionsbasis und übernahm die Führungsrolle für das Upgrade 4.0

Seit zehn Jahren verhilft der chinesische Markt diesen drei deutschen Automarken mit im Durchschnitt zweistelligem Wachstum zu einem stetigen Anstieg ihrer aggregierten Wachstumsraten. So betrug beispielsweise der Anteil des Absatzes auf dem chinesischen Markt bei VW 40 Prozent des weltweiten Gesamtabsatzes, wobei der Gewinnbeitrag des chinesischen Marktes bei 60 Prozent des weltweiten Gesamtgewinns lag.

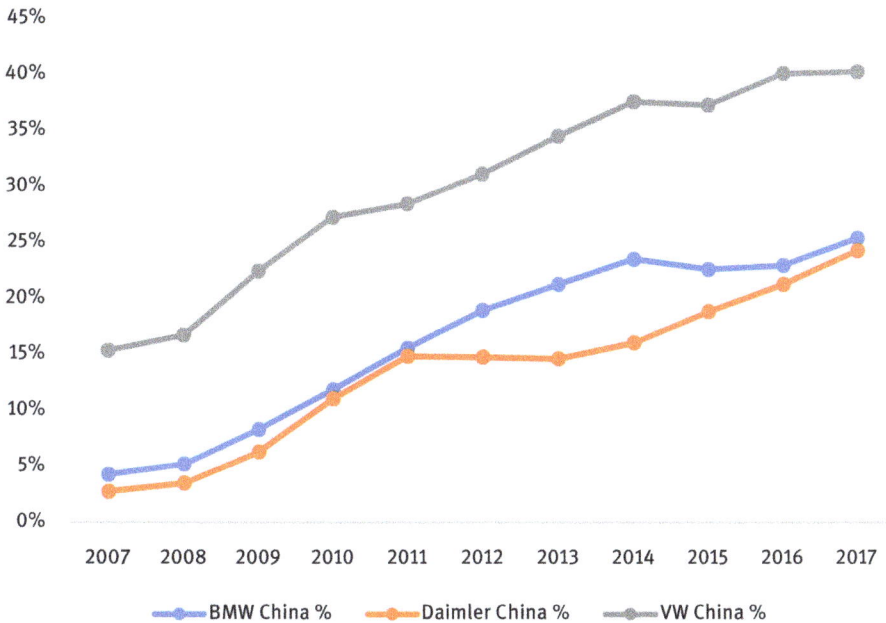

Abb. 1: China Contribution %, Quelle AGIC 2018

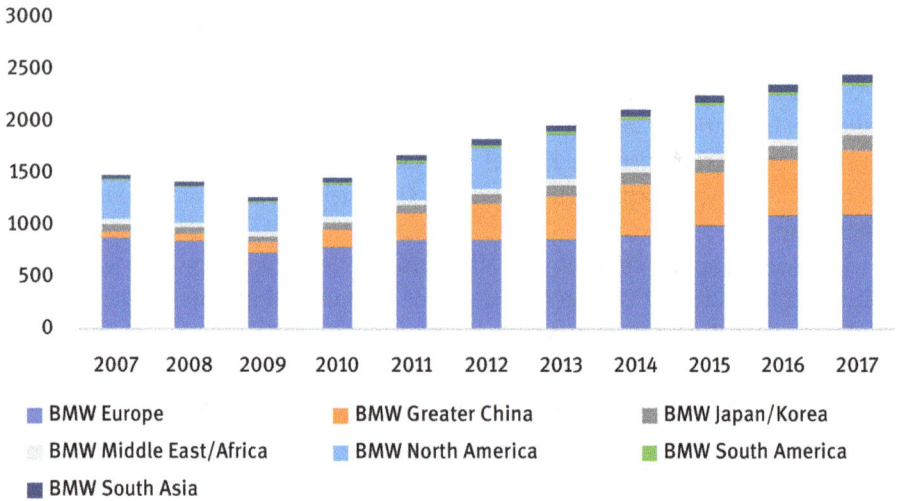

Abb. 2: BMW Global Sales Split, Quelle AGIC 2018

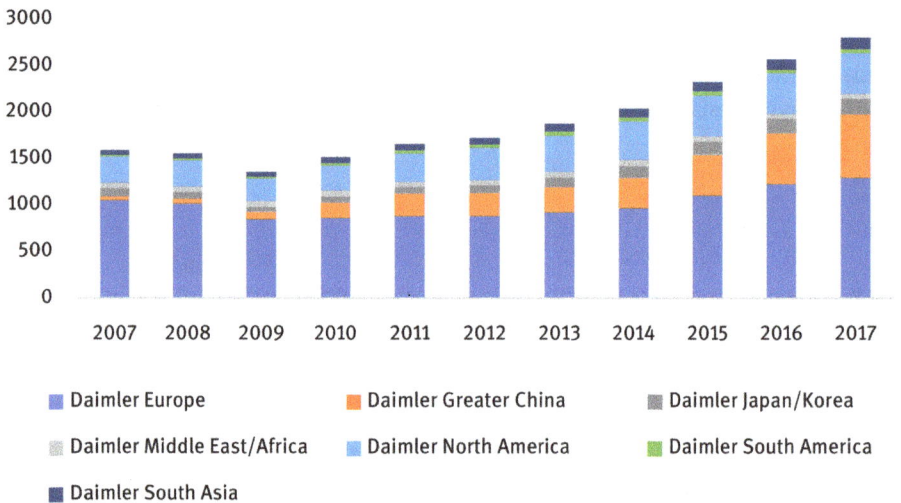

Abb. 3: Daimler Global Sales Split, Quelle AGIC 2018

Im Zuge der Prozesse der Marktöffnung für deutsche Unternehmen und des Lernens von ihnen haben auch die chinesischen Unternehmen ihre Investitionen in Deutschland verstärkt und damit die vorherige Situation einer nahezu einseitigen Richtung der Kapitalströme verändert. Damit haben sich die Handels- und Investitionsbeziehungen beider Länder mehr in Richtung einer Balance und des gegenseitigen Nutzens verschoben. Die Statistik des Handelsministeriums zeigt, dass die chinesischen Investitionen in Deutschland vornehmlich in Form von Unternehmensübernahmen erfolgen

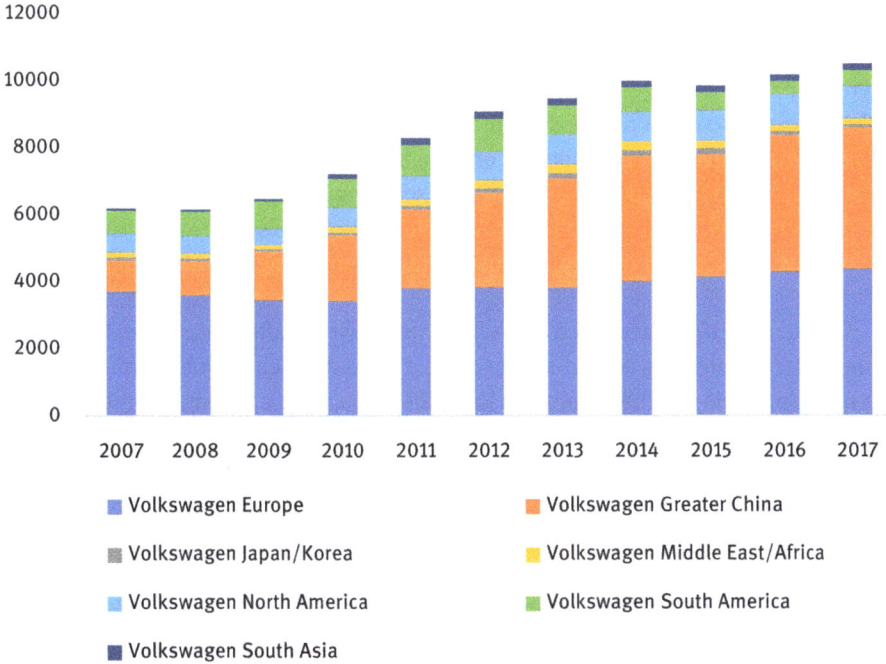

Abb. 4: VW Global Sales Split, Quelle AGIC 2018

und sich im Wesentlichen auf Bereiche der Industrie 4.0 wie Maschinenbau, Auto-mobilzulieferer, Informationstechnologie, Elektronik, alternative Energien sowie Energiesparen und Umweltschutz konzentrieren.

Nach dem Ende der Finanzkrise des Jahres 2008 haben die Investitionen chinesi-scher Unternehmen in Deutschland rasant zugenommen. Auf den Feldern Maschinen-bau und Infrastruktur sind die Transaktionen sehr zahlreich und die Transaktions-summen zum Teil hoch, sodass sie in der internationalen Gemeinschaft ein hohes Maß an Aufmerksamkeit erregt haben, wie beispielsweise der Kauf des deutschen Ro-boterherstellers Kuka durch Midea, für den das Unternehmen nahezu vier Milliarden Euro Kapital aufbrachte.

Im Jahr 2015 übernahm ChinaChem in Zusammenarbeit mit uns den weltweit füh-renden Kunststoff- und Gummimaschinenhersteller Kraus Maffei mit einer 180-jäh-rigen Tradition und unterstützte das Unternehmen erfolgreich bei der Erweiterung seines Vertriebsnetzes in China, was zu einem raschen Wachstum führte.

Im hinsichtlich der M&A-Aktivitäten im Ausland durch chinesische Firmen he-rausragenden Jahr 2016 verzeichnete Deutschland Investitionen chinesischer Unter-nehmen in einer Gesamthöhe von elf Milliarden Euro und damit einen Anteil von 31 Prozent an den gesamten chinesischen Direktinvestitionen in Europa in jenem Jahr.

Allerdings hat zur gleichen Zeit die deutsche Regierung begonnen, ihre Politik hin-sichtlich grenzüberschreitender Investitionen zu verschärfen, und hat ihr Veto bei

mehreren von chinesischen Unternehmen eingereichten Übernahmewünschen einge-
legt. Um zwei Beispiele aus jüngerer Zeit zu nennen: Am 27. Juli 2018 hat die deutsche
Regierung die staatseigene Entwicklungsbank, die Kreditanstalt für Wiederaufbau
(KfW), angewiesen, 20 Prozent der Anteile des deutschen Betreibers von Hochspan-
nungsübertragungsnetzen 50Hertz zu erwerben und blockierte den Erwerb durch China State Grid. Am 1. August 2018 hat die deutsche Regierung die indirekte Übernahme
der deutschen Leifeld Metal Spinning AG durch die chinesische Yantai Taihai Group
mithilfe der französischen Manoir Industries aus ihrem Firmenverbund zum Stillstand
gebracht.

Gemäß dem 2017 revidierten deutschen Außenwirtschaftsgesetz ist im Falle eines
Erwerbs von wenigstens 25 Prozent der Anteile eines deutschen Unternehmens durch
ein nicht in einem Mitgliedsstaat der Europäischen Union ansässiges Unternehmen,
durch den Bereiche wie Energie, Finanzdienstleistungen, Verkehr und Schlüsselinfra-
struktureinrichtungen berührt werden, der Investor verpflichtet, der deutschen Bundesregierung diesen anzuzeigen. Die deutsche Bundesregierung ist berechtigt, diesen
Erwerb daraufhin zu prüfen, ob hierdurch die öffentliche Ordnung oder nationale
Sicherheit gefährdet wird und gegebenenfalls diesen Erwerb zu untersagen. Am
7. August 2018 gab das Bundesministerium für Wirtschaft und Energie bekannt, dass
Deutschland derzeit einen Gesetzentwurf vorbereite, in dem die entsprechende Prüf-
schwelle auf 15 Prozent gesenkt wird. Das endgültige Gesetz wird wahrscheinlich am
Jahresende 2018/19 in Kraft treten. Diese Änderung der Politik spiegelt zu einem gewissen Ausmaß die Besorgnisse der deutschen Regierung im Hinblick auf die Beherr-
schung einheimischer Unternehmen oder den Erwerb größerer Anteile daran durch
ausländisches Kapital wider. Meiner Meinung nach wird diese neue Regulierung die
ausländischen Investoren wenig begeistern und gegebenenfalls die grenzüberschreitenden Investitionen in Deutschland beeinträchtigen. Einige professionelle Analysten
haben prognostiziert, dass chinesische Investitionen in Deutschland diesbezüglich
stark betroffen sein würden. Obwohl in den letzten Jahren die chinesischen Investitionen in Deutschland stets zunahmen, kann meines Erachtens keine Rede von einer
„chinesischen Invasion" sein. So betrug das gesamte chinesische Investment im Jahr
2017 lediglich fünf Prozent der gesamten getätigten ausländischen Investitionen in
Deutschland aus und nur 1,2 Prozent der Gesamthöhe der von China im Ausland getätigten Investment.

Als Gründer und Chairman von AGIC Capital hatte ich tiefgreifende Erlebnisse
und konnte eine tiefe Verbundenheit zu den grenzüberschreitenden Investitionen
beider Länder entwickeln. AGIC Capital ist ein privat organisierter Private-Equity-
Fonds, der sein Augenmerk auf grenzüberschreitende Investitionen in fortschrittliche
deutsche und europäische Industrietechnologien sowie deren Förderung richtet. So
haben wir in den weltweit führenden Kunststoff- und Gummimaschinenhersteller
Kraus Maffei investiert und das Unternehmen erfolgreich bei der Erweiterung seines
Verkaufsnetzes in China unterstützt, was zu einem raschen Wachstum geführt hat.
Die von AGIC Capital beobachteten Sektoren hochintelligenter Fertigung wie indus-

trielle Automatisierung, Roboter und Kernkomponenten, neue Materialien, Elektrofahrzeuge und elektronische Anlagen, Internet der Dinge und Medizintechnik etc. sind gerade auch von den Schwerpunkten der deutschen Industrie 4.0 abgedeckte Sektoren.

In der Investitionspraxis bei AGIC Capital sind wir zu der Auffassung gelangt, dass in den chinesisch-deutschen Beziehungen grenzüberschreitender Investitionen derzeit drei Punkte ausschlaggebend sind, die klar zu erkennen und hinsichtlich derer Befürchtungen zu zerstreuen sind, um noch besser zusammenarbeiten und gemeinsam Fortschritte erzielen zu können.

Erstens: die Zugehörigkeit von chinesischen Investoren beherrschten deutschen Unternehmen

Die deutsche Regierung hat für grenzüberschreitende Investitionen notwendige Prüfregularien verordnet, doch in letzter Zeit herrscht die Tendenz vor, den entsprechenden Prüfbereich auszuweiten. Nach meiner Einschätzung könnten derartige Prüfregularien, wenn sie auch nicht vollständig zu vermeiden sind, zumindest erheblich vereinfacht werden, indem insbesondere Projekte, die keine deutschen öffentlichen Infrastruktureinrichtungen berühren und keine wesentliche Bedeutung für die Finanzverwaltung des Staates und die Lebensführung der Bevölkerung haben, davon ausgenommen werden. Denn wir haben festgestellt, dass in der überwiegenden Zahl der Fälle chinesischer Investitionen in Deutschland bereits durch Regelungen auf der vertraglichen Ebene und insbesondere in den Übernahmeverträgen die Rechte und Pflichten der übernehmenden Partei klar benannt sind. So treffen die gewöhnlichen Wirtschaftsverträge zwischen den Unternehmen klare Regelungen zu sämtlichen Aspekten wie dem Schutz geistigen Eigentums, dem Unternehmensmanagement, der Zusammensetzung des Aufsichtsrats und der Vergütung der Beschäftigten, und darüber hinaus wirken häufig auch noch in einem angemessenen Anteilsverhältnis externe Vorstände, Aufsichtsratsvertreter der Gewerkschaften etc. an der Entscheidungsfindung und dem Betrieb des Unternehmens mit, um zu gewährleisten, dass die Interessen sämtlicher Stakeholder außer dem Mehrheitsanteilseigner ihre Berücksichtigung finden. Anders gesagt, sorgen meiner Meinung nach bereits diese rein wirtschaftlichen Mechanismen für eine wirksame Einschränkung und Gegenbalance zu den Rechten des beherrschenden Anteilseigners und stellen damit sicher, dass ausländische Investoren, selbst wenn sie einen beherrschenden Einfluss ausüben, lediglich durch Organe wie den Vorstand und den Aufsichtsrat etc. Entscheidungen treffen und nicht willkürlich handeln können. Hierdurch würde auch gewährleistet, dass die Führungsebene des übernommenen Unternehmens respektiert wird, was die Bildung guter Kooperationsbeziehungen zwischen dem übernehmendem und dem übernommenen Unternehmen und die gemeinsame Entwicklung fördert.

Ein Beispiel aus unserer eigenen Investitionspraxis bei AGIC Capital: Nach der Übernahme von Krauss Maffei haben wir für das Unternehmen neue Kunden gewonnen, dessen Ressourcennetz erweitert und ihm geholfen, auf dem rasant wachsenden chinesischen Markt rasch weitere Marktanteile zu erobern. So hat sich der Umsatz der chinesischen Krauss-Maffei-Tochter 2017 gegenüber dem Übernahmejahr 2016 verdoppelt, und der vorherige Verlust konnte in einen Gewinn verwandelt werden. Die deutsche Führungsebene von Krauss Maffei hegt volles Vertrauen in die Zukunft, und auch die Beschäftigten sind angesichts der glänzenden Entwicklungsperspektive ihres Unternehmens zuversichtlich. Gefragt, wem Krauss Maffei eigentlich gehört, lassen sich mehrere unterschiedliche Antworten geben: Vom Anteilseigner aus betrachtet gehört die Firma zu einem chinesischen Unternehmen (ChinaChem); ein Blick auf die in Deutschland entrichteten Steuereinnahmen belegt, dass Krauss Maffei in erheblichem Umfang zur deutschen Wirtschaftskraft beiträgt; von der Zuliefererkette her betrachtet, gehört Krauss Maffei zu den globalen Kunden; aus historischer Perspektive wiederum trägt die Firma die DNA der deutschen Industrie 4.0 in sich und ist so prädestiniert, die vierte industrielle Revolution zugunsten der Menschheit voranzutreiben. Obgleich ihr Mehrheitsaktionär ein chinesisches Unternehmen ist, betrachten die Investoren die Firma als eines der am weitesten fortgeschrittenen Unternehmen der deutschen Industrie 4.0.

Zweitens: der Schutz geistigen Eigentums

Das Problem des Schutzes geistigen Eigentums erfährt in Deutschland und in der Europäischen Union seit vielen Jahren recht große Aufmerksamkeit. Aus der Beobachtung von AGIC Capital heraus lässt es sich mit einer recht optimistischen Haltung angehen:

Erstens hat China in der letzten Dekade beim Schutz geistigen Eigentums bereits beachtliche Fortschritte erzielt und misst dieser Problematik von den Zentral- bis zu den Regional- und den Justizbehörden durchgehend höchste Aufmerksamkeit zu. Die Gerichtshöfe aller Ebenen errichteten darüber hinaus spezielle Schiedsgerichte und Kammern für Fälle geistigen Eigentums. So ließ sich auch die Zahl der von ausländischen Unternehmen aufgrund von Verletzungen geistigen Eigentums gegenüber chinesischen Unternehmen erhobenen Klagen bereits beträchtlich verringern.

Zweitens ist China gerade in einem Wandlungs- und Evolutionsprozess weg von der technischen Nachahmung der postindustriellen Ära hin zu eigener Innovation begriffen. Nicht wenigen Unternehmen ist bewusst geworden, dass es nach der Vollendung der Industrialisierung keinen Wert mehr hat, blindlings der Entwicklung westlicher Unternehmen zu folgen, insbesondere in dem gegenwärtigen industriellen System der Industrie 4.0. Lediglich eine bestimmte Technologie zu kopieren, hat keine Aussicht auf Erfolg, denn die intelligente Industrie 4.0 berührt außer der Technik an sich, die sie beinhaltet, auch noch zahlreiche Produktions- und Technikfaktoren wie Material, Technologie, Ausschussraten, Zugänglichkeit, Internet-der-Dinge-Software sowie Plattformkompatibilität und Ähnliches. Nicht wenige chinesische Unternehmen konnten bereits den Schritt von „made in China" zu „created in China" vollziehen, wie das E-Business-Ökologiesystem von Alibaba, die Interaktionsfunktionen von Tencents WeChat, die Sprachidentifikation von Flytek sowie der Bau von Hochgeschwindigkeits-zügen und Brücken etc. Bei der technischen Entwicklung in diesen Bereichen wirkt China bereits an der Weltspitze mit, und bei der Zahl der Anmeldungen internationaler Patente übertrifft es bereits Japan, liegt nur noch hinter den USA zurück.

Drittens: voneinander lernen und miteinander verschmelzen durch Investitionen

Die Investitionen zwischen China und Deutschland haben den Unternehmen beider Länder Gelegenheiten geboten, voneinander zu lernen und miteinander zu verschmelzen, sie haben auch die Übertragung der hervorragenden deutschen Unternehmenskultur nach China und in die Regionen Asiens gefördert. Im Zuge unserer Investitionen bei AGIC Capital stellten wir fest, dass zum beiderseitigen Vorteil vorgenommene Investitionen aus beiden Ländern die Verschmelzung und die Weiterentwicklung der Unternehmenskulturen beider Seiten beförderten. Insbesondere gilt für chinesische Unternehmen, dass Investitionen in Deutschland für diese hilfreich sind beim Erlernen der hohen deutschen Standards der Produktionsanforderungen, der wissenschaftlichen Unternehmensführung, des fast schon religiös verehrten Strebens nach Qualität sowie des Festhaltens an einer langfristigen Perspektive bei Forschung und Entwicklung.

Hierzu mag ein bekanntes chinesisches Stahlunternehmen als Beleg dienen. Dieses Unternehmen installierte ein aus Japan eingeführtes und im Nachhinein angepasstes chinesisches System der Unternehmensführung, von dem sie glaubten, dass es im Vergleich zu seinen inländischen Konkurrenten der gleichen Generation bereits sehr gut wäre. Dann jedoch erwarben sie ein gleichartiges deutsches Unternehmen und beabsichtigten, mithilfe ihrer eigenen Managementmethode das Managementsystem dieses Unternehmens zu verändern. Nachdem sie es ein halbes Jahr lang versucht hatten, gaben sie schließlich auf und verlegten sich darauf, das ursprüngliche deutsche Managementsystem und die Kultur dieses Unternehmens ernsthaft zu studieren und weiterzuentwickeln. Die Kernpunkte dieser Kultur sind folgende: rigorose Planung, langfristige Planung von Forschung und Entwicklung, bedingungsloses Streben nach Produktgüte und Qualität sowie Betonung der Eigenverantwortlichkeit der Beschäftigten. Tatsächlich erfreut sich das bei den Beschäftigten deutscher Unternehmen allgemein verbreitete Handwerkerethos beziehungsweise die deutsche Präzision bereits seit Langem hoher Wertschätzung in China. Mithilfe der Verbreitung und des Einflusses dieser deutschen Kultur ließ sich das Niveau der chinesischen Kunden deutscher Unternehmen unbewusst erhöhen, was sich vorteilhaft auf die Verbreitung ihrer Produkte und die rasche Entwicklung ihres Zusammenwirkens mit der gesamten Wertschöpfungskette in China ausgewirkt hat.

Gleichzeitig waren die Flexibilität und die Unbeschränktheit von Innovation und Entdeckungsfreude der chinesischen Unternehmenskultur sowie der Arbeitseifer des „24-Stunden-online" verbunden mit einer Haltung unablässigen Fortschrittsstrebens nach dem Motto „Siehst du einen Fehler, dann ändere ihn; siehst du etwas Gutes, dann lerne es" auch hilfreich für die deutschen Unternehmen bei der Bekämpfung von Missständen wie Erstarrung und mangelnde Flexibilität aufgrund übertriebener Betonung der Planung, um stattdessen Flexibilität und Elastizität bei der Arbeit höher schätzen zu lernen. Chinesisch-deutsche Win-win-Investitionen fördern die Entwicklung der Industrie 4.0. Beide Länder können voneinander lernen, profitieren und künftig vieles miteinander bewegen.

Wolfgang Hirn

2.4 Alibaba, Geely, Huawei & Co. – Wie Chinas Konzerne die Welt erobern

Das war ein anderes, völlig anderes China. Damals, als ich in der zweiten Hälfte der 1980er-Jahre zu meinen ersten Recherchereisen nach China fuhr. Per Telex hatte ich beim chinesischen Journalistenverband anzufragen, ob ich kommen und wen ich besuchen darf. Monate nach der Anfrage kam die Antwort. Es gab – heutzutage unvorstellbar – noch keine Direktflüge von Europa nach Shanghai. Man musste stundenlang im alten, wenig einladenden Pekinger Flughafen auf seinen Weiterflug warten. In Shanghai gab es gerade eine Kneipe – eine irische übrigens –, in der sich die überschaubare Zahl der Expats zum abendlichen Austausch und Umtrunk traf. Radfahrer bestimmten noch das Straßenbild – ob in Peking oder Shanghai. Wenn Autos durch die Straßen fuhren, waren es meist Taxis aus dem Hause Volkswagen. Für Ausländer gab es noch eine eigene Währung, das Foreign Exchange Certificate. Mit diesen FECs konnten sie unter anderem in den Friendship Stores einkaufen, wo es die wenigen westlichen Waren gab.

Ich erinnere mich noch, wie ich Anfang der 1990er-Jahre im Zimmer eines Pekinger Hotels saß und mir im staatlichen Fernsehsender CCTV staunend die ersten Werbespots ansah, in denen westliche Marken ihre Produkte anpriesen. Das Shampoo von Johnson & Johnson zum Beispiel, das ist mir in Erinnerung geblieben. Dann kamen die ersten Billboards mit Werbung. Langsam etablierten sich ausländische Brands.

Und was war mit chinesischen Brands, mit chinesischen Unternehmen? Als ich Anfang der 1990er-Jahre für einen Artikel im *manager magazin* ein Ranking der zehn größten chinesischen Unternehmen erstellen wollte, hatte ich große Schwierigkeiten, Namen und erst recht Zahlen für diese Tabelle zu finden. Heraus kam ein sicher nicht korrektes Ranking, das Staatsunternehmen dominierten. Welch Unterschied zu heute, über 30 Jahre danach!

In dem wohl bekanntesten Ranking der größten Unternehmen der Welt – der Fortune-500-Liste – befinden sich inzwischen nicht weniger als 115 Firmen aus der Volksrepublik. Sie stellen damit nach den USA (132 Unternehmen) die zweitgrößte Gruppe. Zum Vergleich: Die Exportnation der Welt, Deutschland, hat gerade mal 28 Unternehmen in der Fortune-Liste. Die gewaltige Präsenz der chinesischen Firmen auf dieser Liste ist ein deutliches Indiz, wie sich das Land in den Jahren seit Beginn der Reformen unter der legendären Führung Deng Xiaopings anno 1978 verändert hat.

In diesen vier Jahrzehnten hat China Weltgeschichte geschrieben. Ich betrachte es als großes Privileg, diesen rasanten wirtschaftlichen Aufstieg Chinas in den vergangenen 30 Jahren mit meinen Augen gesehen zu haben. Viele schielen bei ihrer

Wolfgang Hirn, ist langjähriger Asien-Reporter des *manager magazin*, Hamburg.

https://doi.org/10.1515/9783110624731-009

Beschreibung dieses Wirtschaftswunders nur auf die imposanten Wachstumsraten, die die chinesische Wirtschaft in diesem Zeitraum erzielt hat und die im Schnitt bei zehn Prozent lagen. Das ist die makroökonomische Sicht.

Aber mich haben immer mehr die Unternehmen interessiert, die schließlich in Summe das Sozialprodukt erwirtschaften. Viele dieser Firmen konnte ich über einen längeren Zeitraum beobachten und ihnen quasi beim Wachsen zusehen. Es gab Marken und Unternehmen, die wieder verschwunden sind (wer erinnert sich noch an Ningbo Bird, einst eine große Handymarke?), aber auch sehr viele, die immer größer, bedeutender und internationaler wurden.

Viele der chinesischen Konzerne stehen dabei erst am Anfang ihrer Internationalisierung. Sie mussten erstmal auf ihrem großen Heimatmarkt bestehen und sich dort durchsetzen. Wer aber in China, im für mich härtesten Markt der Welt, überlebt, ist auch gerüstet für den Weltmarkt. Wir werden also in den kommenden Jahren immer mehr chinesische Unternehmen kennenlernen, die hierzulande Unternehmen erwerben oder ihre Waren verkaufen wollen.

Ich bin fest davon überzeugt, dass viele dieser chinesischen Firmen den Weg gehen, den ihre japanischen und südkoreanischen Konkurrenten schon längst beschritten haben. Japanische Firmen kamen in den 1960er-Jahren nach Europa, in den 1980er-Jahren folgten dann die koreanischen. Und jedes Mal fragten die Konsumenten hierzulande: Wer sind Sony und Toyota? Und später: Wer sind Hyundai und Samsung? Die Produkte dieser Firmen wurden bei ihrem Markteintritt herablassend belächelt: Autos aus Japan? Fernseher aus Korea? Kann man das kaufen?

Wir im Westen unterschätzten damals in einer Mischung aus Arroganz und Ignoranz die Firmen aus den beiden asiatischen Newcomer-Staaten. Heute sind viele japanische und koreanische Firmen Weltspitze. Toyota gilt als eine der produktivsten Autofirmen der Welt, Samsung ist einer der technologisch führenden Elektronikkonzerne.

Dieselbe Fehleinschätzung scheint sich im Westen zu wiederholen, wenn es um chinesische Brands und Firmen geht. Autos aus China? Wie wurden sie bei ihren ersten Auftritten auf der IAA in Frankfurt belächelt und verspottet. Auch heute können sich viele Deutsche noch nicht vorstellen, mal ein chinesisches Auto zu fahren. Immerhin: Chinesische Handys benutzen sie schon. Viele haben inzwischen ein Handy von Huawei in der Hand und wissen oft nicht, dass das eine chinesische Marke ist. Ebenso ist es bei Kühlschränken oder anderen Elektrogeräten von Haier. Wer weiß schon, dass dies eine chinesische Firma mit Sitz in Qingdao ist und inzwischen der größte Weiße-Waren-Hersteller der Welt? Wer vermutet hinter den Laptops von Lenovo eine chinesische Firma?

Ebenso wenig ist den Kunden des Hamburger Bekleidungsfilialisten Tom Tailor, des edlen österreichischen Strumpfherstellers Wolford oder des Tourismusunternehmers ClubMed bewusst, dass hinter diesen Firmen ein chinesischer Besitzer steckt, nämlich der Fosun-Konzern aus Shanghai mit Gründer Guo Guangchang an der Spitze.

Wir haben ein erschreckendes Defizit an Kenntnissen über Chinas Unternehmen und Managern, die diese Firmen gründeten und führen. Zugegeben, es sind oft nicht einfache und für uns meist austauschbare Namen, die die Herren Cheng, Li, Wang oder Guo tragen. Aber das sollte uns nicht davon abhalten, sich intensiver mit diesen Managern und ihren Unternehmen auseinanderzusetzen. Leider tragen Chinas Unternehmen – bis auf wenige Ausnahmen – wenig zur Aufklärung bei und wundern sich angesichts ihrer schlechten oder nicht existenten Öffentlichkeitsarbeit, wenn man ihnen erst Mal mit Misstrauen oder Vorurteilen begegnet.

So glauben viele hierzulande immer noch, China könne nur kopieren und billige Produkte herstellen. Ja, diese Zeiten gab es. In den Aufbaujahren des chinesischen Wirtschaftswunders stellten viele chinesische Firmen billige Elektroartikel, Klamotten, Schuhe und Spielwaren her und trugen – das sei nur nebenbei bemerkt – auch dazu bei, dass sich viele nicht so begüterte Konsumenten im Westen – vor allem auch in den USA – diese Produkte leisten konnten.

Herkunftsort dieser gigantischen Massenproduktion einfacher Konsumgüter war und ist zum Teil immer noch das Hinterland von Hongkong. Hier im Perlflussdelta gibt es die größte Fabrikdichte der Welt. Hier entstand der Mythos von China als der Fabrik der Welt. Hier, in dem rund 110 Kilometer langen Streifen zwischen Hongkong und Guangzhou (im Westen eher unter dem alten Namen Kanton bekannt), stehen Tausende von Fabriken.

Mittendrin in diesem Fabrikdickicht liegt Dongguan, das ich Anfang der 1990er-Jahre zum ersten Mal besuchte. Damals war das einstige Fischerdorf eine Kleinstadt, heute ist es eine Sechs-, Sieben- (oder noch mehr) Millionenstadt. Der Highway von der Grenze Hongkongs nach Guangzhou war damals, bei meinem ersten Besuch noch nicht fertig. Man war von Hongkong aus stundenlang unterwegs. Und um Mitternacht machte die Grenze zu Hongkong dicht. Die Angst davor fuhr jedes Mal mit, wenn man seinerzeit aus dem Perlflussdelta zurück nach Hongkong reiste. Heute fährt man längst auf sechsspurigen Autobahnen durch das Perlflussdelta. Und seit Kurzem gibt es das superschnelle Pendant auf der Schiene. Vom gigantischen neuen Bahnhof West Kowloon in Hongkong kann man im Hochgeschwindigkeitszug in wenigen Minuten nach Shenzhen und weiter nach Dongguan und Guangzhou rauschen.

Hier in der Region hat auch der Telekom-Konzern Huawei sein Domizil. Das Headquarter liegt im Norden von Shenzhen. Ein Campus vom Feinsten. Viel Grün, künstliche Seen, Tennisplätze, Basketballfelder. Zwei Hotels, vier und fünf Sterne. Stünden da nicht auch ein paar Bürogebäude, könnte man glatt meinen, man sei in einem ClubMed gelandet. Rund 30.000 Beschäftigte arbeiten hier in den elf – von A bis K durchbuchstabierten – Bürogebäuden. In jedem gibt es mehrere Restaurants.

Huawei ist in jeder Hinsicht ein Vorzeigeunternehmen. Die wichtigsten Superlative: Chinas bestes Technologieunternehmen. Chinas führender Global Player. Chinas bekannteste Marke. Es sind diese Superlative, die die USA nervös machen. Vor allem die Trump-Administration sieht in Huawei einen gefährlichen Rivalen. Da passt es gut in deren Argumentation, dass Huawei-Gründer Ren Zhengfei in jungen Jahren mal beim Militär war, und schon kann man einen Zusammenhang konstruieren: Huawei ist der verlängerte Arm der Volksbefreiungsarmee (VBA). Also boykottieren die USA – und seine treuen Verbündeten in Australien und Neuseeland – die Huawei-Produkte.

Aber vielleicht ist diese VBA-Connection nur ein Vorwand, um einen unliebsamen Konkurrenten vom heimischen Markt fernzuhalten und das eigene Unternehmen im Markt der Telekom-Ausrüster (Cisco) zu schützen. Denn Huawei bietet einfach gute Produkte an. Warum sonst würden die Deutsche Telekom und viele andere europäische Telekomgesellschaften bei Huawei einkaufen?

Huawei ist für die Amerikaner hingegen zum Symbol geworden. Zum Symbol des Widerstands. Aus dem Handelskrieg zwischen den USA und China ist nämlich längst ein Technokrieg geworden. Den Amerikanern, die sich als führende Technologiemacht der Welt sehen, dämmert inzwischen, dass China auch Techno kann. Deshalb ihre Abwehrstrategie: Wehret den Anfängen, wehret Huawei.

Huaweis technologische Stärke wird nicht die einzige Herausforderung aus China für die Amerikaner bleiben. Denn in einer anderen Industrie, in der sich die USA als Marktführer sehen, tritt gleich eine ganze Armada chinesischer Unternehmen an, nämlich in der großen weiten Welt des Internets.

Drei Konzerne sind in China führend: Baidu, Alibaba, Tencent. Nach ihren Anfangsinitialen wird das Trio auch BAT abgekürzt. Sie sitzen in den drei Städten, die die drei Hightech-Metropolen des Landes sind: Die Suchmaschine Baidu in Peking, der E-Commerce-Händler Alibaba in Hangzhou und der Spieleproduzent sowie Messenger-Anbieter Tencent in Shenzhen. Ich habe alle drei Headquarters besucht. Alle drei sind imposante, gigantische Bauwerke.

Bei Baidu in Zhonguancun, dem Hightech-Viertel im Nordwesten der Hauptstadt (dort residieren auch die beiden Pekinger Renommier-Unis Beida und Tsinghua), passieren die Mitarbeiter per Gesichtserkennung die Eingangsportale. Bei Alibaba in Hangzhou fahren die Mitarbeiter auf einem Fahrrad über das weitläufige Gelände – übrigens per Tandem zwecks Teambildung. Und Tencents vor Kurzem fertiggestellte neue Hauptverwaltung besteht aus zwei gigantischen, rund 200 Meter hohen Türmen, die durch drei Brücken miteinander verbunden sind. Auf einer befindet sich sogar eine Laufbahn.

Doch es sind nicht nur die Namen dieser drei Internetgiganten, die man sich merken muss. Es gibt noch viel, viel mehr interessante Unternehmen in Chinas Onlineuniversum. Zum Beispiel das Reiseportal Ctrip, das unter der charismatischen Führung von Jane Jie Sun in einem futuristischen Gebäude in der Nähe des zweiten Shanghaier Flughafen Hongqiao residiert. Oder der Fahrdienstvermittler Didi, der ebenfalls von einer Frau – Jean Liu – gelenkt wird, die erfolgreich Uber aus dem chinesischen Markt boxte.

Ich erinnere mich noch gut, wie ich vor ein paar Jahren – Didi war gerade auf dem Markt – in Peking am Straßenrand stand und wie stets in den Jahren zuvor ein Taxi herbeiwinken wollte. Doch sie fuhren alle vorbei, obwohl das Leuchtschild auf dem Autodach grün war. Ich trat fluchend den Weg ins Hotel an. Dort wurde ich aufgeklärt: Heute würden Taxis via Didi bestellt und übrigens auch meist bezahlt.

Man sagt immer leichtfertig: Didi ist das Uber von China. Oder Ctrip ist das Expedia von China. Oder Baidu ist das Google von China. Zur Erklärung und zum besseren Verständnis mag das genügen, doch diese Vergleiche hinken. Denn Ctrip ist mehr als Expedia. Und Didi ist mehr als Uber. Die chinesischen Pendants sind meist besser als die amerikanischen Originale. Ctrip bietet auf seiner Website viel mehr touristische Dienstleistungen an als zum Beispiel der amerikanische Konkurrent Expedia.

Das ist ein Grundmuster, das sich durch einige Hightech-Industrien zieht: Chinas Firmen sind nicht führend in der Entwicklung von sogenannten Basisinnovationen, aber sie sind stark in der Weiterentwicklung dieser Innovationen. Sich auf bestehende, anderswo entwickelte Innovationen draufsetzen und sie verbessern – das beherrschen die Chinesen wie keine andere Nation.

Bestes Beispiel: WeChat von Tencent. Wer sagt, WeChat sei das WhatsApp von China, beleidigt eigentlich WeChat, denn WeChat hat deutlich mehr Funktionen anzubieten als WhatsApp. Facebook, das WhatsApp 2014 kaufte, schielt deshalb neidisch auf Tencent und bewundert, was das Unternehmen mit WeChat gemacht hat. Verkehrte Welt: Tencent ist das Benchmark, nicht Facebook.

Wie weit China dem Westen voraus ist, zeigt sich insbesondere bei den Bezahlsystemen. Wer hier noch mit Geldscheinen zahlt, auf denen in allen Preisklassen das Konterfei Mao Zedongs abgebildet ist, sieht fast so alt aus wie Republikgründer Mao. Die Frage beim Bezahlen ist für Chinesen nicht mehr: cash, per Karte oder per Handy? Für fast alle stellt sich nur die Frage: Alipay oder WeChat Pay? Das sind die beiden dominierenden Onlinebezahlformen. Selbst in den kleinsten Restaurants zahlt keiner mehr mit Bargeld. Jeder hält der Bedienung sein Handy mit seinem individuellen QR-Code hin, die Bedienung scannt ihn. Noch beim Hinausgehen kommt von der Bank die Nachricht aufs Handy, dass der Betrag abgebucht wurde.

Interessant: Das bargeldlose Bezahlen ist kein städtisches Phänomen und auch keine Altersfrage. Ältere Menschen zücken wie selbstverständlich ihre Handys, selbst wenn sie auf den Gemüsemärkten einkaufen. Aber nicht nur Einkäufe oder Restaurantrechnungen werden per Handy bezahlt, sondern Strom, Wasser, Steuern und auch Strafzettel.

Keine Frage deshalb: China entwickelt sich zur ersten bargeldlosen Gesellschaft der Welt. Und ganz langsam, nahezu unbemerkt verbreitet sich dieser Trend in der Welt. Wer aufmerksam durch Flughäfen und Einkaufsstraßen hierzulande schlendert, sieht immer öfter an den Schaufenstern das Schild von Alipay kleben. Am Münchner Flughafen, bei der Drogeriekette Rossmann oder dem Bekleidungsfilialisten Breuninger kann man inzwischen per Alipay bezahlen – allerdings gilt das vorerst nur für chinesische Touristen, denn noch braucht man als Alipay-Kunde ein Konto bei einer chinesischen Bank. Doch das wird sich in den nächsten Jahren ändern. Alipay wird zum Herausforderer von ApplePay oder den etablierten Kreditkartensystemen des Westens.

Denn das ist der klare Trend: Nachdem einige der chinesischen Internetkonzerne das Marktpotenzial zu Hause zunehmend ausgeschöpft haben – WeChat von Tencent hat bereits über eine Milliarde chinesischer User, Alibaba rund 800 Millionen chinesischer Kunden, die über dessen Einkaufsportale Waren aller Art bestellen –, fokussieren sie nun auf die ausländischen Märkte. Und da haben sie vor allem zwei Regionen quasi vor der Haustüre im Visier: Südostasien mit seinen über 600 Millionen potenziellen Kunden und Indien mit 1,4 Milliarden. Das macht zusammen zwei Milliarden Menschen.

Mittelfristig – davon bin ich fest überzeugt – wird es zu globalen Zweikämpfen zwischen den chinesischen und den amerikanischen Internetgiganten kommen. Alibaba gegen Amazon, Facebook gegen Tencent, Didi gegen Uber oder Ctrip gegen Expedia, um nur ein paar dieser Duelle der Zukunft zu nennen. Nebenbei bemerkt: Europa spielt in dieser globalen Liga nicht mit. Von den 20 größten Internetkonzernen kommen neun aus China und neun aus den USA. Eric Schmidt, langjähriger Google-Boss und heute Chef von Alphabet (so heißt der Mutterkonzern von Google), sagte kürzlich, er gehe von zwei parallelen Internetwelten aus – einer amerikanischen und einer chinesischen –, die sich zunehmend auf dem Weltmarkt in die Quere kommen. Und damit hat er recht.

Die Internetwelt wird freilich nicht die einzige Branche bleiben, in der Chinas Unternehmen erfolgreich gegen die westlichen Platzhirsche konkurrieren. Ein härterer Wettbewerb könnte auch einer Branche blühen, die gerade in Deutschland besonders bedeutend ist: der Autoindustrie. Hier setzt China zum großen Überholmanöver an. Getrieben von den chronischen Umweltproblemen in den Städten des Landes konzentriert sich die Regierung in Peking seit Jahren auf alternative Antriebstechnologien, und das heißt vor allem auf Elektroautos. Milliardenschwere Programme wurden vonseiten der Regierung aufgelegt, um Produktion und Absatz dieser umweltfreundlicheren Vehikel zu fördern.

Aber es ist nicht nur die Sorge um die Luft, die die chinesische Regierung umtreibt. Sie hat bei ihrer Autopolitik noch ein anderes Ziel im Visier, nämlich ein strategisches, ein industriepolitisches Ziel. Sie will, dass Chinas Autobranche zu der führenden der Welt wird. Leapfrogging heißt das in der ökonomischen Fachsprache, wörtlich Bockspringen. Bei den traditionellen Antriebsmotoren hat es China trotz westlichem Knowhow-Transfer in über 30 Jahren – seit Volkswagen Mitte der 1980er-Jahre das erste Joint Venture in Shanghai einging – nicht geschafft, ein weltmarktfähiges Auto zu produzieren. Also – so das Kalkül der Führung in Peking – überspringen wir diese veraltete Technologie und gehen gleich auf die nächste Technologiestufe: die der alternativen Antriebsformen.

Während wir uns hierzulande mit Dieselmotoren beschäftigen, schafft China Fakten: Städte und Provinzen subventionieren den Kauf von E-Autos, die Zentralregierung in Peking weist seinen nationalen staatlichen Energiekonzern State Grid – übrigens mit 360 Milliarden Dollar Umsatz und rund einer Million Mitarbeiter das zweitgrößte Unternehmen der Welt – an, in den Städten und an den Autobahnen Ladestationen zu installieren. Shenzhen ist auch in dieser Hinsicht die Modellstadt. Taxis und Busse fahren hier elektrisch. Und auch immer mehr Privatautos. Das erzeugt eine seltsame, ruhige Atmosphäre in der Stadt.

Rund eine Stunde von der Innenstadt Shenzhens entfernt liegt der Sitz des Unternehmens BYD – Build Your Dream. Schön aufgereiht stehen sie vor dem monströsen Treppenaufgang zu Gebäude A: Busse, Brummis und Autos, die ganze Produktpalette der Firma. Das Besondere an dieser automobilen Vielfalt: Die hier in Reih und Glied parkenden Fahrzeuge verbrauchen keinen Tropfen Benzin, sie beziehen ihre Kraft aus Batterien. Es sind alles E-Vehikel.

In Gebäude A sitzt das Management von BYD, darunter auch der charismatische Gründer des Unternehmens, Wang Chuanfu. Seine Firma begann als Hersteller von Batterien, vor allem für Handys, die damals in Mode kamen und die massenhaft in den Fabriken in der Nähe Shenzhens hergestellt wurden. Dann, im Jahr 2003, tat Wang einen Schritt, den damals viele nicht verstanden. Manche hielten ihn gar für verrückt. Er stieg ins Autogeschäft ein. Damals redeten nur wenige über Elektroautos. Aber Wang hatte schon damals eine eigentlich simple Vision: Batterien plus Auto ergeben ein Elektroauto.

Aus Wangs Vision ist inzwischen längst Realität geworden. BYD ist heute der größte Hersteller von Elektrofahrzeugen – weltweit. Doch es ist nicht nur BYD, das sich auf dem chinesischen Markt tummelt. Auch Geely, inzwischen Großaktionär bei Daimler, hat große Ambitionen. Aber eigentlich mischen alle chinesischen Hersteller, alle Joint Ventures in diesem zukunftsträchtigen Markt mit. Hinzu kommen neu gegründete Unternehmen wie zum Beispiel das von William Li ins Leben gerufene Nio oder Byton unter Führung des Ex-BMW-Managers Carsten Breitfeld. Es sind in China sehr viele Unternehmen am Start in die neue automobile Zukunft. Noch ist es zu früh und deshalb auch nicht klar, wer das globale Rennen bei den Elektroautos machen wird. Doch China hat – um in der Fachsprache des Rennsports zu bleiben – eine Pole-position, also eine sehr gute Ausgangsposition. Das freut die Regierung. Denn die Autoindustrie gehört explizit zu den zehn Industrien, die China in den nächsten Jahren und Jahrzehnten fördern will. Niedergeschrieben sind diese Ziele in dem Masterplan „Made in China 2025". In ihm werden zehn Industrien und Technologien definiert, in denen das Land aufholen und stark werden will.

Solche Programme hat es im planungsverliebten China immer wieder gegeben. Was aber neu ist, ist die Dimension. So umfassend war noch kein Plan, so viele Branchen waren noch in keinem Plan integriert. „Made in China 2025" deckt alle Hightech-Industrien ab. Neu ist auch der Führungsanspruch in diesen Branchen: Bislang gab man sich mit der Bildung nationaler Champions zufrieden, aber nun will man globale Champions kreieren.

Nicht alle der dort proklamierten Wünsche und Ziele werden in Erfüllung gehen. Aber darum geht es letztendlich auch gar nicht. Entscheidender ist, dass China Prioritäten setzt und gezielt Zukunftsindustrien und -technologien fördert, wie zum Beispiel das Megathema Künstliche Intelligenz (KI), bei dem Europa gegenüber China – und den USA – zunehmend ins Hintertreffen gerät. Martin Herrenknecht, mit seinen weltweit verkauften Tunnelbohrmaschinen einer der erfolgreichsten deutschen Unternehmer der vergangenen Jahrzehnte, betont dies klar und deutlich mit einem Unterton des Bedauerns: „China hat eine Strategie, wir haben keine."

Natürlich hat es China einfacher. Sein politisches System ist zentralistischer und dirigistischer. Dort lassen sich viele Dinge von oben verordnen. Gigantische Fördergelder fließen dann in die ausgewählten Branchen. Zudem werden die dominierenden Staatsbanken angewiesen, Kredite an die förderungswürdigen Unternehmen zu geben. Solche Verhaltensweisen sind in unserem marktwirtschaftlichen System nur eingeschränkt möglich.

Aber trotzdem können wir von China lernen. Was? Von China lernen? Werden sich manche fragen. China betreibt – siehe oben – eine recht erfolgreiche Industrie- und Technologiepolitik. Wir dagegen führen eine ziemlich ideologiebehaftete Diskussion über Sinn und Unsinn einer Industrie- oder Technologiepolitik.

Es ist endlich Zeit für eine Entideologisierung der Debatte hierzulande. Wir in Deutschland – oder noch besser in der EU – sollten wie China klare strategische Ziele definieren, in welchen Industrien und Technologien wir stark bleiben oder werden wollen. Und dann sollten in diese auch Fördergelder aus Brüssel und Berlin fließen. Und es sollten in ausgewählten Schlüsselbranchen auch europäische Champions – wie zum Beispiel Airbus – kreiert werden.

Ja, wir können von China lernen – selbst wenn dieser Gedanke manchem hierzulande schwerfällt.

2.5 Midea-KUKA – Ausblick auf das Potenzial der chinesisch-deutschen Zusammenarbeit auf dem Gebiet der Industrie 4.0

Die Fortsetzung eines 50 Jahre währenden Aufschwungs

Vor 50 Jahren, im Jahr 1968, legte He Xiangjian in der Sehnsucht nach einem besseren Leben den Grundstein für den Aufbau der heutigen Aktiengesellschaft Midea. Von der Kunststoffverarbeitung in der Anfangsphase wandte sich Midea 1980 offiziell der Haushaltsgerätebranche zu. Auf seinem Weg konnte das Unternehmen eine stetige Entwicklung verzeichnen, indem es aus eigener Kraft wuchs und sich auch durch Übernahmen von Unternehmen derselben Branche unablässig vergrößerte. Dies führte zu einem stetig steigenden Marktanteil ebenso wie zu einem kontinuierlichen Zuwachs an Bekanntheit und Marktakzeptanz. In 50 Jahren der Höhen und Tiefen wuchs Midea zu einem mächtigen Baum heran, lernte aus seinen Erfahrungen und entwickelte sich gleichsam von der Raupe zum Schmetterling. Bis heute ist daraus ein Technologieunternehmen mit den Sparten Verbraucherelektronik, HLKK-Anlagen (Heiz- und Lüftungsgeräte, Klimaanlagen), Robotik und Automatisierungssystemen sowie intelligenter Logistik entstanden. Unter dem Dach der Midea-Gruppe versammeln sich heute mehr als zehn Marken wie Midea, LittleSwan, AEG, Colmo, Toshiba, KUKA, Annto et cetera. In der Fortune Global-500-Liste der weltgrößten Unternehmen belegte Midea 2018 den 323. Platz, in der Forbes Global-2000-Liste der weltweit größten börsennotierten Unternehmen den 245. Platz. In der BrandZ™-Liste der 100 wertvollsten chinesischen Marken belegte Midea 2018 den 26. Platz und wurde von der chinesischen Volkszeitung *Renmin Ribao* unter die beliebtesten chinesischen Marken gewählt. Weltweit gehören 200 Tochterunternehmen heute zur Midea-Gruppe, 60 Auslandsniederlassungen und zwölf strategische Geschäftsfelder. Sie ist darüber hinaus in führender Position mit der Realisierung befasst, die sich auf den Feldern industrielles Internet, Digitalisierung, Künstliche Intelligenz (KI) und Mensch-Maschine-Interaktionen bieten.

Midea hält unbeirrt an der ursprünglichen Vision „Perfect Technology, Beautiful Life" fest. Dabei vertritt es die Werte „Dare to know the future, aim high, pragmatic &

Midea, Guangdong/China, ist Mehrheitsgesellschafter der KUKA AG. Fang Hongbo ist Vorstandsvorsitzender. Der Beitrag für das Buch wurde vom Vorstandsbüro verfasst.

https://doi.org/10.1515/9783110624731-010

progressive, tolerant interaction, change & innovation" und richtet sein Augenmerk auf nachhaltigen technischen Fortschritt, indem es die Qualität von Produkten und Dienstleistungen verbessert und sich für die Schaffung eines besseren Lebens der weltweit rund 300 Millionen Nutzer und zahlreichen Kooperationspartner einsetzt. 2017 betrug der Gesamtumsatz 241,9 Milliarden RMB (ca. 32 Mrd. Euro) – ein Wachstum von circa 51 Prozent gegenüber dem Vorjahr. Der der Muttergesellschaft zuzurechnende Nettogewinn betrug dabei 17,3 Milliarden RMB (ca. 2,2 Mrd. Euro) beziehungsweise circa 17 Prozent mehr als im Vorjahr.

Ausbau der globalen Wettbewerbsfähigkeit durch Erweiterung des Geschäftsfelds Robotik

Midea ist inzwischen zu einem wahrhaften Global Player geworden, der an seiner strategischen Ausrichtung auf das globale Geschäft festhält und in unterschiedlichen Dimensionen von der Forschung und Entwicklung über die Fertigung bis hin zum Vertrieb seine globale Ausrichtung perfektioniert und seine weltweiten Betriebskapazitäten erhöht hat. Die globalen Geschäftsaktivitäten von Midea erstrecken sich auf mehr als 200 Länder und Regionen mit 15 Produktionsstätten und mehr als 35.000 Mitarbeiter, die 21 Nationalitäten angehören. Midea hat in Ländern wie den USA, Japan, Italien, Deutschland, Indien, Singapur, Österreich und Israel globale Forschungs- und Entwicklungszentren errichtet. In Indien hat es 2017 das Projekt „Greenland" ins Leben gerufen sowie 2018 in den Midea Science & Technology Park investiert, um die Lokalisierung von Klimaanlagen, Kühlschränken, Waschmaschinen und anderen Haushaltselektronikgeräten in Indien einen weiteren Schritt voranzutreiben. Midea hat weltweit 24 Vertriebs- und Betriebsniederlassungen errichtet, die sich auf Nord- und Südamerika, Europa, Asien, Afrika und Ozeanien verteilen, um das jeweilige lokale Geschäft im Ausland zu stärken. Das Auslandsgeschäft verzeichnete dabei ein starkes Wachstum und erreichte einen Anteil von etwa 43 Prozent am Gesamtumsatz des Unternehmens, wobei das OBM (Original Brand Manufacturer)-Geschäft mit Eigenmarken einen Anteil von mehr als 30 Prozent ausmachte. Im Exportgeschäft von Haushaltsgeräten ist Midea weiterhin Nummer eins.

Midea zählt inzwischen in zahlreichen Produktkategorien zu den weltweit führenden Herstellern beziehungsweise Markeninhabern. Die zunehmend beschleunigte Globalisierung Mideas ist den Synergieeffekten der Wertschöpfungskette zu verdanken. Mithilfe von Kooperationen und Übernahmen wird die Entwicklung der Digitalisierung und Automatisierung der tragenden Geschäftsfelder vorangetrieben. 2015 gründete Midea ein Joint Venture mit dem global agierenden japanischen Robotikgiganten Yaskawa und trat strategisch in das Geschäftsfeld Industrieroboter ein. Das Unternehmen verlegte sich dabei auf den Upstream-Bereich der Robotik, beschleunigte die Upgrade-Prozesse seiner Fertigung und erhöhte das Niveau seiner industriellen

Automatisierung. Die Zusammenarbeit mit dem koreanischen Unternehmen Cuchen diente 2016 dem Ausbau des Markts für gehobene Haushaltselektronik. Wir profitieren von der Produktinnovation und Technologie, sodass rasch der chinesische Markt für gehobene Haushaltskleingeräte erschlossen wurde und gemeinsam die Geschäfte auf den globalen Märkten ausgebaut werden. Im selben Jahr konnte ein Aktientausch mit Toshiba abgeschlossen und aufgrund der Ergänzungssynergien in Bereichen wie Marke, Technik, Absatzkanälen und Fertigung et cetera der globale Einfluss und die Gesamtwettbewerbsfähigkeit von Midea erhöht werden. Anschließend erfolgten der Kauf des traditionsreichen europäischen Staubsaugerriesen Eureka sowie die Einleitung des Erwerbs des italienischen Herstellers von Zentralklimaanlagen Clivet. 2017 wurde der Erwerb des israelischen Lieferanten von Bewegungskontroll- und Automatisierungslösungen Servotronix abgeschlossen und somit der Upstream-Markt der Robotik noch einen Schritt weiter erschlossen. Midea verstärkte hierdurch das technische Know-how und die Produktpipeline bei Bewegungskontroll- und Automatisierungslösungen und setzte ein bedeutendes Element der aus „Smart Home + Smart Production" bestehenden koordinierten Entwicklungsstrategie „Double Smart" um. Ebenfalls 2017 wurde die Gründung eines gemeinsam Joint Ventures mit Eureka zur Einführung der Marke AEG im Segment der Premium-Küchengeräte verkündet, um den chinesischen gehobenen Markt unter anderem durch Immobilienentwicklungsprojekte zu erschließen. Beim Wachstum ist Midea stets mit dem Mangel an Arbeitskräften und steigenden Arbeitskosten in China konfrontiert. Daher gibt es einen rasch wachsenden Bedarf chinesischer Industrieunternehmen an Automatisierungs- und Digitalisierungsanlagen einschließlich Industrierobotern. In den letzten Jahren hat Midea den Bereich Forschung und Entwicklung hierfür stetig ausgebaut. Durch die Mehrheitsbeteiligung (94,55 Prozent) beim weltweit führenden deutschen Anbieter von intelligenten Roboter-Automatisierungslösungen KUKA, stärkte Midea sein Geschäftsfeld Robotik in erheblichem Umfang.

Wachsender Marktbedarf an Robotik in China – Potenziale für KUKA

Die Automatisierung von Fertigungsprozessen durch den Einsatz von Robotik ist ein globaler Entwicklungstrend. In China ist das Absatzpotenzial von Robotern angesichts steigender Arbeitskosten und unablässig wachsender Qualitätsansprüche enorm. Regional betrachtet, verteilt sich die globale Roboterbranche auf Japan, Europa und die USA. Europa belegt dabei die Spitzenposition bei Industrie- und Medizinrobotern, während KUKA einer der vier globalen Großanbieter von Robotern ist.

Die Kunden von KUKA als weltweit führendem Hersteller von Industrierobotern kommen im Wesentlichen aus der Automobilindustrie, aber auch aus anderen Industrien und Branchen wie Logistik, Medizin, Luftfahrt, Lebensmittel, Solar und Energie.

Nach Daten der International Federation of Robotics aus dem Jahr 2015 liegt der Marktanteil von KUKA in der Automobilherstellung weltweit und in Europa auf dem ersten Platz, bei Systemlösungen in den USA auf dem ersten und in Europa auf dem zweiten Platz. KUKA fertigte bereits in den 1970er-Jahren den ersten Industrieroboter namens „Famulus". 1986 schenkte KUKA der LKW-Sparte der First Automobile Works (FAW) ein Roboterprodukt und leitete damit den offiziellen Markteintritt in China ein. Dieser Roboter war der erste in der chinesischen Automobilindustrie eingesetzte Industrieroboter. Mittlerweile beliefert KUKA zahlreiche Automobilhersteller, darunter VW, Ford und Daimler, und genießt hohe Reputation. 2017 betrug sein Umsatz rund 3,5 Milliarden Euro, und das Unternehmen gilt als eines der Kernunternehmen der deutschen Industrie 4.0.

Als hocheffizienter globaler Anbieter von Automatisierungslösungen und intelligenten Fertigungslösungen kann KUKA ein umfassendes Spektrum an Produkten und Dienstleistungen anbieten: von Einzelrobotern über Robotikmodule für einzelne Automatisierungsschritte im Produktionsprozess bis hin zu Großanlagen mit individualisiertem Layout. KUKA verfügt bereits heute über Komponenten, die für die Realisierung von Industrie 4.0 wesentlich sind: von Mensch-Maschine-Interaktionen bestimmte sichere Robotiksysteme, integrierte Navigationsmobilität und mit der IT-Welt vernetzte modularisierte Kontrollsysteme. Das Internet der Dinge (Internet of Things, IoT) und Industrie 4.0 betreffend verfügt KUKA in jedem Falle über beträchtliche technische Reserven auf Gebieten wie Internet, Cloud-Technologie, Mobilitätsplattformen und so weiter, die sich mit der derzeitigen Kernwettbewerbsfähigkeit des Unternehmens auf den Feldern Mechatronik und Automatisierung zusammenführen lassen.

Bei dem enorm wachsenden Marktbedarf in China treibt die neue Division Robotik von Midea seit 2015 die Entwicklung dieses Geschäftsfeldes stets voran. Seit 2012 hat Midea insgesamt mehr als 1.000 Roboter in Betrieb genommen und circa 5 Milliarden RMB (ca. 65 Mio. Euro) in die Automatisierung der Fertigung investiert. Die vollständig digitalisierten Fabriken Mideas in Guangzhou und Wuhan realisieren mithilfe automatisierter Anlagen, transparenter Produktionsprozesse, intelligenter Logistik, mobilem Management und datengetriebenen Entscheidungen die Echtzeitsteuerung sämtlicher Prozesse, von der Bestellung über Lieferung, Forschung und Entwicklung, Produktion bis hin zur Auslieferung, was zu einer beträchtlichen Erhöhung des Automatisierungsgrads der Produktion führt. Anfang 2017 schloss Midea das Angebot für die Übernahme von KUKA ab und wurde mit 94,55 Prozent der Anteile zu dessen Hauptaktionär. Midea wurde damit zu dem in China und weltweit führenden Technologieunternehmen bei Robotik und Automatisierung.

Gemäß einer Prognose der Weltgesundheitsorganisation (WHO) werden 35 Prozent der chinesischen Bevölkerung 2050 ein Alter von mehr als 60 Jahren erreicht haben, sodass China dann zu den Ländern mit dem weltweit höchsten Durchschnittsalter zählen wird. Der resultierende Mangel an Arbeitskräften und die steigenden Arbeitskosten werden zu einem noch stärkeren wachsenden Bedarf chinesischer Industrieunternehmen an Automatisierung einschließlich Robotik und intelligenten Fertigungsanlagen führen. Aus der schrittweisen Verwirklichung der „Made in China 2025"-Strategie bieten sich der chinesischen Robotikbranche ausgeprägte Entwicklungsspielräume, zumal das Einsatzspektrum von Robotern in den Fertigungsprozessen von Tag zu Tag breiter wird. Außerhalb der Automobilindustrie stehen auch Anlagenhersteller, Haushalts- und Elektrogerätehersteller sowie die Klebstoff- und Kunststoffbranche vor einem großen Bedarf für den Einsatz von Industrierobotern ein. Eine Erweiterung ist auf arbeitsintensive Branchen wie die Textilindustrie und das Logistikgewerbe, auf gefahrensensitive Branchen wie die Rüstungs- und (privatnutzungsorientierte) Sprengstoffindustrie, auf Branchen mit hohen Anforderungen an die Reinheit der Produktionsumgebung wie die Pharma-, Halbleiter- und Lebensmittelindustrie sowie auf gesundheitsgefährdende Branchen wie die Keramik- und Ziegelindustrie absehbar. Derzeit hat der jährliche Absatz von Industrierobotern in China bereits das höchste jemals aufgezeichnete Niveau sämtlicher Länder erreicht: Nach Prognosen der International Federation of Robotics (IFR) wird für die Jahre 2018–2020 eine jährliche Wachstumsrate bei Industrierobotern in China von 15 bis 20 Prozent prognostiziert. 2017 konnte ein Marktvolumen von knapp 6,3 Milliarden US-Dollar erreicht werden. Im Bereich Industrieroboter war China fünf Jahre hintereinander der weltweit größte Anwendungsmarkt. Einer Marktstudie des Gaogong Industry Research Institute (GGII) zufolge wurden 73.738 Industrieroboter im ersten Halbjahr 2018 hergestellt – ein Wachstum gegenüber dem Vorjahr von 31 Prozent. Der Umsatz wuchs im gleichen Zeitraum um 23 Prozent. Der zukünftige Robotikmarkt in China lässt Umsätze bis zu einer zweistelligen Milliardensumme zu. Unter dem Einfluss der technischen Aufrüstung intelligenter Warenlager und der Warenflusssysteme in den Werkhallen et cetera beschleunigte sich die Wachstumsrate des Absatzes von horizontalen Gelenkarmrobotern (SCARA-Robotern) und fahrerlosen Transportfahrzeugen (FTF) auf mehr als 40 Prozent. 2018 veröffentlichte das chinesische Ministerium für Industrie und Informationstechnologie (MIIT) das *Handbuch für den Aufbau eines Standardsystems für die intelligente Fertigung* und das *Handbuch für den Aufbau industrieller Internet-Plattformen und die Verbreitung der Umsetzung in konkreten Projekten* und umriss damit deutlich die weitere Entwicklungsrichtung des industriellen Internets und der intelligenten Fertigung.

Über den KUKA-Deal

Aufgrund des enormen Marktbedarfs an Robotik hat Midea sich einen wichtigen strategischen Schritt erwogen und entschlossen. Am 18. Mai 2016 gab Midea öffentlich bekannt, dass es mittels ihres Tochterunternehmens MECCA International (BVI) Ltd. die Absicht habe, im Rahmen eines freiwilligen Übernahmeangebots in Höhe von 115 Euro je Aktie sämtliche Anteile des weltweit führenden deutschen Anbieters intelligenter Automatisierungslösungen KUKA zu erwerben. Im Zuge dieses Angebots wurde die Gesamtzahl der angebotenen Aktien zuzüglich der bereits vor Abgabe der Übernahmeofferte indirekt durch Midea erworbenen 13,51 Prozent der KUKA-Aktien erworben. Der Gesamtanteil an den von KUKA ausgegebenen Aktien und an den bestehenden Aktienoptionsrechten belief sich auf 94,55 Prozent. Dies wurde von den betreffenden Aufsichtsbehörden genehmigt. Die Übernahmetransaktion wurde in der ersten Januarhälfte 2017 abgeschlossen. Die Übernahme von KUKA stellt somit eine weitere strategische Investition Mideas dar. Die Zusammenarbeit mit KUKA ist hilfreich für die weitreichende Expansion von Midea auf den Feldern Robotik und Automatisierung und erschließt gleichzeitig weitere Auslandsgeschäfte.

Die „Double Smart"-Strategie ist die strategische Maßnahme, mit der Midea die tiefgreifende Neuausrichtung der Weltwirtschaft, den Gangwechsel der chinesischen Wirtschaft mitten im Beschleunigungsmodus und das Digitalisierungs-Upgrade der Fertigungsindustrie zu bewältigen sucht. Zugleich dient diese Strategie Midea auch als Kompass für die Auseinandersetzung mit den Herausforderungen der hereinbrechenden Welle der Industrie 4.0 und der Ausrichtung auf die Wachstumsspielräume der neuen Geschäftsfelder. Auf der einen Seite hebt Midea mittels der Formel „intelligente Fertigung + Industrieroboter" in umfassender und integrierter Form das Niveau des Unternehmens bei der intelligenten Fertigung an und treibt zur gleichen Zeit durch den Einsatz von Industrierobotern die rasche Entwicklung des Geschäfts mit Kernkomponenten wie Servomotoren und mit Systemintegration voran. Auf der anderen Seite forciert Midea mittels der Formel „Smart Home + Serviceroboter" den raschen Ausbau und ökologischen Aufbau des Geschäftsfelds Smart Home sowie mittels der Serviceroboter die Erweiterung der Geschäftsfelder Sensoren, KI und Smart Home. Hierdurch werden die Kompetenzen der Systematisierung und der ökologischen Wertschöpfungskette der Unternehmensgruppe im Bereich Smart Home integriert. Die „Double Smart"-Strategie führte zu einer Verbesserung der Diversifizierung der Geschäfte der börsennotierten Gesellschaft, der weltweiten Strukturierung der Geschäfte sowie der Profitabilität und bescherte den globalen Geschäftsaktivitäten des Unternehmens neue Wachstumsspielräume. Dazu bietet KUKA ideale Synergieeffekte.

Mithilfe der Stärken von KUKA wird Midea weitere Upgrades der Fertigung sowie der Systemautomatisierung durchführen und sich nach Kräften bemühen, in der chinesischen Fertigungsindustrie ein Vorbild für fortschrittliche Produktion zu werden. Mit der Zusammenführung der Stärken von KUKA und Mideas „Double Smart"-Strategie lässt sich das Niveau der intelligenten Fertigung erhöhen und das Smart Home weiterentwickeln. Darüber hinaus führt es zu einer Erhöhung ihrer Fertigungskompetenz und schafft Spielraum für den Ausbau des B2B-Geschäfts. Mit Midea schafft es die Marke KUKA, den riesigen Markt für Robotik in China noch weiter zu erschließen. Gemeinsam können die beiden den umfassenden Robotikmarkt erobern. Das Unternehmen wird dabei eine Multimarkenstrategie verfolgen und sich mehrstufig am Markt positionieren, um die vielfältige Marktnachfrage auf Geschäftsfeldern wie Konsumprodukten, Medizin, Smart Home, IoT und anderen vollumfänglich zu befriedigen und Midea zu einem der Marktführer der Serviceroboterbranche werden zu lassen.

Zusätzlich werden sich beide Unternehmen auch im Geschäftsbereich Logistik gegenseitig beflügeln und voneinander profitieren: Eines der drei großen Standbeine von KUKA ist die Swisslog Holding AG, ein weltweit renommierter Anbieter von Automatisierungslösungen im Bereich Medizin, Lagerhäuser und Verteilzentren. Das Angebot umfasst unter anderem Lösungen für Lagerung, Sortierung, Transport und Materialwirtschaft. Die Kontraktlogistik in China wird sich dem elektronischen Handel folgend zukünftig rasant entwickeln. Dies gilt insbesondere für das globale Kurierdienstgewerbe, für das China inzwischen bereits zum weltweit größten Markt herangereift ist. Mideas Tochterunternehmen Annto Logistics wird von den führenden Logistikanlagen und Systemlösungen der KUKA-Tochter Swisslog profitieren und so ihre logistische Effizienz erhöhen und ausbauen.

Als eines der führenden Industrieunternehmen im Konsumgüterbereich besitzt Midea ein weit gefächertes Netz in zahlreichen Bereichen, wie Vertriebsnetz und Zuliefererkette samt der dazugehörigen Kooperationspartner. China verfügt weltweit über den größten und am weitesten aufgefächerten allgemeinen Industriesektor. Midea stellt daher für KUKA unter zahlreichen Aspekten den idealen Partner dar, so unter anderem für die massive Ausweitung der Marktposition in China, das Reagieren auf die beobachtete Nachfrage der Kunden vor Ort und die Erschließung der Add-on-Geschäftschancen in diesem Bereich. Des Weiteren nimmt Midea national wie international das enorme Potenzial des Markts für intelligente Haushaltsgeräte wahr und strebt hier für die kommenden Jahrzehnte einen Zielumsatz von mehr als 25 Milliarden Euro an. Ein beträchtlicher Anteil an diesem Wachstum soll in den Geschäftsfeldern Smart-Home-Geräte und Serviceroboter generiert werden. Nach der Übernahme kann Midea die Produktionseffizienz enorm erhöhen und KUKA wiederum ist in der Lage, anhand der produktionstechnischen Stärke von Midea neue Lösungskonzepte zu generieren.

Konsolidierung und Wachstum nach der Übernahme

Nach der Übernahme unterstützte Midea nach besten Kräften das rasche Wachstum des KUKA-Robotikgeschäfts. So erreichte KUKA 2017 in diesem Bereich ein Wachstum gegenüber Vorjahr von 18 Prozent und damit einen historischen Höchststand. Das Unternehmen erhielt fortlaufend neue Bestellungen aus China. Darüber hinaus setzte KUKA seine Forschungs- und Entwicklungsvorhaben fort, erkundete die Ausweitung und Ausrichtung der Märkte und expandierte von der Hardware hin zu Software, Datensystemen der intelligenten Fertigung, Cloud-Plattformen und Komplettlösungen, um auf diese Weise das technologische Upgrade im Rahmen von Industrie 4.0 zu stärken. Auf dem Feld Internetkonnektivität entwickelte KUKA die cloudbasierte Softwareplattform KUKA Connect, die es den Kunden erlaubt, von jedem Punkt der Erde auf ihre Rotoberdaten zuzugreifen, um so die Leistungsfähigkeit ihrer Produktion und ihre Bedienungseffizienz zu erhöhen. Im Bereich Mensch-Roboter-Kollaboration ermöglichen die KUKA-Sensoriksysteme, dass die Schutzzäune zwischen Bedienpersonal und Roboter verkleinert werden können oder gänzlich entbehrlich sind. 2017 führte KUKA eine ganze Serie von Investitionen in Cloud-Technologie und IoT durch und verstärkte die gemeinsame Entwicklung mit Kooperationspartnern. Das von KUKA übernommene finnische Unternehmen Visual Components ist spezialisiert auf 3D-Simulationssoftwarelösungen für die Planung von Fabriken und stellt eine effektivere Erweiterung des auf KUKA-Simulationsökosystemen basierenden Anwendungsspektrums dar. KUKA hat auch in das auf dem Gebiet IoT führende Münchner Unternehmen Device Insight GmbH investiert, das auf den Gebieten IoT-Plattformen, Automatisierungsindustrie und Internetprodukte tätig ist. Mit dieser Investition verfolgt KUKA die Hoffnung, Know-how und Geschäftsspektrum des Bereichs IoT zu erweitern und die Innovationskraft im Bereich Internet 4.0 zu erhöhen. Darüber hinaus verstärkte KUKA auch die Kooperationsbeziehungen mit den Forschungsteams der Volkswagen AG und erforschte mit diesen gemeinsam Innovationskonzepte für Roboter zukünftiger Fahrzeuge. Das Unternehmen hat bereits ein Produktionssystem für die Fertigung von Batteriemodulen und Hochspannungsbatterien geplant und erstellt, das zur Belieferung der europäischen Elektromobilitätshersteller dienen soll. Im Bereich Serviceroboter hat KUKA mit VW gemeinsame Forschungen zu einem Laderoboter für Elektrofahrzeuge namens CarLa begonnen.

Zur Vertiefung der Synergien hat Midea am 21. März 2018 verkündet, in den Ausbau des Chinageschäfts von KUKA zu investieren und dazu drei Joint Ventures in China zu gründen. Diese sollen der Erweiterung auf den Gebieten Industrieroboter, Medizin und Lagerautomatisierung dienen, um der rasch steigenden Nachfrage auf dem chinesischen Markt gerecht zu werden. Hierbei sollen maßgeschneiderte Lösungen entwickelt werden. Midea und KUKA werden jeweils partnerschaftlich 50 Prozent der Anteile an den Joint Ventures halten.

Des Weiteren wird auch das Chinageschäft der KUKA-Tochter Swisslog in ein weiteres Midea-KUKA Joint Venture integriert, um dem raschen Nachfragewachstum Chinas bei Medizin und Einzelhandelslagern gerecht zu werden. Das Wachstumspotenzial für dieses Gemeinschaftsunternehmen ist enorm. Mithilfe der gemeinsamen Joint Ventures kann intern die Ressourcenstärke optimal integriert werden, um auf diese Weise einen geschlossenen Integrationskreislauf Mideas im Bereich industrielles Internet zu verwirklichen; extern dagegen würden beide Partnerunternehmen fortfahren, die weit gefächerte Nachfrage nach Industrierobotern und Consumer Robotics zu bedienen und von einer höheren Warte aus die Evolution des „neuen Mensch-Maschine-Zeitalters" auf dem chinesischen Markt voranzutreiben. Zum Zeitpunkt des 50-jährigen Firmenjubiläums steht Midea auf einem neuen Level, mit einer grenzenlosen Zukunftsperspektive vor sich.

Neue Produktionsbasis für intelligente industrielle Fertigung in China (Shunde)

Am 28. März 2018 hoben Midea und KUKA mit der Etablierung ihres Joint Venture das erste Gründungsprojekt aus der Taufe: eine Produktionsbasis für intelligente industrielle Fertigung in der Kernzone des Guangdong Intelligent Manufacturing Innovation Demonstration Park. Mittels der Verbindung der industriellen Upstream- mit der Downstream-Wertschöpfungskette und der Realisierung optimaler Synergieeffekte zwischen den einzelnen Geschäftsbereichen wird die Midea-KUKA-Produktionsbasis für intelligente industrielle Fertigung in der strategischen „Double Smart"-Aufstellung eine bedeutende Rolle spielen. Als horizontal integriertes Technologieunternehmen mit den vier großen Geschäftsfeldern Konsumelektronik, HLKK-Anlagen, Robotik und Automatisierungssysteme sowie intelligente Lieferkette (Logistik) ist Midea mit den Komplexitäten und Problemzonen des chinesischen produzierenden Gewerbes gut vertraut. Unter Einbindung der Stärken KUKAs wird die Midea-KUKA-Produktionsbasis für intelligente industrielle Fertigung in ein innovatives industrielles Modell verwandelt, bei dem Forschung und Entwicklung sowie Produktion und Vertrieb unter einem Dach angesiedelt sind. Angelehnt an die Wachstumsdynamik der Guangdong-Hongkong-Macao Greater Bay Area werden von dort Impulse für die Entwicklung und die technologische Aufrüstung der intelligenten Fertigungsbranche und der gesamten südchinesischen Region ausgehen. Die zur Verfügung stehende Fläche für die Produktionsbasis und die damit verbundene Industrie beträgt rund 800.000 Quadratmeter, die geplante Projektinvestitionssumme 10 Milliarden RMB (ca. 1,3 Mrd. Euro). In mehreren Bauphasen wird ein Wissenschafts- und Technologiepark für intelligente Fertigung errichtet werden, der eine intelligente Fertigungsbasis, Büro- und Forschungszonen, Ausstellungsbereiche sowie Wohngebiete für hochqualifiziertes Personal beinhalten wird. Innerhalb des Parks werden die vier großen Geschäftsfelder intelligente Fertigung, intelligente Logistik, intelligente Medizin und Smart Home abgedeckt werden. Die Errichtung dieser Produktionsbasis wird sich für KUKA als nützlich bei der neuen Produktentwicklung ebenso wie bei der Entwicklung umsetzbarer Industrie-4.0-Geschäftsmodelle gemeinsam mit zahlreichen Partnern erweisen. Darüber hinaus wird in Mensch-Maschine-gestützte und mobile Schlüsseltechnologien investiert, um KUKAs technische Führungsposition zu festigen. Es ist geplant, bis 2024 eine zusätzliche Roboterfertigungskapazität von jährlich 75.000 Stück zu erreichen, sodass sich unter Hinzurechnung der existierenden Kapazität eine jährliche Gesamtfertigungskapazität in China von 100.000 Robotern ergibt.

Die Planung dieser Produktionsbasis unterstützt das regionale Vorhaben und wird ein Brückenkopf der Transformation der intelligenten Fertigung der Guangdong-Hong Kong-Macao Greater Bay Area sein. Zur Unterstützung einer weitergehenden Vitalisierung der Robotikindustrie wird der Park auch Projekte zu Schlüsselperipheriekomponenten wie Antriebs- und Steuersysteme sowie Servomotoren et cetera beinhalten. Auch an die Entwicklung der Branchen für integrierte Robotiksysteme und die Verbreitung entsprechender Anwendungen sowie für Robotiktests und -zertifizierungen ist gedacht. Gestützt auf die Vorzüge der Metropolregion am Perlflussdelta wird allmählich ein 100 Milliarden RMB (ca. 11,3 Mrd. Euro) Produktionswert übertreffender und ein internationales Niveau erreichender Modell-Industriecluster für intelligente Fertigung entstehen.

Seit Langem hat KUKA keine Kosten und Mühen gescheut, was die Entwicklung und Anwendung innovativer Robotikprodukte betrifft. Auf der Hannover Messe 2018 hat KUKA die LBR iisy-Baureihe sensitiver Roboter und kollaborativer Mensch-Maschine-Produktgruppen vorgestellt und ist damit der erste Hersteller, der die gesamte Kette von kollaborativen Robotern über mobile Roboter bis hin zu Industrieschwerrobotern abdeckt. Im Bereich Consumer Robotics hat KUKA mit dem iisy cobot [Cobot = kollaborativer Roboter] das „i-do"-Konzept mobiler modularer Systeme vorgestellt, bei dem der Endkunde entsprechend den eigenen Anforderungen und Bedürfnissen die Kompilierung und die Einstellungen vornehmen kann. Mit den KUKA-Robotern der Serien KR Quantec und KR Fortec können Karosseriebearbeitungs- und -behandlungsmaßnahmen noch effizienter durchgeführt werden. KUKA hat die Warenlager-Automatisierungslösung CarryPick weiterentwickelt und in deren Rahmen das autonom gesteuerte Fahrzeug KMP600 entwickelt. Die neue CarryPick-Lösung reduziert mittels eines vollintegrierten Systems mit höherer Leistung und Zuverlässigkeit die Redundanzzeiten und bietet die Unterstützung durch ein weltweites Servicenetz, sodass die Kundenbedürfnisse noch besser befriedigt werden.

Darüber hinaus lässt die von KUKA speziell entwickelte Cloud-Plattform KUKA Connect die Kunden bequem auf ihre Roboterdaten zugreifen, um diese analysieren und weitergehend nutzen zu können. Die KUKA-Produkte haben zahlreiche Auszeichnungen erhalten, so beispielsweise der LBR Medizin-Roboter den IERA-Award for Innovation and Entrepreneurship in Robotics and Automation der beiden großen globalen Robotikorganisationen und die Mensch-Roboter-Kollaborationsanwendung den Ford World Excellence Award und bereits zum dritten Mal den General Motors Supplier of the Year Award.

Unter den Bedingungen des „new normal" der wirtschaftlichen Entwicklung führt die intelligente Fertigung derzeit zu einer Beschleunigung der strukturellen Reform der Anbieterseite und setzt einen neuen Motor der Wandlung und des Upgrades der Fertigungsindustrie in Bewegung. Nach dem Beginn der Zusammenarbeit mit Unternehmen wie KUKA, Servotronix und Yaskawa setzte Midea intern eine tief greifende Integration der Stärken und Ressourcen aller beteiligten Unternehmen in Gang und erhielt seine Forschungs- und Entwicklungsvorhaben aufrecht. Von den Stärken in der Hardware hin zu Software, Datensystemen intelligenter Fertigung, Cloud-Plattformen und Komplettlösungen baute Midea das Geschäft aus und verstärkte die Industrie-4.0-Aufrüstung. Derzeit ist mit Midea-KUKAs cloudbasierter Software-Plattform KUKA Connect der Zugriff von jedem Ort der Welt auf die jeweiligen Roboterdaten darstellbar, womit die Leistungsfähigkeit und Bedieneffizienz der Produktion erhöht wird.

Zudem werden die Visualisierung der Produktionsprozesse und die Steuerung der Produktqualität ermöglicht. Gleichzeitig widmet sich Midea intensiv der Erforschung der Cloud-Technologie und des IoT.

Derzeit stellt die zu Midea gehörende Robotikplattform Designstandards für Anbieter von Automatisierungssystemen bereit, legt die Fähigkeiten von Bewegungssteuerungslösungen fest und verfügt über Hardware wie Servomotoren, Steuerungsgeräte, Kodiergeräte und andere Serienprodukte. Mithilfe der Integration des Antriebssteuerungsgeschäfts und verstärkter Anstrengungen auf den Feldern Spracherkennung, KI, Visualisierungs- und Sensortechnologie erweiterte Midea die Anwendungsspielräume von Robotern einmal mehr. Damit wurden Robotik und Automatisierung in Richtung intelligenter Fertigung, intelligenter Logistik, Smart Home, Rehabilitationsmedizin et cetera erweitert und somit von einer höheren Warte die Evolution des „neuen Mensch-Maschine-Zeitalters" auf dem chinesischen Markt vorangetrieben. Auch zukünftig wird sich das Geschäft Mideas um Robotik, kommerzielle Roboter, Serviceroboter und KI drehen.

Big Data und KI mit KUKA

Das industrielle Internet verkörpert den neuen Trend des produzierenden Gewerbes und der wirtschaftlichen Entwicklung, es stellt einen wesentlichen Bestandteil der Industrie 4.0 dar. Einer neuen Studie des Marktforschungsunternehmens MarketsandMarkets™ wird 2023 das Volumen des Markts für das industrielle Internet 91,4 Milliarden US-Dollar erreichen, wobei die aggregierte Wachstumsrate der Asien-Pazifik-Region am höchsten ausfallen wird. In China steht das industrielle Internet aufgrund der Verabschiedung zahlreicher nationaler Fördermaßnahmen vor einem explosiven Wachstum.

Auf der strategischen Pressekonferenz zu Mideas 50. Firmenjubiläum im Oktober 2018 stellte das Unternehmen seine „M.IoT" genannte, vollständig neue industrielle Internetplattform vor, mit der es zum ersten chinesischen Anbieter einer eigenständigen und die drei Elemente „Fertigungs-Know-how, Software und Hardware" vereinigenden industriellen Internetplattform wird. Midea verfügt dank seiner 50-jährigen Fertigungspraxis softwareseitig über die gesamte Wertschöpfungskette abdeckende Unterstützungstools und arbeitet hardwareseitig mit den weltweit führenden Robotik- und Automatisierungsanbietern wie KUKA und anderen zusammen. Dabei hat Midea die in den differierenden Bedürfnissen von Großunternehmen sowie kleinen und mittleren Unternehmen (KMU) liegenden Chancen erkannt und ist in der Lage, zur Realisierung der Bedürfnisse von Großunternehmen im Hinblick auf ihre Digitalisierungstransformation integrierte maßgeschneiderte Konzepte anzubieten. Für KMU führt Midea dagegen ausgereifte Lösungskonzepte, um sie zu tragbaren Kosten bei der Realisierung cloudbasierter Plattformen zu unterstützen. Gleichzeitig hofft Midea aufgrund der Erfahrungen mit Umsetzungsstrategien, die die zur Unternehmensgruppe gehörenden Unternehmen MeiCloud und KUKA bereits in nennenswerter Zahl gesammelt haben, Komplettlösungen zu entwickeln.

Bei seiner Aufstellung im Bereich industrielles Internet stützt sich Midea auf gewaltige Datenspeichermodule und global vernetzte Big-Data-Plattformen, um gleichzeitig mit dem Sammeln der Daten im Hinblick auf diese Data Mining, Sortierung und Analyse durchzuführen. Auf diese Weise wird eine noch bessere und schnellere datengestützte Führung der Fertigung sowie der Forschung und Entwicklung der Produkte ermöglicht, mittels der Aufzeichnungen und Analysen der Nutzerempfehlungen und -kritik an die Forschungs- und Entwicklungsabteilung sowie die Qualitätsabteilungen weitergeleitet werden. Mithilfe der digitalen Transformation hat Midea bereits erfolgreich einen software- und datengetriebenen Betrieb der gesamten Wertschöpfungskette realisiert. Dieser deckt vollständig die einzelnen Glieder der gesamten Wertschöpfungskette wie Forschungs- und Entwicklungskompetenz, Bestellmanagement, Planungskompetenz, flexible Fertigung, Einkaufskompetenz, Qualitätsverfolgung, Logistikkompetenz, Kundendienst und Montage und so weiter ab und verwirklicht somit eine Punkt-zu-Punkt-Vernetzung. Auf dieser digital getriebenen Plattform werden im Zuge eines tief greifenden Wandels flexible Individualanfertigungen im C2M-Modus, plattformgestützte Produktion, Modularisierung, digitale Technologien und Simulationen, intelligente Logistik, Digitalmarketing, intelligenter Kundendienst und anderes sämtlich zur Realität. Zum jetzigen Zeitpunkt sind mittels des Zusammenwirkens von Software und Hardware sowie der Vernetzung sieben großer Glieder der Produktionskette die existierenden Cloud-Plattform-Lösungskonzepte Mideas in der Lage, Produktion und Betrieb von mehr als 10.000 Produktsorten in weltweit mehr als 40 Fertigungsstätten zu unterstützen und flexible Lösungen für mehrstufige und komplexe Verarbeitungsverfahren zu liefern. Auch MeiCloud liefert ausgereifte Produkte und Lösungen an Drittbranchen und -unternehmen, die bereits bei zahlreichen Unternehmen wie Chang'an Automobile, Positec und Yonghui Supermarkets eingesetzt werden.

Das gemeinsame Potenzial der chinesisch-deutschen Zusammenarbeit bei Industrie 4.0 – ein Ausblick

Die Industrie 4.0 nutzt cyber-physische Systeme, um die in der Produktion anfallenden Daten aus Lieferungs-, Fertigungs- und Vertriebsprozessen zu digitalisieren und intelligent zu machen und letztlich rasche, effektive und individualisierte Produktlieferungen zu erreichen. Es handelt sich dabei um eine von der deutschen Bundesregierung ausgegebene Hightech-Strategieplanung, die eine hohe Bedeutung für die zukünftige Wirtschaftsentwicklung Deutschlands besitzt. Unter den Vorzeichen der industriellen Revolution der deutschen Industrie 4.0 und der chinesischen Strategie „Made in China 2025" wird das Zusammenwirken der beiden Parteien zu einer effektiven Freisetzung des Potenzials der Industrie 4.0 führen und für eine Geschäftserweiterung in Richtung intelligente Fabrik, intelligente Fertigung und intelligente Logistik sorgen.

Von der Gesamtstrategie her betrachtet ist das Herzstück der intelligenten Fertigung bei Midea die Lean Smart Factory (schlanke intelligente Fabrik), um den Kunden Produkte mit höherer Qualität, kürzeren Lieferzeiten und zu niedrigeren Preisen zu liefern. Was die intelligente Fabrik betrifft, wird Midea weiterhin eng mit KUKA zusammenarbeiten und durch den Bau schlanker intelligenter Fabriken den Automatisierungsgrad der Betriebsanlagen erhöhen, die Arbeitsintensität senken, den Sicherheits- und Wohlfühlfaktor erhöhen und die individualisierten Bedürfnisse der Kunden noch besser befriedigen, die Produktionskosten senken und tatsächlich verwirklichen, dass niemand mehr vor Ort arbeitet. Ebenfalls für die intelligente Logistik ist gesorgt.

Die Zukunft der Fertigungsindustrie wird unvermeidlich eine Zukunft der Mensch-Maschine-Interaktionen sein, die sich in zahlreichen Aspekten des menschlichen Lebens etablieren werden. Der Einsatz Mideas in diesem Bereich und die aktive Förderung der Integration und Innovation der Branche ermöglichen ein grenzüberschreitendes Zusammenwirken von Szenarien und Technologien, wie man es nie zuvor für möglich gehalten hätte. Zukünftig wird Midea an der „Double Smart"-Strategie festhalten und weitere Anstrengungen auf die Forschung und Entwicklung der Fertigung intelligenter Produkte sowie die Steigerung der industriellen Automatisierung der Produktionslinien verwenden. Zur Schaffung eines besseren Lebens und zur technologischen Stärkung Chinas wird das Unternehmen einen Beitrag leisten. KUKA wird fortfahren, gemeinsam mit den Anwendern weitere Schritte in Richtung einer noch energiesparenderen, flexibleren und effizienteren automatisierten intelligenten Fertigung zu unternehmen und gemeinsam mit Midea „Made in China 2025" zu verwirklichen sowie das Kooperationspotenzial bei Industrie 4.0 zu höchstmöglicher Entfaltung zu bringen.

Helmut Maurer

2.6 Potenzial und Herausforderungen in der Umweltarbeit zwischen China und Deutschland

China hat sich innerhalb weniger Jahrzehnte zum wichtigsten Handelspartner Deutschlands entwickelt. Nach Angaben des Statistischen Bundesamtes erreichte der gesamte Warenhandel zwischen Deutschland und China (Importe und Exporte) 2017 ein Volumen im Wert von 188 Milliarden Euro. Damit wurden die Niederlande und die USA auf die Ränge zwei und drei verwiesen. Das wichtigste Land für den Export deutscher Güter war 2017 zwar nach wie vor die USA, doch ist China auch hier mit Gütern im Volumen von 86,1 Milliarden Euro auf Platz drei vorgerückt. Für China wies der deutsche Außenhandel im Jahr 2017 einen Importüberschuss von 15,7 Milliarden Euro aus.[1]

Ökologische Verantwortung einer expandierenden Weltmacht

Angesichts dieser frappierenden wirtschaftlichen Kennzahlen darf nicht vergessen werden, dass China, obwohl mittlerweile größte Handelsmacht der Welt,[2] international den Status eines Entwicklungslandes beansprucht. Tatsächlich liegt das Bruttoinlandsprodukt pro Kopf in der Volksrepublik weit hinter den Industrieländern und noch hinter Staaten wie Jamaika, Angola oder Albanien. Von den 1,3 Milliarden Chinesen leben der UN-Definition zufolge doppelt so viele Menschen unter der Armutsgrenze wie Deutschland Einwohner hat, und das deutsche Bruttoinlandsprodukt pro Kopf liegt mehr als zehnmal höher als in China. Die chinesische Regierung will daher die Qualität des Wirtschaftswachstums weiter verbessern, die Lebensqualität, Wissenschaft, Technologie und den Umweltschutz voranbringen. China ist auf dem Weg, in wichtigen Bereichen zum Technologieführer aufzusteigen, und durch seine schiere Größe und Marktmacht in der Lage, westliche Industrienationen in Sektoren wie zum Beispiel der Automobilindustrie und dem Maschinenbau auf hintere Ränge zu verweisen. Auf dem Gebiet von IT und künstlicher Intelligenz wird China in wenigen Jahren nicht mehr einzuholen sein.[3]

Hinweis: Sämtliche Feststellungen des Autors dieses Beitrags sind seine persönlichen Überzeugungen und nicht abgestimmte Standpunkte der Europäischen Kommission

Prof. Dr. Helmut Maurer, ist zuständig für Umweltfragen in der Europäischen Kommission, Brüssel.

https://doi.org/10.1515/9783110624731-011

Der industrielle Aufstieg Chinas hat Konsequenzen für die Umwelt. Die Verschmutzung von Luft, Boden und Wasser sind die unmittelbare Folge. Die Industriemacht China ist zum größten CO_2-Emittenten weltweit geworden. Darin zeigt sich das Dilemma eines Zielkonflikts zwischen nachhaltigem Wirtschaften und Wohlstandsförderung durch Wirtschaftswachstum.

Globale ökologische Herausforderungen und globale ökonomische Transformation

Die globale wirtschaftliche Entwicklung hat verstärkt seit etwa 1950 mit einer Geschwindigkeit nie dagewesenen Ausmaßes durch ungehemmte Industrialisierung die Umwelt zerstört, Arten vernichtet und einen bedrohlichen Klimawandel verursacht. Obwohl Handel und Wirtschaft global agieren, fehlt es an wirksamen globalen Strategien, Umweltzerstörung gemeinsam zu verhindern oder abzumildern. Multilaterale Ansätze zum Schutz des Klimas werden jüngst von den USA torpediert, amerikanische wirtschaftliche Probleme sollen unilateral zugunsten der USA und auf Kosten der Weltgemeinschaft gelöst werden, letztlich auch zum Schaden der USA selbst. Globale Umweltprobleme, auch wenn sie national verursacht wurden, lassen sich aber heute eben nicht mehr national lösen, sondern ausschließlich durch internationale Zusammenarbeit. Das zeigt sich gerade beim Schutz der Meere vor Plastikverschmutzung und bei der Bekämpfung des Klimawandels. China hat sich mit seinem Bekenntnis zum Multilateralismus dezidiert an die Seite Europas gestellt und hat schon alleine dadurch gegenüber den USA erheblich an internationalem Ansehen und politischem Gewicht gewonnen. China und Europa bekennen sich zu verstärkten gemeinsamen Anstrengungen im Umweltschutz.

Zusammenarbeit der Völker im Bereich Umweltschutz bedeutet Zusammenarbeit zum Erhalt gemeinsamer Lebensgrundlagen. Egoistische nationalstaatliche Interessen müssen dabei mehr und mehr zurücktreten zugunsten eines globalen Transformationsprozesses. Die Autoren des Reports „Transformation ist möglich"[4] zum 50. Geburtstag des Club of Rome sagen zu Recht, dass wir an einem entscheidenden Wendepunkt der Zukunft einer bewohnbaren Erde stehen. Doch obwohl dies jeder weiß, will niemand die Größenordnung der notwendigen Transformation, die wir leisten müssen, verstehen. Diese Transformation zu vollbringen, ist Aufgabe aller Staaten, auch Deutschlands und Chinas. Die Zusammenarbeit mit China im Bereich des Umweltschutzes ist damit kein Politikbereich nachgeordneter Priorität, sondern ein gemeinsames Interesse an der Erhaltung der planetarischen Lebensgrundlagen. Sie hat damit allererste politische Priorität – noch weit vor der Ausweitung der gegenseitigen Handelsbeziehungen und ebenso weit vor sozialpolitischen Zielsetzungen.

Die Transformation muss auf die Erhaltung und gerechte Verteilung der Chancen auf ein gutes Leben gerichtet sein. Darum geht es bei den 2015 verabschiedeten

„Sustainable Development Goals" (SDG) der UN. Zudem hat sich die Weltgemeinschaft beim UN-Klimagipfel 2015 in Paris dazu verpflichtet, kurzfristig die Treibhausgasemissionen zu begrenzen, um die globale Erwärmung auf zwischen 1,5 und maximal 2 Grad Celsius zu limitieren, verglichen mit vorindustriellen Zeiten.

Aber mit der heutigen Politik werden weder die SDGs noch die Pariser Klimaziele erreicht. Das gilt gleichermaßen für China wie für Deutschland, was der eben zitierte Report an den Club of Rome bestätigt. Sehenden Auges geraten wir in ein Szenario, in dem die planetarischen Grenzen auch weiterhin maßlos überdehnt werden und eine irreversible Zerstörung des Weltökosystems droht. Gewarnt wird in dem Bericht auch ausdrücklich davor, Konflikte zwischen verschiedenen Zielen zu Lasten der Umwelt zu lösen.

Chinas Sonderrolle beim Klimaschutz

China spielt hierbei eine besonders herausgehobene Rolle, denn es wird zweifellos bis spätestens 2050 die größte Wirtschaftsmacht der Erde sein und hat schon deshalb eine Schlüsselstellung sowohl im Klimaschutz als auch bei der Umsetzung der SDGs. Würde sich das globale Wirtschaftswachstum beschleunigen, könnte das die Verwirklichung einer großen Zahl von SDGs zwar schneller voranbringen, doch geschähe dies um den Preis noch weiter steigender CO_2-Emissionen von bis zu 45 Gigatonnen pro Jahr bis 2050.[5] Ganz offensichtlich ist das kein gangbarer Weg. Dagegen ließen sich in einem Szenario, in welchem 1,5 bis 2 Prozent des globalen BIP zugunsten des Wechsels von fossilen Energieträgern in erneuerbare Energieträger umgeleitet werden, bis 2020 die CO_2-Emissionen auf 20 Gigatonnen und bis 2050 auf sechs Gigatonnen senken. Dies wäre ein großer Schritt in Richtung des vom Weltklimarat geforderten weitgehenden Verzichts auf Verbrennung von Kohle, Öl und Gas zur Energieerzeugung.[6] China hat auf diesem Weg einerseits bereits die Führung übernommen und investiert mehr als alle andere Regionen der Erde in den Ausbau erneuerbarer Energien. Andererseits ist Chinas Energiesektor heute noch weitgehend von der Kohleförderung abhängig. China will bis 2020 3,9 Milliarden Tonnen Kohle pro Jahr fördern, während die Kohleförderung in Deutschland 2017 bei nur 180 Millionen Tonnen lag.

Nach Berechnungen des Mercator-Instituts dürfen aber, wenn das Zwei-Grad-Ziel mit einer mittleren Wahrscheinlichkeit noch erreicht werden soll, zwischen 2018 und 2100 nur maximal etwa 720 Gigatonnen CO_2 in die Atmosphäre gestoßen werden.[7] Zwar haben sich zahlreiche Staaten, auch die EU und ihre Mitgliedstaaten, auf ambitionierte Ziele der CO_2-Einsparung festgelegt. Doch liegt der durchschnittliche weltweite jährliche CO_2-Ausstoß derzeit bei 39 Gigatonnen und ist damit offensichtlich bei weitem zu hoch. Mit 10,2 Gigatonnen im Jahr 2016 steht China als Emittent einsam an der Spitze.[8] Bei ungestörtem Fortgang dieser Entwicklung wäre das globale CO_2-Budget bereits im Jahr 2036 aufgebraucht. Offenbar ist die Dramatik der Lage auf politischer Ebene von den meisten Akteuren noch immer nicht erkannt worden.

Nach einhelliger Auffassung führender Klimaforscher steht fest, dass extreme Wetterereignisse wie Überflutungen und Dürren von Jahr zu Jahr zunehmen werden; ebenso die Kosten der Folgeschäden. Der Meeresspiegel wird weitaus stärker ansteigen als bisher erwartet, zum Beispiel um mindestens 1,7 Meter bis zum Jahr 2100 nach Berechnungen von 2017 des Bundesamts für Seeschifffahrt und Hydrographie in Hamburg.[9] Nach Angaben des Deutschen Wetterdienstes waren die Monate April bis Ende August 2018 mit Abstand die wärmsten, die Deutschland je erlebt hat. Und die Jahre 2015–2018 waren die heißesten, die seit Bestehen systematischer Wetteraufzeichnungen gemessen wurden.

Wissenschaftler warnen, dass sich infolge der Erderwärmung und des damit einhergehenden geringeren Temperaturgefälles zwischen der sich besonders schnell erwärmenden Arktis und niedrigeren Breiten eine atmosphärische Trägheit einstellt, unter der sich Hoch- und Tiefdruckgebiete lange Zeit über Europa festsetzen können und dort entweder zu Überflutungen oder zu Dürren führen. Der Sommer 2018 hat auch in Europa einen spürbaren Vorgeschmack geliefert, was monatelange Trockenheit mit massiven Ernteeinbußen und Versorgungsnotstand für die Landwirtschaft bedeutet. Auch die zunehmende Versauerung der Weltmeere soll hier erwähnt werden – ein Phänomen, über das erstaunlich wenig berichtet wird, obwohl es als unmittelbare Folge des Klimawandels menschliches Leben auf der Erde massiv bedroht.

Lösungen wären möglich, werden aber nicht beherzt angegangen. Deutschland ist eines der innovativsten Länder der Erde. Die jüngst hier eingeleitete Energiewende hat große Hoffnungen geweckt, fossile Energieträger bald durch erneuerbare Energien ersetzen zu können. Deutschland hat dafür international Anerkennung und Bewunderung geerntet. Dennoch droht das Projekt im kleinstaatlichen Föderalismus und in mannigfaltigen Zielkonflikten unterzugehen. Widerstand gegen den Bau von Windenergieanlagen, Stromtrassen für den Transport von Windenergie vom Norden in den Süden und der Wunsch, aus Angst vor Transformation bis 2035 an der Braunkohleverstromung festzuhalten, sind nur einige zu nennende Hindernisse. Das Gesetz für den Ausbau erneuerbarer Energien (EEG), anfangs eine Erfolgsstory, wurde weitgehend entwertet.

China auf dem Weg zur umweltpolitischen Führungsmacht – und wo bleibt Deutschland?

China hat das erklärte Ziel, eine konsequente Umweltpolitik zu verfolgen.[10] Es hat dabei im Vergleich zu Demokratien westlicher Prägung einen strategischen Vorteil: Während Deutschland und Europa in mühsamen demokratischen Verfahren viel Zeit verlieren, kann das zentralistisch gelenkte China wesentlich schneller, flexibler und effektiver auf politische Herausforderungen reagieren. Es geht hier nicht um eine Systembewertung. Tatsache ist aber, dass die Demokratie europäischer Prägung ganz offensichtlich – jedenfalls bisher – grandios daran gescheitert ist, große systemische Veränderungen in der kurzen zur Verfügung stehenden Zeit durchzusetzen. Demokratische Systeme sind darauf angewiesen, einen Ausgleich von verschiedensten Interessen gesellschaftlicher Gruppen herbeizuführen. Dieses tägliche Ringen um den Ausgleich ist zwar friedensstiftend, kann aber unter heutigen Bedingungen zum Systemkollaps führen, wenn Entscheidungsprozesse und die Einigung auf neue Rechtsregeln zu lange dauern und zu spät kommen.

In diesem Zusammenhang ist noch ein anderes Phänomen von Interesse: Die Festlegung von Rechtsregeln zur Bewahrung der natürlichen Lebensgrundlagen ist nur soviel wert wie deren effektive Durchsetzung. An der ausreichenden Entschlossenheit hierzu fehlt es in Europa in vielen Bereichen, wie dem Abfallrecht, der Luftreinhaltung, dem Gewässerschutz und dem Schutz der Artenvielfalt. Im Gegensatz zu vielen EU-Mitgliedstaaten ist Deutschland im Bereich der Abfallentsorgung allerdings vorbildlich.

Ein Durchsetzungsproblem zeigt sich im Bereich der Luftreinhaltung. Als die deutsche Automobilindustrie die NOx-Grenzwerte nicht einhalten konnte, täuschte sie deren Einhaltung durch den Einbau von Abschalteinrichtungen vor, allen voran der VW-Konzern. Es wäre interessant zu wissen, wie China mit einer solchen Situation umgehen würde. Die Hilflosigkeit der deutschen Politik, mit dieser Lage angemessen umzugehen, ist frappierend. Es drängt sich der Eindruck auf, als hätte die Automobilindustrie zum Teil selbst die staatliche Führung übernommen. Soweit bekannt, hat gerade China in jüngster Zeit wegen seiner bedrohlich gesundheitsgefährdenden Luftverschmutzung in Städten sehr strenge Regeln zur Luftreinhaltung erlassen. Deren Nichteinhaltung ist mit erheblichen, effektiven Sanktionen bewehrt. Vielleicht könnte Deutschland hier von China lernen.

Ein weiteres Manko ist, dass die europäischen und nationalen Rechtsetzungen entschieden zu lange brauchen. Da 80 Prozent aller nationalen Gesetze der EU-Mitgliedstaaten auf der Umsetzung von Gemeinschaftsrecht beruhen, ist auch die Gesetzgebungsdauer auf EU-Ebene von nationaler Bedeutung. Die meisten europäischen Rechtsakte – Richtlinien und Verordnungen – werden im Mitentscheidungsverfahren auf Vorschlag der Europäischen Kommission von Rat und Parlament gemeinsam verabschiedet. Diese Verfahren sind komplex und sehr langwierig. Die Revision der Abfallrahmenrichtlinie 2008/98/EG braucht zehn Jahre von den ersten Vorbereitungen 2010 und dem Inkrafttreten 2018 bis zu ihrer Umsetzung im Jahr 2020.

Durch halbherziges Lavieren hat Deutschland seine bisherige Vorreiterrolle beim Ausbau erneuerbarer Energien längst an China abgegeben. 2017 wurden in China Photovoltaik-Kraftwerke mit einer Leistung von 53 Gigawatt installiert, während Deutschland im selben Jahr nur knapp zwei Gigawatt neu installieren konnte.[11]

Ungleicher Wettlauf um den Ausbau erneuerbarer Energien

Während China seine ökonomischen Chancen erkennt und die weltweit größten Investitionen in erneuerbare Energien wie Wind und Sonne tätigt, hat man in Deutschland vor, für den Braunkohletagebau Wälder und ganze Dörfer bis ins Jahr 2035 hinein zu beseitigen. Andererseits schießt auch China weit über das Ziel hinaus, durch megalomane Investitionen in Höhe von 1,6 Milliarden Dollar in ein hydroelektrisches Projekt in Sumatra unwiederbringliche Natur zu zerstören und die letzten 800 Tanauli Orang-Utans auszurotten. Erneuerbare Energien sind mit Augenmaß auszubauen und nicht um jeden Preis.

Zwar liegt nach Angaben des Umweltbundesamts der Anteil der erneuerbaren Energien in Deutschland mit 36,2 Prozent weit über dem EU-Durchschnitt von nur 17 Prozent.[12] Doch hat China seine Investitionen in erneuerbare Energien seit 2010 von 40 Milliarden Dollar auf 132,6 Milliarden Dollar im Jahr 2017 erhöht, während Deutschland sie im selben Zeitraum von 40 Milliarden auf 14,5 Milliarden Dollar gesenkt hat.[13] So erscheint die Lage in Deutschland politisch eher planlos und nicht wie eine klug geplante Energiewende.

Auch hier zeigt sich eine besondere Stärke Chinas, die darin liegt, dass eine einmal für richtig erachtete Politik konsequent, schnell und langfristig verfolgt wird. Während Deutschland Investitionen in erneuerbare Energien senkt, handelt China genau entgegengesetzt. Dabei wird der IWF nicht müde, Deutschland zu ermahnen, seine Zukunftsinvestitionen zu erhöhen.

Auflösung des Widerspruchs zwischen Umwelt und Wirtschaft – internationale Kooperation

Als die Juncker-Kommission 2014 die Amtsgeschäfte übernahm, stellte sie ihre Politik unter das Leitmotiv „Wachstum und Beschäftigung". Diesem Ziel sollte sich alles andere unterordnen. Umwelt und Wirtschaft sind aber keine Gegensätze. Wo dies nicht erkannt wird, können die gegenwärtigen Probleme nicht gelöst werden und das ist brisant.

Die Brisanz der Lage wird deutlich, wenn man die globale demografische Entwicklung und die seit etwa 1950 exponentiell gestiegene Nutzung nicht erneuerbarer Energieträger in Beziehung setzt. Zwischen 1950 und 2018 hat sich die Weltbevölkerung von 2,5 Milliarden auf 7,6 Milliarden Menschen verdreifacht, in nur 68 Jahren. Dabei hat es 1750 Jahre gedauert, um vom Jahr 0 christlicher Zeitrechnung bis in die Mitte des 18. Jahrhunderts – dem frühen Beginn der Industriellen Revolution – die Menschheit von etwa 250 Millionen auf 795 Millionen anwachsen zu lassen. Die mit der Industriellen Revolution einsetzende Wirtschaftsdynamik bekam ihren entscheidenden Schub aber erst in den 1950er Jahren. Mit dem Einzug eines von den USA nach Europa importierten Lebensstiles, der auf grenzenlosen Massenkonsum und industrielle Massenproduktion setzt, entstanden weltweit agierende Großkonzerne, die durch Akkumulation von Kapital erstaunliche technische Innovationen auf den Weg brachten. Diese führten zu einem stetigen konsumgetriebenen Wachstum. Der Konsumklimaindex westlicher Industrienationen ist zum Fieberthermometer wirtschaftlichen Wohlergehens und politischer Stabilität geworden.

Da wirtschaftliche Prosperität westlicher Demokratien, gemessen als Bruttoinlandsprodukt, letztlich auch Bedingung für politische Stabilität geworden ist, besteht eine fatale Abhängigkeit zwischen Wirtschaftswachstum und politischer Handlungsfreiheit. Eine Regierung, die mangels eines ausreichenden Wirtschaftswachstums über längere Zeit hohe Arbeitslosigkeit verwaltet und der Bevölkerung Einschnitte bei Löhnen und Sozialleistungen zumuten muss, wird sich im kapitalistischen globalen Norden nicht lange halten können. Politische Instabilität ist die Folge. Dauert eine Phase wirtschaftlichen Abschwungs zu lange, erstarkt politischer Populismus – ein Zustand, der heute eine nicht geringe Zahl von europäischen Mitgliedstaaten in ihrer Stabilität erkennbar bedroht.

In der geschilderten Gemengelage zeigen die 2015 verabschiedeten SDGs eines sehr deutlich: Die gemeinsame globale Herausforderung für alle Staaten der Erde – vor allem für führende Wirtschaftsnationen wie China und Deutschland – besteht darin, gemeinsame Wege zu finden, die einen hohen Grad wirtschaftlicher und sozialer Entwicklung gewährleisten, aber gleichzeitig ermöglichen, die planetarischen Grenzen einzuhalten. Die dabei gemeinsam zu entwickelnden Strategien müssen darauf abzielen und geeignet sein, dass auch Staaten, deren Bevölkerung zu großen Teilen in absoluter Armut lebt, trotz Teilhabe an wirtschaftlicher Entwicklung Nachhaltigkeitsgrenzen einhalten können.

Der Weg zu dieser Entwicklung führt auch über einen volkswirtschaftlichen Systemwechsel. Er erfordert eine radikale Reduzierung des Verbrauchs fossiler Brennstoffe in den hoch industrialisierten Staaten und den Schwellenländern sowie eine nachhaltige und substantielle Reduktion des globalen Ressourcenverbrauches, vor allem in den alten Industriestaaten. Dafür ist es nicht nur erforderlich, den überkommenen Wachstumsbegriff infrage zu stellen, sondern auch, den wirtschaftlichen Mehrwert weniger durch Umsatz als durch effektivere Nutzung von Ressourcen und Energie zu erzeugen.

Nach den Berechnungen des Global Footprint Network von 2018, waren bereits am 1. August 2018 alle Ressourcen, welche die Erde in einem Jahr regenerieren kann, aufgebraucht. Würden alle Menschen wie Mitteleuropäer leben, wären dafür bereits heute die Ressourcen von 3,5 Planeten Erde erforderlich. Diese Zahlen verdeutlichen das erhebliche Ungleichgewicht zwischen den ökonomisch entwickelten und den weniger entwickelten Staaten. Weder will China mit seiner Milliardenbevölkerung auf seinem gegenwärtigen Entwicklungsniveau verharren noch wird Indien mit seiner bis

2050 auf mehr als 1,5 Milliarden Menschen anwachsenden Bevölkerung ein geringeres Entwicklungsniveau anstreben als China heute aufweist. Nach einer von Pricewater-houseCoopers vorgelegten Studie[14] wird Indien hinter China bis 2050 die weltweit zweitgrößte Wirtschaftsmacht sein. Dies bedeutet auch in diesen Ländern Konsum von Massenartikeln, in Mengen wie sie Westeuropäer heute für normal halten. Noch nachdenklicher muss der Umstand machen, dass auch Afrika mit heute knapp über einer Milliarde Menschen bis 2050 eine zahlenstarke konsumkräftige Mittelklasse besitzen wird. Die Bevölkerung Afrikas wird nach Schätzungen der UN bis 2050 auf 2,5 Milliarden und bis 2100 auf 4,4 Milliarden Menschen ansteigen![15] Demzufolge sind von Afrika bis zum Jahr 2100 die mit Abstand höchsten CO_2-Emissionen zu erwarten. Diese Gemengelage aus demografischem Wandel, industrieller globaler Entwicklung und Druck auf das Weltökosystem kann nur und ausschließlich von allen Staaten gemeinsam gelöst werden. Dieser Verantwortung kann sich auch China nicht entziehen.

Praktische Schritte durch internationale Zusammenarbeit in der Produktpolitik

Um hier die Weichen richtig zu stellen, ist enge internationale und multilaterale Zusammenarbeit gefragt. Nationale Egoismen haben auf dieser Ebene keinen Platz. Wie aber lassen sich Ressourcenverbrauch und der Verbrauch fossiler Energieträger radikal und kurzfristig senken, ohne dass es zu wirtschaftlich und sozial nicht tragbaren Verwerfungen kommt? Offensichtlich muss über eine angemessene Regulierung von Konsum neu nachgedacht werden.

Die globalen Player der Konsumgüterproduktion müssen dazu gebracht werden, gänzlich anders zu produzieren, als sie es heute tun. Dabei sind frühere Tugenden des deutschen Wirtschaftswunders – Qualität zu produzieren – wieder gefragt. Heute weisen Konsumgüter wie elektrische Waschmaschinen, Kühlschränke und elektronische Geräte, die früher als langlebig galten, immer kürzere Lebenszyklen auf. Marktsättigung beantworten Hersteller weltweit damit, Ware mit immer geringeren Lebenszyklen herzustellen, um einen wachsenden Absatz zu garantieren. Was dem amerikanischen Kaufmann Bernard London 1932[16] nicht gelungen ist – ein Gesetz auf den Weg zu bringen, welches Hersteller von Gütern zur geplanten Obsoleszenz verpflichtet, um die große Depression von 1932 zu beenden –, scheinen Konsumgüterhersteller heute weltweit durch koordiniertes Verhalten umgesetzt zu haben, ohne dass es eines Gesetzes bedurft hätte.

Es liegt auf der Hand, dass der Wettbewerb um höheren Absatz bei sinkender Produktqualität zu höheren CO_2-Emissionen und weiterem Verlust weltweiter Rohstoffressourcen führt. Ebenso klar liegt auf der Hand, dass die Weltbevölkerung im Jahr 2050 nicht in derselben Weise konsumieren kann wie im Jahr 2018. Der Wettlauf um immer geringere Qualität zu immer niedrigeren Preisen bei hübschem Design ist voll entbrannt und wird derzeit durch nichts aufgehalten. Bisher wurde auch nirgendwo die Frage aufgeworfen, ob das wichtigste Freiheitsrecht marktliberalen Denkens, nämlich alles zu produzieren was sich irgendwie vermarkten lässt, heute noch zeitgemäß ist oder ob es nicht wie jedes Freiheitsrecht einiger ausformulierter Schranken bedürfe.

Ein international akzeptabler Mindestkonsens auf dieser Ebene könnte in der verbindlichen Formulierung von Regeln zu Mindestnachhaltigkeitsstandards für Güter des Massenkonsums bestehen. Solche Standards könnten zum Beispiel erheblich längere Herstellergarantien vorsehen, anstelle von zwei Jahren etwa zehn Jahre, oder etwa die Verpflichtung, Ersatzteile für langlebige Gebrauchsgüter wie Haushaltsmaschinen für mindestens 30 Jahre vorzuhalten. Dies würde erheblich zur weltweiten Entschleunigung der Produktions- und Verschwendungsspirale beitragen. Schließlich ist grundsätzlich zu überdenken, ob Hersteller des 21. Jahrhunderts den Massenkonsummarkt überhaupt durch den Verkauf von Produkten bedienen sollen. Bestimmte Massenkonsumgüter könnten stattdessen, soweit es effektiv ist, im Eigentum des Herstellers verbleiben und der ökonomische Mehrwert könnte durch die Gebrauchsüberlassung an den Kunden erzielt werden. Dies ist kein völlig neuer Denkansatz, denn im „Business-to-Business"-Bereich, beim Handel sehr großer Maschinen etwa, ist es nicht ungewöhnlich, diese lediglich zum Gebrauch zu überlassen. Dasselbe könnte parallel zumindest auch für den bislang teuersten Massenkonsumartikel, den Bau privat genutzter Pkw, gelten.

Den Mythos der Kreislaufwirtschaft durch Strategien der Abfallvermeidung ablösen

Die seit einigen Jahren auf europäischer Ebene vorangetriebene Kreislaufwirtschaft ist im Wesentlichen die Fortführung der bisherigen linearen Wirtschaft. Das Grundnarrativ, Abfälle durch deren geeignete Behandlung wieder in nennenswertem Umfang in den Produktionskreislauf zurückzuführen, gründet sich weitgehend auf eine gefährliche Illusion und mangelnde Kenntnis der Realitäten. Dies ist am augenfälligsten bei Kunststoffen.

Im europäischen Abfallrecht konzentrieren sich praktisch die meisten Anstrengungen auf das Recycling, obwohl Abfallvermeidung auch rechtlich prioritär ist. Beim Kunststoffrecycling liegt die Wiedereinsatzquote in Europa bei lediglich sieben Prozent.[17] Angebliche Recyclingerfolge entpuppen sich bei genauerem Hinsehen als statistische Luftnummern. Der Versuch, Recyclingquoten für bestimmte Stoffströme vorzuschreiben, hat bis heute mäßige Erfolge gezeigt.

Demgegenüber hätten Abfallvermeidung, Vorbereitung zur Wiederverwendung und Recycling eine wesentlich bessere Erfolgschance, wenn Hersteller in Wahrnehmung ihrer Produktverantwortung entweder Eigentümer ihrer Produkte blieben oder die Abgabe mit einem Pfand versehen würden. Dies würde den Letztbesitzer motivieren, das Produkt am Ende seines Lebenszyklus in den Einflussbereich des Herstellers zurückzubringen. Hier nur auf marktliberale Selbstheilungskräfte zu setzen, ist naiv, wie sich etwa in der Umsetzung der Richtlinie über Altfahrzeuge zeigt. Jedes Jahr verschwinden in der EU Millionen Altfahrzeuge, die eigentlich in dafür vorgesehenen Anlagen in der EU verschrottet werden müssten, mit unbekanntem Ziel.[18] Blieben Hersteller die Eigentümer ihres Produktes, konstruieren sie es so, dass es möglichst lange hält, reparierbar ist, modular aufrüstbar und jedenfalls für die Gebrauchsüberlassung zwecks weiterer Wertschöpfung dienbar gemacht werden kann.

Sofern die Weltgemeinschaft tatsächlich wirksam den Klimawandel bekämpfen will, liegt es auf der Hand, dass künftig nur noch solche Produkte auf den Markt gebracht werden dürfen, die den genannten Nachhaltigkeitskriterien genügen. Sollten solche Kriterien weltweit verbindlich werden, hat derjenige im Wettbewerb die Nase vorn, dem es gelingt, Mehrwert zuerst aus der Gebrauchsüberlassung hochwertiger Produkte zu generieren, und der den Zugriff auf den Rohstoff seiner veräußerten Produkte behält. China kann sich heute dem Zwang zur immer billiger werdenden Produktion, zu höheren Stückzahlen und intensiverer Marktdurchdringung noch nicht entziehen. Das darf und muss nicht so bleiben.

China hat mit seinem Plan „Made in China 2025" die Absicht formuliert, die weltweite Marktführerschaft im Hochtechnologiesektor zu übernehmen. „Made in China" kann aber auch die Bedeutung nachhaltiger Produktion enthalten. Es wäre aus umweltpolitischer Sicht sehr wünschenswert, wenn China auch die weltweite Marktführerschaft im Sektor nachhaltiger Produkte für den Massenkonsum anstreben und einen internationalen Wettbewerb über Nachhaltigkeit auslösen würde.

Auf internationaler Ebene sollten sich China und Deutschland für die oben angedeuteten internationalen Produktstandards einsetzen. Es sollte ein international verbindlicher allgemeiner Rahmen definiert werden, innerhalb dessen Produkte überhaupt erst Marktfähigkeit erlangen können. Massenkonsumprodukte mit Einwegqualität und Wegwerfdesign darf es in einer Welt, welche die SDGs und die Pariser Klimaziele bis 2050 erreichen will, nicht mehr geben.

Rückorientierung der Abfallpolitik auf ihre Kernziele der Umwelthygiene

Hierfür ist es auch erforderlich, den Abfallbegriff völlig neu zu denken. Dies kann dadurch geschehen, dass auf europäischer Ebene zum Beispiel mit einer Produktrahmenrichtlinie zunächst ein Rechtsrahmen geschaffen wird, welcher unter anderem anstelle des Abfallendes das Produktende genau definiert. Hierbei würden Bedingungen festlegt, die erfüllt sein müssen, damit Produkte am Ende ihres Lebenszyklus möglichst nicht zu Abfall werden, indem sie unter der Kontrolle ihres Herstellers verbleiben. Diesem wäre auch die Verpflichtung aufzuerlegen, die in seinem Produkt enthaltenen Rohstoffe möglichst rein dem Produktionskreislauf wieder zuzuführen. Wirklich durchschlagende Wirkung könnte ein solches Vorhaben aber nur in Form eines verbindlichen internationalen Abkommens entfalten.

Im Juni 2018 hat die Europäische Kommission einen Gesetzgebungsvorschlag zur Regelung von Einwegartikeln aus Kunststoff sowie von Fischfanggerät aus Kunststoff eingebracht. Mit diesem Vorschlag soll im Rahmen einer erweiterten Plastikstrategie der Meeresvermüllung mit Kunststoffen begegnet werden. Deutschland hat neben anderen Mitgliedstaaten frühzeitig das Thema der Meeresverschmutzung mit Kunststoffen auf die internationale Tageordnung gesetzt. Dafür gibt es allen Anlass: Seit etwa 1950 hat sich die Kunststoffproduktion von nahe null auf jährlich 415 Millionen Tonnen in 2017 gesteigert. Die chemische Industrie geht von einer durchschnittlichen jährlichen Produktionssteigerung von vier Prozent aus. Dies würde alle 17 Jahre eine Verdopplung bedeuten. Jahr für Jahr gelangt eine geschätzte Menge von circa zehn Millionen Tonnen Kunststoffabfälle in die Weltmeere und zerfällt dort in Fragmente, die so klein sein können, dass sie in den Verdauungstrakt von Meerestieren gelangen. Der bei Weitem größte Teil dieses Kunststoffeintrages sinkt aber auf den Meeresgrund. Die toxikologischen Effekte dieser Vorgänge für den Menschen sind bis heute völlig unzureichend erforscht. Einigkeit besteht nur, dass Plastik nichts im Meer zu suchen hat und daraus dringend ferngehalten werden muss.

Die meisten Kunststoffe – etwa 80 Prozent – gelangen über Flüsse ins Meer. Studien von Jambek u. a. aus dem Jahr 2017[19] legen nahe, dass der Hauptkunststoffeintrag über die größten Flusssysteme der Welt erfolgt. Davon liegen acht in Asien und zwei in Afrika. China wurde mit Abstand als größter Verschmutzer der Weltmeere durch Kunststoff identifiziert.

Hier besteht erheblicher Handlungsbedarf. China hat bereits schärfere Maßnahmen ergriffen, um gegen den seit mehr als zehn Jahre andauernden Import von Verpackungsabfällen aus Kunststoff zu Recyclingzwecken vorzugehen und hat seine Grenzen seit 2018 für solche Importe praktisch geschlossen. Für diesen ersten Schritt ist China zu danken, denn es zwingt die Verursachernationen der Plastikabfälle, das zum Beispiel im europäischen Umweltrecht festgelegte Näheprinzip anzuwenden, nach dem Abfälle grundsätzlich dort zu entsorgen sind, wo sie entstehen. Zugleich ist es dringend erforderlich, effektive Entsorgungsstrukturen aufzubauen.

Diese ersten in Europa und China ergriffenen Maßnahmen zeigen in die richtige Richtung, doch reichen sie bei Weitem nicht zur Minderung der Meeresverschmutzung mit Kunststoffabfällen aus. Dies gilt ebenso für die von einzelnen anderen Staaten, zum Teil Entwicklungsländern, ergriffenen Maßnahmen wie dem Verbot der Nutzung von Kunststofftüten, Einweggeschirr aus Kunststoff und Ähnlichem.

Die entscheidende Ursache für die weltweite Meeresverschmutzung mit Kunststoffen liegt im Fehlen von Infrastruktur zur Abfallentsorgung. Die Einrichtung flächendeckender und die gesamte Bevölkerung eines Landes einbeziehender regelmäßiger Abfallsammlung ist ebenso erforderlich wie der Aufbau von Abfallbehandlungs- und Abfallverwertungsanlagen weltweit. Schließlich bedarf es einer Infrastruktur zur Abfallverwertung in Form von Recycling und energetischer Verwertung. Dies gilt auch, wenn es in den kommenden Jahren gelingen sollte, Abfallvermeidung durch Schaffung nachhaltiger Produkte und eine Verringerung von Kunststoffverpackungen zu erreichen. Wird diese Infrastruktur nicht geschaffen, ist der Kampf gegen die Meeresvermüllung mit Kunststoffen vollkommen aussichtslos.

Hier kann Deutschland, das sich eine weltweite Spitzenstellung in der Abfallentsorgung erarbeitet hat, als nachahmenswertes Beispiel dienen. Eine 2018 erschienene Studie der deutschen Kunststoffindustrie hat gezeigt, dass der Kunststoffeintrag aus deutschen Fließgewässern, die in Nordsee, Ostsee und das Schwarze Meer münden, nur circa 1.400 Tonnen pro Jahr beträgt und somit relativ gering ist. Die mit Abstand gravierendsten Kunststoffeinträge kommen aus China. Hier könnten weltweit agierende europäische Entsorgungsunternehmen, die schon seit Jahren auf dem chinesischen Markt aktiv sind, Abhilfe schaffen. Das Potenzial für die Nutzung deutschen Know-hows und deutscher Technologie in China erfordert aber die Schaffung eines Rechtsrahmens, der Entsorgungsunternehmen sichere und attraktive Investitionsbedingungen bietet. Dazu bedarf es zunächst einer stringenten Abfallwirtschaftsplanung, welche der Abfallvermeidung absolute Priorität einräumt und ein grundsätzliches Deponierungsverbot, insbesondere von Kunststoffabfällen und generell von Siedlungsabfällen. Deutschland kann hier mit Technologie und Planungserfahrung wichtige Beiträge leisten. Im Bereich der Abfallvermeidung könnten eine Zusammenarbeit und ein intensiver Meinungsaustausch zwischen Deutschland und China sehr hilfreich sein.

Deutschland als hochinnovativer Industriestandort und ein Land, das schon früh die Potenziale von GreenTech erkannt hat, kann China auf seinem Weg in ein nachhaltiges Wachstum begleiten und zum beiderseitigen Nutzen verstärkt kooperieren. Wichtiger ist aber noch, dass beide Akteure ihre Kräfte politisch bündeln und sowohl ihre Wirtschaftskraft als auch ihren politischen Einfluss in der Welt nutzen, um auf internationaler Ebene die regulatorischen Voraussetzungen zu schaffen, die gleiche Wettbewerbsbedingungen für nachhaltige Produktion herstellen. Anstatt die Zukunft künftiger Generationen in zerstörerischen Materialschlachten zu opfern, könnten sie den derzeit verheerenden Teufelskreis eines Wettbewerbs um den höchsten Massenabsatz bei stetig abnehmender Produktqualität durchbrechen. Damit könnten sie dazu beitragen, Energie und Rohstoffe effektiver zu nutzen, ohne die planetarischen Grenzen zu sprengen. Das gemeinsame Ziel muss sein, Abfallvermeidung zu erreichen, ohne auf technischen Fortschritt und Annehmlichkeiten verzichten zu müssen. Den Weg dorthin gemeinsam zu finden, muss das Ziel jeder industriellen Entwicklung an jedem Punkt der Erde sein. Dies ist keine Utopie, die zu verwirklichen schön wäre. Es ist eine schlichte Notwendigkeit. Wird dieser Weg nicht beschritten und werden diese Ziele nicht erreicht, dann gibt es keine lebenswerte Zukunft für künftige Generationen.

Anmerkungen

1 https://www.destatis.de/DE/ZahlenFakten/GesamtwirtschaftUmwelt/Aussenhandel/Handelspart nerJahr.html (letzter Aufruf: 17.11.2018).

2 Wirtschaft kompakt: China klebt am Label Entwicklungsland, in: *Süddeutsche Zeitung*, 17.8.2010, https://www.sueddeutsche.de/wirtschaft/wirtschaft-kompakt-china-klebt-am-label-entwicklungs land-1.989240 (letzter Aufruf: 17.11.2018).

3 Dazu ausführlich Kai Strittmacher, *Die Neuerfindung der Diktatur*, München 2018.

4 Jorgen Randers/Johan Rockström/Per Espen Stoknes/Ulrich Golüke/David Collste/Sarah Cornell, *Transformation is feasible. A Report to the Club of Rome from Stockholm Resilience Centre and BI Nor wegian Business School*, 17.10.2018, https://www.stockholmresilience.org/download/18.51d8365916 6367a9a16353/1539675518425/Report_Achieving%20the%20Sustainable%20Development% 20Goals_WEB.pdf (letzter Aufruf: 17.11.2018).

5 Jorgen Randers/Johan Rockström/Per Espen Stoknes/Ulrich Golüke/David Collste/Sarah Cornell, *Transformation is feasible. A Report to the Club of Rome from Stockholm Resilience Centre and BI Norwe gian Business School*, 17.10.2018, S. 24, https://www.stockholmresilience.org/download/18.51d8365916 6367a9a16353/1539675518425/Report_Achieving%20the%20Sustainable%20Development%20Goals_ WEB.pdf (letzter Aufruf: 17.11.2018).

6 Jorgen Randers/Johan Rockström/Per Espen Stoknes/Ulrich Golüke/David Collste/Sarah Cornell, *Transformation is feasible. A Report to the Club of Rome from Stockholm Resilience Centre and BI Norwe gian Business School*, 17.10.2018, S. 34, https://www.stockholmresilience.org/download/18.51d836591 66367a9a16353/1539675518425/Report_Achieving%20the%20Sustainable%20Development%20Goals _WEB.pdf (letzter Aufruf: 17.11.2018).

7 https://www.mcc-berlin.net/forschung/co2-budget.html (letzter Aufruf: 17.11.2018).

8 http://www.spiegel.de/wissenschaft/mensch/globaler-co2-ausstoss-die-emissionen-steigen-weiter-a-1177404.html (letzter Aufruf: 17.11.2018).

9 https://www.presseportal.de/pm/6561/3632693 (letzter Aufruf: 17.11.2018).

10 *Shocks, Innovation and Ecological Civilization: A ‚New Green Era' for China and for the World*, CCICED Issues paper 2018, 21.10.2018.

11 https://www.dw.com/de/erneuerbare-energien-china-übernimmt-europas-vorreitterrolle/a-42291799 (letzter Aufruf: 17.11.2018).

12 https://www.umweltbundesamt.de/themen/klima-energie/erneuerbare-energien/erneuerbare-energien-in-zahlen#textpart-1 (letzter Aufruf: 17.11.2018).

13 Bloomberg, New Energy Finance; https://about.bnef.com/clean-energy-investment/ (letzter Auf ruf: 17.11.2018).

14 https://www.finanzen100.de/finanznachrichten/wirtschaft/langzeitstudie-deutschland-verliert-diese-laender-werden-2050-die-groessten-wirtschaftsmaechte-sein_H1201970325_376674/ (letzter Auf ruf: 17.11.2018).

15 https://www.tagesspiegel.de/weltspiegel/vereinte-nationen-11-2-milliarden-menschen-im-jahr-2100/19967422.html (letzter Aufruf: 17.11.2018).

16 Bernard London, *Ending the Depression Through Planned Obsolescence*, New York u. a. 1932.

17 Conversio Market & Strategy GmbH, 2018.

18 Wolfgang Klett/Beate Kummer/Helmut Maurer, *Abgrenzung Altfahrzeuge – Gebrauchtwagen, Behör den und Unternehmen machtlos?*, Köln 2017.

19 Jenna Jambeck u. a., „Production, use, and fate of all plastics ever made", in: *Science Advances* 3, Nr. 7, 19.7.2017; http://advances.sciencemag.org/content/3/7/e1700782 (letzter Aufruf: 17.11.2018).

Li Tie
2.7 Rahmenstrategie und Erkundungspraxis chinesischer Smart Cities

Der Architekt Liang Sicheng sagte einmal: „Die Stadt ist eine Wissenschaft, die wie der menschliche Körper über Leitbahnen [Meridiane, ein Begriff aus der TCM], einen Puls und eine Hauttextur verfügt und die krank wird, wenn man nicht wissenschaftlich mit ihr umgeht."

Mit zunehmender Beschleunigung der Urbanisierung treten Probleme wie das unaufhörliche Wachstum der urbanen Bevölkerung, die Ressourcenknappheit, die Umweltverschmutzung, die Verkehrsstaus und die potenziellen Sicherheitsgefährdungen et cetera von Tag zu Tag deutlicher hervor. Die sogenannte Großstadt-Malaise ist zum Hauptproblem geworden, das Aufbau und Verwaltung jeder Stadt in Schwierigkeiten stürzt. Wo findet sich ein Rezept für die Heilung dieser Krankheit? Der in den letzten Jahren wie ein Lauffeuer um sich greifende Aufbau von „Smart Cities" in sämtlichen Winkeln der Erde ist möglicherweise eine Denkrichtung.

Der globale Aufbau von Smart Cities befindet sich derzeit in einem fortlaufenden Erkundungsprozess und noch existiert kein allgemeingültiges Modell einer Smart City. Der Aufbau chinesischer Smart Cities muss sich von Anfang bis Ende an Chinas nationalen Bedingungen und der chinesischen Praxis orientieren und muss – angepasst an die realen Verhältnisse – Smart Cities mit chinesischen Charakteristika erschaffen.

Smart Cities beziehen sich auf zwei Aspekte: erstens auf Smartheitsfaktoren wie Internet, Internet der Dinge (IoT), Künstliche Intelligenz (KI) und Big Data et cetera. Zweitens geht es darum, wie diese Faktoren in den urbanen Raum integriert werden, um Nutzen bei der Governance der Städte zu stiften und der Gesellschaft einen Dienst zu erweisen.

Der urbane Raum lässt sich unterteilen in Einheiten wie Haushalte, Gebäude, Wohnviertel, Gewerbegebiete und andere, und diese Einheiten setzen sich auf unterschiedliche Weise zu Städten unterschiedlicher Größe zusammen. Wenn wir nun erkennen, dass in diesen städtischen Einheiten bereits jetzt der Einsatz intelligenter Anwendungen beginnt, können wir umso berechtigter sagen, dass hier bereits die Basis für Smart Cities gelegt ist. Wenn wir nun in eine räumliche Einheit so weitgehend wie möglich Smartheitsfaktoren einbringen und gleichzeitig diese Faktoren auf systematische Weise integrieren, sowie durch „städtische Gehirne" oder smarte Zentren systematisch öffentliche Dienstleistungen und marktorientierte Dienstleistungen entwickeln, dann können wir sagen, dass hierin bereits die Keimzelle für eine Smart City liegt.

Die Planung von Smart Cities umfasst unter anderem die Fragen, wie die Smartheitsfaktoren in einen Raum beziehungsweise in die Basiseinheiten der Städte zu

Li Tie, ist Chairman und Chief Economist des China Centre for Urban Development (CCUD), Peking.

https://doi.org/10.1515/9783110624731-012

integrieren sind, wie die Anwendungssysteme Sensorik, Internet und IoT über die Infrastruktur der Städte zu verteilen und wie durch Big Data und KI sämtliche Smartheitsfaktoren zu verbinden sind.

Die erkundende Praxis chinesischer Smart Cities

Smart Cities nahmen in den Industrieländern relativ früh ihren Anfang und lieferten damit für den Aufbau chinesischer Smart Cities reichhaltiges Anschauungsmaterial. Insbesondere können sie als Referenzen für städtisches Energiesparen, den Aufbau intelligenter Wohnviertel und andere Bereiche dienen. 2004 verkündete Korea seine nationale „U-Korea"-Strategie und Japan folgte im selben Jahr mit seiner nationalen „U-Japan"-IT-Strategie. 2006 rief Singapur seinen „Smart Country 2015"-Plan ins Leben und 2010 kündigten schließlich die USA an, den Aufbau intelligenter Infrastruktur zu verstärken und ihre Projektpläne bezüglich intelligenter Anwendungen voranzutreiben. Der Aufbau von Smart Cities in Städten wie Kopenhagen, Singapur, Stockholm, Seoul et cetera hat bereits ein vergleichsweise reifes Entwicklungsstadium erreicht.

Obwohl der Aufbau chinesischer Smart Cities sich insgesamt betrachtet noch im Anfangsstadium befindet, ist die Nachfrage bereits sehr lebhaft. Die Systemvorteile sind offensichtlich und der Entwicklungstrend verzeichnet einen starken Aufschwung. Städte wie Shenzhen haben, was den Aufbau von Smart Cities neuen Zuschnitts und E-Government betrifft, bereits erste duplizierbare und verbreitungswerte empirische Methoden entwickelt, die als trendbestimmende Modelle dienen können.

Von intelligenten Apps für Mobiltelefone über internetbasierte Zahlungsmethoden wie Alipay, WeChat et cetera bis hin zur Teilhabe am wirtschaftlichen Aufschwung in den Städten sieht sich die gesamte chinesische Gesellschaft derzeit einem tiefgreifenden Wandel ausgesetzt. In diesen Bereichen sind wir in der Welt führend. Auf der Ebene der Social Governance setzen in den letzten Jahren Regierungsbehörden allerorten aktiv die Vorteile des mobilen Internets ein, um den Aufbau eines Mobile Government zu stärken und das Projekt der Teilhabe der Bürger an Informationstechnologien umzusetzen. Die Daten zeigen, dass die Zahl der Nutzer von IT-Plattformen wie dem chinesischen Alipay, der städtischen Serviceplattformen von WeChat, der öffentlichen WeChat-Nummern der Regierungsbehörden, Weibo-Mikroblogs und -Mobil-Apps et cetera bereits 239 Millionen beträgt und damit einen Anteil von 32,7 Prozent an der Gesamtzahl der Internetnutzer erreicht. Dies macht deutlich, dass das chinesische Modell der Social Governance sich derzeit von einer nur in eine Richtung gerichteten (unidirektionalen) Verwaltung hin zu einer in beide Richtungen gerichteten (bidirektionalen) Interaktion, von einem Offline-Modus hin zu einer Integration von Offline- und Online-Modus, und von einem reinen Aufsichtsmodus der Regierung hin zu vermehrtem Augenmerk auf kollaborative Social Governance wandelt.

Der technologische Wandel und die Revolution wurden durch Veränderungen in der Informationstechnologie ausgelöst, die Internet, Big Data, IoT und KI hervorgerufen haben. Erstere bestehen nicht nur in den durch Internet, KI, IoT et cetera bestimmten neuen Kommunikationsformen und der IT-Revolution, die unserem Leben einen tiefgreifenden Wandel beschert haben; vielmehr handelt es sich bei ihnen um eine kombinierte Anwendung von Systemen, die in einem bestimmten Raum integriert sind und die Governance der Städte sowie die städtischen öffentlichen Dienstleistungsplattformen einen revolutionären Wandel erfahren lassen. Heutzutage hat dieser Wandel eben erst begonnen, aber zukünftig wird er in jeden Winkel der Gesellschaft einsickern. Dieser wird jedoch noch einige Zeit benötigen und bedarf starker Impulse vonseiten der Regierung und des Markts.

Zugleich beschleunigen sich mit dem Aufkommen von Slogans wie „Powerful Internet Country" und „Smart Society" et cetera die Entwicklungsfortschritte hin zu einer chinesischen „Smart Society" erheblich. In den Bereichen intelligenter Verkehr und intelligentes Sicherheitsmanagement liegt China ganz weit vorne. In China gewährleisten intelligente Überwachungskameras direkt die Sicherheit unserer Gesellschaft. Die chinesischen Städte sind weltweit am sichersten, und aus der Perspektive intelligenten Verkehrsmanagements und Sicherheitsmanagements der Stadt heraus betrachtet, liegen Städte wie Hangzhou, Shanghai, Ningbo et cetera an der Spitze.

Im Zuge der raschen Entwicklung von IoT, Big Data und Cloud-Technologie beginnt gerade im ganzen Land ein Boom beim Aufbau von Smart Cities. Die Daten des „Berichts über Entwicklungstendenzen und Investitionsentscheidungen beim Aufbau chinesischer Smart Cities von 2016–2021" zeigen, dass 95 Prozent der chinesischen Städte auf Subprovinzebene oder darüber und 76 Prozent der Städte auf Präfekturebene und höher, das heißt insgesamt mehr als 500 Städte, den Aufbau von Smart Cities angekündigt oder bereits damit begonnen haben.

Der Entwicklungspfad chinesischer Smart Cities weist drei auffällige Merkmale auf:

Erstens sind die bestimmenden Smartheitsfaktoren der Smart Cities ganz unterschiedliche. Obwohl der Aufbau von Smart Cities in China vergleichsweise spät begonnen hat, konnte er inzwischen jedoch in einem gewissen Maß die meisten im traditionellen Sinn entwickelten Länder übertreffen. Beispielsweise weisen Bike-Sharing, internetbasierte Sharing Economy und Zahlungsformen et cetera sämtlich in irgendeinem Bereich das führende praktische Umsetzungsmodell mit chinesischen Charakteristika auf.

Zweitens ist die Anwendungsbasis von Smart Cities ganz unterschiedlich. China besitzt weltweit die größte Internetnutzergemeinde. Nach Zahlen des 42. „Chinesischer Statistischer Bericht über die Entwicklung des Internets" (Juni 2018) vom China Internet Network Information Center (CNNIC) beläuft sich die Zahl der chinesischen Internetnutzer auf 802 Millionen und die Internet-Durchdringungsrate auf 57,7 Prozent, woraus sich die spezifische chinesische Marktnachfrage ergibt.

Drittens ist der Fokus von Smart Cities ganz unterschiedlich. Im Vergleich zum Aufbau von Smart Cities in Europa, Japan und Südkorea, der von Energiesparen und Emissionssenkungen geleitet ist, hat China auf dieser Basis den Grad des Komforts für

Gesellschaft und Stadtbevölkerung erhöht sowie gleichzeitig im Hinblick auf Regierungsführung und Dienstleistungen eingehende Erkundungen vorgenommen.

Die Phase eines fragmentierten Aufbaus chinesischer Smart Cities

Der Aufbau chinesischer Smart Cities durchläuft derzeit noch eine fragmentierte Entwicklungsphase, in der sich unterschiedliche Bereiche, unterschiedliche Industrien, unterschiedliche Branchen und unterschiedliche Smartheitsfaktoren in ihre jeweiligen Richtungen entwickeln. Es ist nur so, dass eine von uns angewandte Technologie in irgendeinem Bereich Veränderungen erfährt. Die uns bekannten IT-Unternehmen unterhalten sämtlich etablierte Smart-City-Abteilungen, doch die Smartheit eines Unternehmensprodukts ist nicht gleichbedeutend mit einer Smart City – hier sollte man vorsichtig sein.

Was intelligente Anwendungen in einer fragmentierten Entwicklungsphase betrifft, so wird ein jeder Smartheitsfaktor von unterschiedlichen Unternehmen entwickelt und auf den Markt gebracht, wo er direkt auf die Nutzer trifft. Für jeden Einzelnen dieser Faktoren können systematisierte intelligente Dienstleistungen entwickelt werden, die jedoch noch keine die vielfältige Governance der Städte und die gesellschaftlichen Anwendungen befriedigenden intelligenten Dienstleistungen darstellen. Wenn ein Digitalunternehmen in unsere städtischen Betriebsbehörden vordringt, ist diese Stadt dann eine Smart City? Selbstverständlich nicht, es bedarf noch des Vordringens unterschiedlicher Branchen, Abteilungen und Kategorien intelligenter Produkte in die Stadt und zwar in erheblicher Anzahl, bevor die betreffende Stadt in kurzer Zeit intelligent gemacht werden kann.

Am Beispiel des Smart Home betrachtet: In einer fragmentierten Entwicklungsphase benötigen Farbfernseher, Kühlschrank, Waschmaschine und so weiter in Smart Homes sämtlich eine separate Bedienung von Menschenhand. Wenn wir eines Tages auf intelligente Weise sämtliche Elektrogeräte mit einem einzigen Mobiltelefon bedienen und sogar entsprechend den Veränderungen der Lebensgewohnheiten der Haushaltsbewohner automatisch Stromverbrauch, Zimmertemperatur und so weiter kontrollieren können und in einem nächsten Schritt aus dem Verbrauch die entsprechenden Gesetzmäßigkeiten herauslesen können, dann ist dieser Haushalt wirklich in einen Prozess der Realisierung von Smartheit eingetreten. Mit der Stadt verhält es sich ebenso: Wenn Verkehr, Sicherheitsmanagement, Notdienstsysteme und die Überwachung der Rohrleitungssysteme der Infrastruktur sämtlich intelligent gemacht worden sind und durch die Gehirne der Stadt gesteuert werden, dann ist diese Stadt tatsächlich in einen Prozess der Realisierung von Smartheit eingetreten.

Wenn die Gehirne der Stadt und die Smartheitsfaktoren in unterschiedliche Räume vordringen, dann betrachten wir es noch nicht als Eintreten von Auswirkungen der

Smartheit, sondern verlangen hierfür eine Verbindung sämtlicher Datenpunkte durch die Gehirne der Stadt und eine Verbindung sämtlicher Smartheitsfaktoren der unterschiedlichen Branchen, die zur Formung eines systemischen Ganzen führt. Wenn keine Gehirne der Stadt existieren oder diese nicht gegenüber sämtlichen intelligenten Produkten und Faktoren der Regierung und Gesellschaft systematisierte Dienste und Integrationsleistungen durchführen, dann können unsere Smart Cities auch unmöglich ihre Zielsetzung realisieren. Insofern bedarf es einer weiteren Entwicklungsleistung sämtlicher relevanten Industrien, um die Schaffung derartiger Gehirne zu fördern. Diese Vorbedingungen richten sich nicht nur an die Regierung, sondern viel mehr noch an die Gesellschaft, die all diese unterschiedlichen Smartheitsfaktoren miteinander verbinden muss.

Smart Cities erfordern als Erstes, dass jeder einzelne Smartheitsfaktor in seinem jeweiligen Bereich eine Revolution einleitet und diese zu einem Inhalt der Smart City werden lässt. Aber eine wirkliche Smart City besteht nicht nur aus einem Wandel in irgendeinem Bereich. Es bedarf vielmehr der Konzentration einer solchen Intelligenz in einem bestimmten Raum. Je mehr davon implantiert wird, desto intelligenter wird die Stadt. Das Wichtigste ist dabei die Integrationsfunktion: Lässt sich auf systematische Weise die Verbindung sämtlicher Faktoren sicherstellen oder nicht, um dadurch systematisierte Dienstleistungen zu realisieren. Dies muss neuen technologischen Wandel hervorbringen. Es bedarf auch noch des behördenübergreifenden sowie des unternehmens- und branchenübergreifenden Zusammenwirkens. Gleichzeitig ist auch eine ganze Reihe von Technologien und Methoden einschließlich der KI-Technologie zu erneuern. Zudem sind durch die Vernetzung von Big Data die Probleme sämtlicher Formen von Dienstleistungen in dem betreffenden Raum zu lösen.

Dies beschreibt die Entwicklungsrichtung der Smart Cities und darüber hinaus auch das Konzept für eine systematischere Integration der Smartheitsfaktoren jeglicher Art, die derzeit in fragmentierter Form in die Städte vordringen und dort miteinander im Wettbewerb stehen. Mit der Umsetzung dieses Konzepts muss in einigen Städten begonnen werden, oder es müssen in den Basiseinheiten urbaner Räume einige Pilotversuche durchgeführt werden. Entsprechende Untersuchungen sind bereits im Gange, allerdings besteht das Problem darin, in welchen städtischen Räumen und Gebieten zuerst mit der Umsetzung begonnen werden kann. Dies bedarf Beurteilungen und Entscheidungen vonseiten der Regierung sowie Unterstützung durch die Unternehmer und interdisziplinäre Zusammenarbeit. Noch mehr bedarf es allerdings eines Wandels überkommener Vorstellungen, denn nur mittels einer Praxis, die sich an Marktmethoden ausrichtet und den Dienstleistungszweck auf die Bedürfnisse der Stadtbevölkerung ausrichtet, können wirksame Fortschritte erreicht werden.

Wir ermutigen derzeit die Durchführung derartiger Pilotversuche und Umsetzungsprojekte in den Städten. Darüber hinaus benötigen wir auch einige Entwickler und Betreiber von urbanen Räumen, die in ihrem Gebiet als Erste mit den entsprechenden Unternehmen Kooperationen und Erkundungen durchführen. Ungeachtet der Tatsache, dass die Zahl von 1.0 Smart Cities weltweit noch nicht hoch ist, müssen wir bei 0.5 beginnen und uns in Richtung der 1.0-Phase vortasten, um für zukünftige Smart Cities der Version n.0 eine Grundlage für Good Practice zu legen.

Die Zahl erfolgreicher Smart Cities ist weltweit noch nicht sehr hoch, und in systematischer Form existieren sie lediglich in Japan. China hat die Möglichkeit, hier eine sprunghafte Entwicklung einzuleiten. In welchen Städten die Smart Cities Chinas realisiert werden, in welchem chinesischen Modelltyp diese verwirklicht werden wie die Entwicklung der Übergangsphasen bei der Realisierung von Phase 1.0 über 2.0 nach n.0 vonstatten geht – all diese Fragen bedürfen einer Praxis der nachstehenden Aspekte unter reger Beteilung sämtlicher Unternehmen und Lokalregierungen:

Der erste Punkt ist die größtmögliche Integration der fragmentierten Smartheitsfaktoren in einem städtischen Raum. Diese Phase nennen wir 1.0. Ganz gleich, ob es sich bei der betreffenden „Stadt" um ein Wohngebiet oder um einen Industriepark handelt, wenn mehr Smartheitsfaktoren als früher genutzt werden können, dann betrachte ich dies als Erfolg.

Der zweite Punkt ist die schnellstmögliche Entwicklung der städtischen Gehirne, um eine systematische Integration zu verwirklichen. Auch dies sehen wir als Phase 1.0 an, die jedoch allmählich Fortschritte macht: die Systematisierung von Haushalten, Gebäuden und Parks.

Der dritte Punkt ist die Entfaltung der Rolle mobiler Daten. Hierfür bedarf es eines Wandels unserer Vorstellungen, bei der die Regierung die Führung übernehmen muss. Derzeit löscht China Mobile die Daten nach zwei Jahren, und meines Wissens ist es bei Alibaba und Tencent genauso, da die Datenspeicherung erheblicher Investitionen bedarf. Bei diesen Daten handelt es sich jedoch um das wertvollste Gut. Wer ist jedoch in dieser Frage zuständig? Es sollte die Regierung sein, die solche Dienstleistungen einkauft. Daher bedarf es auch der Entfaltung der Rolle mobiler Daten in den Smart Cities der Phase 1.0.

Missverständnisse beim Aufbau chinesischer Smart Cities

Chinesische Smart Cities stellen eine Innovation des chinesischen Wirtschaftsmodells dar. In einem ersten Schritt müssen Räume für die Durchführung der Praxis ausgewählt, dann zweitens die Anwendung von Informationstechnologie und verschiedenster Technologien in den unterschiedlichen Räumen gefördert und drittens die interdisziplinäre Integration betrieben werden. Der vierte Schritt ist dann der Anschub marktgetriebener Innovationen unter Führung der Regierung, um die Entwicklung von Smart Cities voranzutreiben.

In der derzeitigen Praxis herrschen einige Missverständnisse vor. So repräsentieren einige Unternehmen mit ihren eigenen Produkten Smart Cities. Andere Unternehmen wiederum legen mehr Wert auf die Öffentlichkeitsarbeit im Zusammenhang mit Regierungsprojekten. Die Regierung richtet ihr Augenmerk beim Aufbau von Smart Cities vorwiegend auf die Verbesserung der Bürosoftwaresysteme. In ihrem Verständnis von Smart Cities richten zahlreiche Regierungsbehörden ihr Augenmerk in erster Linie auf den Betrieb von Regierungs-Bürosoftwaresystemen. Dies trägt in gewissem Maße zu mehr Datentransparenz bei und erhöht die Effizienz der Regierung. Tatsächlich spielen jedoch in einigen Unternehmen Südkoreas, Japans und Europas die Geschäfte mit von der Regierung sogenannten Smart-City-Governance-Systemen nur eine geringe Rolle, während sich der größte Teil ihrer Dienstleistungen an die Gesellschaft und an die Bewohner der Wohnviertel richtet, also an die Konsumenten unter den Nutzern.

Die Regierung erwirbt die benötigten Dienstleistungen in Form von Public-Private Partnerships (PPP), was einerseits den Akteuren des Markts hinreichenden Gewinnspielraum lässt und andererseits die Regierungsinvestitionen erheblich verringert. Dies führt jedoch zu einem weiteren gravierenden Missverständnis bei der derzeitigen Entwicklung von Smart Cities im ganzen Land. So richten zahlreiche IT-Industrien und Informationsindustrien ihr Augenmerk vor allem darauf, Öffentlichkeitsarbeit im Zusammenhang mit Regierungsprojekten zu betreiben, und diese Tendenz ist nicht korrekt.

Ein weiterer Punkt ist die Veränderung der Datenquellen. Wir konzentrieren derzeit unsere Anstrengungen auf Regierungsdatenquellen, während tatsächlich mobile Datenquellen einen Teil der Regierungsdatenquellen ersetzen könnten. Bei 1,4 Milliarden Mobiltelefonnutzern und beinahe 800 Millionen Internetnutzern stecken in diesen Nutzern große Potenziale und enorme Informationsmengen. Wie können diese guten Datenquellen genutzt werden, um die Probleme der Städteplanung, die Probleme der Entwicklung künstlicher Intelligenz und sämtliche Schwierigkeiten des Alltags einschließlich intelligenten Verkehrs et cetera zu lösen? Möglicherweise spielen mobile Datenquellen in den zukünftigen Daten eine noch größere Rolle und können sogar die traditionellen Berichtsdaten ersetzen. Wir wissen alle, dass diese Berichtsdaten in gravierendem Maße inkorrekt sind. Mobile Datenquellen können jedoch einen solchen Effekt erzielen, da ihr Korrektheitsgrad den der Berichtsdaten bei Weitem übertrifft.

Eines der größten Probleme von Smart Cities liegt im Problem der Datenquellen, für die es gegenwärtig noch kein klares Verständnis der Sicherheitsgrenzen gibt, das heißt welche zu den zivilen Ressourcen gehören, die offengelegt werden können, und welche den vertraulichen Ressourcen zuzurechnen sind. Darüber hinaus existieren auch noch außerordentlich stark ausgeprägte Einschränkungen durch das System, die Behörden und bestimmte Interessen. Dass Daten unzugänglich gemacht werden, um Interessenmonopole aufrechtzuerhalten, ist ein großes Problem innerhalb der Datensysteme der Regierung. Zwar konnte dieses Problem in einigen Lokalregierungen durch Praxisprozesse gelöst werden; einer Auflösung dieses Interessengeflechts der Behörden im gesamten Land und der Zerschlagung dieser Art von Datenkanälen stehen jedoch noch erhebliche systemische Hindernisse im Wege. Hierbei handelt es sich um ein „altbekanntes Problem" bei Reformen der Regierung.

Hiervon abgesehen gibt es auch bei der herkömmlichen Erfassung der Datenquellen erhebliche Probleme. Hierbei besteht das größte Problem im Berichtswesen und bei der Erfassung in deren Manipulierbarkeit, wobei derartige Dateninhalte und -informationen menschlichen Bedürfnissen angepasst werden, sodass ein erheblicher Teil dieser Daten seine Authentizität verliert. Allerdings existiert für die Lösung des Datenquellenproblems im Zuge des Entwicklungsprozesses von Smart Cities eine überlegene Alternative: die Nutzung neuer Datenquellen als Ersatz. Die sogenannten neuen Datenquellen bestehen in mobilen Endpunkten und den Subjekten eines jeden mobilen Internetendpunkts und Mobilfunkendpunkts als Reservoir dieser Datenquellen.

Wenn die schützenswerten Dateninhalte ebenso wie die persönlichen Informationen abgeschirmt werden und nur auf den Zeitpunkt der Gesamtinformationen zugegriffen wird, stellen solche Dateninhalte ein Ersatz und eine Revolution für traditionelle Daten dar. Dies bedeutet letztlich den Ersatz traditioneller Daten durch Big Data, was direkt auch die Authentizität der traditionellen Behördendaten berührt, deren Problem auf diese Weise effektiv gelöst werden kann. Zu diesem Zeitpunkt lässt sich neu definieren, worin bei der sogenannten Datensicherheit letztlich die Sicherheit liegt. Eine Neubewertung derart, dass der Sicherheitsgrad der Privatsphäre graduell über dem Sicherheitsgrad der öffentlichen Sphäre liegen kann, setzt möglicherweise bei der zukünftigen Nutzung der gesamten Daten deren erhebliches Potenzial frei.

In der Tat ist letztlich der Markt der beste Teststandard und nur ein Eingehen auf die Bedürfnisse der Gesellschaft wird Forschung und Entwicklung fördern können. Ein Wandel der Vorstellungen der Unternehmen im Hinblick auf ihre Wahrnehmung von Smart Cities, der sie zu unternehmens- und branchenübergreifender Kooperation zurückkehren lässt, ist ein Schlüsselelement bei der Verwirklichung zahlreicher sogenannter Smartheitsfaktoren in den Städten.

Am Beispiel von smarten Haushaltsgeräten zeigt sich, dass die Unternehmen im Forschungs- und Entwicklungsprozess auf die Integration unterschiedlicher Elektrogeräte achten und noch viel mehr unterschiedlichen Elektrogeräteherstellern einen gemeinsam genutzten technologischen Raum zur Verfügung stellen müssen. Bei der Verbreitung smarter Zentren in den Städten wird es auf einen Wandel von Anwendungen für Bürosoftwaresysteme hin zu Dienstleistungen, die auf die Gesellschaft und den Markt ausgerichtet sind, ankommen. Nur auf diese Weise lassen sich Veränderungen auf der Nachfrageseite sensibel erkennen, um die technologische Revolution von Smart Cities und die Erneuerung sämtlicher Smartheitsfaktoren in Bewegung zu setzen.

Der Fortschritt chinesischer Smart Cities wird den Welttrend bestimmen: diese werden sich evolutionär von einem traditionellen Entwicklungsmodell des urbanen Raums und der traditionellen Immobilienwirtschaft als Hauptantriebskraft hin zur Smartheit entwickeln. Und dieser Fortschritt zielt auf die Veränderungen des Markts ab, die am sensibelsten sind, um sämtliche mit dem urbanen Raum in Verbindung stehenden Smartheitsfaktoren technologisch zu erneuern und zu wandeln. Das ist ein großer Trend. Nur im Zuge dieses Wandels lässt sich die chinesische IT-Industrie, KI-

Industrie und Blockchain fördern, um eine globale Führungsposition einzunehmen, da China über den weltweit größten urbanisierten Markt verfügt.

Über die Rahmenplanung chinesischer Smart Cities

Was die Aufgaben einer Smart City betrifft, sollte eine sorgfältige Rahmenplanung höchste Priorität haben. Der Schlüssel zu einer solchen Planung besteht nicht in der Ausführung von Aufgaben, die irgendeinem Unternehmen übertragen wurden, sondern darin, sämtliche Unternehmensfaktoren in den betreffenden Raum einzubringen. Es ist die große Vorbedingung dieser Planung, wie die „Gehirne" und die entsprechenden Faktoren auf organische Weise zu verknüpfen sind.

Um Studien und Beratung zu politischen Maßnahmen gut durchführen zu können und zur Frage, wie die Rahmenplanung zu erstellen ist, muss eine entsprechende nationale Politik formuliert werden. Beim Aufbau von Kooperationsplattformen ist zu berücksichtigen, dass zahlreiche Smart-City-Allianzen existieren, doch hinsichtlich der Frage, wie so viele Teilnehmer solcher Allianzen in einem Raum ihre Zusammenarbeit realisieren können, führen wir noch Erkundungen durch und bauen auf die Unterstützung durch lokale Praktiken.

Grundsätzlich hat die übergeordnete Planung die Marktgesetze zu respektieren. Die von Unternehmen in Smart Cities durchgeführten Erkundungen treffen direkt auf die Gesellschaft und sind enormen Risiken und Herausforderungen ausgesetzt. Die Regierung sollte den Erkundungen der Unternehmen Unterstützung gewähren und den Unternehmen gestatten, ihre Praxis Schritt für Schritt zu vervollkommnen.

Beim derzeitigen Aufbau von Smart Cities ist die Begeisterung der Regierung zwar groß, ihre Effizienz jedoch weit geringer als die des Markts. Der Markt ist in viel stärkerem Maße der Öffentlichkeit ausgesetzt und in der Lage, noch die sensibelsten Bedürfnisse in Innovationsmodelle zu verwandeln. Die Regierung kann, während sie den Markt zur Erschließung und Entwicklung von Smart-City-Produkten anregt, nach Bedarf in Form von PPP Dienstleistungen erwerben. Auf diese Weise senkt die Regierung auf der einen Seite ihre Ausgaben und kann auf der anderen Seite die Betriebseffizienz von Smart-City-Produkten erhöhen.

Eine solche marktgetriebene Entwicklung schafft auch neue Spielräume für Governance und gesellschaftsorientierte Dienstleistungen der Städte. Beispielsweise spielt Bike-Sharing eine Rolle bei der Einsparung von Energie und der Emissionsreduktion ebenso wie bei der Erhöhung der Verkehrseffizienz. Diese Entwicklung ist jedoch markt- und nicht regierungsgetrieben. Die von der Regierung ins Leben gerufenen Fahrradprojekte sind mittlerweile mehr oder weniger sämtlich gescheitert, da sie das Problem der letzten Meile nicht gelöst hatten. Die Tatsache, dass über das Internet gebuchte Räder oder andere Fahrzeuge und sämtliche Formen von Shared Space zur Smart Economy gehören, sowie für die von KI und Big Data ausgelösten smarten Innovationen sollten die gebührende Beachtung erhalten.

Von noch größerer, sogar grundlegender Bedeutung ist allerdings, dass die Smart Cities gesellschafts- und bevölkerungsorientiert sein sollten, denn nur bei Zuwendung zur Konsumentenseite kann man sensibel die von der Nachfrageseite generierten Veränderungen erspüren und technischen Wandel anstoßen. Nur dann, wenn man gesellschaftsorientiert Wettbewerb generiert wie etwa bei Mobiltelefonen, kann man im Wettbewerb eigene technologische Innovationen anstoßen. Wenn man hingegen ausschließlich auf der Regierungsseite verbleibt, dann sinkt die Effizienz erheblich und es lassen sich auch keine technologische Innovation vorantreiben.

Der Aufbau von Smart Cities muss nicht unbedingt nach Standards beurteilt werden. Zu Beginn der Herstellung von Mobiltelefonen gab es keinen einheitlichen Standard für Apple, Huawei und Samsung. Derzeit sind zwar die Ladestecker einem einheitlichen Standard unterworfen, die Entwicklungssysteme iOS und Android verfügen jedoch nach wie vor jeweils über einen eigenen, unterschiedlichen Standard. Die Produkte werden nicht nach ihren jeweiligen Standards beurteilt. Um ein weiteres Beispiel zu nennen, verfügt auch bei „New Energy Vehicles" (NEV) jeder Fahrzeugtyp über eigene Ladesäulen. Ist es erforderlich, die Standards für die Ladesteckdosen zu vereinheitlichen, um auf diese Weise Energie zu sparen? Das ist absolut möglich.

Genauso verhält es sich mit Smart Cities, die zunächst in Erscheinung treten müssen, in Form jeweils unterschiedlicher Modelle. Art und Grad ihrer Verknüpfung mit öffentlichen Ressourcen sind unterschiedlich. Es besteht keine Notwendigkeit sie nach bestimmten Standards zu beurteilen. Daher kann sich die Entwicklung von Smart Cities unmöglich in allen Aspekten flächendeckend durchsetzen, obwohl sie gleichzeitig an verschiedenen Punkten und in unterschiedlichen Modellen in Erscheinung treten können. Beispielsweise ist es im Perlflussdelta und im Yangzi-Delta möglich, dass in einer Stadt die Immobilienentwickler, in einer anderen Stadt die Anwendungsanbieter und in einer wieder anderen Stadt die Regierung die Führung übernehmen, sodass hieraus drei unterschiedliche Smart-City-Modelle resultieren. Darüber hinaus sind auch noch der Grad der Systematisierung sowie das Entwicklungsniveau der jeweiligen intelligenten Gehirne in Betracht zu ziehen. Anschließend setzt sich dann die Entwicklung dieser unterschiedlichen Modelle fort, und eine jede Lokalität wird gemäß ihrer jeweiligen Situation eine Wahl hinsichtlich des ihr angemessenen Smart-Modus-Systems treffen. Möglicherweise treten auch noch weitere Modelle in Erscheinung, denn dies ist das Gesetz des flächendeckenden Auftretens von Smart Cities. Es kann jedoch nicht zu einem einmaligen vollständigen Aufblühen kommen, da dies nicht den Gesetzmäßigkeiten der Entwicklung entspricht.

Ebenfalls von großer Bedeutung ist es, dass die Unternehmen durch Regierungsvorgaben zu interdisziplinärer Integration ermutigt werden. Smart Cities sind neue Erscheinungen, die verstärkter Zusammenarbeit und Teilens bedürfen, sodass die Unternehmen daher angehalten werden sollten, innerhalb des städtischen Raums Erkundungen und praktische Umsetzungen jeglicher Form zu unternehmen. Auf welche Weise das Problem der marktorientierten Innovation und des Einkaufs von Dienstleistungen durch die Regierung zu lösen ist, auch dies ist eine wichtige Perspektive für die zukünftige Smartheitsentwicklung. Auch die neuen Probleme, die von der Innovation verursacht werden, beziehungsweise die Frage, zu welchem Grad die Regierung den Unternehmen helfen sollte, werden uns künftig beschäftigen.

Ausblick auf die chinesisch-deutsche Zusammenarbeit bei Smart Cities

In Deutschland hat die Entwicklung hin zu Smart Cities vergleichsweise früh begonnen und das Spektrum der davon betroffenen Sektoren ist recht weit gefasst. Der Schwerpunkt liegt auf dem Energiesektor, wobei sich dies grundsätzlich mit der Vorstellung ökologischer und grüner Entwicklung in Europa deckt. Vor Kurzem erst habe ich das Smart-City-Projekt in Berlin einschließlich des dortigen Verkehrsleitzentrums besichtigt sowie unter anderem eine Bushaltestelle mit intelligentem Niedrigenergieverbrauch und ein Car-Sharing-Projekt mit Elektrofahrzeugen. In Friedrichshafen wiederum ist das Anwendungsspektrum in den einzelnen Sektoren noch weiter gefasst, und es lohnt sich davon zu lernen, beispielsweise bei Telemedizin, Tumorkonsultationen, intelligenten Dienstleistungen für die ältere Bevölkerung, Online-Bildungsplattformen und Online-Kindergärten sowie bei intelligenten Sensor- und Messsystemen (SmartMeter) für den Haushaltsstromverbrauch. Diese Beispiele sollten auch im internationalen Vergleich von Anwendungs- und Praxisprozessen vergleichsweise gut abschneiden. In Deutschland erfolgt das Vorantreiben von Smart Cities vor allem gestützt auf die Marktkräfte, wobei die Regierung anhand ihres Eigenbedarfs von den bei Smart Cities engagierten Unternehmen entsprechende Dienstleistungen ankauft und auf diese Weise ihre Kosten in großem Ausmaß reduziert.

Chinesische Smart Cities haben im Vergleich zu den deutschen vergleichsweise spät begonnen, sodass entsprechend der Entwicklungsphase chinesischer Städte die Dienstleistungsschwerpunkte auch andere sind. Beispielsweise konzentriert sich China vor allem auf den Regierungssektor. So werden beispielsweise die Hintergrundanwendungen der Verwaltungsprogramme der Regierung per Cloud Computing und Big Data betrieben, und auch die regierungsseitig investierten Bike-Sharing-Modelle der Vorphase et cetera sind hier zu nennen. Aufgrund von Besonderheiten wie einer vergleichsweise rasch fortschreitenden chinesischen Urbanisierung, der beträchtlichen Größe der Städte sowie deren relativ extensive Entwicklung und einer recht hohen Zahl an Zugezogenen verzeichnete der Input der Regierung in intelligente Verkehrs- und Sicherheitssysteme einen starken Aufschwung. Da sich jedoch in den letzten Jahren das Internet in China rasant entwickelte und die Zahl der Nutzer gewaltig ist, hat sich basierend auf Internet, KI und Big Data in den Städten ein breites Spektrum an marktgetriebenen intelligenten Anwendungen entfaltet. So kommen beispielsweise in der weit überwiegenden Zahl der Städte mithilfe jeglicher Art von Zahlungssystemen realisierte bargeldlose Transaktionen und Zahlungsmodelle sowie auf der Shared Economy basierende Modelle von Bike-Sharing, Taxi-Sharing und Lieferdienst-Sharing flächendeckend zum Einsatz. Man könnte sagen, dass China im Hinblick auf die Verbreitung jeglicher Art von Smart-City-Anwendungsmodellen eine sprunghafte Entwicklung erlebt hat.

Obwohl China und Deutschland unterschiedliche Merkmale im Hinblick auf die Entwicklung von Smart Cities aufweisen und sich demgemäß auch die jeweiligen Entwicklungsfortschritte unterscheiden, ist ein wesentlicher Punkt auf das jeweilige Entwicklungsstadium der Urbanisierung zurückzuführen. Die Entwicklung deutscher Städte orientiert sich an den Marktgesetzen, während sich China insbesondere die Vorstellung einer kohlenstoffarmen, grünen Entwicklung zu eigen machen sollte. Auf der anderen Seite könnte sich Deutschland die chinesischen Erfahrungen mit der weit verbreiteten und marktgetriebenen Anwendung von Internet, KI und Big Data zunutze machen. Obgleich sich chinesische Smart Cities einerseits auf ein umfassend in die Urbanisierung einbezogenes gewaltiges Bevölkerungsreservoir stützen können, ist es andererseits erforderlich, die Infrastruktur, welche die Smartheit unterstützen soll, die Entwicklungsbasis sämtlicher Fertigungsunternehmen sowie das technische Niveau zu verbessern. In all diesen Bereichen verfügt Deutschland über seine Stärken.

China befindet sich in einer Urbanisierungsphase, die lange anhalten wird. Ganz gleich, ob von der Nachfrage der städtischen Bevölkerung oder dem Aufbau der Infrastruktur her betrachtet, wird daraus am Markt eine gewaltige Nachfrage generiert werden. Darüber hinaus ist auch das technische Niveau der existierenden Infrastruktur zu verbessern. China sollte sich auf sehr vielen Gebieten von deutschen Erfahrungen leiten lassen und deutsche Technologien einführen. Auf der anderen Seite wäre es für Deutschland sinnvoll, diesen Markt auszuschöpfen und sich für deutsche Produkte und Stadtentwicklungsvorstellungen stark zu machen. Gleichzeitig sollte das chinesische Internetentwicklungsmodell für die deutschen Städte der Zukunft in gewissen Aspekten aufschlussreich sein. Dies ist womöglich für beide Länder im Hinblick auf die Urbanisierung und die Entwicklung von Smart Cities die beste Gelegenheit zur gegenseitigen Ergänzung.

Axel Schweitzer

2.8 Chinesisch-deutsche Umweltbeziehungen – Eine nachhaltige Kooperation

Für Pei Albrecht, geboren in Taiyuan in der chinesischen Provinz Shanxi und seit 2003 in Deutschland, war der September des Jahres 2018 ein besonders anstrengender Monat. Die junge Frau, die die Abteilung „China Affairs" des Recycling- und Entsorgungsunternehmens ALBA Group leitet, hatte ständig Besuch. Nicht mehr wöchentlich, sondern fast im Tagesrhythmus reisten politische und Wirtschaftsdelegationen aus dem Reich der Mitte an, um die moderne Aufbereitungstechnik des Berliner Familienunternehmens zu besichtigen. Der Höhepunkt: Zehn Delegationen in einem Monat – „und innerhalb eines Vormittags gingen gleich sieben neue Anfragen bei mir ein", erinnert sich die Diplom-Betriebswirtin. „So hektisch war es noch nie." Besucher aus fast allen chinesischen Provinzen waren bereits da, Stadtverwaltungen und Landkreise aus etlichen Regionen, bis hin zu Gouverneuren und den obersten Parteisekretären. Aber auch Manager von Staatsbetrieben und Entrepreneure, die sich als Investoren oder unternehmerische Partner an Recyclinganlagen der ALBA Group in China beteiligen möchten.

Dieses Schlaglicht zeigt nicht nur, wie eng Umweltthemen Deutschland und China zusammenführen. Es beleuchtet auch die Chancen, die sich für beide Länder gerade in diesem Feld auftun. In kaum einem Bereich der chinesischen Politik sind die Herausforderungen derart umfassend und dementsprechend sind die Aussichten für die deutsch-chinesische Zusammenarbeit hier auch besonders groß – für beide Seiten.

Die Grundentscheidungen der Regierung in Peking zeigen Wirkung. China ist dabei, sein Wirtschaftsmodell umzustellen: von der Werkbank der Welt, die zu günstigen Kosten preiswerte Produkte exportierte, zu einem Vorreiter in Sachen nachhaltigem Binnenwachstum. Hierbei sollen nicht mehr wettbewerbsfähige Industrien durch neue ersetzt und ein höheres Niveau der Wertschöpfung erreicht werden. Künftig soll sich das Land über Innovationen und Hochtechnologie entwickeln. Auch wenn die chinesische Wirtschaft nicht mehr so stark expandiert wie in den vergangenen 20 Jahren: Verglichen mit anderen Volkswirtschaften Asiens ist die Wachstumsrate relativ hoch. Und Europas Industrienationen oder die USA können von solchen Werten ohnehin nur träumen.

In vielen Teilen Chinas geht die Entwicklung sprunghaft voran, um die großen Ziele des Fünfjahresplans zu erreichen. Ziele, die den Ausbau von Investitionen und Handel mit einer Politik des Umweltschutzes und der Nachhaltigkeit verbinden. Die Regierungspartei hat versprochen, das Pro-Kopf-Einkommen zwischen 2010 und 2020

Dr. Axel Schweitzer, ist Vorstandsvorsitzender der ALBA Group, Berlin.

https://doi.org/10.1515/9783110624731-013

zu verdoppeln.[1] Die Mittelschicht ist inzwischen auf rund 110 Millionen Menschen angewachsen.[2] Der steigende Wohlstand, der große Volksgruppen im Land längst erfasst hat, lässt auch den Wunsch nach einer höheren Lebensqualität und einer gesunden Umwelt wachsen.

Der chinesische Finanzexperte und Publizist Wu Xiaobo, Professor an der Shanghai Jiaotong Universität sowie an der Jinan Universität, hat 2017 in einer Befragung von 60.000 Angehörigen der Mittelschicht[3] herausgefunden, dass ein Drittel der Aufsteiger in den vier Riesenstädten Peking, Shanghai, Guangzhou und Shenzhen lebt. Aber jeder zweite von ihnen würde gern aus den Megametropolen in (relativ gesehen) kleinere Städte umziehen – aufgrund der Lebensqualität. Wer sich ein gutes Leben leisten kann – gerade in den aufstrebenden Wirtschaftsmetropolen –, der möchte dies auch unbeschwert genießen, in grüner Umgebung und sauberer Luft.

Speziell die Mittelschicht zeichnet sich aber auch durch eine besondere Konsumfreude aus. Das steigert – ebenso wie bei den vielen Hundert Millionen Menschen, die durch den Aufschwung in China aus der Armut aufgestiegen sind – nicht nur den Verbrauch von Verpackungen. Generell gehen wachsender Wohlstand und Konsum auch mit einem höheren Abfallaufkommen einher, sofern nicht frühzeitig durch Bildung und Erziehung, finanzielle Anreize oder Verbote gegengesteuert wird.

Die rasante wirtschaftliche Entwicklung des Landes wirft daher zwangsläufig gigantische Umweltschutzprobleme auf. Die Luft in Chinas Großstädten ist teilweise lebensgefährlich belastet. Dies hat bereits Hunderttausende Todesfälle verursacht. Der Jangtse gilt als der schmutzigste Fluss der Welt und schwemmt nach Berechnungen des Helmholtz-Zentrums für Umweltforschung in Potsdam jährlich fast 17 Millionen Tonnen Abfälle ins Meer.[4] Allein für die Herstellung von Einweg-Essstäbchen werden jedes Jahr 25 Millionen Bäume abgeholzt.[5] Dramatischer ist die Lage beim Sonderabfall. Ein Großteil bleibt in China derzeit unbehandelt. Große Teile der Böden, auf denen Bäume und Pflanzen wachsen, sind verseucht: 19,4 Prozent des Anbaulandes sind unter anderem mit Schadstoffen wie Kadmium, Nickel und Arsen verunreinigt.[6]

Die kommunistische Partei hat reagiert. In den vergangenen 15 Jahren ist die Bedeutung des Umweltschutzes stetig gewachsen. Inzwischen hat Chinas Präsident Xi Jinping das Thema Umwelt zur Top-Priorität gemacht. Im neuen Fünfjahresplan (Zeitraum 2016–2020) stehen die Bewahrung der Natur sowie die Einhaltung von Umweltschutzvorschriften ganz oben auf der Agenda. Während die Wirtschaft mit der „Neuen Seidenstraße", der „Belt and Road Initiative", vorangebracht wird, heißt das Ziel für Lebensqualität und saubere Umwelt: „Beautiful China".

Laut der deutschen Außenwirtschaftsagentur Germany Trade & Invest (GTAI) rechnen Analysten damit, dass allein die Regierung in Peking für den Zeitraum 2016–2020 über acht Billionen RMB (rund eine Billion Euro) dafür bereitstellen wird – das wären rund ein Prozent des Bruttoinlandsprodukts. Mindestens die Hälfte davon dürfte auf den Bodenschutz, die Rückgewinnung verseuchter Böden sowie die Behandlung von Abfall entfallen. China produzierte 2016 offiziellen Zahlen zufolge allein in den Städten 203 Millionen Tonnen Siedlungsabfall,[7] bis zum Jahr 2030 wird mehr als eine Verdoppelung auf mindestens 485 Millionen Tonnen erwartet.[8] Damit verursacht China weltweit den meisten Siedlungsabfall. Zum Vergleich: Deutschland kommt auf rund 50 Millionen Tonnen.[9]

Nach innen wie nach außen hat die Regierung den Kampf gegen die Verschmutzung aufgenommen. Bereits seit dem 1. Januar 2015 ist das ergänzte Umweltschutzgesetz in Kraft, das strafrechtliche Verfolgung bei Nichtbeachtung von Umweltvorschriften sowie deutlich höhere Strafzahlungen als zuvor vorsieht. Im März 2017 wurde die Trennung von Hausmüll zur Pflicht und soll bis 2020 schrittweise umgesetzt werden.[10] Immer mehr Städte erhalten von der Zentralregierung entsprechende Anweisungen. China will nicht mehr Müllkippe der Welt sein und hat deshalb mit dem Programm „Golden Sword" klassische Abfallimporte verboten. Nur noch sortierte und hochwertige Qualitäten dürfen ins Land kommen – eine ebenso verständliche wie vernünftige Entscheidung.

Denn parallel zur wirtschaftlichen Entwicklung wächst auch der Rohstoffhunger: Experten im Auftrag des deutschen Bundesumweltministeriums haben errechnet, dass China allein im Jahr 2030 voraussichtlich rund 90 Prozent der Weltproduktion an Papier und Stahl verbrauchen wird. Bei Rohöl wären es rein rechnerisch sogar 110 Prozent der heutigen Fördermenge.[11]

Es ist deshalb für China existenziell notwendig, viel mehr gebrauchte Stoffe als bisher vor der Deponierung oder der Verbrennung zu retten und sie in den Wirtschaftskreislauf zurückzuführen. Denn dies entlastet nicht nur die finanzielle Bilanz des Landes, es trägt auch erheblich zum Umweltschutz bei. Denn Wiederverwendung und Wiederverwertung sind in aller Regel viel weniger aufwendig als die Neugewinnung von Bodenschätzen. So lässt sich eine Tonne Kupfer entweder aus 1.001 Kilogramm Altmetall und acht Tonnen Kohle und Rohöl (für die Energiezufuhr) herstellen – oder mit einem Aufwand von 165 Tonnen Primärressourcen (Kupfererz, Abraum, Kohle). Und gar nicht mitgerechnet sind dabei die Landschaftszerstörung und das menschliche Leid bei den erforderlichen Umsiedlungen, die beim Abbau der Rohstoffe zwangsläufig erfolgen. Deutschland hat diese Erfahrung in den vergangenen Jahren und Jahrzehnten vielfach gemacht und der politische Widerstand in der Bevölkerung nimmt permanent zu. Auch deshalb ist die weitere Nutzung der bereits in den vergangenen Jahren und Jahrzehnten geförderten und verwendeten Rohstoffe in Deutschland wie in China das Gebot der Stunde.

Dies wirkt sich auch direkt auf die Bemühungen zum Klimaschutz aus. Deutschland ist hier seit Jahren Vorreiter, China fällt dabei inzwischen eine entscheidende Rolle zu – und dies nicht nur, weil die bald größte Volkswirtschaft der Welt auch heute schon der größte Emittent von CO_2 ist (rund ein Drittel des weltweiten Ausstoßes geht von China aus).[12] Mit dem Ausstieg der USA aus dem Weltklimaabkommen kann sich China beim Kampf gegen den Klimawandel „als Führungsmacht positionieren und Verantwortungsbewusstsein sowie Verlässlichkeit demonstrieren", heißt es in einer internen Analyse des Auswärtigen Amtes in Berlin.[13] Und Staatspräsident Xi sowie Ministerpräsident Li Keqiang haben keinen Zweifel daran gelassen, dass sie diese Rolle auch aktiv übernehmen wollen und „unerschütterlich" (Li) am Pariser Klimaabkommen festhalten.

Ohne ein konsequentes Schließen von Rohstoffkreisläufen und einen energischen Ausbau des Recyclings sind die Klimaziele nicht zu erreichen, wie auch das deutsche Beispiel zeigt. So steht die Umweltleistung allein der ALBA Group für mehr als ein Prozent der gesamten Einsparungen an Treibhausgasemissionen in der deutschen Volkswirtschaft.[14]

Für die Recyclingbranche bietet die chinesische Kombination aus lang andauerndem Aufschwung und dem Umsteuern in Richtung Umweltschutz und „grünes" Wachstum enorme Chancen, zumal sie immer noch zu den relativ jungen Zweigen der chinesischen Volkswirtschaft gehört. Die Nachfrage nach Recycling wird durch die strengen Vorgaben des Staates stark steigen. Das im Juni 2016 vom Ministry of Industry and Information Technology (MIIT) veröffentlichte Programm zur „grünen" Entwicklung der Industrie (2016–2020) setzt konkrete Sammel- und Recyclingziele. So soll die Wiederverwertung von Industrieabfällen von 65 Prozent im Jahr 2015 auf 73 Prozent bis ins Jahr 2020 steigen. Über alle Bereiche hinweg soll die Recyclingquote landesweit 35 Prozent erreichen.[15]

Hier wächst der weltweit größte Markt für Recyclingtechnologie heran; nicht nur was den Bedarf an Entsorgungs- und Recyclingleistungen anbelangt, sondern auch im Hinblick auf die politische Rückendeckung der Regierung. In keinem Land außerhalb Europas ist die Bedeutung von zusätzlichen Umweltschutzaktivitäten so klar erkannt worden wie durch die chinesische Regierung. Die Bedeutung der Recyclingwirtschaft ist nun sogar noch weiter nach oben gerückt als im vorherigen Fünfjahresplan.

Die von der chinesischen Regierung verabschiedete Leitlinie[16] sieht vor, das Recycling deutlich auszuweiten. Bis zum Jahr 2020 sollen jährlich 350 Millionen Tonnen Altstoffe wiederverwertet werden. Dabei stehen vor allem Stahl, Nichteisenmetalle, Kunststoffe und Papier im Blickpunkt. Im Detail ist geplant, bis 2020 etwa 150 Millionen Tonnen Stahl und 18 Millionen Tonnen Nichteisenmetalle zu recyceln. Zusätzlich sollen 23 Millionen Tonnen Kunststoffabfälle und die Hälfte des gesamten Altpapieraufkommens aufbereitet werden. Um diese wesentlichen Fortschritte zu erreichen, will die Regierung in den kommenden Jahren mehr als 30 Milliarden Euro zusätzlich investieren. Neu ist dann auch die Pflicht für alle Haushalte und Unternehmen, ihre Abfälle zu sortieren.

Schon heute entwickelt sich China im Bereich der Abfall- oder Kreislaufwirtschaft in einem rasanten Tempo. Beispiel: die Einführung einer Abgabe auf Elektroschrott, mit der die chinesische Regierung bewiesen hat, wie ernst sie es mit dem nachhaltigen Wirtschaftswachstum tatsächlich meint. Potenzial für eine weitere Verbesserung gibt es allerdings nach wie vor. Fast 60 Prozent des chinesischen Hausmülls werden heute immer noch unbehandelt deponiert, anders als in Deutschland, wo es seit 2005 ein Verbot der Deponierung von Abfällen ohne Vorbehandlung gibt.

Es gibt aktuell in China starke Qualitätsunterschiede beim Recycling, abhängig von der regionalen Gesetzgebung und Organisation der Sammlung. In einigen Regionen findet man bereits sehr fortschrittliche Anlagen, die europäischen Standards entsprechen, so zum Beispiel die neue Anlage zur Aufbereitung von Elektro- und Elektronikschrott in Hongkong. Hier wirken sich – wie auch in etlichen Regionen Festlandchinas – die strengeren Vorschriften zur Produzentenverantwortung aus. Die ALBA Group hat aber nicht nur diese Fabrik im Auftrag der dortigen Verwaltung errichtet, sondern hat dafür auch ein umfassendes Sammelsystem für die Millionenmetropole aufgebaut. Doch derart fortschrittliche Konzepte fehlen derzeit noch in den meisten Regionen Chinas. Hier gibt es noch viel Raum für Verbesserungen, da gerade Elektroschrott bisher meist völlig ungeordnet in kleinen Werkstätten oder auf Abfalldeponien und oft auch ohne Fachkenntnis ausgeschlachtet wird – mit fatalen Folgen für die Umwelt, denkt man beispielsweise an das unkontrollierte Entweichen der giftigen Kältemittel aus Kühlschränken.

Ein anderes Beispiel: Auch bei Altautos ist die Recyclingquote im Vergleich zu anderen Industrieländern noch gering. In der Mehrzahl der Gebiete mit wenig anspruchsvoller Gesetzgebung herrschen Handel beziehungsweise einfachste händische Zerlegeeinrichtungen vor. Allerdings ist damit zu rechnen, dass die chinesische Regierung die Vorschriften für Elektroschrott wie für Altautos weiter verschärfen wird.

Dies gilt auch generell – und hier kann China von Deutschland durchaus lernen: Zum einen bedarf es rechtlicher und industrieller Standards für die Recyclingindustrie, um einen klaren Rahmen für Sammlung, Sortierung und Verwertung möglichst aller Abfallarten vorzugeben, auch und gerade des Hausmülls. Dazu gehört auch eine umfassende Kontrolle. Dies ist die beste Voraussetzung für die weitere Entwicklung einer leistungsfähigen Firmenstruktur. Zum anderen sollte die Regierung die Produzentenverantwortung und das Verursacherprinzip auf alle Abfallarten ausweiten.

Deutschland kann hier mit seinen weltweit führenden Recyclingtechnologien einen guten Beitrag leisten. Denn Deutschland ist nach wie vor nicht nur technologisch führend, es ist auch der wichtigste Anbieter von Umwelttechnik auf dem Weltmarkt. Und es gilt nach wie vor als Weltmeister der Abfalltrennung, als Vorbild in der praktischen Anwendung des Recyclings, und genießt eine hohe Reputation in Sachen Umweltschutz. Gerade die ALBA Group, aber auch viele andere Unternehmen können bei allen Abfallarten mit ausgefeilten technologischen Lösungen aufwarten. Moderne Sortier- und Aufbereitungstechnik kombiniert mit deutscher Disziplin, Gründlichkeit und Verlässlichkeit. Das scheint eine attraktive Mischung zu sein.

Deutschland möchte und kann deshalb vielleicht besser als jeder andere Partner aktiv daran mitwirken, das Konzept der „sustainable circular economy" auch in China mit Leben zu erfüllen. Deutsche Unternehmen können einen wertvollen Beitrag für die nachhaltige Modernisierung in China leisten:
– mit dem technologischen Know-how über viele Industrien hinweg,
– mit zuverlässiger Managementerfahrung in der Steuerung komplexer Prozesse,
– mit der Kompetenz in nachhaltigen und zukunftsträchtigen Lösungen.

Bereits heute besteht in China eine hohe Nachfrage nach fortschrittlichen Technologien, sowohl für die Automation des Recyclings als auch für die Verringerung der Umweltbelastungen im Recyclingprozess. Eine besondere Herausforderung sind die unbehandelt deponierten Siedlungsabfälle – leicht werden daraus ökologische Zeitbomben mit ungewissen Umweltfolgen in der Zukunft. Hier bietet die Recyclingtechnologie der dritten Generation für Hausabfälle deutliche Vorteile gegenüber der Deponierung (erste Generation) und der Müllverbrennung (zweite Generation). Mit einem von ALBA entwickelten Verfahren werden zunächst die Schadstoffe separiert und die Wertstoffe wiedergewonnen. Der Rest wird zu Grüner Kohle – einem Ersatzbrennstoff – umgewandelt, die anschließend beispielsweise in Kraftwerken oder der Zementindustrie im Rahmen der energetischen Verwertung zum Einsatz kommt. So wird für die beiden wesentlichen Megatrends in China – zu viel Abfall und zu wenige Ressourcen – eine effektive Lösung geboten.

„Deutsche Unternehmen hielten 2016 am Weltmarkt der Querschnittsbranche Umwelttechnik und Ressourceneffizienz einen Anteil von 14 Prozent", meldet stolz das Bundesministerium für Umwelt.[17] Für die Kreislaufwirtschaft sind es 16 Prozent, für die werkstoffliche Verwertung sogar 25 Prozent. Und bei Anlagen für die automatische Stofftrennung, also für die maschinelle Sortierung von Abfällen, haben deutsche Unternehmen schätzungsweise mehr als die Hälfte des Weltmarkts in der Hand. Im Jahr 2017 lag die Exportquote der deutschen Kreislaufwirtschaft bereits bei 39 Prozent, Tendenz steigend. China war 2017 mit 412 Millionen Euro nach den USA der wichtigste Auslandsmarkt für deutsche Abfall- und Recyclingtechnik.[18]

Die Entwicklung des Chinageschäfts der ALBA Group ist dabei fast so etwas wie die Blaupause für den Ausbau der deutsch-chinesischen Umweltpartnerschaft. Alles begann Anfang der 1990er-Jahre in Hongkong, als das Unternehmen sein erstes Büro eröffnete, um von dort aus sein Asiengeschäft zu entwickeln – zuerst im Metallhandel, später auch mit dem Betrieb von Anlagen. Die besondere Stärke der ALBA Group als „the recycling company" und als einer der zehn weltweit führenden Umweltdienstleister ist die Vermittlung ihres Recycling-Know-hows und ihre Erfahrung beim Einsatz von moderner Technologie. Stets geht es um Lösungen, die einerseits die Umwelt entlasten und die Lebensqualität verbessern, andererseits Rohstoffe und Energie liefern, also auch ökonomisch sinnvoll sind.

Dadurch sind in unserem Unternehmen die Beziehungen zu China in den vergangenen Jahren sehr viel enger geworden: Seit Anfang des Jahres 2017 sind an zweien unserer Geschäftsbereiche mehrheitlich chinesische Partner beteiligt. Dies zeigt, dass sich insbesondere mein Unternehmen zu den großen Wachstumschancen in Chinas Umweltsektor bekennt. Wir denken hier beispielsweise an den Bau großer Hightech-Recyclingparks, die zahlreiche Betriebe unserer Branche an einem Ort vereinen.

Es handelt sich dabei um gigantische Gelände, auf denen alle Entsorgungs- und Recyclingschritte für alle Arten von Abfällen gebündelt ablaufen. Dort können durchaus unterschiedliche Unternehmen am Werk sein: Direkt neben dem Altautorecycling arbeitet dann der Spezialist für die Aufarbeitung von Altreifen, der nächste betreibt ein umweltfreundliches Batterien-Recycling. Das ist effizient und vermeidet lange Transportwege, die sonst die Umwelt belasten und den Stadtverkehr behindern. Der Entwickler der Recyclingparks erarbeitet das Konzept, legt die einzelnen Komponenten bedarfsgerecht fest und stimmt ihr Zusammenspiel ab. Zwischen den einzelnen Aufbereitungsbetrieben wird es auch Grünflächen geben, sodass der Begriff „Recyclingpark" nicht zu viel verspricht. So unterstützen wir China aktiv dabei, das Konzept einer modernen und nachhaltigen Kreislaufwirtschaft weiter auf- und auszubauen.

Ein anderer Baustein eignet sich besonders für die vielen neuen Stadtviertel oder auch Gewerbegebiete, die in China im wahrsten Sinne des Wortes aus dem Boden gestampft werden: Abfallsammlung und -sortierung mitsamt der kompletten Ver- und Entsorgungslogistik unter der Erdoberfläche. So ein Konzept haben wir bereits vor 20 Jahren am Potsdamer Platz in Berlin verwirklicht, als auf dem ehemaligen Mauerstreifen ein komplett neues Stadtviertel errichtet wurde. Alle Anlieferungen erfolgen unterirdisch, damit die Straßen vom Schwerlastverkehr befreit sind und die Luft nicht belastet wird. Alle Gebäude des Quartiers sind durch unterirdische Gänge verbunden, auf denen alles Material in die Wohnungen und Büros sowie die Waren in die Geschäfte gelangen. Und umgekehrt kommt so auch aller Abfall zurück, wird direkt nach Wertstoffen getrennt gesammelt. Jeder Mieter zahlt nur für den Abfall, den er tatsächlich verursacht hat.

All dies folgt unserer Vision: eine Welt ohne Abfall. Natürlich ist es bis dahin noch ein weiter Weg, aber es muss – und es kann – gelingen, dass nichts mehr einfach verbrannt oder deponiert wird. Für unser Unternehmen ist alles Rohstoff, aus dem sich etwas machen lässt. Deshalb steht für uns an erster Stelle die Vermeidung von Abfällen. So hat unsere Unternehmenseinheit „ReDuce" einen Mietservice für Kleinkinderbekleidung und Babyausstattung ins Leben gerufen und ein Poolingsystem für Transportkisten eingeführt. Anstelle von Pappkartons, die nach Gebrauch recycelt oder gar vernichtet werden müssen, haben wir einen Kreislauf mit wiederverwendbaren Kunststoffkisten aufgebaut. In Hongkong sehen wir immer mehr Schulen, in denen Einwegflaschen und To-go-Becher verboten sind. Und dies ist nur der Anfang. Durch derlei Prägung wächst hier eine neue Generation mit einem völlig neuen Verständnis für die Belange des Umwelt- und Ressourcenschutzes heran.

Zur „Welt ohne Abfall" trägt auch unsere Einheit „ReUse" bei, denn die Weiternutzung ist vielfach möglich. So lassen sich ausgediente Elektrogeräte oft mit den richtigen Ersatzteilen wieder in Gang setzen, leere Druckerpatronen lassen sich wieder befüllen. Wir organisieren die Rückführung und die Wiederverwendung. Nur was sich weder vermeiden noch wiederverwenden lässt, kommt ins klassische Recycling.

Schon heute engagieren wir uns im Rahmen von langfristigen Projekten in den verschiedensten Bereichen der Recycling- und Kreislaufwirtschaft in China. Dabei steht im Fokus, gemeinsam mit den Partnern vor Ort ein Kreislaufmanagement entlang der gesamten Wertschöpfungskette zu ermöglichen. Denn so gut die deutsche Technik und der Erfahrungsschatz auch sind – es kommt entscheidend darauf an,

dies auf die chinesische Situation zuzuschneiden. Ein Beispiel: Da die Zusammensetzung und die Beschaffenheit der Abfälle in China anders als in Europa sind, müssen
die Anlagen auch anders konzipiert und an das Material vor Ort angepasst werden.

Dabei kommt immer mehr Hochtechnologie ins Spiel, denn auch in unserer Branche schreitet die Automatisierung voran. Wir haben in Deutschland mit dem Bau einer
neuen Generation von Sortieranlagen für Kunststoffabfälle begonnen, die eine noch
größere Sortiergenauigkeit liefert. Diese Anlagen funktionieren nahezu vollauto-
matisch, Handarbeit ist nicht mehr erforderlich, könnte die geforderte Genauigkeit
aber auch gar nicht liefern. Sortierroboter übernehmen diese Aufgaben, gestützt auf
schnelle und präzise Sensoren.

Nachdem die Digitalisierung nun auch die Recyclingbranche erreicht, ergeben
sich weitere Schnittstellen mit China. Denn dort wird bereits ein viel größerer Anteil
des täglichen Lebens von Bits und Bytes bestimmt als in Deutschland. Die Digitalisierung eröffnet der Kreislaufwirtschaft ganz neue Möglichkeiten – von der effizienteren
Sammlung bis zu noch komfortableren Angeboten für unsere Kunden. Ein sich selbst
steuerndes Entsorgungssystem – von der autonomen Abfalltonne bis zum selbstfahrenden Sammelfahrzeug – ist bald schon keine Utopie mehr.

Gemeinsame Fortschritte gelingen am besten mit (Innovations-)Partnerschaften
vor Ort. Wegweisende Referenzprojekte – wie die Sino-German Metal Eco-City in der
südchinesischen Provinz Guangdong – sind hilfreich, um Politik, Verbraucher und
Anlagenbetreiber in China von der deutschen Fachkompetenz zu überzeugen. Hierbei
setzen wir auf interdisziplinäre und interkulturelle Teams, damit beide Seiten voneinander lernen können. Um diese Prozesse voranzutreiben und auch ein deutliches
Zeichen für eine gute Kooperation zu setzen, habe ich selbst vor einigen Jahren meinen Tätigkeitsschwerpunkt nach China verlagert. In unsere Projekte und gemeinsamen Gesellschaften bringen wir nicht nur unser führendes Umwelt-Know-how ein,
sondern wir teilen es aktiv mit unseren chinesischen Partnern. So leisten wir auch
einen Beitrag für den Aufbau einer eigenen chinesischen Recyclingindustrie.

Wir haben bei unseren Kooperationen in etlichen Regionen Chinas festgestellt,
dass eine offene und vertrauensvolle Zusammenarbeit die beste Basis für den Erfolg
ist. Wir haben dabei – ganz entgegen den häufig erhobenen Vorwürfen und den in
den Medien immer wieder zitierten Fällen – bisher keinerlei schlechte Erfahrungen
bezüglich eines ungewollten Know-how-Transfers gemacht. Ich beobachte mit einer
gewissen Sorge, dass alte Klischees und sicher auch manche unschöne Erfahrung der
Vergangenheit einfach immer weitergetragen werden. Das chinesische Geschäfts-
modell hat sich in den vergangenen Jahren völlig verändert. Es geht hier weder um
Billigproduktion als verlängerte Werkbank noch um das Nachbauen westlicher Technik. Chinas Industrie geht immer stärker zu Eigenentwicklungen über und ist heute
führend im Bereich digitaler Services und Smart Cities. Das hat nicht nur dazu geführt,
dass sich weniger von anderen adaptieren lässt, sondern auch dazu, dass die Bedeutung des Schutzes geistigen Eigentums in China erkannt wurde. Zudem ist die Mentalität in China – Ehrgeiz, gepaart mit einmaligem Unternehmertum – der unseren bei

aller Verschiedenheit der Kulturen durchaus ähnlich. Daher können wir nicht nur viel voneinander lernen, sondern auch viel gemeinsam in Angriff nehmen und vollenden.

Dies umso mehr, als China besonders schnell und zunehmend auch effektiv ist. Dennoch wird das Land seine Umweltprobleme umso schneller und erfolgreicher in den Griff bekommen, je stärker es dies gemeinsam mit europäischen und vor allem deutschen Partnern vorantreibt. Ein wesentlicher Garant des Fortschritts ist dabei das massive Bemühen Chinas, beim Auf- und Ausbau der Kreislaufwirtschaft mindestens eine technologische Generation zu überspringen.

Durch eine gemeinsame Offensive für den Ausbau des Recyclings in China und den konsequenten Einsatz der modernsten Anlagen können sich auch weitere gemeinsame Wachstums- und Exportchancen ergeben. Denn der weltweite GreenTech-Markt wächst rasant. Auf der Basis von 2016 erwarten die Experten der Unternehmensberatung Roland Berger bis zum Jahr 2025 eine jahresdurchschnittliche Wachstumsrate von 6,9 Prozent.[19]

Eine immer engere Kooperation im Umwelt- und Ressourcenschutz und bei der nachhaltigen Schließung von Wertstoffkreisläufen kann auf die langjährige wirtschaftliche Zusammenarbeit beider Länder aufbauen. Von Jahr zu Jahr erreichen die Handelsbeziehungen immer neue Rekordwerte – in beide Richtungen. China ist längst zum wichtigsten Handelspartner Deutschlands aufgestiegen. Und alle bislang vorliegenden Daten weisen darauf hin, dass wir mit diesem Jahr schon wieder einen neuen Höchstwert erreichen werden. Ähnlich sieht es bei den Direktinvestitionen aus. Auch hier neue Rekorde. Auffällig ist, dass sich zahlreiche chinesische Unternehmen in den vergangenen drei Jahren für Beteiligungen und Übernahmen deutscher Unternehmen der Abfall- und Recyclingbranche interessierten. Ein weiterer Beleg dafür, dass beide Seiten auf diesem Gebiet mit wachsender Nachfrage rechnen.

China möchte seine Kreislaufwirtschaft neu aufstellen und mit alten, oft umweltbelastenden Methoden aufräumen. Es möchte nicht zur Müllkippe der Welt werden und hat deswegen die Einfuhr etlicher Altstoffe verboten. Nur sortierte und klar definierte Reststofffraktionen ohne Restabfall sollen noch ins Land kommen. Es ist in der Vergangenheit insbesondere von einigen südeuropäischen Anbietern auch schlechte Qualität geliefert worden. Insofern finde ich es richtig und auch verständlich, wenn China hier einen Riegel vorschieben möchte. Sortierte, hochwertige Sekundärrohstoffe dürfen weiterhin eingeführt werden.

Derlei Beschränkungen sollten aber nicht zu einer generellen Abschottung der Märkte führen. Denn in der letzten Zeit sind, auch unter dem Eindruck weltweiter Handelskonflikte, auf beiden Seiten die Hürden etwas höher geworden. Die chinesische Regierung hat ein neues, strengeres Kontrollsystem für Kapitalexporte – also auch für Direktinvestitionen – eingeführt. In Deutschland wiederum prüft die Bundesregierung schärfer, ob deutsche Sicherheitsinteressen bei Firmenbeteiligungen aus China betroffen sind. Hier ist es wichtig, dass es auf beiden Seiten bei der bisherigen rationalen Beurteilung gegenseitiger Engagements bleibt. Beide Länder sind in der Vergangenheit damit sehr gut gefahren.

Gerade in Zeiten des weltweit wachsenden Protektionismus kann man nicht oft genug darauf hinweisen, welche Wohlstandsmehrung der Freihandel für alle Beteiligten hervorbringt. Wer sich abschottet, schadet nicht nur dem Handelspartner, sondern vor allem sich selbst.

Anmerkungen

1 https://de.reuters.com/article/china-konjunktur-idDEBEE8AS01S20121129 (letzter Aufruf: 28.10.2018).

2 https://zhongdemetal.de/blog/blogdetailallgemein/detail/News/chinas-neue-mittelschicht-waechst-trends-und-interessen-im-fokus.html (letzter Aufruf: 28.10.2018).

3 https://zhongdemetal.de/blog/blogdetailallgemein/detail/News/chinas-neue-mittelschicht-waechst-trends-und-interessen-im-fokus.html (letzter Aufruf: 28.10.2018).

4 Zitiert in: http://www.manager-mag azin.de/unternehmen/industrie/plastik-fuenf-grafiken-zum-problem-mit-muell-aus-kunststoff-a-1206656-5.html (letzter Aufruf: 28.10.2018).

5 http://www.faz.net/aktuell/gesellschaft/menschen/china-jedes-jahr-25-millionen-baeume-fuer-ess staebchen-12772089.html (letzter Aufruf: 28.10.2018).

6 https://www.welt.de/politik/ausland/article144559090/Daran-koennte-das-maechtige-China-wirklich-scheitern.html (letzter Aufruf: 28.10.2018).

7 https://www.gtai.de/GTAI/Navigation/DE/Trade/Maerkte/Branchen/Branche-kompakt/branche-kompakt-recycling-und-entsorgungswirtschaft,t=branche-kompakt-china-will-bis-2020-ueber-38-milliarden-usdollar-in-die-abfallwirtschaft-investieren,did=1859194.html (letzter Aufruf 28.10.2018).

8 *OECD: Umweltausblick bis 2030*, Paris 2008.

9 https://www.umweltbundesamt.de/abfallaufkommen#textpart-1 (letzter Aufruf 28.10.2018).

10 https://www.gtai.de/GTAI/Navigation/DE/Trade/Maerkte/Branchen/Branche-kompakt/branche-kompakt-recycling-und-entsorgungswirtschaft,t=branche-kompakt-china-will-bis-2020-ueber-38-milliarden-usdollar-in-die-abfallwirtschaft-investieren,did=1859194.html (letzter Aufruf 28.10.2018).

11 *GreenTech made in Germany 2.0 – Umwelttechnologie-Atlas für Deutschland*, hg. vom Bundesministerium für Umwelt, Naturschutz und Reaktorsicherheit, 2009.

12 http://www.globalcarbonatlas.org/en/CO2-emissions (letzter Aufruf 28.10.2018).

13 Unveröffentlichter Bericht der Deutschen Botschaft Peking.

14 https://www.interseroh.at/nachhaltigkeit/studien-und-zertifikate (letzter Aufruf 28.10.2018).

15 https://www.gtai.de/GTAI/Navigation/DE/Trade/Maerkte/Branchen/Branche-kompakt/branche-kompakt-recycling-und-entsorgungswirtschaft,t=branche-kompakt-china-will-bis-2020-ueber-38-milliarden-usdollar-in-die-abfallwirtschaft-investieren,did=1859194.html (letzter Aufruf 28.10.2018).

16 https://320grad.de/chinesische-regierung-forciert-recycling (letzter Aufruf 28.10.2018).

17 http://www.greentech-made-in-germany.de/umwelttechnik-deutschland (letzter Aufruf: 28.10.2018).

18 http://eu-recycling.com/Archive/20108 (letzter Aufruf: 28.10.2018).

19 http://www.greentech-made-in-germany.de/umwelttechnik-deutschland (letzter Aufruf: 28.10.2018).

Olaf Koch

2.9 Lebensmittelsicherheit in China – Erfahrungen und Perspektiven aus Sicht eines deutschen Lebensmittelspezialisten

„Kann ich den hier angebotenen Produkten vertrauen?" – Mit dieser oder einer ähnlichen Frage im Hinterkopf betreten laut einer Studie des Hygienedienstleisters Ecolab über 90 Prozent der chinesischen Konsumenten einen Supermarkt oder ein Restaurant.[1] Diese Zahl macht deutlich: Lebensmittelsicherheit ist das zentrale Thema beim Lebensmittelkauf und -verzehr in China. Dieser Herausforderung stellt sich auch METRO als führender internationaler Spezialist für den Groß- und Lebensmittelhandel.

METRO ist in 36 Ländern weltweit aktiv, davon in 26 unter der Großhandelsmarke METRO Wholesale. In Asien ist METRO neben China noch in Japan, Indien, Pakistan und Myanmar präsent. Liefergeschäft betreibt METRO in weiteren zehn Ländern, darunter unter anderem die ASEAN-Staaten. Eines der wesentlichen Differenzierungsmerkmale in allen unseren Märkten ist die kompromisslose Verpflichtung auf Lebensmittelsicherheit: von Lissabon bis Tokio, von Moskau bis Neu-Delhi – unsere Kunden sollen immer mit hundertprozentigem Vertrauen bei METRO einkaufen können.

METRO kam 1996 auf den chinesischen Markt. Es war das 16. Land unserer Expansion und der erste Markteintritt in Asien überhaupt. In China sind seit dem Markteinstieg 95 Großmärkte eröffnet worden.[2] Mit jeder Markteröffnung haben immer mehr kleine Händler, Gastronomen und Endkonsumenten, die zu unseren Kunden gehören, Zugang zu sicheren und qualitativ hochwertigen Lebensmitteln erlangt. Jeder neu eröffnete Markt hat dazu beigetragen, Expertise vor Ort im Bereich der Lebensmittelsicherheit aufzubauen. Darüber hinaus haben wir in den vergangenen 22 Jahren unseres Engagements in China die Erfahrungen aus dem Bereich der Lebensmittelsicherheit zu einem chinesischen Exportgut für andere METRO-Länder weiterentwickelt. Heute und in den nächsten Jahren sehen wir aber auch spannenden neuen Entwicklungen im Bereich der Lebensmittelsicherheit entgegen: China hat sich zum Pionier in Sachen E-Commerce und Lieferservices für Lebensmittel entwickelt. Dies birgt neue Herausforderungen für die Lebensmittelsicherheit, denn: Wie können wir sicherstellen, dass der Einkauf über das Mobiltelefon und via Fahrrad- oder Mopedkurier dem Kunden das gleiche Gefühl von Sicherheit vermittelt wie der eigene Gang zum Großhändler, Supermarkt oder ins Restaurant?

Olaf Koch, ist Vorstandsvorsitzender der METRO AG, Düsseldorf.

https://doi.org/10.1515/9783110624731-014

Markteintritt in China – Safety First!

Bereits beim Markteintritt von METRO in China war klar, dass Lebensmittelsicherheit das Differenzierungsmerkmal für das Unternehmen werden sollte. Dies begründete sich aus zwei wesentlichen Charakteristika des chinesischen Markts: Zum einen die damals bestehende Dominanz der traditionellen Lebensmittelmärkte, zum anderen das angeknackste Vertrauen der chinesischen Konsumenten hinsichtlich Sicherheit und Qualität der auf dem heimischen Markt verfügbaren Lebensmittel.

Als die damalige METRO GROUP im Jahr 1996 nach China kam und in Shanghai ihren ersten Cash-&-Carry-Markt eröffnete, war der Lebensmittelmarkt noch stark von den traditionellen Märkten, den sogenannten Wet Markets, dominiert. Lebensmittelsicherheit war und ist eine der offenen Flanken dieser Form des Lebensmittelhandels. So verfügen die Händler auf den Wet Markets in der Regel nicht über die notwendigen Voraussetzungen, um eine moderne Kühlkette einzuhalten. Häufig liegen verschiedenste lose Waren ohne Qualitätskontrolle beieinander. Zumeist handelt es sich dabei um landwirtschaftliche Primärprodukte, die in großer Menge und großer Geschwindigkeit umgeschlagen werden. Mit der Expansion moderner Handelsformate – von stationärem Großhandel, Supermärkten und Drogerien hin zum Onlinehandel – haben die Kunden Wahlmöglichkeit erhalten. Unter dem Gesichtspunkt der Lebensmittelsicherheit entscheiden sie sich heute für den Einkauf bei einem modernen Händler. Unter diesem Wettbewerbsdruck haben sich die traditionellen Märkte gewandelt. Ein Ergebnis ist die starke Marktkonzentration auf weniger, dafür aber größere Wet Markets. Ein Beispiel hierfür ist der Shanghaier Stadtteil Yangpu. Hier stieg die Anzahl der Bewohner vom Jahr 2000 bis zum Jahr 2010 von 1,24 auf 1,31 Millionen. Die Zahl der Wet Markets jedoch ging von 73 auf 52 zurück.[3]

Auch erlebte die Volksrepublik zahlreiche Lebensmittelskandale. Dass es in einem Land mit 1,3 Milliarden Einwohnern in absoluten Zahlen auch eine Vielzahl an Skandalen gibt, liegt auf der Hand. Jedoch gab es in China so gravierende Fälle von Lebensmittelbetrug, dass es sehr schwerfällt, zerstörtes Vertrauen wiederaufzubauen. So sorgen sich chinesische Eltern und Großeltern auch zehn Jahre nach dem Melaminskandal um gepanschte Milch, in dessen Zuge knapp 300.000 Kinder erkrankten und sechs starben, um die Sicherheit von Babynahrung. Zusätzlich angefacht wird die Angst vor unsicheren Lebensmitteln durch die schnelle Verbreitung von Informationen über soziale Medien.

In dieser Gemengelage kommt METRO als Großhändler in der Lieferkette eine besondere Rolle zu. In einem klassischen Supermarkt wird in der Regel lediglich für den Eigenbedarf eingekauft. Bei METRO jedoch sind auch Hotels, Restaurants, Caterer sowie kleine, unabhängige Händler als Kunden zu Hause. Der bei METRO gekaufte Reis landet nicht lediglich bei einer Familie auf dem Esstisch, sondern wird beim METRO-Kunden aus der Gastronomie Dutzenden oder Hunderten von Gästen als Beilage gereicht. Hieraus erwächst eine besondere Verantwortung, aber auch eine große Chance für das Unternehmen.

METRO steht in all seinen Märkten für das höchste Niveau von Lebensmittelsicherheit und der entsprechenden Systeme. Was in anderen Ländern bereits Standard war, konnte in China noch strategisches Unterscheidungsmerkmal werden.

Lebensmittelsicherheit heute – alles eine Frage des richtigen Systems

Für die internen Prozesse wird Lebensmittelsicherheit mittels des METRO Global Quality Assurance Standards (QMS) sichergestellt. Dieser Standard deckt alle Anforderungen eines modernen Qualitäts- und Sicherheitsmanagementsystems ab.

Von den Lieferanten erwartet METRO die Einhaltung der Standards der Global
Food Safety Initiative (GFSI). Diese im Jahr 2000 vom Consumer Goods Forum, einer
Interessengemeinschaft der weltweit größten Lebensmittelproduzenten und -händler,
ins Leben gerufene Initiative dient dem Benchmarking von Programmen zur Zertifizierung von Lebensmittelsicherheit. So können weltweit bestehende hohe Standards der
Lebensmittelsicherheit harmonisiert werden. Wenn eine Zertifizierung nach einem
von der GFSI anerkannten Standard nicht möglich ist, beispielsweise weil der Lieferant noch sehr klein oder ganz neu am Markt ist, wird vorübergehend auf den Haus-
standard von METRO, die METRO Assessment Solution (MAS), zurückgegriffen. Dies
ist jedoch jeweils nur eine Übergangslösung, bis der Lieferant mit Unterstützung von
METRO die Voraussetzungen zur Zertifizierung nach einem von der GFSI anerkannten
Standard erfüllt hat.

METRO unterstützt die Lieferanten – in China wie auch in anderen Märkten – bei
der Realisierung der Anforderungen der internationalen Zertifizierung. Häufig haben
wir hierbei Partner wie die International Finance Cooperation (IFC) mit an Bord. ME-
TRO versteht sich daher in neu zu erschließenden Märkten auch als Wegbereiter für
lokale Lieferanten. Denn wer hohe Standards vorlegt, kann seine Verkaufskanäle beständig weiterentwickeln.

Die Unterstützung lokaler Lieferanten bei der Weiterentwicklung ihrer Produkte
und Systeme ist auch deshalb geboten, weil METRO den Grundsatz hat, in allen derzeit 26 Ländern, in denen das Unternehmen mit seiner Cash-&-Carry-Sparte aktiv ist,
90 Prozent oder mehr des Angebots lokal zu beschaffen. Dieser Anspruch ermöglicht
es METRO auf der einen Seite, trotz seiner Internationalität so lokal wie möglich und
damit nah am Kunden und dessen Geschmack zu sein. Auf der anderen Seite werden
die Transportwege verkürzt und damit können günstigere Preise angeboten werden.
Insgesamt leisten wir damit einen Beitrag zur jeweiligen lokalen wirtschaftlichen und
landwirtschaftlichen Infrastruktur.

Die METRO-Märkte selbst werden von unabhängigen Prüfinstituten nach den Vorgaben des weltweit anerkannten und führenden Systems für Lebensmittelsicherheit,
dem HACCP (Hazard Analysis and Critical Control Point), zertifiziert. METRO ist der

erste Händler in China überhaupt, bei dem alle Märkte den Vorgaben dieses Systems entsprechen. Entsprechend der Anforderungen von HACCP bedeutet dies beispielsweise, dass alle Märkte über verschiedene Temperaturzonen verfügen müssen. So muss Fleisch bei 0–4 Grad Celsius, Gemüse bei 12–14 Grad Celsius und Fisch bei 12–16 Grad Celsius Raumtemperatur aufbewahrt werden. Auch Kreuzkontaminationen über verschiedene Produktgruppen hinweg, beispielsweise von Fleisch auf Gemüse, werden mittels klar abgrenzbarer, farbig markierter Zonen – jede für eine Produktgruppe – verhindert.

Um dem in der Bevölkerung ausgeprägten Misstrauen gegenüber der Sicherheit von Lebensmitteln zu begegnen, brauchte es jedoch mehr als das „Made in Germany"-Image von METRO und ein auf der Packung angebrachtes Zertifikat. Ein Ansatz zur Schaffung zusätzlichen Vertrauens ist es, dem Kunden die Rückverfolgbarkeit („Traceability") von Produkten bis zu deren Ursprung hin zu ermöglichen. Unter diesem Schlagwort sollte gemeinsam mit lokalen Lieferanten Vertrauen aufgebaut werden. Zudem bot das Angebot der Rückverfolgbarkeit für unsere Kunden die Möglichkeit, unseren strategischen Anspruch zu untermauern.

Um den Anspruch an Rückverfolgbarkeit einlösen zu können, gründete METRO im Jahr 2007 das Beratungsunternehmen Star Farm und brachte im darauffolgenden Jahr mit dem „Star Farm Quality Baby Chicken" das erste für den Kunden vollständig rückverfolgbare Produkt in seine Märkte. In den folgenden Jahren wurden 430 Unternehmen, 16.000 Mitarbeiter in der lebensmittelverarbeitenden Industrie und 25.000 Landwirte von Star Farm weitergebildet. Die Berater von Star Farm bewerteten über 6.000 landwirtschaftliche Betriebe und entwickelten über 4.500 rückverfolgbare Produkte. Der Kunde kann über die METRO-Website, die METRO China-App, den METRO WeChat-Account[4] oder über die Scan-Funktion von WeChat zahlreiche Informationen über das ihm im Markt vorliegende Star-Farm-Produkt beziehen. Damit kann der Weg des Lebensmittels vom landwirtschaftlichen Betrieb bis in den Markt zurückverfolgt werden. Der Kunde kann dann wichtige Informationen zum Betrieb einsehen, vom Namen und der Adresse bis zu Fotos seiner Produkte, Informationen über wichtige Eigenschaften des Produkts und schlussendlich der einzelnen Stationen der Lieferkette. Auch Prüfberichte und Zertifikate unabhängiger Prüfunternehmen sowie für Informationen zur Nachhaltigkeit des Produkts sind einsehbar. Außerdem werden Informationen zum Engagement des Produzenten für Arbeitssicherheit, Mitarbeitergesundheit und das Wohlbefinden der Mitarbeiter dargestellt. Gleiches gilt für den Umgang mit Abfällen und Umweltauswirkungen des Betriebs.

Laut internen Analysen des Customer Relationship Managements verdankt METRO den etablierten Systemen zur Sicherstellung von Lebensmittelsicherheit – GFSI, QMS, MAS und HACCP – seinen Ruf als starker Akteur im Bereich sichere Lebensmittel. Die Rückverfolgbarkeit der Star-Farm-Produkte bedeutet für die chinesischen Kunden jedoch eine nochmalige Aufwertung dieser Waren und damit eine Bereitschaft, bis zu zehn Prozent mehr für diese Produkte zu bezahlen. Bis letztes Jahr wurden so mit Star-Farm-Produkten bereits über 300 Millionen Euro Umsatz erwirtschaftet.

Als Pioniere für Rückverfolgbarkeitssysteme haben METRO und Star Farm die regulatorische Entwicklung in China mitgeprägt. Im 13. Fünfjahresplan für die Jahre 2016–2020 spielt das Thema Rückverfolgbarkeit eine prominente Rolle.[5] So hat der Staatsrat das Ziel, landwirtschaftliche Standards zu verbessern und sicherzustellen, dass sie in der gesamten landwirtschaftlichen Produktion eingehalten werden. Er möchte außerdem:
- die Qualitäts- und Sicherheitsüberwachung über landwirtschaftliche Produkte und Produktionsmittel stärken,
- das Sicherheitsmanagement in den Produktionsstätten verbessern,
- ein Zertifizierungssystem für Produktüberwachung – sowohl in der Produktionsstätte als auch bei der Inverkehrbringung – implementieren
- und eine Informationsplattform für landwirtschaftliche Produkte einschließlich Sicherheitsinformationen einführen.

Damit soll eine vollständige Rückverfolgbarkeit zu jedem Produktionsschritt ermöglicht werden, um so eine bessere Überwachung für die gesamte landwirtschaftliche Produktionskette vom Acker bis zum Teller sicherzustellen.

Als konkrete regulatorische Anforderung heißt es in Paragraph 42 des im Jahr 2015 in Kraft getretenen chinesischen Lebensmittelsicherheitsgesetzes: „Lebensmittelproduzenten und -großhändler sollen ein Rückverfolgbarkeitssystem für Lebensmittelsicherheit einführen, um die Rückverfolgung von Lebensmitteln sicherzustellen."[6]

Als ein eben solches System wurde das Rückverfolgbarkeitssystem von METRO und Star Farm von lokalen Regierungsstellen wie der Shanghai Municipal Commission of Commerce anerkannt. Von 34 chinesischen Stadtregierungen wurde der lokale METRO Markt als „Model Supermarket for Food Safety" ausgezeichnet. Und auch andere staatliche Stellen wie die State Administration for Market Regulation (SAMR) oder Verbände wie die Shanghai Food Safety Federation, die China Chain Store Franchise Association (CCFA) sowie die Kammern kooperieren mit METRO und machen sich die im Unternehmen vorhandene Expertise zum beiderseitigen Vorteil zu Nutze.

Die Zukunft: digital und exportgetrieben

Welche Möglichkeiten ergeben sich aus den bis jetzt gemachten Erfahrungen von METRO China und welche Entwicklungen und Herausforderungen sind für die Zukunft zu erwarten? Es können erstens die Erfahrungen im Bereich der Lebensmittelsicherheit im internationalen Kontext von METRO genutzt und sowohl chinesisches Wissen als auch chinesische Lebensmittel exportiert werden. Zweitens gilt es, sich nicht auf den Meriten der Vergangenheit auszuruhen. Die fortschreitende Digitalisierung mit dem Trendsetter China stellt die Lebensmittelbranche in großem Tempo vor ganz neue Herausforderungen – auch in Sachen Lebensmittelsicherheit.

Lebensmittelsicherheit in China als Exportgut: Heute profitiert man nicht mehr nur in China vom Know-how von Star Farm. Das Modell Star Farm ist innerhalb der METRO-Welt Vorbild für andere Märkte geworden. Ein gutes Beispiel hierfür ist die Unterstützung des Aufbaus eines Rückverfolgbarkeitssystems bei METRO Pakistan. Die bereits in China gemachten Erfahrungen waren dabei eine hervorragende Grundlage. So hat Star Farm China seine Expertise im Hinblick auf Lieferantenmanagement, Prozessgestaltung und Implementierung von Qualitätsmanagementsystemen weitergegeben. Für dieses Projekt wurden pakistanische Mitarbeiter ein halbes Jahr lang in China geschult. Chinesische Mitarbeiter wiederum führten Schulungen in Pakistan durch. Dabei hat Star Farm ein besonderes Augenmerk auf den Aufbau des Systems und auf das Auditing beim Produzenten als auch entlang der Lieferkette gelegt. Damit wird deutlich, welch zentrale Rolle METRO China als Wissensplattform für die weiteren Aktivitäten von METRO in Asien spielt.

Mit diesem Ansatz zahlt Star Farm auch direkt auf die deutsch-chinesische Zusammenarbeit ein: So wurde bei den 4. Deutsch-Chinesischen Regierungskonsultationen im Jahr 2016 das Ziel verabschiedet, die Zusammenarbeit auf Drittmärkten zu stärken. Die Landwirtschaft wurde hierbei als ein Feld der Kooperation benannt. Ziel der deutsch-chinesischen Projekte in Drittländern soll es sein, im Rahmen gesellschaftlicher und umweltpolitischer Anforderungen Interkonnektivität sowie Beschäftigung und Wirtschaftswachstum zu fördern.[7] Mit Star Farm haben wir zu diesem Anliegen konkret beigetragen.

Auch bei der Einführung des chinesischen HACCP-Systems hat METRO als Mitglied der GFSI eng mit der chinesischen Certification and Accreditation Administration (CNCA) zusammengearbeitet. So wurde China 2015 das erste Land überhaupt, dessen nationales Zertifizierungsschema technische Äquivalenz gegenüber den Vorgaben der GFSI bescheinigt wurde. Mit der Anerkennung dieses Systems hat China nicht nur einen weiteren großen Schritt auf dem Weg zu mehr Lebensmittelsicherheit für seine Bürger gemacht, sondern hat ebenfalls einen wichtigen Grundstein für die Markt- und Exportfähigkeit seiner Lebensmittel gelegt. METRO beschafft beispielsweise seit 2014 über sein Einkaufsbüro in Hongkong chinesische landwirtschaftliche Produkte für den Export. Die besondere Stärke Chinas liegt dabei im Bereich der Tiefkühllebensmittel und auch der Konserven. Wenn sich das Image Chinas im Bereich der Lebensmittelsicherheit weiterentwickelt, hat China auch durchaus das Potenzial, der Beschaffungsmarkt für typisch asiatisches Obst und Gemüse zu werden.

Und nun der Blick in eine gar nicht mehr so ferne Zukunft: Es sind nämlich nicht nur Lebensmittel, die China verstärkt in die Welt und nach Deutschland exportiert. Vor allem sind es neue, in China entwickelte digitale Geschäftsmodelle, die international Standards setzen und die natürlich auch vor dem Lebensmittelsektor und der Gastronomieszene nicht haltmachen: Die Entwicklungen im Markt für Online-to-Offline (O2O)-Dienstleistungen in China sind wegweisend für den Rest der Welt. Laut Kantar Worldpanel wuchs in China der Markt für klassisch zu Hause zubereitete Mahlzeiten im Zeitraum 2013–2016 um jährlich drei Prozent. Im gleichen Zeitraum wuchs jedoch der chinesische Markt für Lebensmittellieferungen um durchschnittlich sage und schreibe 44 Prozent pro Jahr. Der Gesamtmarkt für Lebensmittellieferungen belief sich im Jahr 2017 laut eines Berichts des Lebensmittellieferanten Meituan Waimai auf knapp 204 Milliarden Yuan oder 26 Milliarden Euro. Fast 300 Millionen Menschen haben in China laut dieses Berichts Lebensmittel über das Internet bestellt.

Doch Herausforderungen aus der Offline-Welt verschwinden natürlich nicht einfach, nur weil die Erbringung der Dienstleistung – in unserem Fall die Versorgung mit Lebensmitteln – über das Internet abgewickelt wird. Sie verlagern sich vielmehr.[8] Ein gutes Beispiel hierfür sind die Gefahren, die beim Transport für Lebensmittel bestehen, beispielsweise durch kontaminierte Lieferboxen oder einen laxen Umgang des Fahrers mit Hygienevorschriften selbst. Für den Fahrer allein ist das Einhalten strenger Vorschriften offensichtlich eine größere Herausforderung als für seinen Kollegen in der kontrollierten Umgebung eines Lebensmittelgeschäfts. Um solchen Herausforderungen zu begegnen, liefert METRO traditionell Lebensmittel nur in Kühlboxen entsprechend der HACCP-Norm aus. Ergänzt wird dieser offline sehr erfolgreiche Ansatz beispielsweise vom METRO-Lieferpartner Meituan mit der Big-Data-Lösung „Real-Time Delivery Intelligent Dispatch System",[9] die in Echtzeit Auslieferungen simulieren kann. Damit hat es Meituan geschafft, seine Lieferzeit auf durchschnittlich 28 Minuten zu senken und eine Pünktlichkeitsrate von 98 Prozent erreicht. Dies trägt signifikant dazu bei, negative Auswirkungen der Belieferung auf Qualität und Sicherheit der Lebensmittel, wie vor allem der Verderb auf dem Weg durch nicht ausreichende Kühlung, zu reduzieren. Es sind solche Neuerungen – entstanden, um Lebensmittelsicherheit zu verbessern –, die dafür sorgen, dass in China aktuell globale Innovationsführer heranwachsen. Innovationsführer, die auch auf internationalen Märkten erfolgreich sein können.

Diese Entwicklung zeigt, dass der Veränderungsdruck, der einst von den internationalen Qualitätsstandards auf die chinesischen traditionellen Märkte ausging, heute und in naher Zukunft von den chinesischen Innovatoren auf die etablierten internationalen Lebensmittelhändler wirken kann. Wer diesen Druck als Ansporn begreift, für den kann der chinesische Markt wie ein Fitnessstudio wirken, in dem er sich auf die heimischen Herausforderungen vorbereitet.

Anmerkungen

1 Vgl. Ecolab, *Adressing Food Safety Challenges in China*, https://www.google.com/url?sa=t&rct=j&q=&esrc=s&source=web&cd=1&ved=2ahUKEwjAoPOviYbfAhXFIlAKHRr4B5IQFjAAegQIBBAC&url=https%3A%2F%2Fwww.ecolab.com%2F-%2Fmedia%2FEcolab%2FEcolab-Home%2FDocuments%2FDocumentLibrary%2FPresentations%2FExternalComms%2FHelpingChinaAddressFoodSafetyChallenge.pdf%3Fla%3Den&usg=AOvVaw0VfkclWWVhhg49qgUF9GXH (letzter Aufruf: 4.12.2018).
2 Stand: Dezember 2018.
3 Vgl. Qian Forrest Zhang/Zi Pan, „The Transformation of Urban Vegetable Retail in China: Wet Markets, Supermarkets, and Informal Markets in Shanghai", in: *Journal of Contemporary Asia* 43, 2013, H. 3,

S. 497–518, https://ink.library.smu.edu.sg/cgi/viewcontent.cgi?article=2295&context=soss_research (letzter Aufruf: 4.12.2018).

4 WeChat ist das größte chinesische soziale Netzwerk, eine Mischung aus Facebook und WhatsApp.

5 Vgl. https://gain.fas.usda.gov/Recent%20GAIN%20Publications/Amended%20Food%20Safety%20Law%20of%20China_Beijing_China%20-%20Peoples%20Republic%20of_5-18-2015.pdf (letzter Aufruf: 12.11.2018).

6 Vgl. The 13th Five-Year Plan for Economic and Social Development of the People's Republic of China (2016–2020), http://en.ndrc.gov.cn/newsrelease/201612/P020161207645765233498.pdf (letzter Aufruf: 12.11.2018).

7 Vgl. Die Bundesregierung, „Gemeinsame Erklärung anlässlich der 4. Deutsch-Chinesischen Regierungskonsultationen", Pressemitteilung 206, 13.6.2016, https://www.bundesregierung.de/breg-de/aktuelles/gemeinsame-erklaerung-anlaesslich-der-4-deutsch-chinesischen-regierungskonsultationen-605986 (letzter Aufruf: 12.11.2018).

8 Vgl. Ding Dong, „Internet food: the example of online food catering services", in: Jérôme Lepeintre/Juanjuan Sun (Hg.), *Building Food Safety Governance in China, Publications Office of the European Union,* Luxembourg 2018, S. 227.

9 Vgl. Ding Dong, „Internet food: the example of online food catering services", in: Jérôme Lepeintre/Juanjuan Sun (Hg.), *Building Food Safety Governance in China, Publications Office of the European Union,* Luxembourg 2018, S. 227.

Susan Wegner und Sebastian Fischer

2.10 Künstliche Intelligenz in Deutschland und China – Vergleich der nationalen Strategien und Handlungsempfehlungen

Künstliche Intelligenz kurz erklärt

Künstliche Intelligenz (KI) erlebt eine Aufmerksamkeitsrenaissance. KI ist neben Themen wie virtuelle Realitäten und Blockchain aktuell eines der wichtigsten Innovationsfelder weltweit und verspricht der zentrale Motor für wirtschaftliche und soziale Entwicklung wie auch für Digitalisierung zu werden. KI hat sich dabei weg von einer reinen Zukunftsutopie hin zu einem konkreten Mehrwert-stiftenden Bündel an Technologien entwickelt. Spätestens seit das Programm AlphaGo den Großmeister Lee Sedol beim asiatischen Brettspiel Go besiegt hat, ist der KI-Trend so richtig in der öffentlichen Wahrnehmung angekommen. Ausgehend von diesem Meilenstein und vielen weiteren prominenten Beispielen, muss gemutmaßt werden, dass KI-Systeme mehr und mehr Tätigkeiten übernehmen, die sich bisher nur durch den menschlichen Einsatz umsetzen ließen. Weitere Beispiele in diesem Kontext sind selbstfahrende Autos, automatisierte Produktionsstraßen sowie KI-getriebene Serviceagenten (Chatbots).

Eine Schlüsseltechnologie für die aktuell viel diskutierten Anwendungsfelder von KI ist das sogenannte Deep Learning. Deep Learning umfasst Algorithmen, die sich dem Konzept künstlicher neuronaler Netze bedienen. Diese sind grundsätzlich besonders dafür geeignet, unstrukturierte Daten zu analysieren, beispielweise Bild-, Video- oder Audioinformationen. Durch die Integration von Deep-Learning-Verfahren konnten zuletzt auch die Übersetzungsdienste von Google und Facebook signifikant verbessert werden. Ein weiteres Beispiel für die Vorteile von KI ist die Verlässlichkeit, Objekte in der Umgebung von selbstfahrenden Autos zu erkennen – auch hier wurden durch den Einsatz von Deep Learning erhebliche Verbesserungen erzielt.

Grundlegend lässt sich die aktuelle Aufmerksamkeit für künstliche Intelligenz an drei Faktoren festmachen, die sich gegenseitig verstärken und vereinfacht als „ABC der künstlichen Intelligenz" umschrieben werden können:

A steht für Algorithmen: Algorithmen werden stetig weiterentwickelt, neue neuronale Netzstrukturen werden entwickelt, hier schreitet die Forschung gerade massiv voran.

B steht für Big Data: Nur durch ausreichend große und qualitativ hochwertige Daten lassen sich verlässliche Modelle erlernen und nur durch eine effiziente Daten-

Dr. Susan Wegner, VP Data, Artificial Inteligence & Governance (Chief Data Officer).
Dr. Sebastian Fischer, KI-Experte der Deutschen Telekom AG, Berlin.

https://doi.org/10.1515/9783110624731-015

haltung dieser großen Datenmengen lassen sich überhaupt Erkenntnisse aus Big Data gewinnen.

Und zuletzt C, das für Computational Power steht: Laut Moore'schem Gesetz verdoppelt sich die Rechenleistung alle 24 Monate. Es ist daher absehbar, dass Rechenleistung zukünftig kein beschränkender Faktor (mehr) sein wird. Dazu kommt, dass seit geraumer Zeit Grafikkartenhersteller wie NVIDIA, die ursprünglich ihr Geld in der Computerspielindustrie verdient haben, spezielle Grafikkarten zum Trainieren und Anwenden neuronaler Netze herstellen. Damit lässt sich die Optimierung neuronaler Netze auf mehrere Rechenkerne parallelisieren. Eine Grafikkarte hat mehrere Tausend Kerne, eine Central Processing Unit (CPU) deutlich weniger.

Durch diese Verbesserungen können Ingenieure weltweit signifikante Durchbrüche in KI erzielen. Im Gegensatz zu früher, als Maschinen noch vorwiegend regelbasiert ein bestimmtes Verhalten einprogrammiert wurde, können sich KI-Systeme heute durch Methoden des maschinellen Lernens selbständig Tätigkeiten aneignen. Dadurch können sie ohne explizierte Regelvorgabe agieren, was bisher Menschen vorbehalten war. McKinsey behauptet, dass mit den heute gezeigten technologischen Errungenschaften 50 Prozent aller aktuell noch von Menschen durchgeführten Tätigkeiten durch Maschinen automatisiert werden könnten. Gleichzeitig wird davon ausgegangen, dass es noch bis zum Jahr 2055 dauern wird, bis diese Quote erreicht wird. In einem optimistischeren Szenario geht McKinsey davon aus, dass es sogar 20 Jahre eher zu dieser Rate kommen wird. Es ist jedoch zu bedenken, dass es sich hierbei vielfach um Tätigkeiten in einem klar definierten Umfeld handelt. Bei allen KI-Errungenschaften sollte nicht vergessen werden, dass die Technologie noch weit davon entfernt ist, alle menschlichen Tätigkeiten und Fähigkeiten zu ersetzen, zum Beispiel Fantasie und Fiktion. Ein Kind ist in der Lage, sowohl ein Haus zu erkennen als auch zu malen, zu klettern und seine Eltern zu verstehen.

Künstliche Intelligenz als wesentlicher Motor für die nationale Entwicklung

KI wird gemeinhin als zentraler Treiber einer neuen industriellen Transformation verstanden. Es wird angenommen, dass alle bisherigen technologischen Fortschritte durch die Integration von intelligentem Verhalten auf Makro- und Mikroebene signifikante Vorteile für globale Produktions-, Handels-, und Konsumprozesse mit sich bringen werden. Schlussendlich wird diese Transformation dazu führen, dass sich die gesamte globale ökonomische Struktur sowie das menschliche Leben als Ganzes, inklusive der sozialen Verhältnisse auf unserem Planeten, dramatisch verändern werden.

Die Industrieführerschaft beizubehalten beziehungsweise zu stärken, ist einer der Hauptgründe, warum Länder wie Deutschland und China auf politischer Ebene nationale Strategien zu dem Thema entworfen haben. Durch die Förderung höherwertiger

Tätigkeiten soll die Bedrohung gemindert werden, die das immense Automatisierungspotenzial durch KI für viele einfache, manuelle Jobs hervorruft.

Zur Betrachtung von nationalen Entwicklungsstrategien im Bereich der KI sind China und Deutschland zwei sehr interessante Anschauungsobjekte, bedingt durch ihre wirschaftliche Bedeutung und den Herausforderungen, diese Rolle weiter zu behaupten, aber auch wegen deutlicher Unterschiede in der Philosophie zur Planung und Ausgestaltung von Entwicklungszielen.

Da KI-Technologien wie beschrieben einen potenziell dramatischen Einfluss auf die Produktivität haben, besteht das realistische Szenario, dass KI in Zukunft manuelle menschliche Tätigkeiten ersetzen wird. China ist heute die weltweite Werkbank für Consumer-Produkte, weil dort menschliche Arbeit im globalen Vergleich sehr günstig ist. Die vielen Arbeiter in diesen standardisierten Tätigkeiten werden zeitnah durch Maschinen ersetzt. Das wird zu einer Freisetzung von einfachen Jobs führen, sodass nur noch komplexe und wissensintensive Tätigkeiten erhalten bleiben werden.

Durch die Vielschichtigkeit ihrer Industrien haben sowohl China als auch Deutschland ein riesiges Potenzial, von KI zu profitieren. Der Erfolg von Deutschland und China wird stark davon abhängen, wie gut etablierte und progressive Firmen KI für sich nutzbar machen können. Hinzu kommt, dass China und auch Deutschland wie viele andere Industrieländer ein Alterungsproblem ihrer Bevölkerung haben (werden). Hier bieten KI-gestützte Lösungen die Chance, auf unterschiedlichen Ebenen einen Mehrwert für die alternde Bevölkerung zu schaffen.

Zum einen bringt KI immense Vorteile in allen Industriesektoren, wie zum Beispiel Krankenversorgung, Umwelt, Sicherheit und Bildung. Zum anderen gehen mit KI eine Reihe von ethischen, rechtlichen und sicherheitstechnischen Fragestellungen einher. Außerdem sind noch viele Fragen unbeantwortet, wenn es um Datenschutz, Diskriminierung, Haftung und Regulation geht. Um diese Fragestellungen zu beantworten und entsprechende Regularien zu etablieren, sind staatliche Akteure gefragt. Nur so kann sich die Wirtschaft in eine von der Bevölkerung gewünschte Richtung entwickeln.

Zwei Systeme, ein Ziel – Nationale KI-Strategien in China und Deutschland

China

Im Juli 2017 hat die chinesische Regierung den Entwicklungsplan „Next Generation Artificial Intelligence Development Plan" veröffentlicht. Hinter diesem Plan steht die Ambition, führend in der Entwicklung von KI-Theorien, -Technologien und -Anwendungen zu werden. Aus dem angestrebten Status, das weltweite Epizentrum für KI zu werden, leitet die chinesische Regierung den Anspruch ab, auch führend in der

Rechts-, Regulierungs- sowie Ethikentwicklung zu werden. Der Entwicklungsplan umfasst Ziele und konkrete Aufgaben, die die Entwicklung von KI-Kompetenzen in China stärken sollen. Die drei Hauptziele sind, erstens bis zum Jahr 2020 auf Augenhöhe mit der globalen KI-Community zu kommen, zweitens bis zum Jahr 2025 signifikante Beiträge zur Weiterentwicklung von KI zu leisten und drittens bis zum Jahr 2030 das globale Zentrum für KI zu werden.

Von künstlicher Intelligenz erhofft sich China die Verbesserung des täglichen Lebens seiner Bürger. Dazu zählen die Verbesserung der menschlichen Fähigkeiten durch maschinelle Assistenz-Systeme im häuslichen, aber auch im industriellen Kontext. Der Vizeminister für Forschung und Entwicklung Li Meng sprach in einem internen Briefing am 21. Juli 2017 gegenüber dem Informationsbüro des Staatsrates davon, dass es drei Arten von Industrien gibt, die durch KI beeinflusst werden. Zum einen adressiert der Plan sich entwickelnde Industrien in den Bereichen der Mustererkennung, der Gesichtserkennung, intelligenter Roboter und Fahrzeuge sowie virtueller und erweiterter Realitäten. Des Weiteren behandelt der Plan traditionelle Industrien, die sich durch den Einsatz von künstlicher Intelligenz in einer Transformation befinden – dazu sind die Bereiche Logistik, Maschinenbau und Landwirtschaft zu rechnen. Als dritten Bereich nennt Li Firmen, die komplett auf intelligente Industrieproduktion setzen. Der chinesische Staat sieht seine Rolle in der Förderung großer Leuchtturmprojekte. Wie das Handelsblatt zuletzt berichtet hat, fasst die chinesische Regierung die Firmen hinter diesen Leuchtturmprojekten als „National Team" zusammen. Die Regierung möchte unter anderem den Bereich „selbstfahrende Autos" mithilfe des Suchmaschinenanbieters Baidu, „Smart City" durch den Handelskonzern Alibaba und „KI-unterstützte Gesundheit" durch die Firma Tencent gezielt unterstützen.

Deutschland

Auch in Deutschland wird KI als ein zentrales Entwicklungsfeld im künftigen Wettbewerb mit den USA und China angesehen. Die KI-Strategie der Bundesrepublik wird aktuell noch erarbeitet und auf dem Digital-Gipfel im Dezember 2018 in Nürnberg vorgestellt werden. Die relevanten Eckpunkte der Strategie, welche auf Basis verschiedener Expertenanhörungen und Vorarbeiten der Bundesministerien entstanden sind, wurden bereits im Juli 2018 veröffentlicht. Aktuell wird auf dieser Basis weiteren relevanten Interessensgruppen (z. B. Industrieverbände wie Bitkom) die Möglichkeit zur Kommentierung gegeben.

Wesentliches Ziel der Bundesrepublik ist es, Deutschland als einen führenden KI-Standort aufzubauen, um die erhofften Wettbewerbsvorteile realisieren zu können. „Artificial Intelligence Made in Germany" soll als ein weltweit anerkanntes Qualitätssiegel etabliert werden. Zu den Eckpunkten dieser Strategie zählt vor allem die Stärkung von KI-Forschung in Deutschland und Europa und daraus abgeleitet der Transfer von Forschungsergebnissen in den privaten Sektor, um innovative KI-Anwendungen zu erschaffen. Aber auch die Rolle der öffentlichen Verwaltung sowie die Entwicklung transparenter und ethisch vertretbarer KI-Dienste sind Teil dieser Strategie.

Strategische Handlungsfelder zur Förderung der künstlichen Intelligenz

Industrie, Wirtschaft und Start-ups

Die Hauptaufgaben zur Umsetzung des chinesischen Entwicklungsplans bestehen darin, ein offenes und zentral koordiniertes Innovationssystem für KI zu etablieren und darüber hinaus eine digitale Gesellschaft und Wirtschaft zu erschaffen, die KI-Potenziale vollumfänglich und dauerhaft ausnutzt. Dazu gehört neben der Integration von KI in die nationale Verteidigung und in Infrastrukturen der öffentlichen Hand auch die Förderung von großen Forschungsprojekten im KI-Umfeld.

Ein zentraler Punkt bei der Entwicklung von KI ist die sichere Verfügbarkeit von ausreichend Rechenkapazitäten in Form von physischer Hardware (z. B. zum Einsatz in selbstfahrenden Autos), aber auch in Form von Serverfarmen. Hinsichtlich der Verfügbarkeit von ausreichender Rechenkapazität hat China aktuell zwar keinen Engpass zu befürchten, allerdings ist das Angebot von Hochleistungsrechnern in China abhängig von den Produktionskapazitäten einiger weniger Hersteller, die allesamt nicht unter chinesischer Aufsicht stehen. Im Jahr 2015 haben die USA beispielsweise verboten, dass Intel, NVIDIA und AMD Hochleistungscomputer an die chinesische Regierung liefern. Um in Zukunft unabhängiger von ausländischen Chipherstellern zu werden, möchte die chinesische Regierung Industrien fördern, die es ermöglichen, dass China komplementäre Technologien im eigenen Land produziert. Diese Initiative wurde bereits im Jahr 2014 gestartet. Dass China dies auch schaffen kann, zeigte sich zuletzt darin, dass der chinesische Supercomputer Sunway TaihuLight ganz ohne US-amerikanische Hardware gebaut wurde und aktuell (November 2018) der drittbeste seiner Art weltweit ist.

Im Fokus der deutschen Strategie steht die Einbettung von KI in Produkte der Exportwirtschaft, so zum Beispiel bei deutschen Autos, beim Maschinen- und Anlagenbau, bei Medizinprodukten, landwirtschaftlichen Geräten oder Haushaltsgeräten. Im Gegensatz zu zum Beispiel den USA geht es also darum, Hardware-nah bestehende erfolgreiche Exportprodukte „smart" zu machen.

Forschung

Im Hinblick auf KI-Forschung bringen aktuell die USA und das Vereinigte Königreich relevantere Forschungsbeiträge hervor. Die USA greifen auf ein effektiveres Ökosystem insbesondere im Software-Bereich zurück. Das führt dazu, dass der Output an relevanten Start-ups in diesem Industriezweig aktuell noch besser ist als in China und Deutschland.

China ist bereits auf einigen Feldern unter den Top-Beitragenden in der KI-Forschung, wie zum Beispiel bei der Spracherkennung. Aufgrund der Tatsache, dass viele Algorithmen öffentlich frei zugänglich sind, hat China die Möglichkeit, KI-Lösungen auf Basis neuester Technologien zu bauen, ohne dafür die Basistechnologien selbst entwickeln zu müssen.

China gehört schon jetzt zu den Ländern, die vielfache Patente und Forschungspapiere im Bereich der künstlichen Intelligenz hervorgebracht haben. Die Forschungsschwerpunkte liegen hierbei unter anderem auf den Bereichen Spracherkennung und -übersetzung sowie Bilderkennung. China produziert sehr viele Forschungsbeiträge, allerdings werden diese im Verhältnis deutlich seltener von Forschern außerhalb Chinas zitiert. Die Relevanz von chinesischen Forschern, die sich unter anderem auch anhand der Zahl gegenseitiger Verweise bemisst, ist daher häufig geringer als von US-amerikanischen Forschern. Neben diesen Forschungsschwerpunkten hat China in den letzten Jahren besonders stark die Unternehmerszene ausgebaut und bereits einige Digitalunternehmen hervorgebracht, die schon heute internationale Relevanz erreichen konnten (z. B. Alibaba, Baidu, Tencent).

Deutschland setzt im Bereich Forschung auf die Förderung weiterer Kompetenzzentren zum maschinellen Lernen und im Rahmen des Aufbaus eines nationalen Forschungskonsortiums auf deren Vernetzung mit den bestehenden Zentren und Forschungseinrichtungen von Bund und Ländern zu KI und Big Data. Der Technologietransfer aus der Forschung in die Wirtschaft spielt eine zentrale Rolle im deutschen Konzept. Der Transfer soll beispielsweise durch die Förderung von regionalen Clustern, speziellen Zugangsprogrammen für den Mittelstand, Innovationswettbewerben oder durch die Förderung gemeinsamer Projekte aus Wissenschaft und Wirtschaft gestärkt werden.

Hierbei bettet sich die KI-Strategie der Bundesrepublik in eine Reihe von bestehenden Aktivitäten ein, beispielsweise über das Deutsche Forschungszentrum für künstliche Intelligenz (DFKI) als öffentlich-private Partnerschaft und weltweit größtes KI-Forschungsinstitut oder die Plattform „Lernende Systeme" zum Austausch und zur Kooperation zwischen Experten aus Wissenschaft, Wirtschaft und Gesellschaft.

Ausbildung und Talente

China sieht noch viel Potenzial in der Bildung der eigenen Bürger hinsichtlich KI-Technologien. Mit aktuell weniger als 30 universitären Forschungslaboren, die sich dem Thema KI widmen, kann China nicht genug Talente hervorbringen, um die gewaltige Nachfrage von Experten in der Wirtschaft zu decken. Daher investiert China aktuell massiv in die KI-Bildung der eigenen Bürger, unter anderem durch den Aufbau entsprechender Universitätsprogramme und das Einführen des Faches Programmieren an den Schulen. Um dem Fachkräftemangel entgegenzuwirken, wirbt China zusätzlich auch Experten aus dem Ausland an.

Übergreifend beschäftigt sich die deutsche Strategie intensiv mit den Auswirkungen von KI auf die Arbeitswelt. Ganz konkret geht es um die Ausbildung sowie die Steigerung der Attraktivität des Standortes für Talente aus der ganzen Welt. Dies geschieht durch die Förderung von Forschungsinstitutionen und speziell auch von Lehrstühlen sowie durch sektorspezifische Aus-, Fort- und Weiterbildungsprogramme. Zusätzlich möchte die Bundesrepublik durch die Alexander von Humboldt-Stiftung deutsche, international verteilte Forscher zurück beziehungsweise nach Deutschland holen und mit entsprechenden Mitteln und attraktiven Konditionen ausstatten. Zudem wird die Vermittlung digitaler Kompetenz in den Schulen bereits regelmäßig angemahnt. Diese steht jedoch noch vor großen Umsetzungshürden hinsichtlich der Lehrerfortbildung und vor allem der benötigten Investitionen. Der geplante Digital-Pakt Schule von Bund und Ländern, um zusätzliches Budget zum digital Ausbau der Schulen im Jahr 2019 zu investieren, wäre daher ein wesentlicher Schritt.

Der Bildungsaspekt der beiden Strategien ist essenziell, da bestehende Jobs sich früher oder später verändern oder ganz verschwinden werden. Wann das genau passiert, kann keiner sagen, aber verschiedene Beispiele aus der Vergangenheit zeigen, dass dies mitunter sehr schnell gehen kann. Betroffen waren hier beispielsweise Telefonvermittler, Filmvorführer oder Stenografen. China muss zum einen Arbeiter, deren Tätigkeit durch KI rationalisiert wird, auf neue Jobs umschulen, zum anderen aber auch Arbeiter auf die Interaktionen mit den KI-Systemen vorbereiten. Diese Weiterbildungsmöglichkeiten sollten möglichst allen zu fairen Konditionen zur Verfügung gestellt werden, sonst wird sich die bereits vorhandene Ungleichheit in der Gesellschaft zunehmend weiter verschärfen. Die Regierungen beider Länder müssen Bildungsprogramme fördern, KI-Forschungslabore in Universitäten gründen und bestehende Laboratorien stärken. Andere Länder gehen hier bereits mit gutem Beispiel voran. So hat zum Beispiel Südkorea zuletzt 863 Million US-Dollar investiert, um öffentlich-private KI-Forschungszentren zu gründen. Des Weiteren hat die kanadische Regierung mit 200 Millionen US-Dollar KI-Forschungsprogramme an drei Universitäten in Montreal gefördert.

Öffentliche Verwaltung und Open Data

Der Einsatz von KI in der öffentlichen Verwaltung ist sowohl für China als auch für Deutschland ein weiteres Fokusthema. Während China hierbei sehr schnell voranschreitet, unter anderem mit der Gesichtserkennung im öffentlichen Raum, steht in der deutschen Diskussion der Sicherheits- und Datenschutzaspekt im Vordergrund.

China ist sich der Relevanz von offenen Datenplattformen zur zentralen Bereitstellung von Informationen wie etwa Wetterdaten, Wasserqualität, nationale Statistiken, Regierungsausgaben, Regierungseinkäufe, nationale Landkarten, Umweltverschmutzung, Wahlresultate, Firmenregister oder Regierungsbudgets bewusst. Bei den Methoden der KI und des maschinellen Lernens sind die Verfügbarkeit und Güte von Daten zentrale Voraussetzung und bestimmende Faktoren für die Qualität der Ergebnisse. Gleichzeitig ist die Sicherheit einer nutzbaren Datenbasis von essentieller Bedeutung. Der Zugang zu Daten ist aber vielfach beschränkt – zum Teil aus rechtlichen Gründen, zum Teil aufgrund der faktischen Datenherrschaft von staatlichen und privaten Stellen. Die Menge an nutzbaren, qualitativ hochwertigen Daten muss deutlich erhöht werden, ohne dabei Persönlichkeitsrechte, das Recht auf informationelle Selbstbestimmung oder andere Grundrechte zu verletzen. In den deutschen Leitlinien werden verschiedene öffentliche und private Initiativen zur Schaffung von Datenpools oder zur Unterstützung des Datenaustausches genannt. Einen ersten Schritt in diese Richtung ging Deutschland mit der Einrichtung der Plattform www.govdata. de.

Nur durch die Verfügbarkeit von vielen unterschiedlichen und hochqualitativen Daten aus möglichst allen Teilen der Welt werden KI-Entwicklungen voranschreiten können. Das wird insbesondere im medizinischen Bereich deutlich, in dem Forscher durch die Offenlegung von klinischen Tests und medizinischen Messungen stärker voneinander profitieren können. Maschinen werden zukünftig selber nach neuen Medikamenten und Behandlungsmethoden forschen können und das deutlich schneller und effektiver, als es Menschen je bewerkstelligen könnten.

Regulierung und Ethik

Als wichtige Maßnahme zur Unterstützung sieht der chinesische Entwicklungsplan unter anderem vor, Gesetze zu entwerfen, die die Entwicklung von künstlich intelligenten Diensten und Lösungen sinnvoll einschränken und koordinieren. Darin sollen Fragen der Haftung bei Fehlentscheidungen von KI und die Nachvollziehbarkeit von Entscheidungen geregelt werden. Auch die Fragestellung, ob eine KI – zum Beispiel in Form eines Haushaltsroboters – eigene Rechte hat oder inwiefern es als rechtliches Subjekt behandelt werden muss, spielt hierbei eine Rolle. Ebenso müssen Fragen im Spannungsfeld zwischen Mensch-Maschine-Interaktionen und -Verschmelzungen geklärt werden – sowohl aus rechtlicher als auch aus ethischer Sicht. China hat sich vorgenommen, moralische Standards und ethische Normen für Entwickler von KI-Lösungen aufzusetzen und entsprechende Bewertungsmechanismen zu konzipieren. Diese Diskussion wird besonders für bereits etablierte Dienste wie das Sozialkreditsystem, welches im Jahr 2014 in China eingeführt wurde, wichtig sein.

Auch die deutschen Eckpunkte befassen sich mit den ethischen Aspekten von KI. Das Wohl der Gesellschaft, ein menschenzentrierter Ansatz der Entwicklung und Nutzung von KI-Anwendungen sowie Themen rund um Sicherheit werden betont. Zusätzlich wurde eine Datenethikkommission berufen, deren Ergebnisse in die Umsetzung der Strategie einfließen sollen. Das Thema Regulierung wird jedoch noch nicht ganzheitlich betrachtet. Vorerst wird meist auf die einzelnen Maßnahmen und bestehenden Regulierungen in den unterschiedlichen Anwendungsfeldern gesetzt – oder aber auf übergreifender beziehungsweise internationaler Ebene auf die Entwicklung von (offenen) Standards.

Internationale Kooperationen

Da die KI-Wortschöpfungskette global aufgestellt ist, muss China bisher kaum vorhandene offene Innovationsplattformen stärken, um mit anderen regionalen Zentren der KI-Forschung zusammenzuarbeiten. Dazu gehört es, offen zu sein in den Bereichen der Datenökosysteme, Data-Science-Forschungstalente und Halbleitertechnologien.

In China muss ein Diskurs darüber geführt werden, wo man KI als sinnvoll eingesetzt sieht und welche ethischen und rechtlichen Grenzen man insbesondere im Hinblick auf die individuelle Privatheit der Bürger setzen möchte. Diese Rahmenbedingungen müssen in einer globalisierten Welt mit den Bestimmungen in anderen Ländern kompatibel sein, insbesondere dann, wenn man transnationale Produktionsweisen verfolgt und global offene Datenökonomien als Ziel vor Augen hat.

Die Strategie Deutschlands ist stark geprägt durch die Beteiligung an internationalen Kooperationen, insbesondere innerhalb der Europäischen Union, aber auch durch die Einbindung von Entwicklungs- und Schwellenländern. Die Kooperation bezieht sich jedoch meist auf die Bereiche Forschung und Ausbildung, bei der Anwendung von KI in der Wirtschaft wird verstärkt auch auf nationale Interessen geachtet. Die Angst vor einem Technologietransfer in andere Länder wurde beispielsweise an der Diskussion über die Akquisition des Roboterherstellers KUKA durch einen chinesischen Konkurrenten deutlich.

Fazit

Der deutsche Ansatz basiert auf den bestehenden Stärken des Industrie- und Forschungsstandortes Deutschland. Nicht zuletzt knüpft ja auch der Slogan „Artificial Intelligence Made in Germany" an das seit Jahrzehnten etablierte Image der deutschen Wirtschaft im Ausland an. Wie beschrieben, ist der Fokus auf Anwendungsgebiete der KI ausgerichtet, um erfolgreiche deutsche Industrien mithilfe des transformativen Potenzials der neuen Technologie – und damit auch neuer Geschäftsfelder – zu ergänzen. Die Strategie ist sehr evolutionär ausgerichtet, sie nutzt bestehende Strukturen und Einrichtungen und baut diese auch im Rahmen europäischer Kooperationen aus.

Insgesamt gibt es in Deutschland jedoch auch die Herausforderung, die kritische Haltung gegenüber KI in der öffentlichen Diskussion zu berücksichtigen und auf die Risiken und ethischen Herausforderungen einzugehen. Hierzu wurden beispielsweise die Enquete-Kommission zum Umgang mit künstlicher Intelligenz sowie die Ethik-Kommission zum autonomen Fahren eingesetzt. Diese Diskussion offen zu führen, aber auch stärker auf die Chancen von KI für die Zukunftsfähigkeit des Standorts Deutschland einzugehen, wird ausschlaggebend dafür sein, inwieweit die gesetzte Strategie in den kommenden Jahren wirklich umgesetzt werden kann.

China auf der anderen Seite will im Rahmen der KI-Strategie verstärkt neue Strukturen schaffen. Der stark top-down ausgerichtete Ansatz gepaart mit signifikanten finanziellen Mitteln soll hier eine Struktur für KI in allen Bereichen etablieren: von der Ausbildung über die Forschung, die ethischen Rahmenbedingungen, die Nutzung in der öffentlichen Verwaltung bis hin zur Übertragung in die Wirtschaft, um hieraus entsprechende wirtschaftliche Vorteile zu ziehen. Die Strategie ist deutlich stärker national abgegrenzt. Internationale Kooperationen spielen eine untergeordnete Rolle. Zudem ist die Einbettung von KI in das politische System stärker ausgeprägt.

Chinas Sicht auf KI ist deutlich stärker auf die Vorteile der Technologie für die gesellschaftliche und ökonomische Entwicklung des eigenen Landes fokussiert. Eine kritische Diskussion wie in Deutschland findet hier seltener statt – selbst wenn Themen wie KI-Ethik innerhalb der Entwicklungsstrategie ebenfalls Berücksichtigung finden.

Lesenswertes / Referenzen (letzter Abruf: 30.12.2018)

https://medium.com/politics-ai/an-overview-of-national-ai-strategies-2a70ec6edfd
https://www.mckinsey.com/~/media/McKinsey/Featured%20Insights/China/Artificial%20intelli
 gence%20Implications%20for%20China/MGI-Artificial-intelligence-implications-for-China.ashx
http://english.gov.cn/news/policy_briefings/2017/07/21/content_281475744481450.htm
http://www.chinaembassy-fi.org/eng/kxjs/P020171025789108009001.pdf
https://www.mckinsey.com/~/media/McKinsey/Featured%20Insights/China/Artificial%20intelli
 gence%20Implications%20for%20China/MGI-Artificial-intelligence-implications-for-China.ashx
http://data.parliament.uk/writtenevidence/committeeevidence.svc/evidencedocument/artificial-
 intelligence-committee/artificial-intelligence/oral/75597.html
https://www.bmbf.de/files/180718 %20Eckpunkte_KI-Strategie%20final%20Layout.pdf
https://derstandard.at/2000089718327/Kuenstliche-Intelligenz-begreifen
https://www.linkedin.com/pulse/der-hohe-preis-technikskepsis-hannes-ametsreiter/
https://www.linkedin.com/pulse/standort-check-künstliche-intelligenz-made-germany-abolhassan/
https://www.forbes.com/sites/bernardmarr/2017/08/08/the-amazing-ways-how-google-uses-deep-
 learning-ai/#7174d3463204
A Future that works: Automation, employment, and productivity, McKinsey Global Institute, Januar
 2017
Peter Stone u. a., *Artificial intelligence and life in 2030, One Hundred Year Study on Artificial Intelligence: Report of the 2015–2016 Study Panel*, Stanford University, September 2016
„Aliyun AI ET sets to govern the transportation of Hangzhou", in: Sina News, 13.10.2016
Erin Biba, „Three ways artificial intelligence is helping to save the world", in: *Ensia*, 26.4.2016
Artificial Intelligence Will Redesign Healthcare, The Medical Futurist, http://medicalfuturist.com/
 artificial-intelligence-will-redesign-healthcare/
Hope Reese, „Awarding-winning AI app developed at the University of Rochester tracks foodborne
 illnesses and has implications for public health departments", in: *TechRepublic*, 9.3.2016
https://wccftech.com/us-government-bans-intel-nvidia-amd-chips-china/

National Guidelines for Development and Promotion of the Integrated Circuit (IC) Industry, https://members.wto.org/CRNAttachments/2014/SCMQ2/law47.pdf

The rise of the machines: How Chinese executives think about developments in artificial intelligence, McKinsey & Company, Dezember 2016

Mark Zastrow, „South Korea trumpets $860-million AI fund after AlphaGo ‚shock‘", in: *Nature*, 18.3.2016

Karen Seidman, „Montreal universities land historic $213M investment for computer and brain research", in: *Montreal Gazette*, 6.9.2016

https://www.handelsblatt.com/technik/thespark/technik-der-zukunft-wie-china-bei-der-kuenstlichen-intelligenz-zur-supermacht-aufsteigt/23225468.html?ticket=ST-64027-7ubGeOaK2gDz1BEoeb4u-ap2

Stefan Kleins Wissenschaftsgespräche (31) mit Margaret Boden, „Maschinen ist alles egal", in: *Zeit Magazin*, Nr. 36, 30.8.2018

Hakan Lanfredi
2.11 China und Deutschland: Innovation 5.0 – Chancen und Herausforderungen aus deutscher Perspektive

Ziel des folgenden Beitrags ist es, auf der Basis der bereits bestehenden Kooperationskultur zwischen der Volksrepublik China und der Bundesrepublik Deutschland unter Berücksichtigung wirtschaftlicher Aspekte eine Expertise im Hinblick auf das zukünftige Zusammenwirken der beiden Wirtschaftsnationen zu erstellen. Dabei liegt der Schwerpunkt in der Prognostizierung der aus den bestehenden Rahmenbedingungen erwachsenden Möglichkeiten für ein smarteres und potenziell ökonomischeres Zusammenwirken der Nationen Deutschland und China.

Als Maßstab wird dabei insbesondere die Sicht aus deutscher Perspektive angesetzt und ein besonderes Augenmerk auf Innovationen und einen potenziell weiter voranschreitenden Austausch dieser Neuschöpfungen gelegt. Die sich anschließende Bewertung fokussiert auf die Herausforderungen, die dabei auf beide Nationen zukommen und aus der Natur dieser anspruchsvollen Aufgabe erwachsen. Konkretisierend soll diesbezüglich unter Berücksichtigung der bereits existierenden Rahmenbedingungen auf Innovationen und Smart Concepts im Zuge der voranschreitenden Digitalisierung, aber auch im Bereich des Energie- und Facility-Managements und eines potenziellen Technologieaustauschs Bezug genommen werden. Diese Feststellung der Rahmenbedingungen erfolgt mit Beginn in der Gegenwart und der ursprünglichen Entwicklung bis hin zu den heutigen Umständen, welche dann im Rahmen einer Auskunft über innovative Möglichkeiten in der Zukunft fortgesetzt werden. Zudem wird dabei im Ansatz eine perspektivische Betrachtung der Potenziale vorgenommen, die sich aus einer weiter voranschreitenden Digitalisierung mit den daraus wachsenden etwaigen Vor- und Nachteilen im Bereich der Wirtschaft ergeben. Um eine Vergleichbarkeit der jeweiligen lokalen Modalitäten zu erreichen, wird mit Schwerpunkt auf die deutsche Sichtweise eine Darstellung beider Länder erfolgen.

Technische Innovationen erlangten in China bereits ab dem 10. Jahrhundert an Relevanz. Im Jahr 1510 wurde beispielsweise durch einen General der Ming-Dynastie im Bereich der Waffenkunde eine Innovation hervorgebracht, die allerdings bis zum 18. Jahrhundert mit weitreichender Wirkung lediglich in westlichen Waffen verwendet wurde. Die Innovation bestand damals in dem speziellen Zusammenwirken eines Abschussmechanismus.[1] Dieses Beispiel zeigt zugleich, dass das im Westen häufig vorherrschende Bild, China kopiere traditionellerweise Innovationen, keinen Ursprung in der chinesischen Geschichte findet. Es zeigt indes, wie bereits damals innovative

Hakan Lanfredi, Member of the Board, Dussmann Group, Berlin.

https://doi.org/10.1515/9783110624731-016

Ideen erkannt und übernommen wurden – ähnlich wie das heute im Bereich der Kooperationen stattfindet.

Um nun angesichts der erforderlichen Kürze des Beitrags die Brücke zur heutigen Kooperationskultur zu schlagen, sei das Abkommens zwischen den Regierungen der Bundesrepublik Deutschland und der Volksrepublik China über wissenschaftlich-technologische Zusammenarbeit vom 13. Dezember 1978 genannt, das eine sehr wichtige Grundlage für Kooperationen darstellt. Dabei wurde ein Zusammenwirken zwischen den Nationen unter Berücksichtigung beidseitiger Interessen festgesetzt, um die Möglichkeiten aus der Zusammenarbeit für beide Länder zu optimieren. Diese manifestierten sich in Maßnahmen des Austausch von wissenschaftlich-technologischen Informationen, gegenseitigen Entsendungen von Fachdelegationen und Experten in der Wissenschaft, im Abhalten von wissenschaftlichen Symposien und der Durchführung gemeinsamer Forschungsvorhaben sowie der Nutzung von wissenschaftlichen und technischen Einrichtungen.[2] Die dadurch entstandene gefestigte bilaterale Beziehung bildete die Grundlage für darauffolgende offizielle Zusammenarbeiten, unter anderem in Form von regelmäßigen Regierungskonsultationen.

Besonders die dritte Deutsch-Chinesische Regierungskonsultation im Jahre 2014 ist als einer der Meilensteine einzuordnen. Neben Kooperationen zwischen dem chinesischen Ministerium für Industrie und Informationstechnologie und dem Bundesministerium für Wirtschaft und Energie, dem Bundesministerium für Bildung und Forschung und dem chinesischen Ministerium für Wissenschaft und Technologie wurde im Rahmen dieser Zusammenkunft auch eine Unterstützung der Kooperation Industrie 4.0 als Ziel festgesetzt. Ein Fokus lag darauf, Kooperationsprojekte sowohl zwischen Unternehmen als auch zwischen Forschungseinrichtungen sichtbar zu machen und somit eine Transparenz in Bezug auf das Zusammenwirken zu herzustellen. Industrie 4.0 stellt gleichsam eine neue Revolutionsära dar. Im Kern werden so die modernen technischen Möglichkeiten wie die Informations- und Kommunikationstechnologie bezeichnet, mit dem Ziel, Maschinen und definierte Prozesse auf gewisse revolutionäre Art und Weise zu vernetzen und die Effizienz noch zu steigern. Dabei spielt das Internet als Schlüsseltechnologie die entscheidende Rolle der digitalisierten und vernetzten Revolution. Industrie 4.0 soll sowohl für Deutschland wie auch für China die internationale Führungsposition in Industrie und Wirtschaft ausbauen.[3]

Im Rahmen der strategischen Partnerschaft zwischen China und Deutschland von 2014 formulierte das Bundesministerium für Bildung und Forschung für den Zeitraum von 2015 bis 2020 das Ziel, die Entwicklung innovativer Lösungen für internationale Herausforderungen im Bereich der Wissenschaft und Forschung sowie die damit verbundenen Innovationen zu fördern. Besonders ist die positive Entwicklung Chinas hin zu einer Innovationsnation in Industrie und Wirtschaft anzuerkennen. Übergeordnetes Ziel dieser Strategie soll es sein, den Erfolg und gegenseitigen Gewinn aus den beschlossenen und weiterhin angestrebten Kooperationen sicherzustellen: So kann sowohl China von den fortschrittlichen Innovationen Deutschlands, eines der führenden Industrie- und Produktionsländer, Nutzen ziehen als auch Deutschland von

Technologie, Forschung und ähnlichen Themengebieten auf chinesischer Seite bereichert werden kann. Dabei geht es nicht lediglich um die individuelle Verbesserung der eigenen Situation, sondern es soll durch das Zusammenwirken explizit Fortschrittliches geschaffen werden und die Digitalisierung mithilfe des Internets in optimaler Weise genutzt werden, um Fortschritt zu erlangen.

In der darauffolgenden vierten Deutsch-Chinesischen Regierungskonsultation im Jahr 2016 wurde im Rahmen einer Vereinbarung der Relevanz der neuen industriellen Revolution und der digitalen Weltwirtschaft Rechnung getragen. Die sich daraus ergebenden Chancen müssen genutzt werden, um durch den Cyberraum die Entwicklung von Gesellschaft und Wirtschaft insbesondere durch ein gemeinsames Wirken voranzutreiben. Seitens beider Nationen wird jedoch auch auf die Risiken hingewiesen, auf welche hier folgend noch eingegangen wird. Die bereits angerissene Thematik des Kopierens von Innovationen und der daraus resultierenden Verletzungen von geistigem Eigentum war im Rahmen dieser Konsultation ebenfalls von Bedeutung. Insbesondere wurde nochmals festgehalten, dass eine solche Verletzung von geistigem Eigentum respektive von Handels- oder Geschäftsgeheimnissen durch das Nutzen des durch die Digitalisierung geschaffenen Cyberraums weder betrieben noch wissentlich unterstützt werden darf, um einen Wettbewerbsvorteil für das eigene Unternehmen oder im kommerziellen Bereich zu erlangen. Ein solcher Bruch würde die zuvor gesetzten Ziele in erheblicher Weise schwächen und dazu führen, dass die Zusammenarbeit – falls sie im Falle eines solch schweren Vertrauensbruchs noch fortgesetzt wird – nicht für das festgesetzte gemeinsame Ziel erfolgen würde, sondern dass lediglich Individualinteressen erfolgen würden. Das verhindert zugleich eine herausragende innovative Arbeit, da durch eine so gravierende Verletzung des Vertrauens keine Kooperation in der Spitzenforschung betrieben werden kann. Um solch eine oder vergleichbare Problematiken frühzeitig zu unterbinden, wurde der Aufbau beidseitiger Konsultationsmechanismen vereinbart. Neben der Schaffung einheitlicher Investitionsbedingungen für Investoren beider Nationen, welche für Forschung und Weiterentwicklung essenziell sind, wurde die Relevanz von Industrie 4.0 anerkannt und als wichtiges Ziel festgesetzt. Den Kern der zu leistenden Umsetzung bildet dabei die Absprache zur Förderung der Zusammenarbeit chinesischer und deutscher Unternehmen im Bereich der intelligenten Fertigung sowie der Vernetzung der Produktionsprozesse von Juli 2015 sowie die gemeinsame Absichtserklärung zur Entwicklung und Verbreitung der innovativen Lösungen aus der bilateralen wissenschaftlich-technologischen Zusammenarbeit in der intelligenten Fertigung (Industrie 4.0) und Smart Services. Dabei sollten und sollen insbesondere Synergien zwischen den Kooperationsparteien realisiert werden.[4]

Im Rahmen der zuletzt abgehaltenen 5. Deutsch-Chinesischen Regierungskonsultation im Jahr 2018 wurde das bereits hohe Niveau der strategischen Partnerschaft festgestellt. Die Aufgaben, welche sich hiernach weiterhin stellen, sind die Durchsetzung der innovativen Zusammenarbeit und das Voranbringen der Innovation 4.0. So heißt es in der gemeinsamen Erklärung: „In der bilateralen wissenschaftlich-

technologischen Zusammenarbeit des Bundesministeriums für Bildung und Forschung und des Ministeriums für Wissenschaft und Technologie in der intelligenten
Fertigung (Industrie 4.0) und Smart Services sollen weitere Prioritäten für eine neue
gemeinsame Förderrichtlinie vereinbart werden." Die zuvor angesprochene erforder-
liche Einheitlichkeit von Investitionsbedingungen wird aufgegriffen und soll nicht
nur lediglich zwischen Deutschland und China, sondern auf einer europäischen Ebene gelöst werden. Dies sorgt für Einheitlichkeit und Simplifizierung zugunsten von
Fortschritt im Rahmen einer gemeinsamen Zusammenarbeit, die der Erreichung von
innovativen Fortschritten auf globaler Ebene dienen soll. Von deutscher Seite wird in
diesem Zuge an China die Forderung gerichtet, bessere Bedingungen für deutsche
Unternehmen zu schaffen. Dies muss sich beispielsweise in einem diskriminierungs-
freien Zugang zu öffentlichen Ausschreibungen manifestieren, sodass die festgesetz-
ten Ziele auf allen ökonomischen Ebenen durchgesetzt werden und nicht lediglich im
Rahmen der Spitzenforschung oder Digitalisierung.[5]

Neben den zuvor aufgezeigten Rahmenbedingungen bezüglich Kooperationen
zwischen Deutschland und China soll im Folgenden auf die Ziele beider Länder bezüglich Innovationen eingegangen und eine etwaige Vergleichbarkeit der beiden Nationen hergestellt werden. Deutschland hat sich zum Ziel gesetzt, zu einer der führenden Innovationsnationen weltweit aufzusteigen. Dabei will es nicht lediglich Nischen
in technischen oder wirtschaftlichen Randgebieten besetzen, sondern bei entscheidenden Zukunftstechnologien an der Weltspitze stehen. Die so erlangten Kenntnisse
und Fortschritte sollen jedoch nicht nur den Großkonzernen zugutekommen: Vielmehr sollen sie zu einer flächendeckenden Revolutionierung und Optimierung
insbesondere in Bezug auf mittelständische Unternehmen führen.[6] Dabei sind die
Kernherausforderungen die Digitalisierung, die Globalisierung und auch der demografische Wandel – sowohl für die Wirtschaft als auch für die Gesellschaft. In diesem
Zusammenhang muss insbesondere dem Abwärtstrend des innovativen Mittelstands
entgegengewirkt werden, sodass sich Innovationsaufgaben nicht lediglich auf eine
Spitze konzentrieren, sondern in die Breite wachsen, um so eine Wettbewerbsfähigkeit auf internationaler Ebene zu garantieren und nachhaltig zu schaffen. Bereits zum
heutigen Zeitpunkt investieren laut dem Bundesministerium für Wirtschaft und Energie im Rahmen der Innovationspolitik deutsche Unternehmen und die Bundesregierung 80 Milliarden Euro in Forschung und Entwicklung, wodurch rund 100 deutsche
Unternehmen kontinuierlich Innovationen auf den Markt bringen; prozentual fließen
derzeit also 2,99 Prozent des Bruttoinlandprodukts in Forschung und Entwicklung.
Zudem kommt der Mobilisierung von Wagniskapital zur Unterstützung von
Hightech-Gründerfonds und ähnlichen Risikoinvestitionen eine wichtige Bedeutung
zu. Konkrete Ziele der deutschen Regierung belaufen sich dabei auf ein Anwachsen
der Forschungs- und Investitionsquote in Relation zum Bruttoinlandsprodukt auf
3,5 Prozent und 0,6 Prozent des Bruttoinlandsprodukts für eben zuvor genannte Wag-
niskapitalinvestitionen. Dabei muss als besondere Herausforderung auch eine neue
Gründerkultur aus der Bevölkerung hervorgehen und eine größere Offenheit in Bezug

auf technische Revolutionen und Innovationen erreicht werden. So kann dieser Geist auf die deutschen Konzerne und insbesondere Mittelstandsunternehmen übergreifen und das „Old School Management" durch ein offenes und innovatives Umdenken abgelöst werden. Insbesondere im Bereich der Digitalisierung sollte eine Digitalisierungsoffensive gestartet werden, die beispielsweise auch die Verkürzung von Abschreibungsfristen für Innovationsinvestitionen vorsieht, aber auch die Erreichung des Breitbandziels, wo Deutschland im internationalen Vergleich noch weit von einer Spitzenposition entfernt ist. Es müssten insbesondere Potenziale in innovativen Schlüsselbereichen wie Mikroelektronik, Bioökonomie, Quantentechnologie und Künstliche Intelligenz genutzt werden, um durch frühzeitige Investitionen an die Weltspitze der Hervorbringer von Zukunftstechnologien zu steigen.[7]

China hat im Vergleich zur deutschen Innovationskultur das bloße Kopieren von technischen Innovationen abgelegt und wächst in einem neuen Entwicklungszeitalter kontinuierlich selbst zu einem Hervorbringer führender technischer Entwicklungen heran. Dabei wird auch auf die Strategie gesetzt, Unternehmen aus dem europäischen Raum zu kaufen, was jedoch keineswegs der einzige Grund für ein kontinuierliches Ansteigen der Position im weltweiten Innovationsraum ist. Die chinesische Regierung fördert Innovationen in erheblicher Weise, was an einem Anstieg des Indikators von Ausgaben für Forschung und Entwicklung in Bezug auf das Bruttoinlandsprodukt zu erkennen ist. Lag der Indikator in den 1990er-Jahren noch bei 0,7 Prozent, sind es im Jahr 2018 bereits 2,1 Prozent.[8] Dieser rasante Anstieg und die Annäherung an den deutschen Wert liegt einerseits in dem strategischen Umdenken der chinesischen Regierung und des Volks, mag aber andererseits auch der neuartigen Kooperationskultur entspringen. Dabei setzt China sein Potenzial auch auf neuen zukunftsrelevanten Märkten ein und schreckt nicht davor zurück, auch in diejenigen perspektivisch und langfristig zu investieren, welche von westlichen Nationen dominiert werden. Dies ist von erheblichem Vorteil, da ein wesentliches Voranschreiten im Bereich Innovationen nicht durch eine lediglich auf Konkurrenzdenken aufbauende Wirtschaft erlangt werden kann. Vielmehr können Ziele effektiver durch kooperatives Zusammenwirken erreicht werden. Dies erkennen Deutschland und China auch an und gestalten ihre Kooperationen in der zuvor aufgezeigten Weise. China muss die Revolution in ihrer Innovationspolitik weiter vorantreiben und den Kopiercharakter gänzlich ablegen. Dennoch herrschen heute immer noch vielerorts Vorbehalte, da geistiges Eigentum seitens chinesischer Unternehmen im Rahmen von Erfindungen und Innovationen potenziell kopiert wird. Allerdings wäre eine Nichtanerkennung beziehungsweise eine Reduzierung der neu erlangten Fortschritte Chinas im Bereich Innovation und Forschung falsch und würde dem zu erkennenden Umdenken in China widersprechen. Das Land kennt seine eigenen Möglichkeiten und bringt kontinuierlich neue Möglichkeiten hervor, um an den Weltmarkt im Bereich der Hightech-Innovation aufzuschließen und selbst ein Big Player zu sein.

Um dies noch zu konkretisieren, ist im Folgenden sowohl auf den Bereich des Facility Managements als auch auf das Energiemanagement einzugehen, besonders unter dem Blickwinkel von Innovationspotenzialen des jeweiligen Sektors unter besonderer Berücksichtigung der Möglichkeiten aus einem kooperativen Zusammenwirken und einem Austausch von Know-how beider Nationen. Allein schon aus Gründen der Wettbewerbsfähigkeit und eines steigenden Veränderungsdrucks innerhalb des Facility Managements sind ein Vorantreiben von Innovationen und ein smarteres Denken essenziell. Dabei stellen sich bereits aus der Natur der Innovationen einige Herausforderungen, wozu unter anderem mangelnde Umsetzbarkeit von neuen Technologieideen oder auch Fehleinschätzungen bei der Entwicklung neuer Produktideen zählen. Diese treten jedoch nicht nur im Bereich Facility Management auf und müssen somit für das übergeordnete Ziel eines neuen digitalisierten Zeitalters überwunden werden. Dabei muss speziell bei der Digitalisierung auf das große Potenzial für Innovationen gesetzt werden. Hierbei geht es insbesondere darum, ein Integriertes Facility Management (IFM) anbieten zu können und effektiv einzusetzen. Das IFM beinhaltet sogenannte Soft- und Hard-Services, also technische und nichttechnische Servicedienstleistungen. Insbesondere geht es zukunftsgerichtet um die individuelle Erstellung von objekt- und kundenbezogenen digitalen Fingerprints, um optimal zugeschnittene und angepasste Servicedienstleistungen zu liefern und digitale Schnittstellen zu schließen. Dabei spielt die frühzeitige Erkennung von potenziellen Problemen durch das Erstellen und Vernetzen von verschiedenen Datenquellen eine immens wichtige Rolle. Dies wird für den Nutzer von Gebäuden und Anlagen nicht immer direkt sichtbar sein. Allerdings ist dies die Grundlage, um gebäudebezogene Nutzungsdaten zu einem besseren Gesamtverständnis zu verknüpfen und eine effektivere Bewirtschaftung des Objekts zu erzielen. So lässt sich ein ergebnisorientierter und ein für alle ökonomisch wertvollerer Service anbieten. In diesem Zusammenhang spielt auch das Energiemanagement mit den sogenannten Smart Concepts eine bedeutende Rolle. Viele der am Markt vorhandenen Systeme versetzen die Betreiber von Gebäuden und Anlagen mit mehr oder weniger großen Investitionen in die Lage, große Datenmengen und somit Informationen über die eigenen Assets zu gewinnen. Es ist jedoch von noch größerer Bedeutung, diese digitalen Datenvolumina zu verarbeiten und sinnvoll automatisch auszuwerten, um dann auch automatisiert in vorhandene Leit- und Steuerungssysteme einzugreifen. Die Schließung dieser zuletzt genannten Schnittstelle ist derzeit noch eine Herausforderung und erfordert eine enge Kooperation von Anbietern und Entwicklern innovativer Konzepte in beiden Ländern sowie eine transparente und gleichermaßen vertrauensvolle Zusammenarbeit beim Austausch technischer Informationen. Ansonsten werden immer wieder sogenannte individuelle Insellösungen geschaffen werden.

Neben dem Erstellen digitaler Fingerprints finden sich auch Innovationen in durch Personal bewirtschafteten Bereichen. Dabei sind beispielsweise vollautomatisierte Reinigungsroboter, die mit einer Form von Künstlicher Intelligenz ausgestattet sind, auf dem Vormarsch. Der Einsatz von Drohnen zur Überprüfung von Gebäudedächern verspricht zudem eine zukunftsorientiere Arbeitsweise, um nur exemplarische Beispiele der vielen Entwicklungen sowie deren Einsatzmöglichkeiten zu nennen.

Dabei kommt es für eine Innovation nicht stetig auf die Neuschöpfung von innovativen Ideen an, um eine fortschrittliche Arbeitsweise zu garantieren, sondern auch auf den intelligenten und zuvor nicht existierenden Einsatz von neuer, bereits bestehender Technologie auf verschiedene Wirtschaftssektoren. Dieses sogenannte Reverse Engineering bietet ein großes Potenzial für beide Nationen. Um nur ein weiteres Beispiel zu nennen, sei auf die Technologie der biometrischen Erkennung verwiesen, die in China bereits erfolgreich auf andere Wirtschaftszweige ausgeweitet wird. So geht eine Entwicklung dahin, dass zur Effizienzsteigerung in Kantinen durch logistische Optimierung die Wartezeiten an den Kassen reduziert werden, indem nicht nur bargeldlose Systeme, sondern eine kamerabasierte Erkennung und Abrechnung der gewählten Mahlzeiten erfolgt. In Deutschland wird dagegen noch der Einsatz von RIFD-Chips im Kantinengeschirr als Innovation gepriesen, was in China bereits seit Jahren genutzt und nun nach und nach abgelöst wird. Dieses eine Beispiel aus vielen zeigt, dass ein bilateraler Technologieaustausch und eine gemeinsame Entwicklung im Rahmen der Digitalisierung für beide Nationen sinnvoll sind und viele innovative Möglichkeiten bieten. Dazu sind jedoch zunächst Vorurteile auf beiden Seiten abzulegen.

Um nun ein Resümee zu ziehen, ist auf die enorme Bedeutung der sich immer weiterentwickelnden Kooperationskultur abzustellen. Durch ein globales Zusammenwirken – insbesondere hier am Beispiel der Volksrepublik China und der Bundesrepublik Deutschland – können erheblich weitreichendere Erfolge für eine innovative Zukunft erzielt werden. Die grundsätzliche Einstellung einiger Unternehmen, im Zusammenwirken mit chinesischen Unternehmen eine Gefahr für das eigene Know-how zu sehen, sollte zugunsten einer effektiven Wirtschaft abgelegt werden. China ist es im Rahmen der Innovationsrevolution gelungen, einen enormen Schritt hin zu einer eigenen innovativen Kultur zu machen. Es ist für die Zukunft weiterhin erforderlich, dass sowohl die deutsche Regierung und das Volk als auch die selbigen in China ein grundlegendes innovatives Verständnis erlangen und bereits existierende Ideen und Entwicklungen nutzen. Dabei kommt es auch häufig darauf an, Technologien auf den scheinbar anwendungsfremden Bereich anzuwenden und gerade darin innovativ zu sein. Die politischen Rahmenbedingungen für ein kooperatives Zusammenwirken beider Länder befinden sich auf einem sich kontinuierlich verbessernden Level. Nun müssen diese von den Unternehmen genutzt werden, um nicht nur einen eigenen Vorteil daraus zu schöpfen oder das eigene Land an die Spitze der Innovationen zu führen. Es sollte vielmehr das übergeordnete Ziel eines digitalisierten neuen Zeitalters angestrebt werden, um einen Mehrwert auf globaler Ebene zu erreichen. Die bestehenden Chancen im Falle von Kooperationen sind für beide Länder größer als die vermeintlichen Risiken, geistiges Eigentum zu verlieren.

Anmerkungen

1 Dagmar Schäfer, „Technische Erfindungen und Innovationen in China", in: *Jahrbuch*, hg. vom Max-Planck-Institut für Wissenschaftsgeschichte, 2007/08, Berlin 2008, https://www.mpg.de/450268/pdf.pdf (letzter Aufruf: 21.11.2018).
2 Artikel 2; Bundesgesetzblatt Teil II; Nr. 58; 1978.
3 „Deutschland und China: Neue Schritte in der Industrie 4.0 Kooperation", in: *Plattform Industrie 4.0*, hg. vom Bundesministerium für Wirtschaft und Energie, https://www.plattform-i40.de/I40/Navigation/DE/In-der-Praxis/Internationales/Deutsch-Chinesische-Kooperation/Deutsch-Chinesische-Kooperation.html (letzter Aufruf: 21.11.2018).
4 Gemeinsame Erklärung anlässlich der 4. Deutsch-Chinesischen Regierungskonsultationen https://www.bundesregierung.de/breg-de/aktuelles/gemeinsame-erklaerung-anlaesslich-der-4-deutsch-chinesischen-regierungskonsultationen-605986 (letzter Aufruf: 21.11.2018).
5 „Gemeinsame Erklärung anlässlich der 5. Deutsch-Chinesischen Regierungskonsultationen"; https://www.bundesregierung.de/resource/blob/997532/1513190/6e1ce8d2dd0e6ad21842cfaa95ba3f23/2018-07-09-erklaerung-regierungskonsultationen-data.pdf?download=1 (letzter Aufruf: 21.11.2018).
6 „Innovationspolitik", hg. vom Bundesministerium für Wirtschaft und Energie, https://www.bmwi.de/Redaktion/DE/Dossier/innovationspolitik.html (letzter Aufruf: 21.11.2018)
7 „Innovationspolitische Eckpunkte – Mehr Ideen in den Markt bringen", hg. vom Bundesministerium für Wirtschaft und Energie, https://www.bmwi.de/Redaktion/DE/Downloads/I/innovationspolitische-eckpunkte-lang.pdf?__blob=publicationFile&v=16 (letzter Aufruf: 21.11.2018).
8 Daniel Baumann/Thomas Mergenheim-Hörmann, „Innovationswelle aus Fernost", in: *Frankfurter Rundschau*, 23.5.2018, http://www.fr.de/wirtschaft/merkel-in-china-innovationswelle-aus-fernost-a-1511214 (letzter Aufruf: 21.11.2018).

2.12 Chinesisch-deutsche Beziehungen 5.0 – Internationale Zusammenarbeit in der Kulturindustrie

Grenzen überwinden, um gegenseitiges Verständnis zu erreichen

In den letzten Jahren reiste der als „Chinas Murdoch" bekannte Gründungsvorsitzende und CEO von CMC Capital und CMC Inc., Li Ruigang, unentwegt zwischen zahllosen Städten in China und im Ausland hin und her. Dabei besuchte er die Niederlassungen und Unternehmen in Nordamerika, Europa und Südostasien, an denen China Media Capital (CMC) beteiligt ist, und die über die ganze Welt verteilten Geschäftspartner.

New York, Los Angeles, San Francisco, London, Tokio, Seoul, Singapur, Taiwan, Hongkong – hier sind die wichtigsten Unternehmen der Unterhaltungsindustrie und ihr Kapital angesiedelt. Li Ruigang unterrichtet sich unablässig bei seinen Branchenkollegen im Ausland über die neuesten Entwicklungen der Kulturindustrie in China und im Ausland und tauscht sich mit ihnen hierüber aus.

„Mitunter wache ich nachts auf und bin ganz durcheinander. Ich weiß dann nicht, in welcher Zeitzone ich mich gerade befinde, noch, ob es Tag oder Nacht ist." Wenn er den Kollegen von seiner außergewöhnlichen Arbeitsbelastung berichtet, schwingt darin auch ein wenig Spott über sich selbst mit. „Aber sobald ich dann mit den Kollegen in Übersee über Geschäfte spreche, bin ich begeistert, insbesondere wenn sie Fragen des Business mit anderen kulturellen Sichtweisen und Erfahrungen analysieren. So gewinne ich oftmals ein neues Verständnis für Probleme und kann dann auch rasch eine Lösung finden." Dieser inspirierende Austausch und die unmittelbare Beobachtung vor Ort befähigen Li Ruigang, die Entwicklung der globalen Unterhaltungsindustrie zu verstehen und neue Trends einzuschätzen.

Seit dem Launch des ersten auf die Medien- und Unterhaltungsindustrie ausgerichteten Fonds im Jahr 2010 managt das Unternehmen unter seiner Leitung mittlerweile Vermögenswerte von über 40 Milliarden Yuan. Mit der Gründung von CMC Inc. im Jahr 2015 vergrößerte CMC seine Aktivitäten bei Beteiligungen an und dem Management von wichtigen Unternehmen der Branche. Heute gilt CMC als einflussreichste umfassende chinesische Plattform für Investitionen und Unternehmen in der Kulturindustrie; dazu

China Media Capital Management Board, Li Ruigang ist Gründer und CEO von CMC Capital Partners, Shanghai. Das Vorstandsbüro verfasste den Beitrag für den vorliegenden Band.

https://doi.org/10.1515/9783110624731-017

gehören Unternehmen aus den Bereichen Film, Fernsehen, Entertainment, Information, Sport, Games, Musik, Mode, Kulturimmobilien, interaktives Entertainment, Künstliche Intelligenz, Internetmedien, Technologie, Lifestyle und neue Konsumtrends.

Angesichts der kontinuierlichen Entwicklung und des Wachstums von CMC ist die Frage, wie es Li Ruigang gelang, nach und nach aufsehenerregende internationale Investitionen zu tätigen und Unternehmen zu betreiben, in chinesischen und ausländischen Geschäftskreisen ein beliebter Gesprächsgegenstand. Und wie schaffte er es, mit Einfallsreichtum und geschickten Strategien namhafte Medien- und Unterhaltungsgiganten auf der anderen Seite des Pazifiks – wie News Corp, Warner Bros., Universal Pictures, DreamWorks, IMAX, City Football Group, Creative Artists Agency, New York Times – dazu zu bringen, mit CMC zu kooperieren und auf der Grundlage gegenseitigen Vertrauens und gegenseitiger Rücksichtnahme in einem komplexen und sich ständig verändernden internationalen Umfeld neue Märkte zu erschließen und überzeugende Geschäftsergebnisse zu erzielen?

Technologischer Gleichschritt als Sprungbrett für beidseitiges Verständnis

Der Wunsch, neue Technologien zu meistern, ist der wesentliche Grund dafür, dass chinesisches Kapital im Ausland investiert wird und chinesische Unternehmen mit ausländischen Unternehmen zusammenarbeiten; dies gilt, wie Li Ruigang hervorhebt, besonders für die Unterhaltungsindustrie: „Die Unterhaltungsindustrie unterscheidet sich vom Anlagenbau, sie ist aber auch verschieden von anderen Dienstleistungsbranchen. Sie ist besonders vielfältig. Ihr Motor sind Kreativität und Erfahrung, von Natur aus ist sie unvorhersehbar und veränderlich. Doch kann sie durch Technologie ein wenig standarisiert werden, und geschäftliche Risiken, die sich aus ihrer Veränderlichkeit ergeben, lassen sich für eine Zeitlang begrenzen."

Li Ruigang, der über jahrzehntelange praktische Erfahrung und tiefe Einblicke in die Medien- und Unterhaltungsindustrie verfügt, war stets davon überzeugt, dass die Modernisierung der Produktions- und Vertriebstechnologie zu Innovationen der Inhalte und einer Revolution der Kommunikation führt; dies sei eine wichtige Ursache für das Auf und Ab der Unterhaltungsunternehmen und den plötzlichen Wandel in der Branche. Deshalb erkundete er weltweit unablässig Technologieunternehmen und studierte die neuesten technologischen Anwendungen: „Aber Technologie allein reicht nicht. Sie ändert sich täglich, und nur allzu leicht wird man von Wettbewerbern nachgeahmt und überholt. Für ein Unternehmen, das nur über technische Forschungs- und Entwicklungskapazitäten verfügt, ist es schwer, Marktführer zu werden. Nur wenn man bei der Anwendung der Technologie auch die Entwicklung der Branche im Auge hat, Neues ausprobiert, neue Fähigkeiten erwirbt und das Unternehmen ausbaut, kann man auf Dauer bestehen."

Unter den zahlreichen multinationalen Investitionen und Kooperationen von CMC im Technologiebereich ist die Zusammenarbeit mit der IMAX Corporation, dem führenden Unterhaltungsunternehmen mit über 40 Jahren Erfahrung in Forschung und Entwicklung und unabhängigen Eigentumsrechten, eine besondere Erfolgsgeschichte; sie führte von der Zusammenarbeit bei der Technologie zur konzeptionellen Kooperation und von der Anwendung von Technologie bis hin zu deren industrieller Entwicklung.

Image Maximum (IMAX) wurde 1967 in Kanada gegründet und ist auf Forschung und Entwicklung spezialisiert. Die von dem Unternehmen angebotene „immersive" Filmproduktions- und Projektionstechnologie mit der selbst entwickelten IMAX-, IMAX3D- und IMAX-DMR-Technologie verbessert die Immersion der Zuschauer. Durch Konvertierung gewöhnlicher Filme oder Nutzung von Kameras mit hoher Auflösung werden IMAX-Filme mit einer höheren Bildgenauigkeit als gewöhnliche Filme produziert, sodass den Zuschauern ein erstklassiges Seherlebnis geboten werden kann. Das weltweite IMAX-Kinonetzwerk ist die wichtigste und erfolgreichste Plattform für den Vertrieb von Hollywood-Filmen; das innovative riesige Leinwand-Filmformat erfreut sich großer Beliebtheit. Ende 2013 betrieb IMAX auf dem nordamerikanischen Markt 380 Leinwände; der Umsatz lag bei 125 Millionen US-Dollar.

Die IMAX Corporation betrat den chinesischen Markt bereits 2001, als sie im Shanghai Science and Technology Museum ihre ersten beiden nichtkommerziellen Leinwände in China eröffnete. 2003 folgte die erste kommerzielle IMAX-Leinwand auf dem Shanghaier People's Square. Anschließend gründete sie mit IMAX China eine hundertprozentige Tochter, die exklusiv die Rechte für die Region Greater China besitzt. IMAX China hat eine Exklusivlizenz für die Marke IMAX und ist das einzige kommerzielle Unternehmen in der Region Greater China, das Filme im IMAX-Format veröffentlicht.

Durch jahrelange unabhängige Erkundungen und selbstständigen Betrieb erwarb IMAX allmählich Kenntnisse über das Managementsystem sowie die Wettbewerbsmuster der chinesischen Filmindustrie und entdeckte die rasante Entwicklung des chinesischen Filmmarkts. Mit dem Anstieg des verfügbaren Einkommens der Chinesen und des Anteils, der davon für Unterhaltung ausgegeben wird, wurde der Kinobesuch als eine der bequemsten Arten der Massenunterhaltung bald zu einem unverzichtbaren Bestandteil der Freizeitgestaltung der Chinesen. Seit 2010 verzeichnet IMAX in China rasch wachsende Zahlen bei Kinos und im Ticketverkauf. Die chinesische Nachfrage nach qualitativ hochwertigen Kinoleinwänden und visuellen Effekten ist weiterhin groß.

Als ausländisches Unternehmen für Filmtechnologie wollte IMAX diese einmalige Entwicklungschance nutzen und tiefer in die chinesische Filmindustrie einsteigen. Es wollte sich dabei nicht darauf beschränken, nur Anbieter von Technologie für chinesische Filmproduktions- und Projektionsunternehmen zu sein, sondern hoffte, mit Technologieexporten und Kooperationen auch in vorgelagerten Bereichen, nämlich der Filmproduktion und im Filmvertrieb, Fuß zu fassen.

Als Erstes versuchte IMAX, mit einer chinesischen Filmproduktionsfirma zu kooperieren, um chinesische Filme in IMAX-Versionen umzuwandeln und anschließend gemeinsam zu vertreiben beziehungsweise am Vertrieb teilzuhaben. Für ein im Ausland tätiges Technologieunternehmen ist ein gemeinsamer Vertrieb nicht einfach: Er erfordert nicht nur die Identifizierung qualitativ hochwertiger chinesischer Filme, sondern auch die Fähigkeit, mit leistungsstarken chinesischen Filmunternehmen zu verhandeln, die Blockbuster produzieren können.

Wo Entwicklungschancen sind, gibt es meist auch Wettbewerb und Konkurrenten. Obwohl die Nachfrage rasch wächst, betragen die Kosten für eine IMAX-Großleinwand eine bis eineinhalb Millionen US-Dollar. Das führt dazu, dass einige lokale Unternehmen in China eigene „Großleinwände" bauen, um mitzuhalten. Das von der staatlich investierten China Film Group Corporation und dem China Research Institute of Film Science & Technology gemeinsam gegründete Unternehmen China Film Giant Screen, die zentralstaatliche Poly Film mit dem von ihr verbreiteten PolyMax Screen und die Wanda Cinemas mit dem leistungsstarken X-Land Screen sind die starken Konkurrenten der IMAX-Großleinwand in China. Insbesondere die Leinwand von China Film Giant Screen ist nicht nur preisgünstiger und der von IMAX auch hinsichtlich vieler technischer Qualitäten wie Bildschirmhelligkeit und Soundsystem nicht unterlegen, sondern übertrifft sie sogar. 2014 plante China Film Giant Screen, mindestens 30 Projektionssysteme auf den Markt zu bringen – genug, um die Vorherrschaft von IMAX in China zu gefährden.

Für führende Technologieunternehmen ist die Nachahmung ihrer Kerntechnologie in Zeiten rapiden Wachstums von Markt und Wettbewerb ein zentrales Problem. Einem starken Konkurrenten von IMAX gelang es, die zehnjährige Marktführerschaft von IMAX in China zu gefährden. Insbesondere nachdem IMAX festgestellt hatte, dass der Konkurrent die eigene Kerntechnologie gestohlen und schnell auf dem chinesischen Markt verbreitet hatte, konnte es nicht untätig bleiben. Im August 2013 verklagte IMAX die GDC Technology, einen in Hongkong ansässigen Anbieter digitaler Kinolösungen, vor dem Obersten Gerichtshof von Los Angeles. IMAX trug vor, dass ein ehemaliger Mitarbeiter von GDC Kerntechnologie von IMAX entwendet habe und sie nun für China Film Giant Screen verwendet werde. In dem Verfahren traten IMAX und ein chinesisches Staatsunternehmen vor Gericht gegeneinander auf: „Das war damals eine entscheidende Zeit für IMAX. Eine Zeit, in der die Business-Idee und ihre Anwendung auf dem lokalen Markt auf dem Prüfstein standen", erinnert sich Li Ruigang. „Auf jedem Markt, in jeder Entwicklungsphase müssen Technologieunternehmen auf den Schutz ihres geistigen Eigentums achten. Da müssen die rechtlichen Rahmenbedingungen stimmen. Für den Erfolg eines internationalen Unternehmens in China sind aber außerdem noch das Marktpotenzial und operative Methoden, eingeschlossen Liaison mit der Regierung, erforderlich – nur so gibt es ein gesundes Gleichgewicht."

Richard Gelfond, CEO der IMAX Corporation, begrüßte diese Aussage. Er freute sich, in China einen gleichgesinnten Geschäftspartner zu finden und hoffte auf eine

Allianz mit CMC, in der CMC die Geschäftsentwicklung von IMAX in China in die richtigen Bahnen lenken würde: „IMAX hat sich in China über zehn Jahre lang entwickelt und großartige Ergebnisse erzielt. Wir begrüßen es, dass wir in dieser Zeit die Entwicklung der chinesischen Filmindustrie beobachten und an ihr teilhaben konnten. Ich glaube, dass es derzeit für IMAX am dringendsten ist, sich für chinesische Investoren zu öffnen; das hilft uns, angemessener auf die rasche Entwicklung des chinesischen Marktes zu reagieren und unser Geschäft in China zu optimieren. Ich bin davon überzeugt, dass sich CMC unter Li Ruigang in der chinesischen Film- und Fernsehunterhaltung bestens auskennt und die Entwicklung von IMAX in China mit Sachverstand beurteilen und ihm helfen kann, neue Ziele zu erreichen und seine Position in China zu stärken."

Gelfond setzte große Hoffnungen auf CMC und startete schließlich ein neues Modell für die Entwicklung von IMAX auf den Überseemärkten, das es den ausländischen Unternehmen von IMAX ermöglicht, lokale Equity und Beteiligungen von lokalen Unternehmen zu akzeptieren. „Wir verkaufen Aktien an chinesische Investoren und Partner, das ist in der globalen Strategie von IMAX einzigartig!" Im April 2014 investierte CMC Capital 40 Millionen US-Dollar in IMAX China und wurde dessen wichtiger strategischer Aktionär.

Nach der Investition begegneten sich IMAX und CMC auf Augenhöhe und unterstützten sich gegenseitig. Zum einen mussten Entwicklungsbeschränkungen durchbrochen werden, die sich aus Technologieabhängigkeit ergaben; zum anderen musste aktiv auf Wettbewerb und Störungen des Markts reagiert, Vorsprünge mussten behauptet und Marktanteile gewonnen werden. Das rasch wachsende Marktumfeld erforderte Schnelligkeit und Stabilität zugleich – Li Ruigang empfahl dem IMAX-Team nach innen eine Strategie interner Anpassung und nach außen die Kooperation mit Partnern.

Die interne Anpassung sollte die Verbesserung des Verkaufsmodells von IMAX-Großleinwänden in China bewirken und durch einen Revenue Split kurzfristige Erträge aus einmaligen Verkäufen in langfristige Gewinne aus dem Box-Office-Geschäft umwandeln. Bei einem Revenue Split leistet ein Kino für die Einrichtung eines Projektionssystems mit Großleinwand nur eine geringe Anzahlung oder zahlt sogar überhaupt nichts; im Gegenzug erhält der Anbieter der Leinwand einen Anteil am Box-Office-Geschäft. Dies fördert die rasche Verbreitung von IMAX. Der Tausch von Technologie gegen einen Anteil am Erlös des Ticketverkaufs führt zu einer indirekten Beteiligung an dessen Wachstum. Er steigert die Einnahmen von IMAX China jenseits des Verkaufs von Projektionssystemen und optimiert so seine Finanzstruktur. Li Ruigang betont: „Wenn es um Geschäftsentscheidungen geht, müssen chinesische Unternehmen oft einen komplizierten Prozess durchlaufen, in dem kollektive Verantwortung und zentraler Ansatz einen Ausgleich finden müssen. Viele ausländische Unternehmen, die in China tätig sind, haben den Eindruck, dass in chinesischen Firmen die Befugnisse der unterschiedlichen Ebenen schwer einzuschätzen sind, Entscheidungen von heute auf morgen umgeworfen werden und es vielen an Ehrlichkeit und Vertrauenswürdigkeit

mangelt; deshalb fällt es ihnen schwer, sich dem chinesischen Geschäftsumfeld anzupassen. In Wahrheit aber geht es hier eigentlich um das chinesische Gesellschafts-
system."

Um das Verständnis der Partner in Übersee zu fördern, muss Li Ruigang ihnen
immer wieder geduldig erklären, was alles dazugehört, um in China erfolgreich Geschäfte zu machen: „Deshalb sollte IMAX die Hürden für chinesische Kinos, fortschrittliche, neue Technologien einzuführen, senken; es sollte mehr Geduld haben als
auf anderen Märkten und bei chinesischen Unternehmen und ihren Mitarbeitern die
Akzeptanz von und Zustimmung zu neuen Technologien fördern. Senkt man die finanziellen Hürden für einen Kunden, entwickelt man sein Vertrauen und seine Bereitschaft, die neue Technologie anzuwenden. Die Steigerung der Kundenbindung ist bei
Technologiedienstleistern der Schlüssel zum Erfolg."

Ein weiterer Vorteil des Revenue Split ist es, dass IMAX China als Unternehmen,
das vor allem technische Lösungen anbietet, so den Filmvertriebskanälen in China
näherkommt und das Box-Office-Geschäft verschiedener Filme in unterschiedlichen
Regionen des Landes verstehen lernt. So kann es den Marktwert chinesischer Filmpro-
duktionen besser einschätzen und sammelt wertvolle Erfahrung bei der Entwicklung
von Filmproduktion und -distribution.

Parallel zur internen Anpassung sind Kooperationen nach außen mit unterschiedlichen Partnern wichtig. Li Ruigang ermutigte IMAX, weitere Geschäftspartner auf
dem chinesischen Markt zu gewinnen und Entwicklungschancen in der Produktion
und im Vertrieb von Filmen zu suchen. Zum einen konvertiert IMAX China weiterhin
chinesische Filme in IMAX-Versionen und gibt diese dann gemeinsam mit Filmpro-
duzenten heraus, um Einnahmen aus Vertrieb und Ticketverkauf zu erzielen. Zum
anderen investiert es mit einer Kombination von Technologie, Kinos und Kapital in
die Produktion neuer Filme in Mandarin.

Im Jahr 2015 gründeten IMAX und CMC mit einem Start-up-Kapital von 50 Millionen US-Dollar den China Film Investment Fund; er investiert hauptsächlich in die Produktion von Filmen, die die Marke IMAX und in vollem Umfang Technologie, Partnerschaften und Vertriebskanäle von IMAX nutzen können. Pro Film werden drei bis
sieben Millionen US-Dollar investiert. Mithilfe des Filmfonds werden mehr Filme in
Mandarin unterstützt und produziert, die IMAX-Technologie nutzen; gleichzeitig stieg
die Anzahl der IMAX-Kinos und IMAX-Leinwände, und die Erträge von IMAX China
aus Filmproduktion und -vorführung verbesserten sich. Dank seiner Strategie der „internen Anpassung und Kooperation nach außen mit Partnern" konnte IMAX seinen
Marktanteil weiterhin rasch ausbauen und seine Position im chinesischen Markt festigen; gleichzeitig gewann es neue Geschäftspartner und baute seinen Einfluss in der
Filmbranche weiter aus.

CMC unterstützte das IMAX-Team bei der Kommunikation mit chinesischen Behörden und Staatsunternehmen und trug zur Verbesserung des gegenseitigen Ver-
ständnisses bei. Beim Austausch mit CMC teilte IMAX offen seinen technischen Erfahrungsschatz aus dem reifen nordamerikanischen Markt und war bereit, der Analyse

und dem Urteil chinesischer Regierungsinstitutionen und staatseigener Filmunternehmen über die Filmindustrie im chinesischen Sprachraum und in der globalen
Filmindustrie zuzuhören, und konnte so ihre Bedenken und Schwierigkeiten besser
verstehen. Diese Kommunikation und dieses Verständnis begünstigen IMAX bei der
kontinuierlichen Entwicklung und dem Angebot gezielter technischer Lösungen für
den chinesischen Markt.

Nach der strategischen Investition von CMC dauerte das rasante Wachstum von
IMAX China an. Bis zum Jahr 2017 erbrachte IMAX technische Dienstleistungen in
482 Kinos in China; hier hatte es weit mehr Filmleinwände als in Nordamerika. Mit
127 Millionen US-Dollar war der Umsatz im Vergleich zum Vorjahreszeitraum um
7,6 Prozent gestiegen. Bis Juni 2018 waren 57 Prozent der 318 Kinos, die den Kaufver-
trag für die IMAX-Riesenleinwand unterzeichnet hatten, Revenue-Split-Modelle, mit
steigender Tendenz. Im Oktober 2015 wurde IMAX China an der Hongkonger Börse
gelistet, CMC Capital veräußerte seine Anteile und beendete so sein finanzielles Engagement erfolgreich. CMC erzielte einen Gewinn von 84,9 Millionen US-Dollar sowie
eine IRR-Rendite von 151,2 Prozent. CMC bleibt wichtiger Partner des Unternehmens
und strategischer Investor des IMAX China Film Investment Fund.

„China hat weltweit die größte Mittelschicht, diese Menschen möchten qualitativ
hochwertige Kultur konsumieren. Aber Chinas derzeitige Unterhaltungsprodukte und
Back-Office-Produktionssysteme sind noch weit davon entfernt, diesen Bedürfnissen
gerecht zu werden. Der chinesische Film braucht nicht nur Blockbuster und eine Steigerung des Ticketverkaufs. Wichtiger ist es, ein industrielles System einzuführen mit
hohen Standards zu verschiedenen Aspekten wie Kreativität, Forschung und Entwicklung sowie Qualitätsmanagement. Die Zusammenarbeit zwischen CMC und IMAX ist
ein erfolgreiches Vorgehen, um ausgehend von einfacher Technologie in alle Glieder
der Industriekette einzudringen. Dies hat nicht nur IMAX China hervorgebracht, sondern der chinesischen Kulturindustrie zu einem neuen Aufbruch verholfen", so kom-
mentiert Li Ruigang die Zusammenarbeit mit IMAX.

Bei Richard Gelfond haben die Zuneigung zum chinesischen Film und das Verantwortungsbewusstsein für ihn zugenommen: „Wir wollen unser globales IMAX-
Kino-Netzwerk nutzen, um noch mehr chinesische Filme auf die Märkte anderer Länder zu bringen und dort die Kreativität des chinesischen Films und seiner Talente zu
zeigen."

Entwicklung von Systemen als Baustein zu gegenseitigem Verständnis

In China gibt es ein altes Sprichwort: „Ohne Zirkel und Winkel kann man keine Kreise
oder Quadrate zeichnen." Es stammt von Mengzi, einem Weisen aus dem Altertum,
und fordert von den Regierenden, erst Gesetze festzulegen und danach Talente

auszuwählen. Dieses alte Sprichwort wird heutzutage oft in der sich zunehmend öffnenden chinesischen Marktwirtschaft zitiert. Auf der nationalen Ebene drückt es den Ruf nach einem soliden System von Regeln für die Wirtschaft aus, während es auf der Ebene der Unternehmen die Bedeutung für den Aufbau eines Geschäftssystems zum Ausdruck bringt.

Li Ruigang und CMC legen besonders großen Wert auf den Aufbau eines geeigneten Systems für Prozesse und Verfahren, da dies Grundlage und Garant für Innovation und Entwicklung eines Unternehmens sei. Mit einem solchen System könne ein Unternehmen Herausforderungen wie Wettbewerb, Umstrukturierung und Personalwechsel begegnen, und selbst wenn es kurzfristig Verluste mache, könne es langfristig Werte schaffen und Gewinne erzielen. Ein von Grund auf kreatives und operationelles System für einen chinesisch-amerikanischen Animationsfilm zu schaffen, das war der Wunsch des Joint Ventures von CMC und DreamWorks Animation SKG. 2012 gründeten die beiden Partner mit gemeinsamem Kapital Oriental DreamWorks; 2016 wurde DreamWorks einschließlich seiner Beteiligung an Oriental DreamWorks von der Comcast Corporation übernommen. Nach einer erneuten Transaktion kontrollierten dann 2018 chinesische Investoren unter der Führung von CMC alle Anteile von Oriental DreamWorks. Innerhalb von sechs Jahren produzierte Oriental DreamWorks in einer Koproduktion den ersten chinesisch-amerikanischen Animationsfilm: *Kung Fu Panda 3*, der einer der beliebtesten Animationsfilme Chinas wurde. Aktionäre und Management wechselten häufig, die Geschäftsstrategie wurde kontinuierlich angepasst; man scheute keinen Aufwand, ein System für gemeinsame Produktion, Werbung und den Vertrieb von Animationsfilmen auf dem chinesischen und ausländischen Markt zu entwickeln und aufzubauen.

Am 7. Februar 2018 bestätigte Oriental DreamWorks, dass der legendäre Animator Glen Keane, der 2018 den Oscar für den besten Animationskurzfilm erhalten hatte, das neue Abenteuer von Oriental DreamWorks und Netflix inszenieren werde. Der Musik-Animationsfilm *Over the Moon* wird in Übersee von Netflix ausgestrahlt, in China soll er 2020 zu sehen sein. Der Film erzählt die Geschichte eines Mädchens, das auf der Suche nach der legendären Mondgöttin eine Rakete baut und sich auf die Reise zum Mond macht. Dies war das erste Projekt von Oriental DreamWorks, nachdem es erklärt hatte, ganz zu CMC zu gehören. Eine Woche zuvor hatte CMC Capital bekannt gegeben, dass die Gruppe chinesischer Investoren unter der Führung von CMC offiziell zu 100 Prozent im Besitz von Oriental DreamWorks sei; der englische Name „Oriental DreamWorks" wurde durch „Pearl Studio" ersetzt.

Nachdem DreamWorks im Jahr 2016 für 3,8 Milliarden US-Dollar von der Holding von Universal Pictures, der Comcast Corporation – dem größten amerikanischen Kabelfernsehunternehmen –, erworben worden war, wurde auch seine 45-prozentige Beteiligung an Oriental DreamWorks an die Universal Filmed Entertainment Group übertragen.

Bis CMC im Jahr 2018 eine hundertprozentige Akquisition von Oriental DreamWorks vorschlug, gab es im Markt und in der Branche viele Spekulationen über das bekannte

Joint-Venture-Unternehmen; man sorgte sich sogar: Würde die auf dem chinesischen Markt beliebte Serie *Kung Fu Panda* fortgesetzt, nachdem Universal DreamWorks übernommen hatte? Und falls sie fortgesetzt würde, wäre sie auch weiterhin eine chinesisch-amerikanische Koproduktion mit Oriental DreamWorks? Sollte sich die amerikanische Seite dazu entschließen, die Produktions- und Managementrechte der Serie zurückzunehmen – was würde Oriental DreamWorks dann ohne den „Panda" machen?

„Der Grund, aus dem wir uns damals für eine Akquisition entschieden haben, so dass Oriental DreamWorks zu 100 Prozent der chinesischen Seite gehört, nicht mehr auf andere Eigentümer angewiesen ist und sich nicht starr an US-Ressourcen binden muss, liegt darin, dass Oriental DreamWorks sich seit seiner Gründung vor sechs Jahren zu einem Unternehmen mit einem reifen Team, perfekter Projektgestaltung und ausgereiften Entwicklungsmechanismen entwickelt hat; einem Unternehmen mit sowohl globalen Visionen als auch lokalen Einsichten, das Inhalte des Home Entertainment auf Weltklasse-Niveau anbieten kann – die strategischen Ziele aus seiner Gründungszeit hat das Unternehmen bereits erreicht", erklärt Li Ruigang. Es ist gerade dieses operationelle System, welches das Oriental DreamWorks-Team unter seiner Anleitung aufgebaut hat, das Li Ruigang so stolz und zuversichtlich macht. „Obwohl es keine ausländischen Aktionäre gibt, bleibt das Team von Oriental DreamWorks international, die Produktionsstandards und -prozesse für Animationsfilme sind unverändert. Die Animationsbranche in China wie auf der ganzen Welt befindet sich in einer beispiellosen Entwicklungsphase, Nachfrage und Angebot explodieren. Unternehmen wie Oriental DreamWorks, die über ein System für Animationsfilme verfügen, nach dem gemeinsame Produktion und gemeinsamer Betrieb von China und dem Ausland erfolgen, die kontinuierlich neue Filme produzieren, die der globale Markt akzeptiert, und sogar ein neues Modell in der globalen Animationsbranche entwickeln, sind äußerst rar; es gibt bereits zahlreiche in- und ausländische Akteure, die auf uns zukommen und gern strategische Investoren werden möchten."

Begeben wir uns noch einmal zurück in das Jahr 2012: Die Idee, in Shanghai Oriental DreamWorks zu gründen, war von Anfang an mit großen Erwartungen verbunden. Die Vereinbarung zwischen der chinesischen und der amerikanischen Seite wurde in Anwesenheit des damaligen chinesischen Vizepräsidenten Xi Jinping auf dem „China-US Economic and Trade Cooperation Forum" unterzeichnet, und fand große Aufmerksamkeit. Das internationale Joint Venture war in Shanghai damals eines der größten Investitionsprojekte des Kulturaustauschs zwischen China und dem Ausland. Die chinesische Seite hoffte, durch solche Projekte fortschrittliche Produktionsprozesse und -technologien von Hollywood-Animationsfilmen kennenzulernen. Die amerikanische Seite wollte sich von der Beschränkung befreien, nach der jedes Jahr nur eine bestimmte Anzahl ausländischer Filme in China gezeigt werden darf; sie wollte Filme aus chinesisch-amerikanischen Koproduktionen direkt auf dem chinesischen Markt vertreiben und so größere Gewinne aus dem Kartenverkauf erzielen.

Der Animationsfilm ist das Filmgenre, das am leichtesten kulturelle Barrieren überwinden und ein globales Publikum erreichen kann. 1998 erfreute sich zunächst

Disneys *Mulan* weltweit größter Beliebtheit. 2008 wurde der von DreamWorks in den USA produzierte *Kung Fu Panda* ein Kassenschlager. Als ausländische Animationsfilmunternehmen mit „chinesischen Kultursymbolen und traditionellen chinesischen Geschichten" weltweit Aufmerksamkeit erregten und hohe Gewinne erzielten, konnten sich die chinesischen Animationsfilmemacher nicht mehr zurückhalten. „Der chinesischen Animationsfilmbranche fehlte damals die Fähigkeit zu systematischer Produktion und zielgerichtetem Management. Von der Ideenfindung über die Entwicklung von Geschichten und dem Erstellen animierter Bilder bis hin zur Erzeugung dreidimensionaler Effekte und der Gestaltung von Szenen und Soundeffekten – überall mangelte es an Qualität und standardisiertem Management", erinnert sich Li Ruigang. Und weiter: „Da die chinesische Animationsfilmbranche die hohe Nachfrage auf dem Markt nicht befriedigen konnte, förderte man Equity Joint Ventures zwischen China und dem Ausland. Durch hohen Kapitaleinsatz erreichte man einen Ausgleich der beiderseitigen Interessen, enge Abstimmung und den Rückgriff auf die Ressourcen der Partner. Dies war die wirksamste Methode, die Entwicklung der heimischen Animationsbranche voranzutreiben."

Kung Fu Panda 3, der im Januar 2016 in die Kinos kam, war die erste Antwort von Oriental DreamWorks auf die Nachfrage des Markts: Mit 521 Millionen US-Dollar Einnahmen aus dem Kartenverkauf war er weltweit unter den Top 20 aller Kinofilme. Das chinesische Festland trug dazu eine Milliarde Yuan bei. Zusätzlich zu diesen Einnahmen erzielte *Kung Fu Panda 3* einen Umsatz von 1,5 Milliarden Yuan aus Merchandising. Sowohl die chinesische als auch die amerikanische Seite sind mit dem Erfolg von *Kung Fu Panda 3* sehr zufrieden, insbesondere erreichte die Leistung des Teams von Oriental DreamWorks bei Produktion und Vertrieb von Projekten den Standard von Hollywood-Projekten und übertraf so die Erwartungen der Aktionäre beider Seiten.

Dank der bei der Zusammenarbeit in der dreijährigen Produktionszeit von *Kung Fu Panda 3* gewonnenen Erfahrung verfügt das chinesisch-amerikanische Oriental DreamWorks-Team über Fähigkeiten in Projektmanagement und Gesamtsteuerung von Budget, Prozessen, Technologie und Qualität auf Hollywood-Standard. Es entwickelte einen systematischen Prozess der Kreativentwicklung und ein Modell für Merchandising sowie – auf der Grundlage einer einzigen Projektoperation – eine Creative-Hub-Strategie, mittels der die gleichzeitige Produktion mehrerer verschiedener Projekte vorangetrieben werden kann.

Systematisierung benötigt Standards und Prozesse; die Entwicklung der Standards erfordert stringentes Management, die Definition von Prozessen die professionelle Festlegung von Abläufen. Alle Oriental-DreamWorks-Projektteams für Animationsfilme mit Hollywood-Standard verfügen jeweils über 500 Mitarbeiter aus China und aus den USA. Unterschiede in der Kultur, beim technischen Niveau und in der Arbeitsweise sind da unvermeidlich. Um gegenseitiges Verständnis zu erreichen, sind kontinuierliche Kommunikation, langfristige Zusammenarbeit sowie ständiger Austausch und Toleranz erforderlich. Diese Unterschiede können nur auf Grundlage einheitlicher Standards und vereinbarter Projektabläufe aufgelöst werden.

„Bei der chinesisch-amerikanischen Koproduktion war die visuelle Gestaltung, die in einer späteren Phase stattfindet, relativ einfach zu standardisieren. Aber bei der kreativen Planung, die zu einem frühen Zeitpunkt erfolgt, machten sich zahlreiche kulturelle Unterschiede bemerkbar. Zuerst bestimmten die Planungs- und Regieteams aus den USA die Rollen genauso, wie sie es von Hollywood gewohnt waren, und bei der Entwicklung der Charaktere gingen sie ebenso vor. Damit jedoch hätten sie die chinesischen Zuschauer nicht angesprochen. Das chinesische Team wies immer wieder hierauf hin, und es gab lang andauernde Debatten. Deshalb haben wir mithilfe einer zufälligen Auswahl von Zuschauern und professioneller Bewertung die Kreativität und Entscheidungsfindung des Teams gestützt; nach und nach haben wir dann einen klaren Bewertungsmaßstab entwickelt." Der CEO von Oriental DreamWorks, Zhu Chenghua, weiß als Mitbegründer, wovon er spricht, und kennt das Erfordernis der Systematisierung.

In der Tat beobachtete die Branche Oriental DreamWorks bei jedem Schritt seiner Entwicklung genau; man war gespannt, wie das chinesisch-amerikanische Filmprojekt mit der Aura von Hollywood innere Diskrepanzen auflösen und hohe Qualität garantieren würde.

„Von kulturellen Konflikten und Unterschieden in der Zusammenarbeit zu sprechen ist übertrieben. In jeder Branche treffen in Joint Ventures verschiedene Kulturen, unterschiedliche Ideen und andersartige Teams aufeinander. Das ist unvermeidlich. Solange beide Seiten strategisch zusammenwirken, kommt es im Verlauf der Zusammenarbeit allmählich zu einer Übereinstimmung. Die weltweit reifste Industrie für Film- und Fernsehunterhaltung, die über einen Satz vollkommener Systeme für Kreativität, Entwicklung, Produktion, Vertrieb und Merchandising verfügt, hat ihren Sitz in Hollywood. Oriental DreamWorks sollte sein eigenes System für eine chinesisch-amerikanische Koproduktion entwickeln und implementieren." Um ein unabhängiges zentrales System aufzubauen und gegenseitiges Verständnis zu fördern, bestand Li Ruigang darauf, dass das Team von Oriental DreamWorks in allen Abschnitten des Prozesses von *Kung Fu Panda 3* intensiv mit den amerikanischen Partnern kommunizierte und seine Meinung äußerte.

Im neuen Logo von Oriental DreamWorks gibt es den Panda nicht mehr – *Kung Fu Panda* ist Vergangenheit. In sechs Jahren harter Arbeit hat Oriental DreamWorks ein Prozesssystem aus kreativer Planung, Animationsproduktion und Entwicklung von Merchandise-Produkten aufgebaut. Es kann nunmehr selbstständig einen Animationsfilm ganz eigener Art erstellen. Neben *Everest* (2019) und *Over the Moon* (2020) gibt es über zehn Projekte in einer fortgeschrittenen Phase der Entwicklung. „Unsere Produkte richten sich an ein weltweites Publikum und führen allmählich zur Industrialisierung des chinesischen Animationsfilms. Chinesische Filmkünstler sollen der Welt nicht nur chinesische Geschichten erzählen, sondern mit einem internationalen Team immer mehr auch Geschichten aus aller Welt." Li Ruigang und Oriental DreamWorks blicken voller Ambitionen in die Zukunft.

Verschmelzung von Geist und Verstand als Grundlage für gegenseitiges Verständnis

Für das geistige Wohlbefinden der Menschen ist Unterhaltung auf einem hohen kulturellen Niveau unverzichtbar. Gute Inhalte, formal ansprechend bearbeitet, werden im Verlauf der Geschichte immer wieder dargestellt, verändert und erneuert. Bei der Erstellung von Inhalten kann Technologie die Effizienz steigern, ein System kann Erfolg und Nachhaltigkeit verbessern, doch der kreative Ursprung bleibt immer beim Menschen. Daher steht der kreative Mensch stets im Zentrum der Unterhaltungsindustrie: „In unserer Branche geht es im Wesentlichen um Menschen. CAA ist die Organisation, die diese Menschen fördert und ihnen Möglichkeiten zu ihrer Entfaltung gibt." Der Grund dafür, dass Li Ruigang 2017 beschloss, in die amerikanische Creative Artists Agency (CAA) zu investieren und für das Geschäft mit China mit ihr zusammen das Joint Venture CAA China zu gründen, ist, dass er menschliche Kreativität bewundert und sie deshalb fördert. „In den letzten Jahren hat CMC die Stärken der amerikanischen Unterhaltungsindustrie untersucht, sich mit ihr verbunden und abgestimmt und so gemeinsam Erfolge erzielt. In der amerikanischen Unterhaltungsindustrie ist die Kreativität der Menschen ein zentraler Wert, und CAA ist hier richtungweisend. Wir möchten von ihrem reichen Erfahrungsschatz im Umgang mit Menschen und deren Kreativität lernen und hoffen, dass wir während des Lernprozesses das bestmögliche Verständnis zwischen den kreativen Talenten in China und Amerika erreichen, um so eine grenzenlose Zukunft zu gestalten."

Will Smith, Brad Pitt, Madonna Ciccone, Steven Spielberg ... alle diese bekannten internationalen Stars arbeiten mit CAA zusammen. CAA wurde 1975 gegründet, sie hat ihren Hauptsitz in Los Angeles und Niederlassungen auf der ganzen Welt. Als weltweit größte Künstleragentur vertritt CAA über 4.000 Superstars und Top-Profis aus Film, Fernsehen, Musik, Drama, Games, Sport und digitalen Medien; viele nennen sie „Boss von Hollywood".

CAA ist Pionier des heute gängigen kooperativen Maklermodells, welches das frühere Verfahren, nach dem ein Agent einen Künstler rundum betreute, abgelöst hat; es vereint die mit ihm unter Vertrag stehenden Talente in unterschiedlichen Bereichen; Künstler werden im Team unter Vertrag genommen, ebenso das gesamte Post-Production-Team, zum Beispiel bei Film und Fernsehspiel: CAA verfügt nicht nur über Stars oder Künstler, sondern auch über exzellente Produzenten, Drehbuchautoren und weitere Filmschaffende, die die Agentur dabei unterstützen, einen perfekten Kreativ- und Produktionsprozess zu gestalten, wie beispielsweise bei *Game of Thrones*, *House of Cards*, *Gossip Girl* und vielen anderen beliebten US-Serien. Das Modell, das man in Amerika „packaging model" nennt, hat sich mittlerweile zu einem einzigartigen Verfahren entwickelt.

CAA verfügt auch über professionelle Teams für Finanzierung, Markengestaltung, Unterhaltungsmarketing und weitere Bereiche, die mehrdimensionale, grenzüberschreitende Geschäftsmöglichkeiten für Elitetalente finden, bewerten und entwickeln können.

Obwohl CAA in den USA ausgereifte Systeme und großen Einfluss besitzt, war ihr Geschäft in China noch ausbaufähig. Bereits im Jahr 2005 entsandte die in den USA ansässige CAA-Zentrale Führungskräfte nach China, um hier ein Team zu gründen, das sich als Brücke zwischen Hollywood und dem chinesischen Filmmarkt etablieren sollte: Einerseits sollte es Chinas beste Filmschauspieler und -schaffende dabei unterstützen, die Möglichkeit zur Zusammenarbeit mit Hollywood zu erhalten, andererseits sollte es international herausragenden Künstlern helfen, auf dem chinesischen Markt Fuß zu fassen und sich dort zu entwickeln. In den letzten zwölf Jahren hat dieses Team, das allein von CAA geleitet wird, viele Schauspieler, Regisseure, Drehbuchautoren und Produzenten im chinesischen Festland und in Taiwan und Hongkong vertreten und Verträge mit Feng Xiaogang, Zhang Yimou, Yan Zidan, Zhao Wei, Xu Wei, Huang Wei und anderen unterzeichnet. Eine Reihe chinesischer Künstler spielte durch die Vermittlung von CAA bei Hollywood-Blockbustern mit.

Andere Bereiche des China-Geschäfts von CAA taten sich hingegen noch schwer. Den Managern von CAA fiel es nicht leicht, als Ausländer in der chinesischen Unterhaltungsindustrie als Agenten tätig zu sein und Chinesen und chinesische Kreativität zu managen. Neben den Unterschieden bei den wirtschaftlichen Grundlagen und der wirtschaftlichen Entwicklung zwischen den beiden Ländern kam es wegen kultureller und institutioneller Unterschiede leicht zu Missverständnissen und Behinderungen zwischen Maklern und Top-Talenten. Es dauerte lange, bis gegenseitiges Vertrauen und Verständnis aufgebaut waren. Deshalb beschleunigte CAA die Identifizierung chinesischer Partner.

Im Mai 2017 investierte eine Gruppe von Investoren unter CMC 120 Millionen US-Dollar in CAA USA; gleichzeitig gründeten sie CAA China, ein Joint Venture mit CAA, bei dem CMC einen Anteil von 49 Prozent hält. Angesichts der wichtigen strategischen Investition von CMC sagte CAA-Präsident Richard Lovett gegenüber dem amerikanischen Unterhaltungsfachmagazin *Variety*: „Als starker Partner von CAA in China kann CMC für uns noch mehr Verbindungen, Ressourcen und Kapital für die Zusammenarbeit zugänglich machen; es kann unsere Fähigkeit stärken, das Geschäft auf dem chinesischen Markt auszubauen und unsere Kunden besser zu bedienen."

Bevor sie sich zur Gründung des Joint Ventures entschlossen, erörterten und planten Li Ruigang und Richard Lovett, beide Experten im Management kreativer Talente in China und den USA, die weitere Entwicklung auf dem chinesischen Markt. Dabei einigten sie sich in drei Aspekten: erstens, die Förderung der Internationalisierung chinesischer Talente in der darstellenden Kunst fortzusetzen und eine Rolle in der globalen Kulturindustrie zu spielen; zweitens, auf dem chinesischen Markt neue Geschäftschancen rund um das Talent Mining zu erkunden, einschließlich digitaler Talent Pools, Unterhaltungsmarketing, Design von Sportanlagen und so weiter; drittens, die Erweiterung und Vertiefung anderer Geschäftsbereiche jenseits der Agententätigkeit von CAA auf dem chinesischen Markt.

Das neu gegründete Joint Venture erweitert die Geschäftstätigkeit des ursprünglichen China-Teams von CAA, bereichert das Managementteam, erhöht den Lokalisierungsgrad und wirbt erfahrene chinesische Persönlichkeiten der Branche als CEOs an; gleichzeitig bildet oder vergrößert es Teams in den Bereichen Film und Fernsehen, Unterhaltung, Musik und Sport.

Dem Joint Venture gelang 2018 eine rasante Entwicklung, die die Aufmerksamkeit der Geschäftswelt auf sich zog. Im Bereich Film- und Fernsehspiele vereinbarten CAA China und das erstklassige Film- und Fernsehunternehmen Wuyuan Culture (Givemefive Forces) eine gemeinsame Investition zum Aufbau einer Fondsverwaltungsgesellschaft für Skript-Inkubation und -entwicklung sowie initiales Matching von Ressourcen wie Regisseuren, Drehbuchautoren und Künstlern. CAA China nahm die Zusammenarbeit mit der Talentorganisation der chinesischen Film- und Fernsehindustrie, Arc Light, auf: Um den Austausch zwischen chinesischen und ausländischen Talenten und ihre Kreativität zu fördern, brachte es Arc Light mit ausländischen Regisseuren und Drehbuchautoren mit internationaler Perspektive in Verbindung. Im Sportbereich fusionierte CAA China mit dem Sport- und Kulturunternehmen Momentum Sports. Darüber hinaus ist CAA China in den Bereichen Musik, Mode und Dokumentation mit der Rekrutierung von Talenten und dem Pooling kreativer Fähigkeiten aktiv.

Li Ruigang hebt hervor: „Headhunting ist nur der Anfang; noch wichtiger und anspruchsvoller sind das systematische Management von Talenten, die konzeptionelle Entwicklung von Kreativität und Werken und erst recht das gemeinsame und grenzüberschreitende künstlerische Schaffen globaler Talente im In- und Ausland." Li Ruigang ist der Auffassung, dass ein systematisiertes Management mit Betonung von Standards und Prozessen sich förderlich auf Arbeitsteilung und kollektive Entscheidungsfindung zwischen Talenten auswirkt.

Die Mission von CAA China besteht nicht nur darin, von dem ausgereiften amerikanischen System des Talentmanagements und der Kreativitätsentwicklung zu lernen und es angemessen auf den chinesischen Markt zu übertragen, sondern auch darin, Chinas sich rasch entwickelnde und immer mehr einen eigenen Charakter aufweisende Unterhaltungsprodukte auf dem internationalen Markt einzuführen. Als kommerzielle Organisation muss CAA China im Prozess der internationalen kulturellen Integration Geschäftsmöglichkeiten mit scharfem Blick und gutem Judiz identifizieren.

Am 11. November 2018 erlebten Tausende von Zuschauern bei der Aufzeichnung der beliebten chinesischen Varieté-Show *Ich bin ein Schauspieler* einen besonderen Augenblick: Zhejiang Satellite TV, das die Show produziert, und das amerikanische Unternehmen ioi (is or isn't entertainment) unterzeichneten eine Lizenzvereinbarung. ioi wird mit Zhejiang Satellite TV zusammenarbeiten, um gemeinsam die internationale Version *I am the Actor* zu entwickeln. Dies ist das erste Mal, dass eine rein chinesische Varieté-Show auf dem nordamerikanischen Markt Fuß fasst, und hinter dieser Transaktion steht CAA China. Für die zukünftige internationale Version *I am the Actor* wird CAA China chinesische Schauspieler ins Ausland vermitteln und ihnen damit mehr Möglichkeiten für den Einstieg in den internationalen Markt verschaffen.

Li Ruigang ist davon überzeugt, dass englischsprachige internationale Blockbuster in Zukunft chinesische Geschichten, chinesische Inhalte verwenden werden. „In China gibt es in dieser Hinsicht schon heute viel geistiges Eigentum – Inhalte, zu denen viele exzellente Geschichten, darunter Online-Literatur, Comics, Spiele und anderes mehr gehören. Auch international birgt dies Chancen, doch um sie auszuschöpfen, bedarf es noch der Entwicklung und Anpassung sowie eines breiten Spektrums von Talenten, die verstehen, was Multikulturalismus ist, und sich im internationalen Geschäft auskennen. Dafür Sorge zu tragen, dass Talente zusammenkommen, sich gegenseitig kennen- und schätzen lernen, genau das macht CAA China heute. Nur wenn Geist und Verstand miteinander verschmelzen, gibt es gegenseitiges Verständnis, und man kann mit vereinten Kräften Großes schaffen."

Bei der Entwicklung von IMAX China, Oriental DreamWorks und CAA China spielt CMC eine entscheidende Rolle, sei es als strategischer Investor oder als unverzichtbarer Mitbegründer. Die großen Märkte China und Amerika sind für die Entwicklung der globalen Medien- und Unterhaltungsindustrie entscheidend. Viele namhafte amerikanische Kultur- und Unterhaltungsunternehmen bestehen bereits seit über hundert Jahren. In dieser Zeit haben sie nicht nur zahlreiche technologische Innovationen sowohl bei der Audio- und Videoproduktion als auch bei der Übertragung, wie Radio, Fernsehen, Satellit und Internet, miterlebt, sondern auch Änderungen in der Eigentumsstruktur und unterschiedliche Formen der Finanzierung wie Mergers and Acquisitions, Umstrukturierungen, Notierungen an der Börse, Delisting und Privatisierung. Auf der Grundlage dieser Erfahrungen haben sie eine ausgeprägte Fähigkeit zur Erstellung von Content und ein perfektes System der Anpassung der Unternehmensstruktur entwickelt. Vor dem Hintergrund des rasanten Wachstums des riesigen chinesischen Marktes sowie des Weltmarkts muss die chinesische Unterhaltungsindustrie dies von ihnen lernen.

Neben seinem auf Amerika ausgerichteten Engagement erschließt und erweitert CMC auch die Zusammenarbeit mit anderen wichtigen Märkten in Übersee. Zum Beispiel betreibt es gemeinsam mit der in Großbritannien ansässigen City Football Group das Chinageschäft von Clubs, die zu einem Franchise gehören, darunter Manchester City FC; um die Kultur von Lego und die Freude daran mit chinesischen Familien zu teilen, investiert CMC zusammen mit der Merlin Group in Legoland Park China; darüber hinaus wurde CMC größter Aktionär der Hongkonger Television Broadcasts Limited (TVB) und erschloss mit ihr gemeinsam den chinesischen Festlandsmarkt.

„Die kontinuierliche Entwicklung der globalen Wirtschaft und des Welthandels setzt die Energien des chinesischen Markts frei; gemeinsame Unternehmungen und der Austausch von Talenten zwischen China und dem Ausland werden immer stärker. In der Unterhaltungsindustrie geht es um Kreativität und Talent, sie fördert Kommunikation und Austausch und pflegt emotionale Bindungen. In der internationalen Wirtschaft und im globalen Handel wird sie eine wichtige Position einnehmen und

Durchbrüche im Inhalt, in der Form und beim Umfang erzielen." Aus Sicht von Li Ruigang müssen hochwertige Kultur und Unterhaltung eine Botschaft vermitteln. Für ein herausragendes Unterhaltungsunternehmen sei die Entwicklung des internationalen Geschäfts daher keine Kür, sondern Pflicht. „Kommunikation ist im Wesentlichen Fördern und Schaffen von gegenseitigem Verständnis. Hochwertige Kultur- und Unterhaltungsinhalte zu erschaffen, herausragende kreative Talente zu fördern und ein umfassendes kulturelles Verständnis herbeizuführen wird für die Unterhaltungsindustrie beständig Herausforderung und Chance sein." Das gilt weltweit, insbesondere für enge Partner wie China und Deutschland. Das große Potential gerade zwischen diesen beiden Ländern kann und sollte erschlossen werden.

Verständnis führt zum Nachdenken und zur Einsicht: Wie eine Linie, die zwei Seiten voneinander trennt, aber gleichzeitig auch ihre beiderseitigen Hoffnungen und Erwartungen aufzeigt. Es gibt keine Grenze, die nicht überwunden werden kann; nur Herzen, die sich nicht öffnen. Und um Herzen zu öffnen, ist Li Ruigang mit CMC stets bemüht, an der Weltspitze der Kultur- und Unterhaltungsindustrie zu stehen.

Lutz Engelke

2.13 Speed Dancing China – Notizen zwischen Himmel und Erde (Qi)

... Zeit, Zeit, Zeit – wie anfangen? Falsch anfangen, wie Beckett einmal sagte! Fragment bleiben und nichts weiter! China ist zu groß und zu komplex für eine einzige Geschichte ... Meine vielen Aufzeichnungen bilden die Spuren der letzten 14 Jahre China ab. Es sind innere Monologe, Alltagssituationen, Konferenzen, Begegnungen mit Menschen und immer wieder Essen im reichhaltigsten und besten Restaurant der Welt. China. Also los: Speed Dancing China – deine Uhren gehen anders ... und wie Lao Tse gesagt haben soll: Jede lange Reise beginnt mit einem ersten Schritt ...

Schattenwürfe: Nur zwischen Licht und Schatten entstehen Konturen, sichtbare Grenzen – erst am Rand sind die Gesichter des Tages bereit, ihre wahren Geschichten zu erzählen. Erst im Wegdriften, am Abgrund des Halbschlafs entstehen die besten Erkenntnisse ... drei Tage vor der Weltausstellung in Shanghai, alle reden durcheinander, nichts funktioniert, alles funktioniert, alles wird wunderbar. Die Chinesen sind in ihren Herzen Improvisationskünstler, Anarchisten, und die Stimmung ist auch deshalb hervorragend zwischen den deutsch-chinesischen Teams, weil wir uns kennengelernt haben und uns vertrauen. Die Show beginnt, wenn das Licht angeht, vorher ist alles ein Kampf gegen die Schwerkraft, vorher muss man alles geben, erst dann darf man genießen.

2005: das erste Geräusch

... zum ersten Mal China. Ohne die Sprache in ihrem Sinn zu erkennen, wirkt erst einmal alles als Geräusch und Zeichen. In diesem hochambivalenten Zustand von seltsamem Hör- und Singspiel sieht man in gewisser Weise genauer. Die Nervenenden sind gespannter, die Augenmuskeln auf Höchstleistung gedrillt. Alles ist neu und wichtig. Psychologisches Sehen, soziologisches Ahnen von etwas sehr Fremdem.

Shanghai! Eine neue Welt! Neue Bilder! Pudong noch eine Baustelle. Lediglich der Fernsehturm und Teile des Jin Mao Towers existieren. Eine zweite Stadt direkt gegenüber dem Bund für mehr als zwei Millionen Einwohner wird dort gerade gebaut, so hatte ich es gerade von meinem Gegenüber gelernt, einem chinesischen Architekten. Auf meine naive Frage, wo die vielen Menschen so schnell herkommen sollen, die diese gigantische Infrastruktur bewohnen werden, wurde ich nur sanft belächelt und

Prof. Lutz Engelke, ist Gründer und Geschäftsführer der TRIAD Berlin Projektgesellschaft mbH, Berlin/ Shanghai.

https://doi.org/10.1515/9783110624731-018

gefragt, wie lange ich denn schon in China sei – 1,4 Milliarden Chinesen wurden zum Argument für die Gegenwart und Zukunft.

360 Grad Yin und Yang

In China gibt es zum Glück das Yin und Yang. Ein Zeichen, das jeder zu kennen glaubt und doch nur wirklich von Chinesen in seiner ganzheitlichen Bedeutung verstanden werden kann. Yin und Yang sind zwei Begriffe der chinesischen Philosophie, insbesondere des Daoismus. Sie stehen für polar einander entgegengesetzte und dennoch aufeinander bezogene Kräfte oder Prinzipien.

Für einen Europäer gibt es in diesem Zeichen kein Ende und keinen Anfang. Alles ist gleichzeitig, bedingt sich, überlagert sich – das Yin macht das Yang in seiner Abgrenzung und gleichzeitigen Durchdringung erst möglich und umgekehrt ... ein unendliches Werden und Vergehen ... falsch anfangen ist also gar nicht möglich. Um das zu verstehen, muss man selbst nach China fahren, am besten dort arbeiten, die einzigartige Energie dieses Landes im Übergang zu spüren.

In der Wahrnehmung eines Europäers fühlt sich ein Tag in China wie mehrere Tage an. Die Bits and Bites pro Tag sind einfach mehr. – Beim Schreiben entstehen alle Bilder: der alte frustrierte chinesische Professor, der eine Mütze trägt, die so aussieht als hätte sie bereits am Langen Marsch teilgenommen. Er schlägt die flache Hand mit einem lauten Knall auf den Tisch, weil er den Wettbewerb für die Weltausstellung verloren hat, und damit zugleich „sein Gesicht", wie man mir später zuflüstert. Oder das Gespräch mit dem Bürgermeister aus Du Jiang Yan, der nach dem verheerenden Erdbeben im April 2010 inmitten der Trümmer in seiner windschiefen halboffenen Küche ein Essen gibt. Einige Tage zuvor hat er noch mit eigenen Händen versucht, Kinder aus den Trümmern einer zusammengebrochenen Schule zu retten. Buddhistische Klöster in der Nähe von Chengdu, islamische Städte in der Nähe von Du Jiang Yan. Oder die größte Sammlung von Exponaten aus der Kulturrevolution in neun gigantischen Hallen, mit für uns Westler faszinierenden, wie aus der Welt gefallenen Objekten, die einem ehemaligen General gehörten und mitten in China versteckt, in einem ehemaligen Militärlager vor sich hin dämmerten. Vor mir tauchen singende Menschen in Karaoke-Höhlen und tanzende Menschen auf den Straßen auf, Nudelküchen, Heiratsmärkte, endlose Stadtkulissen, endlose Shopping Malls und überall in Smartphone verliebte Digitalgesichter in Selfie-Pose. Und natürlich Menschen, Menschen, Menschen: kluge, schöne, weltoffene, schüchterne, seltsam hysterische, streitsüchtige – arme und sehr reiche Menschen mit viel Spaß am Leben und jeder Menge Humor.

Shanghai: Ein großer runder Tisch

Ein großer runder Tisch in Shanghai, in einem hypermodernen Restaurant mit Blick auf Pudong. Eine exklusive Konferenzgesellschaft von etwa 80 Menschen. Neben mir sitzt Xin Lu, eine Architektin, die in Weimar Architektur studiert hatte. Später am Abend fragt Xin was ich eigentlich unter Glück verstehe. Das war die erste Frage in dem mir noch fremden Land, die wie ein Augenaufschlag „hallo" sagte: Denk doch mal anders über dieses Land nach, lass deine Vorurteile bitte in Berlin. Die Frage ist geblieben, und immer dann, wenn ich mir sicher war, dass mein Europa das bessere Glück war, in dem ich mich bewegen durfte, kam China mit einer Überraschung um die Ecke. China relativiert die Vorstellungen vom Leben, die wir in Europa haben! Der deutsche Botschafter in China – Dr. Michael Schaefer – warnte einmal davor, zu schnelle Urteile über China und seine Menschen abzugeben. Er sagte sinngemäß: Kommt jemand nach China und bleibt eine Woche, glaubt er sofort einen Zeitungsartikel schreiben zu müssen, nach einem Monat muss es unbedingt ein Buch sein, und nach einem Jahr hat er allmählich begriffen, dass er von dem Land noch rein gar nichts verstanden hat.

Marco Polo brauchte länger: Flugzeuge und Mystik

Ich trage immer Bücher mit mir durch die Welt. Bücher sind wie Strandgut. Sie kommen zu mir. Ein Streifzug durch eine Buchhandlung endet meist fürchterlich, mit überraschenden Rechnungen und schwerer Last. Abendflug nach Beijing. Vorfreude auf die Ruhe und das Buch im Flieger. Letzte klärende Telefonate. Der Flieger hebt ab. China beginnt mit dem Dinner im Flieger.

Per Zufall ist ein kleines Bilderbuch in der Tasche hängen geblieben – *Heute trifft Gestern* von Yang Liu, einer in Berlin lebenden Chinesin – und ein älteres Buch aus dem Jahr 1985 von Oskar Negt. Beide Bücher sprechen auf interessante Weise miteinander.

Yang Liu entwickelt darin ganz wunderbare Bildvergleiche, zwischen Mann und Frau, Deutschen und Chinesen und nun Gestern und Heute. Im Vorwort erzählt sie von dem Gesandten Zhi Gang, der 1868 vom chinesischen Kaiser in die Welt geschickt worden ist, nach Amerika und nach Europa, um über die großen Veränderungen im 19. Jahrhundert zu berichten, über die Industrialisierung, neue Produkte, aber auch über den „Verlust der menschlichen Werte, dem puren Streben nach materiellem Reichtum und dem Verschwinden der Vernunft" schreibt. Denn dort im Westen, so der Gesandte aus dem vorletzten Jahrhundert, würden die Maschinen immer mehr die Menschen ersetzen und alles konzentriere sich nur mehr auf den Gewinn, statt auf die realen Bedürfnisse des Menschen. „Diese Lebensweise laufe der traditionellen chinesischen Vorstellung zuwider, auf lange Zeit im Einklang mit der Natur und dem Himmel zu existieren", befürchtete der Gesandte Zhi Gang.

Der Himmel verschiebt sich

Unter mir Sibirien – ich wechsle vom Bilderbuch zum Text: Modernisierung im Zeichen des Drachen – im Untertitel: China und der europäische Mythos der Moderne von Oskar Negt, Soziologe und Co-Autor von Alexander Kluge, ein Regisseur und Humboldtianer des 20. Jahrhunderts. Zwei Intellektuelle aus Deutschland, globale Player des Geistes, die im Begriff sind, in Vergessenheit zu geraten.

Das Buch von Oskar Negt über China entpuppt sich als eine höchst interessante Reisebeschreibung aus den chinesischen Umbruchzeiten von 1980. Negt malt nüchterne filmische Bilder. Seine Netzhaut arbeitet wie eine Filmkamera. Negts Tagebücher spiegeln China in einer Übergangszeit. Nüchtern, puristisch mit überraschend wenig Soziologie. Zitat: „Vom Freundschaftspalast Pekings aus begeben wir uns auf die Fahrt zum Sommerpalast der Kaiser, wo wir essen waren. Es regnet. Das ist ungewöhnlich, denn die Regenzeit in diesem Gebiet ist der August. Auf der Fahrt sehe ich eine Reihe von Hochhäusern. Das höchste hat 30 Stockwerke. Ich fragte, ob es in Anbetracht der Knappheit des Bodens nicht sinnvoll wäre, möglichst hoch zu bauen. – Ja, der Boden sei durchaus fest genug, um auch für Wolkenkratzer geeignete Fundamente zu bieten. Es gebe jedoch technische Probleme, zum Beispiel Schwierigkeiten bei der Konstruktion der für die Höhenmaße geeigneten Fahrstühle. Es sei freilich auch nicht außer Acht zu lassen, dass die Menschen so hoch nicht wohnen wollten; eine mythische Angst habe sich erhalten, dem Himmel zu nahe zu sein und die magische Grenze der in Erde und Himmel zweigeteilten Welt zu verletzen.“

Seltsam, Zhi Gangs Bedenken waren 150 Jahre alt, Negts Beobachtungen 35 Jahre her. Sie kreisten um die Balance zwischen Himmel und Erde und die Frage, welche Werte und welche Vernunft obsiegen würde. Mir fiel auf, dass in vielen Hochhäusern, meist in den oberen Etagen, riesige Lücken die Logik des Gebäudes unterbrechen. Auf meine Fragen, warum das so ist, erhielt ich bisweilen mit einem Schmunzeln im Gesicht die Antwort: Damit sich die Drachen ungestört durch die Häuser bewegen können.

Die Weltlage in China als mythisches Ereignis im 21. Jahrhundert: Feng Shui als eine magische Grenzverletzung zwischen Himmel und Erde war also trotz offizieller Säkularisierung des gesamten Alltags nicht gänzlich ausgestorben. Den Himmel und das Wolkentheater in den Blick zu nehmen, inmitten der bunten Produkthappenings und Markentempel aus aller Welt, war für mich für einen kurzen Moment eine irritierende Unterbrechung des Turbokapitalismus.

Doch musste sich in den zurückliegenden Jahren der Himmel etwas nach oben verschoben haben, denn im Jahr 2018 sind in den 120 Millionenstädten Chinas die Himmel längst bevölkert, und die Investitionsbereitschaft, höher als 30 Stockwerke zu bauen, ist längst gebrochen. Unter diesen neuen Himmelsbedingungen ist es letztlich vielleicht doch möglich, dass sich die diplomatischen Beziehungen zwischen dem Vatikan und China noch grundlegend verbessern. Der Vatikan ist das einzige Land der Welt, zu dem China keine diplomatischen Beziehungen pflegt.

Die Fackel der Aufklärung

Ob in den Millionenstädten Chongqing, Xi'an, Nanjing, Shenyang oder Changsha, um von Shanghai oder Peking gar nicht erst zu sprechen ... hab ich mich bei vielen dieser Reisen – immer wieder gefragt, warum von Menschen geschaffene gigantische Infrastruktursysteme wie China, Russland, Brasilien, oder die USA sich ausschließlich wie gefräßige Tiere zur Natur verhalten müssen. In aller Kürze, ist Wachstum die einzige Möglichkeit, wie sich Kapitalismus am Leben erhält. Bei alldem springt ins Auge, dass China in seinen modernsten Ausprägungen weiter scheint als die meisten amerikanischen Metropolen, denn man vergisst bei all dem Luxus nur allzu schnell den Preis, den wir für unsere Hypermoderne zu zahlen haben ... Die Shopping Malls in China sind das Spiegelbild der globalen Märkte.

Claude Lévi-Strauss, der große Ethnologe des 20. Jahrhunderts, hat uns Menschen zu diesem Thema einen bizarr-bedrohlichen Abschiedsbrief hinterlassen. In seinem Werk *Traurige Tropen* schreibt er von einer höchst interessanten Entdeckung: „Wir sind auf eine Stammeskultur gestoßen, die reizbar und brandgefährlich ist. Sie plündert die Natur, verwüstet ganze Landstriche, verehrt affige Götzen, massakriert Ihresgleichen und ist berüchtigt für ihre historischen Gemetzel. Inzwischen hat diese Stammeskultur alle Mitbewerber aus dem Feld geschlagen und beherrscht die Welt. Ihr Name lautet Zivilisation."

Die Missionare der Rationalität und die Fußabdrücke der ökonomischen Funktionalität sind überall. Die große Fackel der Moderne und Aufklärung ist längst dabei, jeden Winkel Chinas auszuleuchten. Dabei ist auch den Großplanern der Staatlichen Kommission für Entwicklung und Reform (NDRC) klar: Eine zweite Welt wird es nicht geben. Wir müssen mit dieser einzigen Welt klarkommen. Momentan verbrauchen wir mit unseren aktuellen Konsum-, Mobilitäts-, Produktions- und Digitalgewohnheiten 1,7 Mal die Welt. Auch der Regierung von China sind die Verbrauchsdaten unserer Weltressourcen bekannt. Die Quelle hierfür ist die jüngste Studie des Club of Rome aus dem Jahr 2018. Beunruhigend zu wissen, ist es, dass in der ersten Studie von 1973, also vor etwa 45 Jahren, das gesamte Wissen über die bedrohte Zukunft des Planeten vorhanden war.

Dieses Wissen wurde in den Machtzentren der Welt sicher im Archiv verstaut – oder kürzer: Dieses Wissen wurde einfach ignoriert. Die nächste Generation, die Ärger machen konnte, war ja noch nicht geboren. Die großen Konferenzen von Rio, Kyoto, Kopenhagen, Paris und zuletzt Kattowitz zeigen eher die Unfähigkeit auf, die globalen Probleme anzupacken, sich auf einen klaren Kurs mit harten Konsequenzen zu einigen! Es ist eben immer noch nicht katastrophisch genug ... Ein Fukushima reicht nicht. Die wahren Kämpfer leben auf den Inseln, die bereits vom Meerwasser gefährlich umspült werden. Und der Rest der Welt schaut sich die Nachrichten an und wundert sich, dass das Wetter verrückt spielt. China versucht darauf zu reagieren und zwar durch sich überlagernde Parallelprogramme: Kohle, Atom und regenerative Energien. Obschon momentan 47 000 MW Kohlekraftwerke geplant und gebaut werden, besitzt das Land bereits heute die größten Solar- und Windparks der Welt. China hat durch sein politisches System und durch die Ressourcenlage die Power, das erste ökogesteuerte Land der Welt im 21. Jahrhundert zu werden, wenn es rechtzeitig die Zeiten erkennt und der neue grüne Kurs Staatspolitik wird. China könnte dann sogar zu einem Inkubator und First-Mover werden.

Die Moderne erinnert sich

Es ist so einfach dahingeschrieben, dass China ein Land zwischen Tradition und Moderne ist, doch wer einmal das Flugzeug verlassen hat und durch dieses riesige Land gefahren und irgendwo im östlichen Tibet gestrandet ist oder in der inneren Mongolei oder westlich von Chengdu in den Bergen oder einfach nur 100 Kilometer nördlich von Shanghai, muss feststellen, dass die Moderne ihre Grenzen hat und die Tradition ihre Stärken ... In den Hotels von Chengdu gibt es Gipfeltreffen zwischen der buddhistischen Tradition Chinas und der Moderne. Geschäftsleute lassen sich hier auch gerne die Zukunft voraussagen und zahlen dafür ihren Ablass. Ganz in der Nähe in Du Jiang Yan stammen die Tempel aus einer anderen Zeitrechnung, die Rituale sind allerdings touristisch.

Der ehemalige Direktor der Chinesischen Kulturinstitute Chinas, das Pendant zu den deutschen Goethe-Instituten, Liu Mengxi, sagte im Rahmen einer Diskussion zum Thema Tradition und Moderne, dass China verdammt sei zur Modernisierung. Dass es mit der Moderne allerdings so eine Sache sei, denn die Moderne sei wie Fort Knox. Diejenigen, die drinnen sind, wollen raus und sehen vieles sehr kritisch, und diejenigen, die draußen vor den Toren stehen, wollen rein, um daran teilzuhaben. Im Übrigen müsse sich jeder, der vor den Toren Chinas stehe, die Geschichte genau ansehen, denn 1962 hätten in China noch viele Chinesen gehungert. Millionen befanden sich draußen vor der Tür, und bis heute sei eine erstaunliche Integrationsgeschichte gelungen. Zugang zur Geschichte? Ich wollte das Geburtshaus von Mao Zedong sehen und fuhr nach Shaoshan, etwa 50 Kilometer von Changsha entfernt. Das Haus ist ein größerer Dreiseitenhof, direkt an einem Fluss gelegen. Maos Eltern waren Bauern. Seltsam, einen solchen Ursprungsort anzuschauen. Wann wurde aus dem Kind Mao der Revolutionär? Hier in Shaoshan gab es dazu keine Hinweise. Hier war alles, was ich sah, ein normaler Bauernhof, auf dem nichts auf Weltgeschichte hindeutete.

Wie werden Menschen von besonderen Energien geprägt und beeinflusst, um in das Weltgeschehen entscheidend einzugreifen? Eine offene Frage nach dem Besuch von Maos Geburtsstätte. Die Energien dieser Zeit reichen bis in die Gegenwart der sogenannten Prinzlinge, zu denen auch Xi Jinping zählt. Anfänge sind meist profan. Erst im Rückblick auf die ganze Lebensstrecke entsteht die Bedeutung.

Die Weltausstellung 2010 ruft an – China nimmt Fahrt auf

Ich werde aufgefordert, meinen Urlaubsort in Österreich an einem wunderschönen sommerlichen See zu verlassen. 72 Stunden China stehen mir bevor, Shanghai ist das Ziel. Wir sind als Team von TRIAD Berlin eingeladen, an dem größten Wettbewerb der Weltausstellung in Shanghai teilzunehmen. Die Aufgabe ist großartig. Fünf sogenannte Themenpavillons, jeweils 12.000 Quadratmeter, stehen zur Auswahl. 40 Teams aus der ganzen Welt sind von den einstmals 150 Teams noch übrig. „Better City – Better Life" ist das übergreifende Thema der Weltausstellung. Thematisch geht es um die Zukunft in den Städten der Welt, die Kunst, das Verhältnis von Land und Stadt, sie handelt von globalen Urbanisierungskrisen und den Chancen, die aus diesen Krisen qua Innovationen entstehen. Mehr als 200 Menschen aus der ganzen Welt sind im Raum, vorne ein großes Podium, auf dem das Expo-Komitee zu den diversen Aufgabenstellungen die Briefings auf chinesisch vorträgt.

Ich erinnere mich, wie ich 2006 zum ersten Mal in dem jetzt so lebendig wirkenden Expo-Gebäude war, damals in den leeren Hallen, mit noch geschlossenen Türen – ein Haus fast ohne Menschen. Dahinter wurde gerade ein riesiges Stahlwerk abgerissen. Es sah so aus, als würde die alte Moderne die neue fressen. Dreck, Schlamm und die blauen Hütten der Arbeiter umgaben das Gebäude. Das Einzige, was fertig war, waren der Slogan und das Maskottchen … irgendein Quietschmensch mit einem seltsamen weißen Hut. Meine Frage damals, wie man sich denn bewerben könne, um an der Expo teilzunehmen, war viel zu früh gestellt. Die Frage konnte mir nämlich niemand wirklich beantworten, obwohl alle murmelten: „… wait a moment". Ich wartete fast zwei Jahre.

Die fünf Elemente sprechen aus der Tiefe des Raums

Wir haben mit TRIAD Berlin den Weltausstellungswettbewerb gewonnen und sind nun mitten in der Produktion. Unsere Entscheidung fiel auf das Thema „Urban Planet": Krisen und Chancen der globalen Urbanisierung. Der Anfang war ein Abenteuer – die Durchführung ist es auch.

Es entsteht ein Bauwerk von 12.000 Quadratmetern Fläche. Zwei gegeneinander verlaufende „Guggenheim-Spiralen" werden später durch den „Urban Planet" führen. Doch plötzlich stockt die Produktion, irgendetwas ist schiefgelaufen. Ich werde nach China beordert. Ein Termin mit dem zweiten Mann der Expo, Xianjin Chen, steht auf der Tagesordnung. Unser Konzept hatte unter anderem gewonnen, weil wir die Architektur auf dem Yin-und-Yang-Zeichen aufgebaut und das Design der komplexen Inhalte der Urbanisierungsprozesse mit den sogenannten fünf Elementen verknüpft hatten. Unsere Kernthese: Es ist alles miteinander verbunden, erst die Balance zwischen den Dingen bewahrt uns vor der Katastrophe. Man konnte davon sprechen, dass wir einen systemischen Ansatz des ökologischen Zusammenlebens in eine Architektur und eine Dramaturgie übertragen haben. Städte mit ihren Mikro- und Makrostrukturen bieten das beste systemische Beispiel, das man für ein Massenpublikum inszenieren kann. Wir waren damals selbst verwundert, dass wir mit den fünf Elementen ein ganzheitliches Denkmodell in China bereits vorfanden, das mehrere Tausend Jahre alt war. Ein Zeichen aus einer Tradition, als die Balance zwischen Himmel und Erde noch intakt war.

Doch jetzt schienen wir an eine irdische Grenze gekommen zu sein. Der Dialog zwischen der Expo und uns wird durch eine circa 40-köpfige Expertengruppe unterbrochen. Die fünf Elemente in unserem Gesamtkomplex stellen aus chinesischer Sicht ein grundsätzliches Problem dar. Die fünf Zeichen sind alle entsprechend der alten Schrift – einen Stern bildend – durch Linien miteinander verbunden. Genau zu dem Thema der Verbindung der Elemente untereinander tagt die Kommission.

Alle grafischen Prozesse sind jedoch bereits abgeschlossen. Wir verstehen nichts mehr. Man kann uns auch nicht vermitteln, was das Problem ist. Irgendwann verkündet man uns, wir mögen auf die fünf Elemente verzichten. Unser Protest, dass dies jedoch den Designvorschlag grundlegend verändert, stößt auf taube Ohren und Schulterzucken. Wir schreiben Briefe, Begründungen und machen erst mal so weiter. Nach etwa zwei Monaten kommt die Nachricht, wir könnten alles so lassen. Allerdings sollten wir auf die Linien zwischen den jeweiligen Zeichen der fünf Elemente verzichten! – Was war geschehen? Viel später erst wird klar, um was der Streit ging. Die alte Form der fünf Elemente stand auch für die Größe der Verantwortung der jeweiligen Kaiser. Da es aber keinen Kaiser mehr gibt, kann es kein Individuum mehr sein, sondern als Ganzes die Regierung, die für die Harmonie der Systeme zuständig ist. Da wir jedoch hier ein globales Problem berühren, kann es unmöglich sein, dass die chinesische Regierung oder Partei hier quasi eine Weltverantwortung übernehmen würde. Später sollten in 7 Monaten die insgesamt 8,4 Millionen Besucher des Pavillons die fünf Zeichen ohne die Verbindungslinien lesen und auch so Tränen über den globalen Zustand unserer Städte vergießen.

Der Balkon

Die Expo 2010 beginnt in drei Tagen. China hat die ganze Welt eingeladen, das Land zu beobachten. Es wird interessant werden, was die Welt so alles sieht. Ich stehe in Shanghai auf dem Balkon der Bar Rouge. Von dort aus hat man einen faszinierenden Blick über die Uferregion Shanghais mit dem großen Boulevard. Es ist ein Platz für die anderen Sinne, ein Ort, an dem man nur Staunen kann über die coole Erotik Chinas. Hier trinkt und tanzt Chinas Avantgarde für einen kurzen Augenblick – oder zumindest das, was die „Expo Crowds" aus London, New York, Berlin oder Barcelona dafür halten. Sexy Ladies flanieren um die verwirrten Ausländer herum, immer einen

Augenaufschlag zu direkt. Die Musik ist House und Jungle aus Berlin, sie ist zu laut, um ernsthaft zu philosophieren, also sind es die vielen Blicke, die Geschichten erzählen.

Auf der anderen Seite des Huangpu liegt Pudong. Dort drehen sich Kräne, und man hört die Presslufthämmer herüberschallen. Auch nachts. Die Geräusche jenseits vom Fluss passen zum Rhythmus der Techno-Musik ... Das 21. Jahrhundert sieht hier in China anders aus als Heidelberg. Alles bleibt anders! Alle Macht der Zukunft!

Städte, Metropolen, Zukünfte

Alle reden über die Zukunft der Städte. In Shanghai findet im Vorfeld der Weltausstellung eine internationale Konferenz zum Thema Urbanisierung mit dem Titel „Urban Age" stattfinden.

Anwesend sind unter anderem Saskia Sassen und Richard Sennett, international führende Stadtsoziologen und Urbanisten, die mit der Konferenzreihe in den kommenden Jahren die ganze Welt bereisen sollen. Irgendwann – nach endlosen Zahlenkolonnen der Shanghaier Stadtregierung und Beweisen für den ungeheuren Willen, die Stadt nach vorne zu bringen – steht Richard Sennett plötzlich auf und ruft in das Auditorium, er müsse an dieser Stelle mal einen Kommentar machen: Er sei zwar erst ein paar Tage in China und Shanghai, aber er möchte ausdrücklich feststellen, dass hier offensichtlich die schlechteste Moderne des 21. Jahrhunderts gebaut worden sei. Sie sei weder nachhaltig noch mobilitätskompatibel noch architektonische Zukunft. Die anwesenden politischen Kader blicken sich untereinander verstört an. Haben sie richtig gehört? Sollte hier ein amerikanischer Top-Intellektueller mit einem Satz die Arbeit von 30 Jahren diskreditieren? Sollte es etwa einen Plan für diese massive Attacke geben? Die Konferenz ist zwar unter dem Radar der Deutschen Botschaft in Peking geflogen und erhält dennoch höchste politische Aufmerksamkeit. Ein Tag zuvor haben der stellvertretende Leiter der Kommunistischen Partei, Sun Luyi, und der Leiter des Stadtrats noch alle Gäste in einem perfekten Englisch auf einer der vielen Dachterrassen begrüßt und beeindruckt.

Ich muss nach dem Sennett-Zitat an amerikanische Städte wie Detroit, Buffalo, Pittsburgh oder ganze Landstriche in Illinois denken, die völlig zerstört sind, und an die 30 Prozent der Amerikaner, die in Ruinenstädten unter Extrembedingungen in Wohnwagen oder Elendsquartieren ihr Leben fristen müssen. Die Slums in Mumbai oder Johannesburg kommen mir in den Sinn. Alles Orte, an denen Leben nur als bedingt lebenswert bezeichnet werden kann. Sennett hat ohne Zweifel aus einem Impuls heraus gehandelt. Er hatte aber auch ein wenig die globale Übersicht verloren ...

„Den Fluss überqueren, Stein für Stein"

Die Konferenz läuft zwar friedlich weiter, aber es ist so, als habe jemand etwas Wichtiges gesagt, und alle tun so, als hätten sie das gar nicht gehört. Am nächsten Morgen, die Konferenz will gerade mit ihrem Routineprogramm beginnen, entsteht am Eingang Unruhe. Eine Gruppe von sechs bis sieben Mitgliedern der ortsansässigen Stadtplanungskommission stürmt in den Saal, sie setzen sich vorne auf das Podium, und der zuständige Stadtplaner beginnt einen etwa einstündigen Vortrag zur grundsätzlichen Frage der Urbanisierung in China. Im Wesentlichen sind die Thesen ... China ist dabei, aus einem Agrarland eine moderne urbane Gesellschaft zu werden. Man habe den Aufruf von Deng Xiaoping, „den Fluss Stein für Stein zu überqueren", sehr ernst genommen. Man habe vielen Menschen überhaupt erst dazu verholfen, aus ärmlichen Verhältnissen in beheizte Wohnungen mit warmem Wasser und eigener Toilette zu ziehen ... Das sei möglicherweise für die Menschen aus dem Westen nur schwer nachvollziehbar, doch hier in China finde so etwas wie eine urbane Revolution statt. Die wichtigste Frage sei, wie man für die Bevölkerung möglichst schnell guten Wohnraum zur Verfügung stellen könne, um die riesige Nachfrage zu decken. Immerhin lebten bereits circa 800 Millionen Chinesen in Städten aller Art. Das Wohnungsbauprogramm in China sei etwas völlig anderes als die Situation in London, New York oder Paris. China sei sehr spezifisch zu betrachten und man müsse historisch völlig andere Rahmenbedingungen berücksichtigen, als dies für westliche Staaten notwendig sei. Im Übrigen seien die Menschen mit ihren Wohnungen sehr glücklich, das hätten Umfragen ergeben ... Man solle einfach länger im Land bleiben, dann würde man das auch erkennen ... Anschließend verlassen die Gruppe aus KP und Stadtplanung wieder den Saal. Das Kolloquium gleicht für einen Moment einem sehr poetischen Filmtitel von Alexander Kluge: Die Artisten in der Zirkuskuppel: ratlos.

China hat seit Beginn der 1980er-Jahre und seit der Öffnungsrede von Deng Xiaoping 1981 für etwa 600 Millionen Chinesen neuen Wohnraum geschaffen – was die Dimension der gesamten Infrastruktur der USA übertrifft –, und dann kommt Sennett und behauptet, die enorme Arbeit sei schlecht ausgeführt. Der Vorgang ist ein Beispiel für grundsätzlich andere Ausgangslagen bei der Betrachtung von Realität, Alltag und Zukunft. Hier der saturierte Westen, dort ein Land, das stolz ist auf die geleistete Arbeit einer ganzen Generation, die zunächst einmal mehrere Hundert Millionen Menschen aus der Armut befreit und den Menschen Bildung zur Verfügung gestellt hat. Und die Tendenz sollte sich fortsetzen: 2018 leben circa 67 Prozent der Chinesen in Städten.

Ein politischer Blitz

Doch drei Monate später rollen in Shanghai einige Köpfe. Sun Luyi und andere in seinem Umfeld, die gerade noch die Konferenz eröffnet haben, werden kurz darauf aller Ämter enthoben. Ein großer Korruptionsskandal macht die Runde. Die Rentenkasse der Provinz Shanghai ist zu Spekulationszwecken missbraucht worden. Der Schaden beträgt mehrere hunderttausend Millionen RMB. Viel später erfahre ich, dass Sun Luyi im Schatten von Jiang Zemin aufgestiegen ist. Es wird offensichtlich eine politische Zeitenwende eingeläutet – und das öffentlich.

Das waren Vorboten zum Thema Korruption in China, die über Bo Xilai 2011 bis zur aktuellen politischen Kampagne Xi Jinpings reichte und denen noch viele Anklagen folgen sollten. Die Verführungen und Verfehlungen von Macht sind weltweit vorhanden. China macht da keine Ausnahme. Doch die Radikalität, mit der die politischen Kader zur Rechenschaft gezogen werden – mit mehr als 140.000 Verfahren bis 2018 – lassen aufhorchen.

2013: Gelbe Erde 黃土地 – Rotes Kornfeld und Rote Hirse 高粱

Plötzlich steht er vor mir, Zheng Bijian, geboren 1932, 81 Jahre alt, 1 Meter 90 groß, weiße Haare. Er ist Chairman des China Institute of International Studies, einem außenpolitischen Thinktank, der sich zu globalen politischen Strategien Gedanken macht. Wir sitzen oberhalb des Zentrums der deutschen Demokratie, im Restaurant des Berliner Reichstags. Zheng Bijian strahlt eine souveräne Gelassenheit aus. Man will sich gerne mit ihm unterhalten. Der Mann hat die jüngste Geschichte Chinas miterlebt und zum Teil mitgestaltet. Er kennt die Kulturrevolution aus eigener Erfahrung und hat kurz nach der Verurteilung der Viererbande als persönlicher Sekretär für Deng Xiaoping gearbeitet. Zheng erzählt im Ton eines Mannes, der selbst Geschichte mitgeschrieben hat, mit einem souveränen Blick für die aktuelle Weltlage.

Er war unmittelbar dabei, als es darum ging, die große Öffnungsrede zu schreiben, mit der Deng 1980/81 das Tor zum Westen endgültig aufstieß. Er erzählt, wie er dreieinhalb Tage an dem Manuskript intensivst gesessen hat, Deng immer mehr Dinge ausgearbeitet haben wollte und permanent Veränderungen vornahm. Die Rede in Shenzhen war Dengs Wiedereintritt in die politischen Machtfelder Chinas.

Shenzhen ist zu dieser Zeit noch ein Fischerdorf und mit dem heutigen gigantischen Moloch mit 30 Millionen Einwohnern in Nichts zu vergleichen. Zheng erzählt den Moment der Öffnung so, als sei es gestern gewesen. Wie sie die entscheidenden Aspekte diskutierten, die in der Zukunft gelten sollten. Eigentumsrechte der Bauern, freier Verkauf von Eigenanbau, Einführung von kommunalem Recht als unterste Verwaltungsebene, sodass China recht schnell zu einem Land von Kleinbauern werden soll, mit jährlichen Wachstumsraten von etwa neun Prozent. Der große Sprung nach vorn, der unter Mao misslungen war, begann 1981 mit durchschlagendem Erfolg.

Diese Änderung hatte einen bedeutenden Anstieg des Lebensstandards für große Teile der Bevölkerung zur Folge. Durch mehr Einkommen steigt die Nachfrage nach

Luxusgütern – Haushaltsgeräte, Farbfernseher, Kühlschränke werden schnell zu Statussymbolen. Das Pro-Kopf-Einkommen auf dem Land vervielfacht sich und ländliche Unternehmen wachsen in dieser Zeit um durchschnittlich 28 Prozent jährlich und beschäftigen schon nach kurzer Zeit über 100 Millionen Menschen. Im gleichen Zeitraum entstehen vier sogenannte Sonderwirtschaftszonen für ausländische Investoren: Shenzhen, Zhuhai, Shantou und Xiamen.

Zheng wird beim Erzählen wieder ganz jung. Sein Element ist die Außenpolitik und besonders die Reformpolitik sowie die Öffnung als Ganzes. Da sitzt also eine historische Figur vor mir. Zheng Bijian ist jemand, der den „schlafenden Drachen" unbedingt mit aufwecken wollte, das ist dem 81 Jahre alten Mann noch heute anzumerken.

Meine Aufzeichnungen von diesem Gespräch verzeichnen Staunen über so viel Lebensenergie und Klugheit – und ich stolpere über ein Zitat von Mao: „Only in an atmosphere of democracy can large numbers of able people be brought forward." Geschrieben mitten im Krieg gegen die Japaner im Kontext der Entwicklung der chinesischen Kommunistischen Partei, elf Jahre vor der Gründung der neuen Volksrepublik China. 80 Jahre später gibt es gemeinsame Regierungskonsultationen zwischen der Bundesregierung und dem chinesischen Kabinett. Zheng sagt dazu amüsiert, dass es vielleicht auch wichtiger sei voneinander zu lernen als voreinander Angst zu haben.

Es ist immer leichter, Geschichte aus der Distanz zu bewerten als aus den Augenwinkeln die Gegenwart zu erkennen. Es sei denn, in Berlin wird mal wieder eine Mauer umgeworfen.

Die nächste Generation

Sie ist plötzlich da. Eine chinesische Studentin der Kultur- und Kunstgeschichte. Sie will wissen, was man von Deutschland im Bereich Kulturmanagement lernen kann. Japanisch, englisch, chinesisch sind ihre Sprachen. Sie ist klug, ehrgeizig, wissbegierig und lustig. Und sie beherrscht auch die Zwischentöne. Shi Li-Sanderson steht im Gegensatz zu der Begegnung mit Zheng Bijian für eine Begegnung mit der nächsten Generation. Eine moderne Chinesin, Teil einer Generation, für die Maos Kulturrevolution und auch Deng Xiaopings Rede so weit weg sind wie der Zweite Weltkrieg für junge Europäer. Eine Generation 100 Prozent digital und international ausgebildet, für die Arbeitszeit niemals aufhört, ist eine Generation für die alles mit allem zusammenhängt. Kunst mit Business, Reisen mit Literatur, Ökonomie und Geld mit Erfolg und Karaoke mit transnationalen Freundschaften. Eine Alipay-Generation, die nur müde lächelt über die digitalen Geschwindigkeiten in Europa. Sie steht für die Generation Speed Dancing China, die mit ihrer Vielfalt Geschwindigkeit und Lust am Leben, das schnellste Land der Welt verkörpert. Wer drei Monate nicht dort war, muss seine Uhr neu stellen.

Die Bildungsoffensive der letzten zwei Jahrzehnte hat den Markt längst erreicht. Ausbildungen an den amerikanischen Ivy-League-Hochschulen oder in Oxford, Cambridge respektive an den eigenen Unis in Peking oder an der Kunsthochschule

Hangzhou mit 8000 Kunststudenten sind bei vielen jungen Chinesen zur biografischen Selbstverständlichkeit geworden.

Wer wird schon mit 28 Jahren in Deutschland Geschäftsführerin einer Stiftung? Die von dem chinesischen Filmstar Li Yapeng und seiner Frau Faye Wong, eine landesweit bekannte Avantgarde-Pop-Sängerin gegründet worden ist, um kranken Kindern, insbesondere in schwer zugänglich ländlichen Gebieten mit mobilen Krankenhäusern zu helfen. Die *Smile Angel Foundation* baut ein Krankenhaus in Peking. Shi Li-Sanderson leitet die Planung und die Strategie der Stiftung. Sie sagt: In China hat man sieben Leben, sie sei jetzt gerade mal im zweiten. 2018, nach drei weiteren Großprojekten, sollte sie von der Stadt Peking den „Woman Pacesetter Award" erhalten.

Zeng Fanzhi und die Französische Revolution

Es gibt eine schöne Anekdote von einem chinesischen Staatsbankett, bei dem der damalige französische Präsident Georges Pompidou nach seiner Rede fast beiläufig eine Frage stellt: Ihn würde es sehr interessieren, was man in China über die Französische Revolution denkt. Zhou Enlai, der damalige Außenminister unter Mao, antwortet ihm nach einer langen Grundsatzrede zur 5000-jährigen Geschichte Chinas. Am Ende seiner Rede tut er so, als wolle er sich setzen, und sagt dann sinngemäß: „Ach, fast hätte ich es vergessen, ich möchte Ihnen gern eine Einschätzung geben zur Wahrnehmung der Französischen Revolution: Wir sind überzeugt, es ist viel zu früh, um das abschließend zu beurteilen."

Fünf Jahre nach dieser ersten Begegnung produziert Shi Li-Sanderson in den alten UFA-Studios in Berlin-Tempelhof einen Film über die Entstehung eines spektakulären Bildes. Sie hat sich die Aufgabe gestellt, den Prozess der Entstehung eines Bildes von Zeng Fanzhi filmisch über vier Tage zu dokumentieren, Tag und Nacht. Das dafür extra gebaute Studio in Berlin-Tempelhof ist Weiß in Weiß und 20 mal 10 Meter im Grundriss. Acht Kameras sind in den Wänden verteilt und beobachten jede Bewegung von Zeng Fanzhi. Eine schwarze Couch, ein Hubwagen, Zigarren, Whisky, unendlich viele Farben und sonst nichts. ... Ein Hubwagen bewegt Zeng und seine Farben in die Höhen des etwa vier mal acht Meter großen Bildes.

Es werden währenddessen Interviews gemacht zum Titel und Prozess des Bildes. Das Bild soll You heißen ... (chin.: Zi You). Ein Titel, der wie vieles in der chinesischen Sprache sich mehrfach überlagernde Bedeutungsebenen ins Schwingen bringt. Poetisch übersetzt: Die höchste Form der Freiheit.

Zengs Bild wirkt wie eine vielfarbige, nervendurchsetzte Gewitterlandschaft, durch die die dahinter liegende Szene verhüllt oder eingerahmt wird und sie wie das eigentlich innere Geheimnis des Bildes erscheint. Unwillkürlich kommt mir Leonard Cohen ins Gedächtnis: „There is a crack in everything ... that's how the light gets in."

Zeng, Zigarre rauchend, kommt mir – aus dem sonst streng abgeschirmten Gesicht – mit einem Lächeln entgegen, berührt mich leicht mit seiner Hand am Oberarm, so als müsse er einem noch ganz frischen Freund die Scheu nehmen, in seine Aura zu treten. Er ist sichtlich erschöpft.

Bald würden mehr als 250 Menschen das Bild sehen. Am nächsten Tag ist auch ein Vertreter der Pariser Galerie von François Pinot anwesend. Shi Li-Sanderson ist angespannt, aufgeregt, aber zu allen Menschen am Set sehr aufmerksam. Zeng ist cool und erschöpft. Die Vernissage ist ein voller Erfolg.

Andere Bilder von ihm kommen mir wieder in den Kopf. Ich sehe Bilder aus seinem Studio in Peking, unter denen eines hervorsticht: Es zeigt den Torso der Marianne aus der Französischen Revolution von Eugène Delacroix, wie sie allein auf einem „Sockel der Geschichte" steht, inmitten einer zerstörten Landschaft. Das Bild hat mich nachhaltig verstört. Bei einem Gespräch mit ihm frage ich ihn beiläufig, was denn dieses Bild für ihn persönlich bedeute und was sein Verhältnis zur Geschichte sei. Er antwortet sinngemäß: „Wenn jeder nur für sich seine Freiheit erkämpft, wird die Freiheit als Ganzes zerstört." Es ist so ein Satz, der einfach so dahingeworfen scheint, doch steckt darin die ganze gegensätzliche Systemlogik zwischen China und dem Westen: Wie organisiert sich das Individuum zum Ganzen und wie das Kollektiv zum Individuum.

Das Unbewusste in China

Irgendwann sitze ich zwei Stunden von Peking entfernt in Harbin, einer Region im Nordosten Chinas, einem Psychologen gegenüber, der zugleich Chef des erfolgreichsten Kaufhauses in Harbin ist. Die letzte Schiene der Transsibirischen Eisenbahn liegt dort in einem Museum, ein fantastischen Ice Festival während der chinesischen Winterzeit ist international bekannt und es gibt dort das modernste Opernhaus Chinas. Harbin war unter anderem ein Fluchtpunkt vieler Juden, die aus Deutschland und Europa während des Zweiten Weltkriegs fliehen mussten. Darunter der Berliner Philharmoniker, Hellmut Stern, der dort im internationalen Symphonieorchester mitspielte und Harbin mit europäischer Klassik bereicherte.

Der Psychologe führt das Kaufhaus so, wie man eine Armee führt. Seine Mitarbeiter haben großen Respekt vor ihm. Er ist der Sohn eines Generals, der noch in die Nähe Maos gekommen ist. Wir sitzen also eines Tages in einem Fünf-Sterne-Hotel und sprechen über Sigmund Freud und das chinesische Unbewusste. Jahre später sollte sich aus diesem Gespräch eine wunderbare freundschaftliche und geschäftliche Zusammenarbeit entwickeln.

Wir sprechen über chinesische Zeichen und ihre tiefere Bedeutung und der eigentlichen Unübersetzbarkeit des chinesischen Denkens.

Ich frage mich seitdem, ob Chinesen am Ende nicht doch anders träumen als Europäer, weil die chinesischen Zeichenbilder die Gehirne anders assoziieren lassen. Anders kann ich mir zumindest die Fantasie und Kraft von Speed Dancing China nicht vorstellen. Es muss einen chinesischen Traum geben, den wir Europäer nie geträumt haben.

Peter Zec

2.14 Vom Produktions- zum Markenstandort – Chinas neue Designstärke

Originäres Design macht Unternehmen erfolgreich und zukunftsfähig. Lange Zeit dominierten Produkte designstarker Unternehmen aus westlichen Nationen sowie aus Südkorea und Japan den internationalen Markt. China kam dabei lediglich die Rolle eines günstigen Produktions- und Vertriebsstandorts zugesprochen. Doch die alten Ordnungen befinden sich im Wandel: Immer mehr Güter „made in China" und „made by China" können sich auf dem heimischen und globalen Markt behaupten. Neben einer staatlichen ist dabei eine unabhängige Designförderung und Designevaluation ein entscheidender Faktor, was durch die Aktivitäten des Red Dot Design Awards in China veranschaulicht werden soll.

Designförderung für mehr Qualität

Der Red Dot Design Award ist ein internationaler Designwettbewerb, dessen Wurzeln bis in die 1950er-Jahre zurückreichen. Die über sechzigjährige Geschichte beginnt mit der Gründung des Vereins Industrieform im Jahr 1954 auf Initiative des Leiters der Abteilung für Presse und Werbung der Firma Krupp, Prof. Dr. Carl Hundhausen. Neben dem damit angestrebten Imagewandel des Krupp-Konzerns nach dem Ende des Zweiten Weltkriegs sollte der Verein der Modernisierung und Exportqualifizierung deutscher Konsumgüter dienen. Um dies zu erreichen, wurde bereits ein Jahr später ein Designwettbewerb ausgeschrieben und eine innovative Konsumgüterschau mit dem Titel *Ständige Schau formschöner Industrieerzeugnisse* in der Villa Hügel in Essen initiiert. Die Ausstellung präsentierte die ausgezeichneten Produktdesigns und sollte nicht nur nationale wie internationale Vertreter aus der Industrie anziehen, sondern auch Verbraucher, die in der Auseinandersetzung preisgekrönter Industrieprodukte ein Gespür für gutes Design entwickeln konnten.[1] Daher ist ein unabhängiger Designwettbewerb mit einem qualitativen und relativen Urteil über die Gestaltung neuer Produkte eine wichtige Komponente in der Förderung von Material- und Herstellungsqualität, wodurch sich das Produktdesign zum entscheidenden wirtschaftlichen Distinktionsmoment und wichtigen Erfolgsfaktor für Unternehmen entwickeln konnte.

Name und Organisation haben sich über die Jahrzehnte verändert und weiterentwickelt: Aus dem Verein Industrieform wurde die Marke Red Dot und der Wettbewerb für Produktdesign wurde ergänzt durch einen Wettbewerb für Kommunikationsdesign

Prof. Peter Zec, ist Gründer und CEO der Red Dot GmbH & Co. KG, Essen, und Initiator des weltweit anerkannten Designpreises „Red Dot Design Award", Essen.

https://doi.org/10.1515/9783110624731-019

und Designkonzepte.[2] Mittlerweile reichen Designer und Hersteller aus 70 Nationen ihre Produkte, Gestaltungen und Konzepte ohne Vorauswahl ein, um diese dem Urteil einer namhaften Expertenjury zu stellen. Das mit jedem Wettbewerb verbundene Ziel ist zum einen, Herstellern und Designern mit einer Auszeichnung eine qualifizierte Bestätigung ihrer Arbeit zu geben. Durch die Kommunikation des Erfolgs wie beispielsweise durch die Nutzung des Red-Dot-Labels erfolgt darüber hinaus eine verbesserte Distinktion auf dem jeweiligen Markt. Zum anderen ist dem Endverbraucher das Red-Dot-Label als Qualitätssiegel über die Jahre bekannt gemacht worden und bietet damit Orientierung bei der Auswahl der Produkte.

Der positive Einfluss einer qualifizierten Designevaluation hat sich neben Wettbewerben wie dem US-amerikanischen „Good Design Award" (seit 1950) auch im asiatischen Raum bewährt. Frühzeitig durchgesetzt wurde dies in Japan, wo im Jahr 1957 ein nationaler Designwettbewerb als Evaluierungssystem für die Wettbewerbsfähigkeit der heimischen Industrie gegründet wurde. Das Ziel lag hier in der Entwicklung originärer Produkte: „Soon after the end of World War II, Japan began to manufacture consumer goods for export. Unfortunately, however, most of this goods were close imitations of Western products, creating a major international issue. Government officials and business leaders wondered what was missing in the quest to produce original products. The answer that these concerned officials and forward-looking business leaders turned to was ‚design'."[3] Mit der Einführung des „Good Design Selection System" wurde zugleich ein Qualitätssiegel für gutes Design in den Markt eingeführt, das mittlerweile als G-Mark (Good Design Mark) einen hohen Bekanntheitsgrad in der Öffentlichkeit erlangt hat.

Zur Entwicklung Chinas als Designnation

Eine Partizipation chinesischer Hersteller und Designer war in den Anfangsjahren von Red Dot unvorstellbar. Während weite Teile der Welt dem Schrecken des Krieges eine Epoche des wirtschaftlichen Aufschwungs mit einem wachsenden Konsumgütermarkt entgegensetzten, gipfelte in der 1949 gegründeten, landwirtschaftlich geprägten Volksrepublik China der „Große Sprung nach vorn" in einer der größten Hungersnöte der Neuzeit. Darauf stagnierte zudem die Entwicklung in Bildung und Wissenschaft durch die Kulturrevolution. Obwohl sich China seit der Modernisierungsphase der 1980er-Jahre zunehmend als „Werkbank der Welt" und Vertriebsknotenpunkt etabliert hat, war eine schnelle Entwicklung des Landes als führende Designnation aufgrund der historischen Faktoren zunächst nicht absehbar. Neben schwachem Knowhow und schlechten ökonomischen Voraussetzungen waren gesellschaftliche Restriktionen sowie ideologische Barrieren für die Entfaltung von Kreativität und die Hervorbringung guten Designs alles andere als förderlich. Denn gutes Design kann immer nur dort entstehen, wo der freien Entfaltung des kreativen Geistes keine Grenzen gesetzt werden – seien es physische oder psychische. Dementsprechend basiert

Kreativität auf der Fähigkeit, das Bestehende infrage stellen zu können (und zu dürfen) sowie gegen den Strich zu denken.[4] Erschwerend kommt hinzu, dass sich in China – anders als beispielsweise in Europa – keine Ideengeschichte des Originals und des Individuums als Urheber entfaltet hat.

Im Gegensatz dazu konnte Deutschland nach Kriegsende auf seine Stärke im Ingenieurwesen zurückgreifen. Zudem war es innerhalb einer nach Freiheit und Fortschritt strebenden Gesellschaft wieder möglich, sich dem kulturellen Designerbe rund um den Werkbund und das Bauhaus zu besinnen, welche die Vereinigung von industrieller Produktion und Formgebung frühzeitig erkannt hatten. Somit war eine rasante Designentwicklung unter anderem im Umkreis der Hochschule für Gestaltung Ulm (1953–1968) möglich.[5] Wie groß die Bedeutung des Designers für die industrielle Produktion eingeschätzt wurde, wird durch die Worte von Bauhaus-Gründer Walter Gropius anlässlich der ersten Ausstellung des Vereins Industrieform deutlich: „Spitzenprodukte [können] neben technischer und wirtschaftlicher Höchstleistung erst durch besondere Güte und Eigenart ihrer Form erzielt werden [...]. Sie müssen psychologisch ebenso gut funktionieren wie praktisch, sie müssen das Urbedürfnis des Lebens nach Schönheit befriedigen." Weiter betont er, dass die gute Form „konstitutionell sein muß" und ihr Entwurf „untrennbarer Teil des gesamten Produktionsprozesses"[6] ist. Design ist folglich kein Schmuckwerkzeug, sondern betrifft das gesamte Produkt: vom Entwurf über die Materialwahl bis hin zur Produktion und Vermarktung. Unternehmen, die Design strategisch in ihre Unternehmensentwicklung integrieren, investieren daher in das Erreichen einer besonderen Qualität der Güter und somit in eine Wertsteigerung ihrer Produkte und Marke.[7]

Da erfolgreiches Design jedoch nicht vorhersehbar ist, da es dabei um ein zielgerichtetes Spiel mit Möglichkeiten, Chancen und Perspektiven geht, braucht es kreative Köpfe, die sensibel für technische wie auch kulturelle Entwicklungen sind und die entscheidenden Ideen haben: Designer, die sich mit Hingabe ihrem Auftraggeber und dem Produkt verschreiben. Die Herausbildung des Berufsbilds des Designers ist in China aus den angesprochenen Gründen eine junge Entwicklung. Neben den historischen Faktoren wurden in China lange Zeit keine wirkungsvollen Maßnahmen von staatlicher Seite unternommen, um chinesische Unternehmen davon zu überzeugen, dass es von Vorteil ist, eigene originäre Produkte zu entwickeln, statt bereits existierende Produkte von internationalen Wettbewerbern zu kopieren und zu geringeren Preisen auf dem Markt anzubieten. Da die Produktfälschungen oftmals auch noch über eine mangelhafte Qualität verfügten, wurde ein weiteres schlechtes Licht sowohl auf die Produkte als auch auf die Hersteller und die Regierung, die dies alles geschehen ließ, geworfen.[8]

In den letzten Jahren wird jedoch von der Politik der Versuch unternommen, durch politische Maßnahmen ein Designbewusstsein zu fördern. Neben den letzten beiden Fünfjahresplänen wird dieser Wandel besonders in der Strategie „Made in China 2025" deutlich, die 2015 vom chinesischen Premierministers Li Keqiang und dem chinesischen Staatsrat entwickelt wurde. „Made in China 2025" gilt als Masterplan, endgültig mit den Industrieländern auf Augenhöhe zu kommen. In diesem Zuge werden nicht nur milliardenschwere Investitionen getätigt, sondern sogar Kreativität auf den Schulplan gesetzt. Das mit dem Masterplan verbundene Ziel fasst Karl Pilny zusammen. Es gilt, „China bis 2049 zu einem führenden Zentrum von qualitativ hochwertiger und wertschöpfungsintensiver Fertigung zu machen. [...] darunter fallen unter anderem moderne Informationstechnologie, Robotik, biologische Medizin und medizintechnische Produkte. Darüber hinaus wurden neun Aufgaben mit Priorität versehen, beispielsweise verstärkte Innovationen in der Fertigungsindustrie, die Förderung chinesischer Marken und die Unterstützung dienstleistungsorientierter Fertigung."[9] Es wird folglich versucht, mit politischen Maßnahmen unter anderem ein Designbewusstsein zu fördern. Viele chinesische Unternehmen reagieren darauf, indem sie mit westlichen Designern kooperieren oder sich an westlichen Designstandards orientieren. Das geschieht unter anderem auch dadurch, dass Auszeichnungen im Red Dot Design Award als Ziel vertraglich festgesetzt sind: Der Erfolg in einem Designwettbewerb wie Red Dot wird als Benchmark für gutes Design verstanden. Dieses Bestreben war lange vor aktuellen politischen Impulsen im Red Dot Award: Product Design zu spüren. Das Designbegehren einiger Unternehmen erwies sich folglich als guter Indikator für die spätere politische Strategie. Das erste chinesische Unternehmen, das im Wettbewerb für Produktdesign ausgezeichnet wurde, war Haier, ein Hersteller für Haushaltsgroßgeräte. 2007 wurde eine Waschmaschine von Haier ausgezeichnet, die mit einer damals innovativen Touch-Kontrolle und einer ausgereiften Pulsator-Waschtechnik überzeugte.

Zu den chinesischen Vorreiterunternehmen, denen es in einem relativ kurzen Zeitraum gelungen ist, ein ernst zu nehmendes Gegengewicht zu erfolgreichen westlichen Marken zu bilden, gehört der Computerhersteller Lenovo. Dass sich Lenovo 2005 die PC-Sparte des US-amerikanischen IT-Riesens IBM sicherte, macht die Orientierung an internationalen Parametern deutlich. Einer der Hauptgründe für dieses Geschäft war der Erwerb des Designeigentums am ThinkPad. Lenovo erkaufte sich gutes Design, das sich zu einem Werttreiber des Unternehmens entwickelt und den Weg für eigene Designinvestitionen geebnet hat. Folglich hat Lenovo „von seinem Investment profitiert und seine Stellung sowohl im chinesischen als auch im internationalen Markt deutlich ausgebaut und gefestigt".[10] Das 1984 gegründete Unternehmen ist mittlerweile der größte Computerhersteller der Welt, das für seine Designkontinuität auch im Red Dot Award: Product Design ausgezeichnet wurde. 2013 erhielt das Lenovo Design & User Experience Team sogar die Ehrung als Designteam des Jahres, weil eine authentische Designsprache geschaffen wurde, die auf der ganzen Welt verstanden wird.[11]

Bis heute haben sich in China gestaltete Produkte im Wettbewerb weiter etabliert. Die Einreichungszahlen steigen und immer mehr chinesische Produkte können der harten Evaluation durch die Jury bestehen, manche sind sogar von einer hohen oder sehr hohen gestalterischen Qualität. Diese Entwicklung macht deutlich, dass sich in der Volksrepublik China ein zwar politisch gesteuertes, jedoch wachsendes Verständnis für gutes Design entwickelt. Ein weiterer Treiber dafür ist auch die erstarkte Mittelschicht des Landes, die ein gutes Konsumklima fördert und das Land zu einem wichtigen Absatzmarkt werden lässt.[12] Darüber hinaus erfolgt durch den Konsum ein besseres Verständnis von Design innerhalb der Bevölkerung.

Um das Bedürfnis von Unternehmen nach einer unabhängigen Evaluation von Design mittels eines Wettbewerbs entgegenzukommen und das Verständnis von Design in China weiter zu fördern, ist Red Dot seit Jahren auf dem chinesischen Markt aktiv. Die Zusammenarbeit reicht bis in die 1990er-Jahre zurück, wie die langjährigen Beziehungen zum Hong Kong Design Institute deutlich machen: Nach einer ersten Red-Dot-Ausstellung im Hong Kong Convention Center im Jahr 1999 wurden zahlreiche Ausstellungen zu diversen Aspekten rund um das Thema Design entwickelt. Ein weiterer Schritt war die Mit-Organisation der Messe „Xiamen International Design Week", die seit 2012 jährlich in der südchinesischen Hafenstadt Xiamen stattfindet. Sie verbindet eine Designausstellung mit einem Messebereich, und es wird darüber hinaus ein Schulungsprogramm mit international renommieren Designern angeboten. Ein besonders wichtiges Etappenziel war die Etablierung eines chinesischen Designwettbewerbs, der seit 2015 von Red Dot und der Xiamen Media Group organisiert wird. Mit „China Good Design"[13] ist das Ziel verbunden, einen unabhängigen chinesischen Designwettbewerb auf Basis internationaler Normen zu schaffen, wodurch chinesische Produkte sowohl auf dem internationalen als auch auf dem lokalen Markt sichtbarer gemacht werden sollen. Dabei hat vor allem die Stadt Xiamen durch eine gute Infrastruktur und Lage ihr großes Potenzial als zukünftig bedeutender Knotenpunkt im globalen Designmarkt offenbart. Das wird in den wachsenden Besucherzahlen der Designmesse und Einreichungszahlen zu China Good Design deutlich. Unterstrichen wird diese Rolle durch das jüngste Red Dot Design Museum, das seit November 2018 in Xiamen seine Pforten öffnet. Nach Museen in Essen, der Heimatstadt des Wettbewerbs, und in der berühmten Marina Bay in Singapur, soll in der Ausstellungsfläche im Terminal 2 des Xiamen-Gaoqi-Flughafens Design erlebbar gemacht werden.[14] Mit diesen Aktivitäten verdeutlicht Red Dot, dass der asiatisch-pazifische Raum einen festen Platz innerhalb der globalen Designszene innehat.

Herausforderungen für die chinesische Designrevolution

Die Bandbreite chinesischer Produkte ist groß, die im Red Dot Award: Product Design oder zu China Good Design eingereicht werden: von einem Roboter für frühkindliche Erziehung über Fahrräder oder Haushaltsgeräte bis hin zu Fernsehern und Interior-Design-Elementen. Trotz steigender Auszeichnungen für chinesische Produkte und wachsender Erfolge einzelner großer Marken auf dem internationalen Markt steht die Entwicklung einer Designkultur in China noch am Anfang. So sehen sich chinesische

Designer vor der Herausforderung, eine originäre Designsprache zu finden. In der Vergangenheit wurden oftmals westliche Parameter adaptiert oder sogar radikal kopiert, weil sich kulturell wie auch politisch über Jahrzehnte kein Designverständnis ausprägen konnte, das sich gewöhnlich über verschiedene Epochen, Schulen, Strömungen und gesellschaftlicher Veränderungen hinaus entwickelt. Mit hinein spielt zusätzlich eine andere Vorstellung von Original und Kopie, die sich von der europäischen Idee deutlich unterscheidet. Das Original ist keine einmalige Schöpfung, „sondern der endlose Prozess, nicht die endgültige Identität, sondern die ständige Wandlung".[15] Demnach sind auch die Nachahmung und Kopie nicht negativ konnotiert, sondern dem Original gleichwertig.[16] Selbst ein offensichtlicher Fake stehe in der Tradition der ewigen Transformation.[17] Dennoch sind Produktfälschungen keine Möglichkeit, sich langfristig zu behaupten, auch weil Produktions- und Handelspartner nicht bereit sind, auf so einer Basis zu kooperieren.

Doch gibt es in China ernsthafte Bemühungen, um Produktfälschungen so wirksam wie möglich zu bekämpfen? Ein Anzeichen dafür ist, dass China in dem Streben nach Innovationsführerschaft im Jahr 2013 „mehr Patentmeldungen als jedes andere Land"[18] eingereicht hat. Dennoch bleibt der „mangelhafte und oft bemängelte Schutz geistigen Eigentums in China [...] ein heikles Thema. Die Gefahr, bei der Einreichung eines Patentes nach der Veröffentlichung durch das Patentamt kopiert zu werden, ist in China unverhältnismäßig größer als in anderen Ländern", schreibt Karl Pilny, der im Vergleich zu Japan, Korea und Indien jedoch ergänzend anmerkt: „Sobald mehr eigene Erfindungen patentiert werden, wird das Land protektionistischer und penibler, was den Schutz geistigen Eigentums betrifft."[19] Doch da es – Patent hin oder her – flächendeckend oftmals an Qualität mangelt, muss eine kontinuierliche Förderung guten Designs erfolgen.[20] Zu dieser Stärkung gehört die Unterstützung von Originalität, die mit einer verbesserten Stellung des Individuums innerhalb der Gemeinschaft verbunden ist. Die widersprüchliche Haltung dazu wird in der Strategie „Made in China 2025" deutlich, wenn Kreativität für alle staatlich verordnet wird. Dennoch ist die bisherige Entwicklung einer Designkultur in China nicht zu unterschätzen, da ihr schnelles Aufblühen einer Revolution gleichkommt.

Designstarke Zukunftsbereiche

Jedes Jahr im April werden die Ergebnisse des Red Dot Award: Product Design veröffentlicht, die neben den Preisträgern spezifische Trends offenlegen. Im Wettbewerbsjahr 2018 wurde sichtbar, dass die Entwicklung und der Einsatz von nachhaltigen Materialien für innovative Produkte weiter an Bedeutung gewinnt. Der anhaltende Megatrend ist aber zweifelsohne die Digitalisierung: das reicht von digitalen Kommunikations- und Unterhaltungsprodukten über Artikel aus dem Segment Smart Home bis hin zur Robotik. Im Bereich Robotertechnik sind Hersteller aus China bereits besonders stark vertreten, insgesamt sieben Produkte wurde 2018 ausgezeichnet. Darunter befindet sich beispielsweise ein intelligenter Vorleseroboter, der für Kinder von zwei bis acht Jahren in Form einer Eule gestaltet wurde.[21] Dominant sind jedoch Industrieroboter, die neben Künstlicher Intelligenz und Big Data ein entscheidender technologischer Baustein für die Industrie 4.0 sind. Dieses progressive Voranschreiten auf diesem Gebiet kann ebenfalls im Zusammenhang mit der Strategie „Made in China 2025" gelesen werden. Denn eine entscheidende Zukunftstechnik, in die maßgeblich investiert wird, ist neben Umwelttechnik und Biochemie die Robotik. Dazu heißt es: „[...] in Riesenschritten hat sich das Reich der Mitte zum weltweit wichtigsten Abnehmer von Robotern entwickelt. 2016 wurde bereits jeder dritte weltweit installierte Roboter in China aufgestellt, insgesamt 90.000 Stück. 2020 sollen bereits 40 Prozent aller Roboter weltweit in China verkauft werden".[22] Als ein Durchbruch für die Automatisierung Chinas wird auch der Kauf des deutschen Maschinenbauunternehmens KUKA durch den Hausgerätehersteller Midea eingeschätzt. Die Übernahme erfolgte 2016 für einen Kaufpreis von 4,5 Milliarden Euro.[23]

Ein weiterer Indikator für die Zukunftspläne der chinesischen Regierung, die Produktivität von heimischen Produkten voranzutreiben, ist die Förderung von digitalen Technologien wie die computerbasierte Vernetzung von Maschinen, Big Data und dem Internet of Things. Dass davon aber noch längst nicht die gesamte chinesische Wirtschaft profitiert hat, wird in einer Studie des Mercator Institute for China Studies verdeutlicht, indem auf den tatsächlichen Entwicklungsstand der angewendeten Technologie hingewiesen wird, einige Vorreiter ausgeschlossen: „Chinese industry currently still uses the tools and systems of the second industrial revolution and has only begun to embrace the third revolution. Chinese enterprises are only starting to use technologies which are already widespread in industrial countries. The Chinese definition of smart manufacturing often mixes the third industrial revolution with Industry 4.0 and the Industrial Internet."[24] Gleichwohl wird in der Studie hervorgehoben: „Chinese frontrunner manufacturers and their advanced production lines will increase the global competitive pressure in high-tech industries, for instance in electronics and machinery."[25]

Ein weiterer Zukunftsbereich ist die Elektromobilität. In Deutschland gibt es zwar eine lange Tradition in der Entwicklung von E-Autos, doch in der Verbreitung der Technik liegen andere Länder zurzeit vorn. Neben den USA und Norwegen ist China einer der führenden Entwicklungs- und Absatzmärkte für Elektroautos. Dafür spricht die Breite des Angebots mit über 75 verschiedenen Elektroautotypen.[26]

Doch ob alternative Antriebe, Künstliche Intelligenz oder Big Data: Chinesische Designer stehen wie ihre ausländischen Kollegen vor der Herausforderung, dass sie nicht mehr ausschließlich Produkte von Menschen für Menschen machen. Produkte und Systeme müssen heutzutage in einem größeren Kontext funktionieren. Dadurch verändert sich die Aufgabe des Designers weg von der bloßen Gestaltung der Form hin zur Optimierung der Kommunikation und Interaktion von Systemen mit Systemen sowie zwischen Menschen und Systemen. Die Gestaltung einzelner Produkte verliert zugunsten der Gestaltung von umfassenden Services an Bedeutung. Diese Entwicklung bei technischen Produkten könnte sich für China positiv auswirken, indem die ver-passte Designepoche der originären gestalterischen Form nicht aufgeholt werden muss, sondern einfach übersprungen werden kann zugunsten einer universell ver-ständlichen Simplicity mit überzeugenden „inneren" Funktionen und hervorragend im Gebrauch.

Resümee

Neben Firmen wie Lenovo oder Huawei feiert zurzeit der Elektronik-Hersteller Xiaomi große Erfolge auf dem heimischen Markt, der auch im Red Dot Award: Product Design erste Preise erhalten hat. Xiaomi, gegründet 2010, avancierte in kürzester Zeit zu einem der wichtigsten chinesischen Smartphonehersteller, der zudem ein erfolgreiches Businessmodell – vergleichbar mit dem von Apple samt Community und Ser-viceangeboten – etablieren konnte. Jedoch kann die mit der Digitalisierung zusammen-hängende Verschmelzung von natürlichen mit künstlichen Welten in China nicht nur für eine Verbesserung der Herstellung hochwertiger Konsumgüter oder der Etablierung smarter Formen der Verwaltung und Lebenswelten sorgen, sondern ebenfalls für un-geahnte Formen digitaler Kontrolle.

Im Gegensatz zu technischen Produkten, bei denen eine universelle und kein na-tionale Designidentität gefragt ist, zeigt sich das wachsende Designbewusstsein in China vor allem im Bereich Möbel. Im Vergleich zum deutschen oder italienischen Möbelmarkt erlebt der chinesische Markt einen Boom. Ein wichtiger Grund dafür ist der anhaltende Zuzug in die Metropolen des Landes: Denn wer eine neue Wohnung hat, will diese auch einrichten. Zu den aktuellen Entwicklungen im Möbelsegment gehört das Bestreben, die weiterhin durch Traditionen geprägte Wohnkultur mit mo-dernen Formen und Materialien zu aktualisieren. Dieser „Modern Chinese Style" macht die Suche nach einer neuen Identität deutlich, wodurch eine eigene Kultur in der Möbelentwicklung gefördert wird.

Interior Design oder Möbel mögen auf die Ansprüche eines sehr spezifischen, hei-mischen Marktes ausgerichtet sein. Ganz anders verhält es sich im technischen Be-reich, wie die Beispiele gezeigt haben. Das Potenzial solcher Marken ist eng mit dem Erfolg im eigenen Land verbunden. Denn wer in der bevölkerungsreichsten Nation der Welt große Absätze feiert oder sogar eine Marktführerschaft erlangt, hat es zum Welt-marktführer nicht weit. Mit so einer machtvollen Position fällt es leicht, ins Ausland zu expandieren. Und je besser das Design wird, desto größer wird die internationale Konkurrenzfähigkeit chinesischer Produkte – mit der Folge, dass es zu einem harten Wettbewerb kommen wird.

Anmerkungen

1 Zur Geschichte und Entwicklung des Red Dot Design Awards siehe Peter Zec (Hg.), *Dauernde, nicht endgültige Form. Festschrift 60 Jahre Designgeschichte – von der Industrieform zum Red Dot*, Essen 2018.

2 Der Wettbewerb für Produktdesign ist heute bekannt unter dem Namen Red Dot Award: Product Design. 1993 wurde eine eigene Sparte für Kommunikationsdesign eingeführt. Der „Deutsche Preis für Kommunikationsdesign" wird heute unter dem Namen „Red Dot Award: Communication Design" verliehen. Seit 2005 können Hersteller sowie Universitäten auch Prototypen und Konzepte zum Red Dot Award: Design Concept einreichen. Heimat dieses Awards ist das Red Dot Design Museum Singapore.

3 Japan Institute of Design Promotion (Hg.), *Design Japan. 50 Creative Years with the Good Design Awards*, Berkeley 2007, S. 190.

4 Vgl. Peter Zec, *Hall of Fame: Design for a better Quality of Life*, Essen 2007, S. 17.

5 Zur deutschen Designgeschichte: Peter Zec (Hg.), *German Design Standards*, Köln 1997.

6 Walter Gropius, „Grußwort zur Eröffnung der ersten Ausstellung 1955", in: Peter Zec (Hg.), *Dauernde, nicht endgültige Form. Festschrift 60 Jahre Designgeschichte – von der Industrieform zum Red Dot*, Essen 2018, S. 27.

7 Näheres zum Potenzial von Design als Wirtschaftsfaktor: Peter Zec/Burkhard Jacob, *Der Designwert. Eine neue Strategie der Unternehmensführung*, Essen 2010.

8 Vgl. Peter Zec, *Hall of Fame: Design for a better Quality of Life*, Essen 2007, S. 14.

9 Karl Pilny, *Asia 2030. Was der globalen Wirtschaft blüht*, Frankfurt am Main 2018 (Kindle-Version), S. 60.

10 Peter Zec/Burkhard Jacob, *Der Designwert. Eine neue Strategie der Unternehmensführung*, Essen 2010, S. 48–49.

11 Informationen zum Red Dot: Design Team of the Year, https://www.red-dot.org/de/pd/design-team-of-the-year/hall-of-fame/2013/ (letzter Aufruf: 29.10.2018).

12 Vgl. Matthias Kamp, „Brutale Konkurrenz in China", in: *Wirtschaftswoche Online*, 22.4.2012, https://www.wiwo.de/unternehmen/mittelstand/hannovermesse/globalisierung-brutale-konkurrenz-in-china/6495936-all.html (letzter Aufruf: 29.10.2018).

13 http://www.chinagooddesignaward.com/ (letzter Aufruf: 29.10.2018).

14 Informationen zu den Museen: https://www.red-dot.org/de/about-red-dot/museen/ (letzter Aufruf: 29.10.2018).

15 Byung-Chul Han, *Shanzhai. Dekonstruktion auf Chinesisch*, Berlin 2011, S. 20.

16 Byung-Chul Han, *Shanzhai. Dekonstruktion auf Chinesisch*, Berlin 2011, S. 63.

17 Byung-Chul Han, *Shanzhai. Dekonstruktion auf Chinesisch*, Berlin 2011, S. 83.

18 Karl Pilny, *Asia 2030. Was der globalen Wirtschaft blüht*, Frankfurt am Main 2018 (Kindle-Version), S. 215.

19 Karl Pilny, *Asia 2030. Was der globalen Wirtschaft blüht*, Frankfurt am Main 2018 (Kindle-Version), S. 217.

20 Dieses Problem zeigt sich beispielsweise auch bei dem führenden Smartphonehersteller Huawei, der neben Premiumprodukten eine breite günstige Sparte hat, der es oftmals an Qualität fehlt. wed/Reuters: Huawei überrundet Apple – aber nur bei der Masse. Manager Magazin, 01.08.2018, http://www.manager-magazin.de/unternehmen/artikel/smartphone-weltmarkt-chinas-huawei-ueberholt-apple-aber-nur-bei-absatz-a-1221213.html (letzter Aufruf: 29.10.2018).

21 Siehe dazu: Online Exhibition des Red Dot Award: Product Design, https://www.red-dot.org/de/search/?f=product-design (letzter Aufruf: 29.10.2018).

22 Karl Pilny, *Asia 2030. Was der globalen Wirtschaft blüht*, Frankfurt am Main 2018 (Kindle-Version), S. 250.

23 Karl Pilny, *Asia 2030. Was der globalen Wirtschaft blüht*, Frankfurt am Main 2018 (Kindle-Version), S. 249–250.

24 Jost Wübbeke u. a., *Made in China 2025. The making of a high-tech superpower and consequences for industrial countries*, Mercator Institute for China Studies Nr. 2, Dezember 2016, S. 13, https://www.merics.org/sites/default/files/2017-09/MPOC_No. 2_MadeinChina2025.pdf (letzter Aufruf: 29.10.2018).
25 Jost Wübbeke u. a., *Made in China 2025. The making of a high-tech superpower and consequences for industrial countries*, Mercator Institute for China Studies Nr. 2, Dezember 2016, S. 12, https://www.merics.org/sites/default/files/2017-09/MPOC_No. 2_MadeinChina2025.pdf (letzter Aufruf: 29.10.2018).
26 Karl Pilny, *Asia 2030. Was der globalen Wirtschaft blüht*, Frankfurt am Main 2018 (Kindle-Version), S. 39.

3 Kultur und Gesellschaft

Wu Weishan

3.1 Ewige Wärme – Vom chinesisch-deutschen Kulturaustausch

Ein kurzer Rückblick

Das chinesische Volk und die deutsche Nation haben große Beiträge zur Entwicklung der menschlichen Zivilisationsgeschichte geleistet. Beide Länder verfügen über einen großen Reichtum an Kulturgütern aus den Bereichen der Philosophie und der Kunst. Die deutschen Philosophen, von Leibniz und Wolff bis zu Kant und Hegel, haben sich intensiv mit Konfuzius beschäftigt. Und auch Goethe war von dessen Lehre beeindruckt. Vom Ende des 19. bis zum Anfang des 20. Jahrhunderts wurde der Gedanke von Laotse, der „Einheit von Himmel und Menschen", Verhaltensregeln wie „Handeln nach der Natur", „das zwecklose Regieren", von jungen Deutschen besonders begeistert rezipiert. Deutschland ist in China nicht nur bekannt für seine Entwicklungen in Wissenschaft und Technik oder seine moderne Industrie, sondern auch als Heimatland zahlreicher Meister auf den Gebieten der Philosophie, Literatur und Musik.

Deren Werke, vor allem die großartigen Erzählungen und unvergänglichen Verse von Goethe, Schiller und Heine, die philosophischen Auseinandersetzungen von Leibniz, Kant, Hegel, Feuerbach, Marx, Heidegger und Marcuse und die wunderschönen Melodien von Bach, Beethoven, Schumann und Brahms, sind dem chinesischen Publikum längst vertraut. Für uns Chinesen ist die Einführung und die Entwicklung der philosophischen Lehre von Karl Marx eines der wirkungsvollsten Ereignisse.

Seit 2013 erlebt der Kulturaustausch zwischen China und Deutschland eine Blütezeit. Große Austauschprogramme zu unterschiedlichen Themen wie das Kulturjahr, das Sprachjahr, das Jahr der Innovationspartnerschaft und das deutsch-chinesische Jahr für Schüler- und Jugendaustausch werden veranstaltet. In Deutschland gibt es bereits Zentren für chinesische Kultur, 19 Konfuzius-Institute und vier Konfuzius-Kurse. In China engagieren sich die deutschen Organisationen wie das Goethe-Institut und der DAAD aktiv für den Kulturaustausch zwischen beiden Ländern und fördern die Zusammenarbeit in den Bereichen Bildung, Kultur, Wissenschaft und Technik sowie Tourismus.

In den letzten Jahren sind die chinesisch-deutschen Beziehungen in eine neue Phase eingetreten. Mit der beständigen und fruchtbaren Erweiterung dieser Zusammenarbeit nimmt eine Reihe von hochrangigen Kulturprogrammen Gestalt an, die insbesondere die Errungenschaften der Innovation der modernen Kultur fördern und präsentieren, wie wir erfreulicherweise mitverfolgen können.

Der Kulturaustausch funktioniert dem Wesen nach durch einen Austausch von Herz zu Herz, und erst dies ermöglicht uns auch eine Art geistiger Kommunikation.

Prof. Wu Weishan, ist Generaldirektor des National Art Museum of China (NAMOC), Peking.

https://doi.org/10.1515/9783110624731-020

Mit dieser geistigen Verbindung zwischen beiden Ländern und der daraus entstandenen gefühlsbestimmten Integration wendet sich der Kulturaustausch in eine entsprechend positive Richtung. In diesem Sinne kann ein Kulturaustausch intensiver sein, je stärker und wärmer die zugelassenen Gefühle dabei sind.

Im Folgenden möchte ich von meinen eigenen Erlebnissen und über die Wärme erzählen, die ich in der freundschaftlichen Verbindung zwischen China und Deutschland kennengelernt habe.

Die Kraft aus Schwarz und Weiß

Das National Art Museum of China (NAMOC) besitzt eine Sammlung von über 100.000 Kunstwerken vom Altertum bis zur Gegenwart aus dem In- und Ausland mit Schwerpunkt auf der modernen chinesischen Kunst. Bis auf einige weltberühmte Meisterwerke von Picasso und Dali besitzen wir jedoch wenige ausländische Kunstwerke. Im Mai 2015 liehen wir Michael Clauß, dem damaligen deutschen Botschafter, einige unserer von Peter Ludwig geschenkten Kunstwerke von Picasso. Dabei äußerte ich den Wunsch, eine große Ausstellung zum Kunstschaffen von Käthe Kollwitz umzusetzen, was ohne die Kooperation zahlreicher deutscher Museen oder Galerien nicht möglich gewesen wäre. Die Vorbereitung auf eine künstlerisch anspruchsvolle und kulturell wertvolle Ausstellung war somit in Gang gesetzt.

Käthe Kollwitz gehört zu den bekanntesten deutschen Künstlerinnen des 20. Jahrhunderts. Ihr Schaffen spiegelt ihre Wahrnehmung des Verhältnisses zwischen Mensch und Gesellschaft sowie zu Mitmenschen wider und ist tief geprägt vom Gedanken der Humanität. Neben umfassenden Motiven zu Leben und Tod, Trauer und Freude, Krieg und Frieden wirkt ihre Darstellung von Mutterliebe und liebevoll glänzenden Momenten im Menschenleben besonders deutlich und sehr ausdrucksvoll.

„Es ist eine hilflose und verworrene Zeit. Ich gestehe, dass meine Kunst Ziele vor Augen hat, und zwar möchte ich diese Zeit erleben, gravieren und beeinflussen."[1] So lautete das Motto der Künstlerin, nach der heute zahlreiche Schulen und Straßen in Deutschland benannt sind. Schon lange vor der deutschen Wiedervereinigung erlangte sie aufgrund ihrer Zeitkritik und des Humanitätsgedankens höchste Bekanntheit und Würdigung.

In diesem Zusammenhang stellte eine Käthe-Kollwitz-Ausstellung, einer Künstlerin, die in China bekannt ist und verehrt wird, ein großes Ereignis sowohl in chinesischen Kunstkreisen als auch für den Kulturaustausch beider Länder dar.

Im Jahr 2015 wurde die Ausstellung über die Kunst von Käthe Kollwitz im NAMOC mit der Unterstützung des Chinesischen Kulturministeriums (inzwischen umbenannt in Ministerium für Kultur und Tourismus), der deutschen Botschaft in China (Peking) und der chinesischen Botschaft in Deutschland (Berlin) erfolgreich umgesetzt. Die Vorbereitung hatte nur fünf Monate gedauert, was ohne die intensive Zusammenarbeit der beiden Länder kaum vorstellbar gewesen wäre.

Den Anfang markierte das Gespräch mit Michael Clauß, den ich darum bat, dem NAMOC bei der Planung einer Kollwitz-Ausstellung zu helfen. Der Botschafter veranschaulichte zwar die Schwierigkeiten der Organisation, sicherte aber auch zu, sein Bestes zu geben. Darauf konnte ich zählen, so war ich mir sicher. Daraufhin sprachen mein Team und ich mehrmals mit der deutschen Botschaft die Vorbereitung der Ausstellung durch. Für eine reibungslose Umsetzung nahm das NAMOC Kontakt mit einigen deutschen Museen und Kunstvereinen auf, wobei auch Klaus Siebenhaar vom Institut für Kultur- und Medienmanagement der Freien Universität zu Berlin und Matthias Henkel, Beirat der Fachgruppe Geschichtsmuseen im Deutschen Museumsbund, mit seinem Team einen wichtigen Beitrag leisteten.

Zur Eröffnung der Ausstellung sagte Clauß: „Lieber Herr Direktor Wu, ich erinnere mich sehr deutlich, wie Sie von der Idee sprachen, Kollwitz in Peking auszustellen. Sie sagten, die Ausstellung sollte auch eine Hommage Chinas an Deutschland anlässlich der 25. Wiederkehr der deutschen Wiedervereinigung sein. Das haben Sie geschafft! [...] Die Ausstellung ist eine großartige Leistung und ein sehr sichtbares Zeichen für die erfolgreiche deutsch-chinesische Zusammenarbeit im Kulturbereich." Der Botschafter fügte noch hinzu, dass uns diese Ausstellung – genau 70 Jahre nach dem Ende des Zweiten Weltkriegs – auch an die Vergangenheit erinnern und an die Geschichte mahnen sollte. Tatsächlich ging es hier um mehr als um den Krieg selbst. Kollwitz' Kunst sollte uns zum Nachdenken anregen, über die Frage nämlich, welche Wertvorstellungen in einem Zeitalter des Wandels nachhaltig sein können und welche davon zur Lebensgrundeinstellung gehören. Diese Fragen seien sowohl für China als auch für Deutschland von großer Bedeutung, so hob der Botschafter hervor.

Und auch ich bin davon überzeugt. Von Kollwitz' Schaffen wird die chinesische Gegenwartskunst und insbesondere die grafische Kunst nachhaltig beeinflusst. Der Erste, der Kollwitz-Grafiken nach China vermittelte, war Lu Xun. 1931 erhielt er Grafiken von der deutschen Künstlerin persönlich. Hiernach sprach er oft mit Nachwuchsgrafikern über die fortschrittlichen Ansichten der Künstlerin, ihren Ernst und ihre Präzision im Schaffen und forderte junge Menschen immer wieder auf, in ihr ein Vorbild zu sehen. Bis heute ist bei manchen chinesischen grafischen Werken das Kollwitz'sche Arbeiten noch deutlich zu verspüren, was wiederum Zeugnis für die Wirkungskraft der Künstlerin ist. Ein Jahr vor seinem Tod veröffentlichte der bereits erkrankte Lu Xun das Buch *Sammlung von Kollwitz-Grafiken* und brachte damit seinen Wunsch zum Ausdruck, eines Tages eine Ausstellung für sie in China eröffnen zu können. 80 Jahre später ging sein Traum mithilfe des NAMOC endlich in Erfüllung.

Die Ausstellung von 120 großartigen Kunstwerken war sieben wichtigen Museen und Kunstinstitutionen in Deutschland sowie bedeutenden Kollwitz-Sammlern zu verdanken. Nicht wenige der ausgestellten Werke hatten im China der 1930er-Jahre bereits Beachtung gefunden. In einer Welt von Schwarz und Weiß ließ sich die große Breite ihres Schaffens ebenso zeigen wie die Auseinandersetzung der Künstlerin mit ernsten Lebensthemen wie das menschliche Sein, die Beziehung zwischen Mutter und

Kind sowie Sujets, die auf irgendeine Weise mit dem Menschenleben verbunden sind. Die Schwarz-Weiß-Darstellungen sind besonders geeignet, dem Betrachter ein Gesamtbild der Kollwitz'schen Kunst und ihres Kunststils zu zeigen respektive ihrer künstlerischen Laufbahn nahezukommen, um zu verstehen, wie Kollwitz in den zeitlebens virulenten Gegensätzen von Licht und Dunkelheit sowie Gut und Böse ein menschenorientiertes Künstlerleben führte.

In seiner Rede auf der Eröffnungszeremonie betonte Kulturminister Luo: „Durch die Ausstellung zeigt das NAMOC nicht nur Respekt vor dieser weltbekannten Künstlerin, sondern auch ein Andenken an die chinesischen Künstler der älteren Generationen, die sich der neu belebten Grafik gewidmet haben. [...] Im Moment werden die beiden Länder durch die kulturellen Austausch- und Kooperationsprogramme immer enger miteinander verbunden, wobei die zugrunde liegende Zusammenarbeit von Kulturinstitutionen sowie Künstlern den wichtigsten Anstoß geben kann." Das Wesen der Kommunikation liegt in dem von Herzen kommenden Dialog, was meiner Ansicht nach auf gegenseitigem Respekt beruht. Die Kraft aus Schwarz und Weiß beeindruckte als Ausdruck einer aufrichtigen Künstlerin alle Besucher dieser Ausstellung. Einen der bewegendsten Momente der Schau empfand ich, als der Urenkel von Käthe Kollwitz das Selbstporträt seiner Urgroßmutter dem NAMOC schenkte – ein für uns unschätzbares Geschenk. Das Porträt, das Gefühl und Wärme der Künstlerin ausstrahlt, scheint zugleich die großherzige Freundschaft des Spenders auszudrücken.

Käthe Kollwitz und ihre Werke werden im NAMOC wieder in Erinnerung gerufen und dienen in Zukunft als eine weitere, geistige Brücke zwischen China und Deutschland.

Ein Zeichen der Ewigkeit. Irene und Peter Ludwig und das NAMOC

Ein altchinesisches Sprichwort lautet: Die Zeit flieht wie ein Weberschiffchen. Dinge, die im Vergehen der Zeit bestehen können, nennt man Ewigkeit.

In genau diesem Sinne wird die Schenkung von Irene und Peter Ludwig an das NAMOC als ein Zeichen der Ewigkeit geschätzt: Am 20. November 1996 übergab das Ehepaar insgesamt 89 Sets einschließlich 117 kostbare Meisterwerke aus der eigenen Privatsammlung als Geschenk, die das NAMOC gleichsam für die Ewigkeit aufbewahren wird. Zur Eröffnung der Ausstellung der von Irene und Peter Ludwig geschenkten Kunstwerke nahmen Vertreter aus Politik und Kultur beider Länder teil. Bis heute haben diese unschätzbaren Werke aus der westlichen modernen Kunst eine weitere Blütezeit erlebt. Seit ihrer Ankunft in China vor mehr als 20 Jahren dienten sie als Kulturbotschafter, indem sie den Chinesen die westliche moderne Kunst vermittelten und veranschaulichten. Im Jahr 2016 fand eine Veranstaltung zum 20. Jubiläum der Schenkung durch das Ehepaar Ludwig im NAMOC statt. Als Mitveranstalter organisierte die deutsche Botschaft eine Themenausstellung, während es im NAMOC eine Reihe von internationalen akademischen Seminaren gab, um den hervorragenden Beitrag des Ehepaars zur chinesisch-deutschen Freundschaft zu würdigen und über den zukünftigen Kulturaustausch beider Länder zu sprechen.

Mit großem Eifer für Kunst, mit Weitsicht und Großzügigkeit haben Irene und Peter Ludwig ihren ganz eigenen Stil fürs Sammeln von Kunst entwickelt und zählen zu den international anerkannten Sammlern der modernen Kunst. Besonders bemerkenswert ist, dass sie diese zum Weltkulturschatz gehörenden Meisterwerke mit der ganzen Welt teilen wollen. Mit der Aufnahme in Museen in aller Welt wird die Lebendigkeit dieser Kunstwerke erhalten. Bereits Anfang der 1990er-Jahre hatte das Ehepaar vor, einen Teil seiner Privatsammlung asiatischen Ländern zu schenken. Damals zeigten auch Japan und Südkorea großes Interesse an diesen Werken, jedoch entschieden sich die Ludwigs nach reiflicher Überlegung für China, das sie mehrmals bereist hatten und von dessen Lebenskraft und Kunst sie begeistert waren. Wir Chinesen sind davon überzeugt, dass mit der Vereinigung des Schönen aus aller Welt Frieden und Harmonie erreicht werden können. Vermutlich haben Irene und Peter Ludwig diese wichtige Schenkung aus ähnlichen Motiven gemacht, was meines Erachtens für die kulturelle Weitsicht des Ehepaars spricht.

Die vergangene Zeit hat nicht nur den Weitblick der Ludwigs bestätigt, sondern auch die ungeheure Wirkungskraft der Meisterwerke, die sie verschiedenen Ländern geschenkt haben. Sie bereichern unsere Sammlung für ausländische moderne Kunst maßgeblich und nehmen innerhalb des NAMOC-Bestands an ausländischen Kunstwerken die wichtigste Position ein. Ihre Bedeutung liegt nicht nur in der großen Bandbreite an weltbekannten Künstlern und deren erstrangigen Meisterwerken – von Picasso aus Spanien über renommierte deutsche Künstler wie A. R. Penck, Markus Lüpertz, Jörg Immendorff, Georg Baselitz, Anselm Kiefer und Gerhard Richter bis hin zu Andy Warhol, Tom Wesselmann und Roy Lichtenstein aus den USA, David Hockney aus Großbritannien, Renato Guttuso aus Italien und Dmitri Dmitrijewitsch Schilinski aus Russland. Vielmehr liegt ihre Relevanz in der Möglichkeit, eine Übergangsphase von der Moderne zur Postmoderne, von der Pop-Art zum Fotorealismus und zur Graffitikunst zu zeigen, und nicht zuletzt die besondere Darstellungsweise der westlichen Postmodernisten, die stets auf die Realität, die Geschichte und die Kultur ihrer eigenen Nationen und den Gefühlsausdruck mit eigener Ausprägung fokussieren. Doch für das NAMOC war die Schenkung noch aus einem weiteren Grund von großer Bedeutung: In den 1990er-Jahren befand sich das Museum in einer Krise, verschiedene Herausforderungen – und damit verbundene Chancen – standen an. Zu diesem Zeitpunkt gaben uns diese wertvollen Kunstwerke Aufschluss und Ansporn zur weiteren Entwicklung und Innovation.

Die bedeutsame Leistung des Ehepaars Ludwig liegt nicht nur im Sammeln, sondern vielmehr im Schenken. Mit kenntnisreicher Einsicht haben sie gesammelt, mit großzügigem Herzen haben sie gespendet, damit diese Meisterwerke mit der ganzen Menschheit geteilt werden können – das kann man mit Fug und Recht Wohltätigkeit nennen.

Sich seiner Verantwortung bewusst, unternimmt das NAMOC große Anstrengungen, um den kulturellen Wert und die Bedeutung dieser Sammlung durch Ausstellungen, Forschungsprojekte sowie Austauschprogramme zu würdigen und dementsprechend die Einflusssphäre dieser Kunstwerke zu verstärken.

Seit 1996 organisiert das NAMOC jährlich Programme auf Basis dieser Sammlung, die inzwischen auch nach Shanghai, Guangzhou, Chengdu, Nanjing und Wuhan gereist ist. Besonders erwähnenswert ist in diesem Kontext eine Ausstellung der internationalen Kunstwerke des NAMOC im Juni 2018, die Schenkung Ludwig bildete hierbei den Höhepunkt der Schau und stieß auf höchste Resonanz. Täglich empfingen wir mehr als 10.000 Besucher.

Nach grober Schätzung sind innerhalb von über zwei Jahrzehnten eine Million Menschen zu den Ausstellungen gekommen, um diese Kunstwerke zu bewundern. Zudem hat das NAMOC internationale akademische Tagungen und Seminare gehalten sowie Lehrveranstaltungen organisiert, wodurch sowohl die großartigen Meisterstücke als auch das Ehepaar Ludwig bei immer mehr Menschen Bekanntheit gefunden haben. Der Name Ludwig und diese 117 Kunststücke sind inzwischen zum Symbol der chinesisch-deutschen Freundschaft geworden und haben eine neue Brücke zwischen beiden Ländern geschlagen. Kultur dient als Geschichtsschreiber und Wegbereiter für Kommunikation. Möge die Suche nach Schönheit die Herzen beider Länder vereinigen!

Die Seele des Philosophen in einer Statue verewigen

Anlässlich des 200. Geburtstags von Karl Marx wurde am 5. Mai 2018 auf dem Simeonstiftplatz in Trier eine von China an Deutschland geschenkte und von mir geschaffene Karl-Marx-Statue enthüllt. Es waren rund 200 Gäste aus China und Deutschland und Tausende weitere Interessierte anwesend. An jenen Moment um 12.45 Uhr kann ich mich gut erinnern. Die Sonne schien besonders warm. Für mich waren es Strahlen der Seele, der Glückseligkeit und der Freundschaft, die auf eine glänzende Zukunft unserer Freundschaftswege hindeuteten.

Vor 200 Jahren in dieser schönen und historischen Kulturstadt geboren, verließ Marx seine Heimat bereits mit 17 Jahren und richtete seine ganze Kraft auf die europäische Geistes- und Kulturwissenschaft. Von da an sind seine Spuren auf der ganzen Welt zu finden. Nach 200 Jahren kehrt er nun mit eindringlichem Blick, gelassenen Schritten und scheinbar bewegten Gefühlen nach Hause zurück. Er ist dabei gleichsam als Zuschauer der Aufstellung seiner eigenen Bronzestatue, die, wie ich glaube, seine Seele innehat, zugegen.

Als Bildhauer dieser Bronzestatue bin ich sehr stolz darauf, dass ich beauftragt wurde, die Seele des Philosophen in Form von Kunst zu verewigen. In der Statue sind nicht nur meine eigenen Gefühle und mein eigener Stil dargestellt, sie gilt auch als Träger und Bote der Freundschaft beider Länder. Der ehemalige Bundespräsident

Joachim Gauck gab mir damals die Hand und sagte, er freue sich darauf, wenn dieses große Werk in Deutschland stehe.

Und die deutsche Bundeskanzlerin Angela Merkel fragte mich anlässlich eines Chinabesuchs einmal: „Sie haben Konfuzius und Marx als Skulpturen verewigt. Was haben die beiden Ihrer Ansicht nach gemeinsam?" Ich erwiderte: „Sie beide sind große Persönlichkeiten in der Menschheitsgeschichte."

Blicke ich auf die Schaffensdauer der Skulptur von mehr als zwei Jahren zurück, dann werde ich immer aufs Neue in Aufregung versetzt: Als ich im Januar 2016 voller Erwartung, Ehrung und mit einem jahrzehntelangen Traum in Marx' Heimat ankam, wurde ich von Oberbürgermeister Wolfram Leibe, dem Dezernenten Andreas Ludwig sowie den Bürgern der Stadt herzlich empfangen, was mich sehr inspirierte und darin bestärkte, die Seele des Philosophen in einem Werk der Bildhauerei zu verewigen.

Die Nachricht, dass ein chinesischer Bildhauer auf Wunsch und Einladung Deutschlands eine Marx-Statue schaffen würde, hatte sich inzwischen in Deutschland verbreitet und zog zahlreiche Interessierte nach Trier, einschließlich einiger deutscher Bildhauer aus Berlin, deutscher Pressevertreter, Vertreter der Stadt und nicht zuletzt des Schauspielers, der Marx spielte. Die Errichtung einer Skulptur im öffentlichen Raum setzt in Deutschland eine Genehmigung des Stadtrats voraus, die erst nach Beteiligung aller Bevölkerungsgruppen und Diskussionen in der Öffentlichkeit möglich ist.

Vor Publikum und den Medien brachte ich mein Verständnis für die Persönlichkeit Marx zum Ausdruck, nämlich dass er zeitlebens für das Glück der ganzen Menschheit gearbeitet und sich der Wissenschaft und Wahrheit gewidmet, gegen schlechte Zeiten gekämpft und nach der Sinngebung der menschlichen Existenz gestrebt hat. Mit seinen Erkenntnissen steht er für mich auf einem vorderen Platz in der Liste Tausender Denker. Ich wollte dem Ausdruck verleihen, indem ich seine Haare und seinen Bart philosophisch wirken lassen wollte. Kein religiöses Idol, sollte er vielmehr auf uns zu spazieren. Nach meiner Vorstellung sollte Marx eher in einem impressionistischen Stil gestaltet werden.

Der Oberbürgermeister schloss sich meiner Vorstellung an, und noch vor meinem Rückflug konnten wir uns auf einen Entwurf einigen. Auf meine Notiz „Heimat der großen Persönlichkeit – unser geistiges Traumland für ewig" antwortete Oberbürgermeister Leibe mit den Worten, dass die Karl-Marx-Statue eine goldene Brücke zwischen China und Deutschland bilden werde.

Schon bald machte ich mich an die Arbeit. Inspiriert von der Heimatstadt des Philosophen, schuf ich zuerst einen 60 Zentimeter großen Entwurf, in dem Marx in einer Windjacke mit einem Buch in der Hand gegen den Wind anschreitet. Sein Gesichtsausdruck und sein Gang entsprechen der Haar- und Barttracht eines Philosophen. Der mehreckige Grund erinnert an die verschiedenen Lebensstationen: Trier, Bonn, Berlin, Paris, Brüssel und London. Nachdem ich diesen Entwurf nach Trier geschickt hatte, wurde von einer Jury bestätigt: In ihm sehe man das Wesen von Marx. Kurz darauf kam der Trierer Oberbürgermeister nach Peking, um den 60 Zentimeter großen Entwurf und die 2,3 Meter hohe Zwischenfassung zu besichtigen, und er schrieb zu meiner großen Freude: „Marx ist durch Professor Wu wieder lebendig geworden. Im 21. Jahrhundert werden seine Gedanken und Ideen durch bildende Kunst wieder lebendig. Unser herzlicher Dank geht an diesen großen Künstler!"

Nach vielen Videotelefonaten war es dann so weit. Die Gesamthöhe des Denkmals wurde auf 5,5 Meter festgelegt: eine 4,6 Meter hohe Skulptur auf einem 90 Zentimeter hohen Sockel. Die Höhe der Statue entspricht nicht nur dem Geburtstag von Marx (5. Mai), sondern passt auch perfekt zur Umgebungsbebauung. Im Januar 2017 war Dezernent Andreas Ludwig, ein großartiger Architekt und Stadtplaner, der Begeisterung und Vernunft auf einen Nenner bringen kann, mit einer Delegation in meinem Studio zu Besuch. Er kletterte auf das 4,6 Meter hohe Gerüst und verkündete, dies sei exakt der Marx, wie er ihn sich vorgestellt hatte! Nachdem er die Statue betrachtet hatte, schrieb er: „Was wir sehen und empfinden, ist wirklich großartig. Marx' Werk wird lebendig. In der Skulptur aus Herrn Wu schwebt die Lebenskraft." Obwohl das Treffen im Winter stattfand, erwärmte mich die Freude und Freundschaft, Kunst und Philosophie. Vor der Statue unterhielten sich Freunde – es war ein herzlicher Austausch über Kunst.

Mein ganzer Arbeitsprozess an der Statue vollzog sich in den Wintertagen mit minus acht Grad und 1.280 Grad am Schmelzofen. Am 28. Februar 2018 flog die Statue vom Flughafen Peking ab, am 5. Mai wurde sie enthüllt. Viele Freunde aus China und Deutschland begleiteten den ganzen Prozess und leisteten Hilfe. Diese Statue soll Träger unserer herzlichen Wünsche und Symbol der Freundschaft unserer beiden Länder sein. Jedes Menschenleben ist endlich – unsterblich bleibt allein der Geist. Das Buch, das Marx in der Hand hält, und der Weg, den er beschreitet, stehen sinnbildlich dafür, dass die ganze Menschheit – im Vertrauen auf die eigene Weisheit und Kraft – stets weiter voranschreiten kann.

Nach 200 Jahren nun steht Marx wieder am gleichen Ort, aber in seiner neuen Rolle – als Brückenschläger für die Freundschaft zwischen Osten und Westen, zwischen China und Deutschland.

Kunst aus dem NAMOC im Chinesischen Kulturzentrum Berlin

Das NAMOC und die deutsche Künstlerwelt besiegelt nach wie vor gute Partnerschaften im Austausch und durch Kooperationsprojekte. Nach mehrmaligen erfolgreichen und konstruktiven Kontakten erlebte im September 2018 der chinesisch-deutsche Kunst- und Kulturaustausch erneut einen Höhepunkt: die Ausstellung *Kunst aus dem National Art Museum of China: Schönes China – Die Welt in farbigen Bildern* wurde im Chinesischen Kulturzentrum Berlin eröffnet.

Gut 40 Jahre nach der Reform- und Öffnungspolitik veranstaltet das NAMOC zusammen mit dem Chinesischen Kulturzentrum Berlin und dem CICE (Center of International and Cultural Exchange) diese Sonderausstellung und brachte dafür mehr als 40 Kunstwerke nach Berlin, die die Schönheit Chinas nach der Reform- und Öffnungspolitik in klassischen Bildern veranschaulichen.

Das NAMOC ist ein symbolhaftes Bauwerk – mehr noch: ein Symbol der Entwicklung der chinesischen Kunst seit 1949, mit der dieses Kunstmuseum in enger Verbindung steht. Einerseits organisiert es eine Vielfalt von Ausstellungen, um dem Publikum aktuelle Kunstwerke aus China zu zeigen und ihre Bekanntheit zu vergrößern. Andererseits hat das Kunstmuseum chinesische klassische Werke nach 1949 gesammelt, bewahrt und ausgestellt. Durch diese Werke wurden ein Dialog mit der Welt initiiert, gegenseitige kulturelle Anerkennung gewonnen sowie eine Gemeinschaft der Menschen untereinander aufgebaut.

Für eine Sonderausstellung wählten wir Kunstwerke aus den vergangenen 40 Jahren aus und zeigten sie unter dem Titel *Schönes China*, um einerseits die wunderbaren Naturlandschaften und die familiäre Atmosphäre zu präsentieren, andererseits die Wandlungen der chinesischen Kunst in Ästhetik und Ausdrucksweise aufzuzeigen. Hierbei sollte unseren deutschen Freunden der impressionistische Charakter und der lyrische Geist in der chinesischen Kunst vermittelt werden. In 40 Werken von 40 bekannten chinesischen Künstlern wurden die Aura und die harmonische chinesische Landschaft sowie Alltagsleben und Mentalität dargestellt.

40 Jahre nach der Reform und Öffnung hat sich das chinesische Alltags- und Geistesleben gründlich verändert. Auf die Errungenschaften in Gesellschaft, Wirtschaft, Kultur und Ökologie wurde verwiesen, besonders auf den neuen Zeitabschnitt des Sozialismus mit chinesischer Prägung, als man ein neues Ziel vor Augen hatte: die Schaffung eines schönen Chinas. Klares Wasser und Berge wirken malerisch und dichterisch: Inspiriert von der Vielfalt der Gesellschafts- und der Landschaftsentwicklung sowie von der Tiefe der Kultur an sich vermögen es die chinesischen Künstler, ihre Gefühle auf diese Weise darzustellen. Ihre Liebe zu Natur und Heimat findet ihren Ausdruck im künstlerischen Prozess. In der Schau waren nicht nur Werke von Pang Xunqin, Yan Wenliang, Su Tianci, Zhu Naiyheng und Jin Shangyi ausgestellt, sondern auch qualitätvolle Arbeiten älterer Künstler wie Ai Xuan und Pang Maokun. Durch kräftigen Farbauftrag und intensive Farben wurde den Betrachtern ein dichterisches und farbenprächtiges China sowie ein multikulturelles harmonisches Heimatbild vor Augen geführt. Besonders der impressionistische Kern als Seele der chinesischen Kunst setzte sich in der bildenden Kunst durch und brachte das Streben nach einer ausgeprägten Ästhetik zum Ausdruck. Gerade das entspricht dem akademischen Ausgangspunkt dieser Ausstellung, die beim deutschen Publikum auf große Resonanz gestoßen ist. Laut einer Evaluation waren die Besucher zum großen Teil Deutsche. Viele offenbarten ein starkes Interesse an der chinesischen Kultur und an solchen Ausstellungen, um auf direktem Weg eine Vorstellung von der chinesischen bildenden Kunst zu erhalten. Diese Ausstellung wirkte wie ein Fenster, durch das deutsche

Freunde einen Blick auf China werfen und dabei erfahren, wie sich das Leben, die Landschaft, der Geist und die Ausdrucksweise innerhalb von 40 Jahren verändert und entwickelt haben. *Kunst aus dem National Art Museum of China: Schönes China – Die Welt in farbigen Bildern* stellte ein wichtiges Forum für das Kennenlernen und die Verständigung beider Länder dar. Mein herzlicher Dank gilt daher dem Chinesischen Kulturzentrum Berlin und dem CICE dafür, dass sie einen intensiven Austausch zwischen China und Deutschland ermöglicht haben, der in der Zukunft hoffentlich noch weiter gestärkt werden kann.

Kunst verbindet

Die obigen Beispiele liefern lebhafte Eindrücke einiger meiner Erlebnisse des Kulturaustauschs. Es gibt noch zahlreiche Beispiele mehr für Menschen aus Deutschland und China, die seit Langem einen großen Beitrag zur Entwicklung der Freundschaft zwischen beiden Ländern leisten. Sie haben den Weg für die gegenseitige Verständigung und offene Begegnung von Menschen geebnet, wie sehr sich ihre historischen und kulturellen Hintergründe, sozialen Strukturen oder Gesellschaftssysteme auch voneinander unterscheiden mögen. Eine Schicksalsgemeinschaft aufzubauen ist ein Hauptthema unseres Zeitalters. Systeme errichten sowie Form und Inhalt der Kommunikation erweitern, beides bietet den Weg für eine durch Kulturklassik konstruierte Schicksalsgemeinschaft der Menschheit an. Es lässt sich erhoffen, dass ein viel besseres und umfangreicheres Austauschmodell vor uns liegt. Denn wir haben ein gemeinsames Ziel, nämlich eine bessere Welt zu verwirklichen.

Anmerkungen

1 http://art.china.cn/huihua/2014-08/13/content_7142119.htm (letzter Aufruf: 24.1.2019).

Yu Zhang

3.2 Kulturaustausch als zivilgesellschaftliche Chance zwischen China und Deutschland

Wir leben heute in einer Zeit vielfältiger Veränderungen, die sich auf das Zusammen-leben der Menschen auswirkt – weltweit, und so auch in China und Deutschland. In vielen Regionen der Welt stehen wir vor Herausforderungen wie Ressourcenknapp-heit, Klimaveränderung, Integritätsverlust, demografischem Wandel, Krieg und Flucht, Machtkampf und Unruhen. Gleichzeitig haben wir die Zukunft noch nie so greifbar erleben können: Digitalisierung und neue Technologien, angeführt durch die Entwicklung Künstlicher Intelligenz (KI), Robotik, Virtual und Augmented Reality (VR und AR) werden unser Leben radikal verändern und ein Umdenken erfordern. Diese Herausforderungen gelten sowohl für China als auch für Deutschland, selbst wenn beide Länder unterschiedliche politische Rahmenbedingungen aufweisen.

In Politik und Wirtschaft sind China und Deutschland oft nicht einer Meinung. Bei Themen wie Menschenrechten und Demokratie liegen beide Länder weit auseinander. Wo Unterschiede bestehen, wirkt bekanntlich kein Finger von außen. Gegenseitiges Verständnis kann aber durch persönliche Begegnungen, gegenseitigen Austausch so-wie einen kontinuierlichen Dialog entstehen.

In meiner persönlichen Wahrnehmung – ich lebe seit nunmehr 26 Jahren in Deutschland – liegt der große (unsichtbare) Gap nicht etwa in Politik oder Wirtschaft, sondern in der gegenseitigen Wahrnehmung der Menschen. Diese Wahrnehmungen und die Mediendarstellungen wirken wechselseitig aufeinander. Zunehmend gerät zum Beispiel Chinas Wirtschaftspolitik in Deutschland in die Kritik. Die deutschen Medien entwerfen Szenarien, die zu Berührungsängsten in der deutschen Bevölkerung führen. In China hingegen wird Deutschland in den regionalen sowie überregionalen Medien als die „europäische Heldennation" dargestellt. Sogar die in Deutschland umstrittene Flüchtlingspolitik wird in China nicht kontrovers diskutiert, sondern als humane Groß-zügigkeit von Kanzlerin Merkel betrachtet. Über die chinesisch-deutschen Beziehungen bekommen die Leserinnen und Leser in China einen durchgehend positiven Eindruck, während sich eine grundlegende Skepsis gegenüber China in Deutschland spüren lässt.

Gemeinsam mit meinen chinesischen Studenten führe ich alle drei Jahre eine em-pirische Befragung zur Wahrnehmung von Deutschland in den chinesischen Großstäd-ten durch. Sie zeigt jedes Mal im Kern dieselbe Wahrnehmung. Die Nennung von Bier, Eisbein, Autos und Fußball als deutsches Kulturgut hat sich in der letzten Zeit etwas erweitert. Die Handelsmarke „Zwilling", Industrie 4.0 und Flüchtlingspolitik kamen beispielsweise als Begriffe einer erweiterten Wahrnehmung von Deutschland in China

Prof. Yu Zhang, ist ehrenamtliche Präsidentin der Gesellschaft für Deutsch-Chinesischen kulturellen Austausch (GeKA e.V.), Berlin/Peking.

https://doi.org/10.1515/9783110624731-021

hinzu. Dabei ist es erstaunlich, dass die meisten chinesischen Befragten noch nie in Deutschland waren. Sie haben sich ihre Meinung nur aus den chinesischen Medien beziehungsweise vom Hörensagen gebildet. Umgekehrt, im Hinblick auf die Wahrnehmung von China in Deutschland, habe ich in den letzten Jahrzehnten oft festgestellt, dass diejenigen, die China bereist haben, meist begeistert, zumindest aber erstaunt zurückkamen. Oft höre ich Sätze wie: „So habe ich mir China aber gar nicht vorgestellt!" Nach meiner Ankunft in Deutschland Ende 1992 hat mich eine freundliche ältere deutsche Dame am bürgerlichen Berliner Heiligensee gefragt, ob ich denn aus der chinesischen Hauptstadt Shanghai käme. Das hat sich Buddha sei Dank in den letzten Jahrzehnten nur noch einmal wiederholt. Diese Beispiele zeigen deutlich, welch enormer Nachholbedarf bei den Menschen in China und Deutschland noch besteht, mehr über das jeweils andere Land zu erfahren. Hierbei hilft der Kulturaustausch.

Unter Kulturaustausch und Völkerverständigung ist eine tief greifende Kommunikation zwischen verschiedenen Bevölkerungsgruppen, Kulturkreisen oder anderen vergleichbaren großen Gruppen auf allen Ebenen zu verstehen.[1] Zudem entsteht eine „Interkulturalität" durch den Prozess des Aufeinander-Einwirkens verschiedener, mindestens zweier Kulturen, die in Interaktion oder Kommunikation miteinander stehen. Die „Interkultur" ist somit stark variabel und dynamisch. Sie beschreibt kein statisches Abhängigkeits- oder Dominanzverhältnis der Kulturen.[2] In die Praxis übersetzt heißt das, dass der Kulturaustausch auf gleicher Augenhöhe stattfinden soll und keinesfalls eine Einbahnstraße sein darf.

Kulturaustausch ist laut *Duden* ein aufgrund eines Abkommens zwischen zwei Staaten stattfindender kultureller Austausch.[3] Das vermag ich um einen Aspekt zu ergänzen: Zum Staatsabkommen und -auftrag ist der zivilgesellschaftlich organisierte Kulturaustausch eine sinnvolle und unverzichtbare Ergänzung. Gerade hier bietet es sich für die Zivilgesellschaft an, den persönlichen und kulturellen Austausch zwischen den beiden Ländern voranzubringen. Auch so können die Menschen ein authentisches Bild von dem weit entfernten anderen Land erhalten und sich gegenseitig besser verstehen. Die Zusammenarbeit in den Bereichen Kultur und Zivilgesellschaft stellt bekanntlich neben Politik und Wirtschaft die dritte tragende Säule in den Beziehungen zwischen Ländern dar. Die Völkerverständigung durch Kulturaustausch kann somit – idealerweise – unabhängig von der politischen und wirtschaftlichen Gesamtsituation weiterwachsen. Oft sind wir Bürger daran gewöhnt, dass die Entwicklung eines Landes von der Politik gesteuert wird, nicht aber, dass auch wir es entwerfen und mitbestimmen können. Die Zivilgesellschaft kann die Umsetzung der Kulturpolitik ergänzen beziehungsweise den Kulturaustausch mit handfesten Kulturereignissen mitgestalten. So kommt der Entwicklung eines gemeinsamen Bewusstseins innerhalb der Kulturvielfalt in einer globalen Zeit eine große Bedeutung zu.

China und Deutschland blicken auf einen regen Austausch bereits seit dem 17. Jahrhundert zurück. Dieser kulturelle Vorlauf schafft auch Spielräume für eine enge Zusammenarbeit in Gegenwart und Zukunft. Ein zunächst ökonomisch bedingter Austausch fand in der Qing-Dynastie (1644–1911 n. Chr.) auf der Seidenstraße und auf den

Seepassagen statt. Chinesische Handelsgüter, wie zum Beispiel Tee, Porzellan und Seide, erreichten Deutschland anfänglich vor allem über den portugiesischen und spanischen, später auch über den niederländischen und englischen Zwischenhandel auf dem Seeweg. Auch deutsche Kaufleute handelten mit China. So erreichten 1751 die ersten Handelsschiffe der „Königlich Preußischen Asiatischen Compagnie in Emden nach Canton und China" das fernöstliche Kaiserreich.[4] Die meisten europäischen Intellektuellen sahen damals China als eine Europa ebenbürtige, in Einzelaspekten sogar überlegene Kultur. Großes Interesse für die chinesische Kultur hatte auch Gottfried Wilhelm Leibniz, der wiederholt seine Hochachtung und seinen Respekt vor chinesischen Kulturleistungen äußerte. Ihm schwebte ein wissenschaftlich-kultureller Austausch zwischen Europa und dem chinesischen Kaiserreich vor. Dem Thema China widmete Leibniz mehrere Bücher und wissenschaftliche Schriften, unter anderem die 1697/1699 in zwei Bänden erschienene *Novissima Sinica*. Neben dem wissenschaftlich-kulturellen Interesse sah er China auch als Ziel für eine christlich-protestantische Mission.[5]

Als Ende des 19. Jahrhunderts der Kapitalismus den Westen prägte, begann die Abschottung Chinas. Der Austausch zwischen beiden Ländern setzte sich nach dem Ersten Weltkrieg in der Weimarer Republik und auch im „Dritten Reich" fort. Insbesondere war der Austausch in den 1930er-Jahren aktiv. So benötigte die Kriegswirtschaft in Deutschland Rohstoffe wie unter anderem Wolfram und Antimon aus China. Gleichzeitig half Deutschland China beim Aufbau einer eigenen Verteidigungsindustrie und lieferte die dazu erforderlichen Technologien. 1934 kam ein Vertrag unter Federführung von Hans von Seeckt über den Austausch von chinesischen Rohstoffen und landwirtschaftlichen Erzeugnissen gegen deutsche Industrieprodukte zustande. Dieses Tauschgeschäft nutzte beiden Seiten. Der Umstand, dass Deutschland seit dem Ersten Weltkrieg keine Kolonialmacht mehr in China war, sowie der deutsche Bedarf an Rohstoffen und Chinas dringender Bedarf an industrieller und militärischer Entwicklung begünstigten die Kooperation.[6] In China wurden die Beziehungen mit Deutschland damals als „am intensivsten und erfolgreichsten im Vergleich zu den anderen westlichen Ländern" erachtet.[7] Erst 1940 sprach sich Hitler für ein Bündnis mit Japan aus, sodass die diplomatischen Beziehungen zwischen China und Deutschland abbrachen.

Die Wiederaufnahme diplomatischer Beziehungen zwischen beiden Ländern erfolgte im Jahr 1972. Helmut Schmidt bereiste 1975 als erster Bundeskanzler China und versuchte den Austausch voranzutreiben. Nach der Kulturrevolution 1976 und dem Start der Wirtschaftsreform 1978 öffnete China sich noch weiter. Es dauerte etwa noch ein weiteres Jahrzehnt, bis sich der Wirtschafts- beziehungsweise Kulturaustausch zwischen China und Deutschland in den 1980er-Jahren intensivierte. So war zum Beispiel die Unterhaltungsshow *Heute Abend in Beijing* mit Udo Jürgens die erste chinesisch-deutsche Fernsehproduktion. Sie wurde am 1. August 1987 gezeigt.[8] Ein Jahr später folgte die Eröffnung des Goethe-Instituts in Peking. Die 1980er-Jahre waren für China hochinteressant: Die Grenzen, die Kulturen getrennt hatten, begannen zu fallen. Der Nationalstolz wurde reflektiert, denn der „technologische Rückstand" war für viele Chinesen ersichtlich geworden. Die Kehrseite dieser fast blinden Adaptionsphase war jedoch, dass China viele abendländliche Einflüsse aufgenommen hatte, ohne sie zu filtern. Der Kulturaustausch boomte zum Großteil durch die einseitigen „Übersetzungen" ausländischer Werte.

Seit Beginn des 21. Jahrhunderts wechselt diese Phase in eine andere Entwicklungsphase: China strebt nun eine Renaissance der chinesischen Kultur sowie „Soft-Power" durch kontinuierliche Kulturdiplomatie an. Jetzt ist der Kulturaustausch mit dem Ausland wieder ebenbürtig – und gleichzeitig spielt er seitdem für China eine noch größere Rolle. Die wirtschaftliche Entwicklung und gewachsene Bedeutung Chinas in den letzten Jahrzehnten hat auch in Deutschland dazu geführt, dass sich immer mehr Deutsche mit der chinesischen Kultur beschäftigen wollen. In deutschen überregionalen sowie regionalen Medien sind nun fast täglich Berichte und Kommentare zum „Reich der Mitte" zu finden. Die ältere 68er-Generation in Deutschland hatte Interesse an der Ideologie Chinas. Jetzt wollen aber auch zunehmend mehr junge Deutsche Chinesisch lernen und das Land bereisen. Dieses wachsende Interesse schafft eine solide Grundlage für einen ausbalancierten Kulturaustausch im staatlichen aber auch zivilgesellschaftlichen Rahmen. Dabei stellen viele fest, dass China und Deutschland neben den Unterschieden auch viele Gemeinsamkeiten haben. Beide sind große Kulturnationen mit einer bewegten Geschichte und mit bekannten Philosophen und Literaten. Chinesen und Deutsche kennen und genießen ein breites Kulturangebot. Ob Musik, Film, Literatur, Theater oder zeitgenössische Kunst: Beide Länder sind bestens ausgestattet.

Kennt man diesen Entwicklungsprozess, sieht man auch die künftigen Potenziale zwischen den beiden Ländern. Heute lässt sich eine interessante positive Zwischenbilanz im Kulturaustausch ziehen: Mittlerweile existieren in Deutschland insgesamt 19 Konfuzius-Institute, die offiziellen chinesischen Kulturvermittler – als Pendants zu den Goethe-Instituten. Neben der Vermittlung der Sprache setzen die Konfuzius-Institute auch auf die Förderung von Kulturaustausch. Jedes Konfuzius-Institut wird als Partnerschaft zwischen Hanban – einer Verwaltungsorganisation, dem chinesischen Ministerium für Bildung untergliedert – und einer anerkannten deutschen Universität gemeinsam betrieben.[9] Die ersten Konfuzius-Institute wurden in Deutschland 2006 in Zusammenarbeit mit der Freien Universität Berlin und anschließend mit der Universität Erlangen-Nürnberg eröffnet. Sie bieten neben Sprachunterricht ein vielfältiges Kulturprogramm unter anderem in den Bereichen Literatur, Kunst und Musik an. Ein internationaler Beirat mit 15 Mitgliedern, darunter zehn Direktoren von ausländischen Konfuzius-Instituten, gestaltet die Programme inhaltlich mit.[10] Zudem gibt es seit 2008 das offizielle Chinesische Kulturzentrum in Berlin, das dem chinesischen Kulturministerium untergeordnet ist. Dort wird ein erweitertes Angebot unter anderem an Ausstellungen, Kochkursen, chinesischem Kampfsport, Filmabenden sowie Konzerten angeboten. Im Kern soll das Kulturzentrum ein Fenster für die Kulturangebote aus verschiedenen chinesischen Regionen, Städten und Provinzen Chinas sein. Die Angebote kommen insbesondere beim älteren Publikum an.

In China ist das Goethe-Institut als die offizielle Kulturinstitution der Bundesrepublik Deutschland seit 1988 tätig und fördert neben der deutschen Sprache auch den kulturellen Austausch. Es nimmt Tendenzen in Deutschland auf und unterstützt die internationale kulturelle Zusammenarbeit unter anderem durch Kulturveranstaltungen und Festivalbeiträge in den Bereichen Film, Tanz, Musik, Theater, Ausstellungen, Literatur und Übersetzung.[11] Das Goethe-Institut ist in China hoch angesehen und feierte 2018 sein 30-jähriges Bestehen mit zahlreichen Veranstaltungen. Dabei greift es hochaktuelle Themen auf und spielt in vielen Feldern eine Vorreiterrolle: Zum 30-jährigen Jubiläum 2018 stellte es einer breiten Öffentlichkeit 30 „Zukunftsfragen" und initiierte aktiv Meinungsforen im Internet. Ein interessantes Thema bezog sich zum Beispiel auf die Fragen „Wie politisch dürfen Künstler sein?" oder „Wie wird VR unsere Welt verändern?". Es sind hochinteressante und vom Zeitgeist geprägte Themen, die nicht nur die Menschen in Deutschland, sondern gleichzeitig auch in China betreffen. Positiv fällt auf, dass sich das Kulturangebot an moderne junge Chinesen richtet und sie auch aktiv anspricht. In den internationalen Online-Foren der Goethe-Institute können Interessierte aller Nationalitäten ihre Meinung veröffentlichen. So kommt ein direkter interaktiver und interkultureller Austausch zustande. Neben dem Goethe-Institut China hat der Deutsche Akademische Austauschdienst (DAAD) ähnliche Funktionen im Wissens- und Bildungsaustausch. So werden seit 1994 jährlich mehreren chinesischen und deutschen Dozenten und Lektoren mehrmonatige Aufenthalte im jeweils anderen Land ermöglicht. Viele sind im Anschluss dortgeblieben und fungieren weiterhin als Brücke zwischen den beiden Kulturen.

Ergänzend zu den staatlichen Kulturaustauschprogrammen gibt es in der Praxis des zivilgesellschaftlichen Austauschs zwischen China und Deutschland zahlreiche erfolgreiche Beispiele. Das traditionsreiche Kulturengagement von Unternehmen wie Volkswagen, BMW, Mercedes-Benz, BASF oder Siemens beziehungsweise zunehmend auch chinesischen Unternehmen wie Huawei oder der Elektroautohersteller NIO ist beachtlich. So unterstützte beispielsweise Mercedes-Benz die „Mercedes-Benz Fashion Week Beijing" mehrere Jahre als Highlightprojekt in der chinesischen Hauptstadt. Ein weiteres Beispiel zur Kulturförderung bildete auch die von Volkswagen organisierte Konferenz „Art x Tech – An Imagination Dialogue". Dort diskutierten Musiker, Designer und Vordenker gemeinsam mit Experten der „Karajan Music Tech Conference" des Autokonzerns über die Rolle von Sound für die Mobilität von morgen. Neben den vielen Kulturaktivitäten von deutschen und chinesischen Unternehmen kommen noch die soziokulturellen Beiträge von privatrechtlichen Stiftungen hinzu, unter anderem der Bertelsmann Stiftung, der Stiftung Mercator oder der Robert Bosch Stiftung. Die beiden Letzteren deutschen Privatstiftungen organisieren jährlich in Kooperation mit China Association for NGO Cooperation, China Civil Climate Action Network und Climate Action Network Europe ein nachhaltiges Projekt: den „Europäisch-chinesischer Klima-NGO-Austausch" – ein Tandemprogramm für Mitarbeiterinnen und Mitarbeiter von europäischen und chinesischen NGOs zu den Themen Umwelt, Klima und Soziales. Die Teilnehmenden verbringen bis zu zwei Monate im anderen Land, nehmen an Workshops und Besichtigungen teil und arbeiten bei der jeweiligen Partnerorganisation. Ein weiteres interessantes zivilgesellschaftliches Austauschprojekt ist zum Beispiel das von der Stiftung Mercator initiierte Projekt „Philanthropic Leadership Platform Program", das den Austausch und die Vernetzung der Stiftungsmitarbeiter aus China und Europa fördert. Das Ziel dieses Projekts sollte dabei sein, die Kompetenzen im Planen und Durchführen von gemeinnützigen Projekten länderübergreifend zu erweitern.

Zu den erfolgreichen zivilgesellschaftlichen Engagements zählt auch die Arbeit der gemeinnützigen Gesellschaft für Deutsch-Chinesischen kulturellen Austausch e. V. (GeKA) mit Sitz in Berlin. Der Beweggrund und das Ziel für die Gründung der GeKA im Jahr 2008 war es, die Völkerverständigung zwischen China und Deutschland durch einen zivilgesellschaftlichen Kulturaustausch zu unterstützen. Dabei bieten die Barrierefreiheit in der Kultur und der große Respekt vor der Kultur in beiden Ländern eine ideale Ausgangslage. GeKA setzt bewusst auf den zeitgenössischen Kunstaustausch und integrativen Ansatz in beiden Ländern. Die zeitgenössische Kunst war aus folgenden Gründen naheliegend als Schwerpunkt der zivilgesellschaftlichen Arbeit der GeKA: Zum einen ist Berlin die deutsche und europäische Kunsthauptstadt. Zum anderen weckt die zeitgenössische Kunst ein großes und weiterhin rasch wachsendes Interesse sowohl in China als auch in Deutschland. Selbst wenn zum Zeitpunkt der Gründung 2008 die zeitgenössische Kunst in China noch nicht so wie heute geachtet wurde wie die traditionelle Kunst, gibt es mittlerweile eine große, stets wachsende Fan-Gemeinde im Land. Viele haben verstanden, dass zeitgenössische Kunst zwar nicht in China seinen Ursprung hat, aber vielleicht gerade deswegen ein wichtiges Gebiet für den internationalen Dialog ist. Hinzu kommt der entscheidende Vorteil, dass hierbei eine universale Sprache „gesprochen" wird, die und ohne große „Übersetzung" funktioniert.

Ein medienwirksames Austauschprojekt der GeKA war beispielsweise die großformatige Gruppenausstellung *Die 8 der Wege: Kunst in Beijing* auf rund 3.000 Quadratmetern in den Uferhallen Berlin im Jahr 2014. Parallel zur großen Einzelausstellung *Ai Weiwei* im Martin-Gropius-Bau wurden die riesigen Fabrikhallen sechs Monate lang in eine temporäre Kunsthalle umgewandelt und von 23 chinesischen Kunstschaffenden aus Peking bespielt. Diese Ausstellung stellte den Kunstfreunden aus aller Welt einen ergänzenden Blick auf die aktuelle Kunstlandschaft in der chinesischen Hauptstadt. Das dreiköpfige deutsch-chinesische Kuratorenteam erhielt großen und positiven Zuspruch von den deutschen und internationalen Leitmedien, darunter *Süddeutsche Zeitung*, *Tagesspiegel*, *Frankfurter Allgemeine Zeitung* sowie *taz* und *Berliner Zeitung*, und auch Fachmedien wie *art* oder *Kunstforum International* lobten die Qualität dieser Gruppenausstellung. Die Ausstellung hatte eine große Reichweite in beiden Ländern und wird noch heute immer wieder als positives Beispiel für eine gelungene Darstellung chinesischer zeitgenössischer Kunst herangezogen.

An dieser Stelle ist auch das Projekt „Kunst gemeinsam gestalten!" (2016/17) als ein konkretes interaktiv-nachhaltiges Beispiel zu nennen – das derzeit wohl größte Künstleraustauschprogramm zwischen beiden Ländern. Initiiert wurde es von der GeKA mit Unterstützung von Dagmar Schmidt (MdB, Vorsitzende der Deutsch-Chinesischen Parlamentariergruppe im Deutschen Bundestag). Für dieses Projekt wählte eine renommierte 22-köpfige deutsch-chinesische Fachjury insgesamt 16 Künstlerinnen und Künstler, je acht aus China und Deutschland, aus. Nach einer gemeinsamen Residenz im Sommer 2016 in Berlin kamen die jungen Kunstschaffenden im Frühjahr des darauffolgenden Jahres zu einem gemeinsamen Aufenthalt in Peking erneut zusammen. Sie lernten somit sowohl das jeweilige Land als auch die Menschen und die Kunstszenen kennen. Während sie in Berlin in einem ehemaligen Frauengefängnis lebten und arbeiteten, kamen sie sechs Monate später in den modernisierten chinesischen Hutongs (traditionelle Vierseitenhöfe) direkt im Herzen Pekings zusammen. Noch heute pflegen sie freundschaftliche Kontakte zueinander. Und genau das war das Ziel des aufwendigen Projekts: dass die deutschen und chinesischen KünstlerInnen miteinander in einen intensiven und nachhaltigen Austausch treten. Durch die Kooperationspartner und Unterstützer wie zum Beispiel Auswärtiges Amt, Goethe-Institut sowie Medienunternehmen wie Ströer erreichte das Projekt in beiden Ländern zusammen schätzungsweise 500.000 Menschen.

Ein anderes großes Projekt im Bereich Kunstaustausch mit zwei angelegten Ausstellungen – *China 8* (2015) in Nordrhein-Westfalen und *Deutschland 8* (2017) in Peking – organisierte der deutsche Verein „Stiftung für Kunst und Kultur e. V." aus Bonn. Der Verein zeigte für *China 8* Werke von 120 chinesischen Künstlerinnen und Künstlern in neun kleineren bis großen regionalen Museen in Nordrhein-Westfalen gleichzeitig. Im Rahmen von *Deutschland 8* waren Arbeiten von 52 deutschen Künstlerinnen und Künstlern in sechs öffentlichen sowie privaten Kunstorten in Peking zu sehen. Auch wenn die Fachmeinungen über die Qualität der Ausstellungen nicht einheitlich sind, erfüllt dieses zivilgesellschaftliche Projekt in meinen Augen seinen Zweck: Die aktuelle Kunstszene wurde in einer großen Vielfalt den Interessierten im jeweils anderen Land nähergebracht. Das Projekt war politisch hoch angesiedelt – doch um den Austauscheffekt zu steigern, hätte man die teils sehr kurze Laufzeit der Ausstellungen in Peking etwas verlängern sollen, um chinesischen Künstlerkreisen sowie der breiten Bevölkerung vor Ort in Peking einen Besuch zu ermöglichen.

In Deutschland leben etwa 150.000 Chinesen. Und so wird der zivilgesellschaftliche Kulturaustausch häufig auch von engagierten chinesischstämmigen Bürgerinnen und Bürgern vorangetrieben. Es gibt einige auf China und Deutschland fokussierte Bürgerinitiativen, zum Beispiel regionale deutsch-chinesische Freundschaftsvereine in Berlin, Frankfurt, Düsseldorf, Bayern und Hamburg mit unterschiedlichen Schwerpunkten. Die meisten von ihnen sind auf den Jugendaustausch, auf Literatur oder klassische Musik in den jeweiligen Regionen spezialisiert. Diese zivilgesellschaftlichen deutsch-chinesischen Institutionen werden – wie die GeKA auch – in den meisten Fällen von Ehrenamtlichen getragen und konzentrieren sich auf kleine und mittelgroße Projekte für die jeweilige Region. Überregionale Ansätze sowie eine bundesweite Vernetzung untereinander sind in der Praxis eher die Ausnahme.

Die Bürgerinitiativen engagieren sich stets dafür, dass Menschen durch konkrete Begegnungen und Berührungen mit Kultur und Kunst ein besseres Verständnis füreinander erlangen und vor allem aufeinander neugierig werden. Denn der Schlüssel zur Völkerverständigung ist das Erwecken von Neugier. Dies markiert die Wende für jede Art von Begegnung, jede Art von Idee. Diese Neugier und die dadurch hervorgerufene Denkwende verändern die Betrachtungsweise und manchmal gar das geistige Konstrukt der Wertschätzung. Daher stellen diese aus der Zivilgesellschaft heraus organisierten Engagements eine sinnvolle Ergänzung zum staatlichen Engagement dar und sind aus dem Austausch zwischen den beiden Ländern nicht mehr wegzudenken. In meiner zehnjährigen ehrenamtlichen Praxis konnte ich einige Erfahrungen sammeln, die ich gerne mit allen interessierten Engagierten teilen möchte:

1. Klischeefreie Offenheit: Die absolute Bedingung für einen gelungenen gegenseitigen Kulturaustausch ist Offenheit ohne jegliche Vorurteile. Ohne diese bedingungslose Offenheit gleicht jede Bemühung einer „Kulturzwangsvermittlung" beziehungsweise „Kulturpropaganda". Es geht bei Kulturaustausch nicht darum, den Menschen in einem anderen Land das eigene Kulturgut als das bessere zu predigen oder gar aufzuzwingen, sondern der Austausch muss von gegenseitigem Respekt auf gleicher Augenhöhe getragen sein. Nur so kann ein gesundes Interesse an dem jeweiligen anderen Zielland geweckt werden. Keine Kultur ist besser oder schlechter – sondern allenfalls anders. Wir wachsen erst durch das Erkennen, Bearbeiten, Erforschen und Reflektieren von Unterschieden. Und wäre die Welt ohne Kontraste und Unterschiede nicht langweilig?

Interessanterweise muss ich an dieser Stelle an ein laufendes Kunstprojekt denken: Die deutsche Kuratorin sucht einen Co-Kurator für eine Ausstellung aus. Er ist zwar chinesischer Abstammung, ist jedoch im Westen aufgewachsen – und somit ähnlich wie sie sozialisiert. Ich hingegen hätte ihr lieber einen chinesischen Co-Kurator zur Seite gestellt, eine Person, die in China wirklich zu Hause ist und einen anderen Blickwinkel in das Projekt einbringen könnte. Dieser Mix und das Aufeinanderprallen von westlichem und östlichem Blick respektive einheimischer und Gastperspektive macht ein Kulturprojekt erst recht interessant, wenn die Blickachsen am Ende zusammenkommen.

2. Unabhängigkeit: Der Kulturaustausch sollte zunächst frei von politischer Intervention sein. Kultur ist nicht gleich Kulturpolitik. Nur so kann der Kulturaustausch auf seine Rezipienten im Ausland authentisch wirken. Im Kulturaustausch ist es eminent wichtig, verschiedene Denkrichtungen zu absorbieren und Dinge anzuerkennen, die über die eigenen Erwartungen hinausgehen oder -wachsen.

3. Leidenschaft: Eine gemeinnützige zivilgesellschaftliche Institution ist nur mit Engagierten zum Erfolg zu führen, die mit Leidenschaft bei der Sache sind. Bevor ein institutionalisiertes Engagement gestartet wird, muss eine greifbare Leidenschaft für das Thema, für das es sich einzusetzen gilt, deutlich vorhanden sein. Sonst können die Ausdauer und die Langfristigkeit des Engagements nicht gewährleistet werden.

4. Förderer/Mitwirkende: Kultur und Kunst brauchen Förderer. Mit gebündelter Kraft erreicht die Zivilgesellschaft viel mehr. Die Politik in beiden Ländern hat bereits vieles im Bereich Kulturaustausch unter anderem durch das Auswärtige Amt und das Chinesische Kulturministerium veranlasst. Der aufgrund des politischen Bedarfs von den Regierungen verabschiedete Plan zum Kulturaustausch verlangt nach mehr Menschen mit Erfahrung und Fachkenntnis zur Unterstützung der immer dringenderen

Aufgaben. Nur so kann das Bedürfnis nach Verständigung und Synchronisation der Gegenwartskultur sowohl von chinesischer als auch von deutscher Seite in professionellen Projekten widergespiegelt werden. Bei dem heutigen Stand des Austauschs zwischen China und Deutschland wäre es verfrüht sich zurückzulehnen. Als Bürger sind wir gefordert zu handeln und mitzugestalten. Der Staatsauftrag verfolgt ein großes Ziel – und unsere zivilgesellschaftlichen Aktivitäten bilden eine optimale Ergänzung dazu und stellen die Zusatzchance dar. Es mangelt oft nicht an Ideen und Projektansätzen, sondern schlichtweg an Mitteln zur Umsetzung. Insoweit herrscht die gleiche Situation in China wie in Deutschland.

5. Ausdauer: Der Kulturaustausch lebt von Kontinuität. Es gibt viele Organisationen, die ambitioniert gestartet haben, jedoch auf der Zeitachse nicht genügend Durchhaltevermögen bewiesen haben. Bevor ein weiterer gemeinnütziger Verein oder eine Stiftung gegründet wird, muss die Frage gestellt werden, wie diese in 20 Jahren aussehen wird. Was möchten wir mit dieser institutionellen Form mittel- beziehungsweise langfristig erreichen? Ohne eine klare langfristige Perspektive ergibt es keinen Sinn, eine neue Institution zu gründen. Denn jeder Bürger kann sich auch als Privatperson institutionellen Projekten anschließen und mitwirken.

6. Öffentlichkeit und Vernetzung: PR und Öffentlichkeitsarbeit sind für gemeinnützige Organisationen sehr wichtig. Was macht unsere Arbeit aus und wo sind unsere Alleinstellungsmerkmale? Sich dies zu fragen, ist in der Wirtschaft eine gängige Praxis, aber insbesondere bei kleineren Bürgerinitiativen noch kein Alltag. Dieses Bewusstsein muss jedoch auch bei uns Ehrenamtlichen gefestigt werden. Hier gilt die Devise „tue Gutes und rede drüber". Außerdem sind eine überregionale Vernetzung sowie ein regelmäßiger Erfahrungsaustausch unten den zivilgesellschaftlichen Institutionen wichtig. Hierbei kann die Politik helfen, indem sie einen übergreifenden Rahmen dafür schafft. Gerade für den Bereich des deutsch-chinesischen Austauschs wäre es sinnvoll, die Kräfte zu bündeln. So kann die Wirkung beziehungsweise der Erfolg des Austauschs noch größer werden. Doch der Erfolg wird anders als in der Wirtschaft gemessen: Während für ein Wirtschaftsunternehmen die Zahlen ausschlaggebend sind, sollte für den Kulturaustausch eine wachsende Reichweite als Erfolgsfaktor betrachtet werden.

7. Vielfalt: Auch wenn jede zivilgesellschaftliche Institution einen gut sichtbaren Schwerpunkt haben sollte, lebt der Kulturaustausch von der Vielfalt an Inhalt wie auch Form. Damit können verschiedene Zielgruppen in beiden Gesellschaften angesprochen und gewonnen werden. Hierbei sind der Kreativität keine Grenzen gesetzt. Der Kulturaustausch ist ein Gebiet, das viele verschiedene Aspekte vereint und nicht auf die Künste allein beschränkt ist. Vielmehr sollte hier das Wissen auch aus anderen Feldern mit aufgenommen werden.

8. Qualität. Das zivilgesellschaftliche Engagement hat in den meisten Fällen nur begrenzte Manpower und Mittel zur Verfügung, daher sollte der Qualitätsanspruch umso größer sein. Egal in welchem Bereich – ob Kunst-, Literatur-, Musik- oder Jugendaustausch –, die hohe Qualität ist ein unentbehrlicher wichtiger Erfolgsfaktor. Da der Kulturaustausch ein langer Prozess ist und von den Engagierten eine unglaubliche Ausdauer einfordert, ist Qualität wichtiger als Quantität. Die Wahl des Projekts ebenso wie die der Partner spielen dabei eine große Rolle. Dazu gehört auch die klare Trennlinie zwischen Gemeinnützigkeit und Kommerz.

Nun höre ich bewusst auf, weil die Zahl 8 die Glückszahl in China ist. Abschließend möchte ich gern noch auf ein Phänomen hinweisen: Aufgrund der politischen und wirtschaftlichen Unterschiede wird der Kulturaustausch zwischen China und Deutschland ein langer Prozess sein. Trotz des derzeit wachsenden Kulturaustauschs gibt es immer noch ein gewisses Misstrauen zwischen beiden Ländern: In Deutschland befürchten manche zum Beispiel, dass die angebotenen chinesischen Kulturprogramme geschickt getarnte staatliche Propaganda sind. Während das Goethe-Institut mit Staatsauftrag in China hoch angesehen wird, kämpfen leider manche Konfuzius-Institute in Deutschland noch um ihre Berechtigung.

Doch eins muss uns klar sein: Kultur und Kulturaustausch brauchen zunächst keine Rechtfertigung. Es handelt sich um ein Angebot, eine Bereicherung und eine Chance für das andere Land. Dabei sind Offenheit und Vertrauen gefragter denn je. Neben dem Staatsauftrag sollten außerdem noch mehr von Bürgerinnen und Bürgern organisierte zivilgesellschaftliche Aktivitäten stattfinden und zur Völkerverständigung zwischen beiden Ländern beitragen. Auf einen guten zivilgesellschaftlichen Kulturaustausch als effizientes Verständigungsformat können beide Länder heute gar nicht mehr verzichten. Der zivilgesellschaftliche Kulturaustausch sollte noch mehr Achtung und Unterstützung vonseiten der Politik und Wirtschaft bekommen. Denn davon schließlich profitieren am Ende beide: China und Deutschland.

Anmerkungen

1 Vgl. Webseite des Instituts für Auslandsbeziehung (Stuttgart/Berlin), https://www.ifa.de (letzter Aufruf: 4.1.2019).

2 Vgl. Duden, „Interkultur" bzw. „Interkulturalität".

3 Vgl. Duden, „Kulturaustausch".

4 Viktor Ring, *Asiatische Handlungscompagnien Friedrich des Großen. Ein Beitrag zur Geschichte des preussischen Seehandels und Aktienwesens*, Berlin 1890, S. 72.

5 Gottfried Wilhelm Leibniz Bibliothek, „Leibniz und China", https://www.gwlb.de/Leibniz/Leibniz archiv/Leben_und_Werk/china.html (letzter Aufruf: 4.1.2019).

6 Bernd Eberstein, *Preußen und China. Eine Geschichte schwieriger Beziehungen*, Berlin 2007.

7 Vgl. https://baijiahao.baidu.com/s?id=1609595021280443576&wfr=spider&for=pc (chinesisches Portal; letzter Aufruf: 5.1.2019).

8 Barbara Sichtermann, „Peking-Style", in: *Die Zeit*, 7.8.1987, https://www.zeit.de/1987/33/peking-style (letzter Aufruf: 4.1.2019).

9 Vgl. offizielle Amtswebseite von Hanban, http://www.hanban.edu.cn/confuciousinstitutes/node_10961.htm (letzter Aufruf: 4.1.2019).

10 Vgl. offizielle Amtswebseite von Hanban, www.hanban.edu.cn/hb/node_7446.htm (letzter Aufruf: 4.1.2019).

11 Vgl. offizielle Amtswebseite des Goethe-Instituts, www.goethe.de (letzter Aufruf: 4.1.2019).

Huang Liaoyu

3.3 Die deutsch-chinesischen Beziehungen im Lichte germanistischer Leseerfahrungen

Ich habe die Ehre und Freude, im Expertenkreis dieses Buches ein paar Überlegungen äußern zu dürfen über die Herausforderungen und Prognosen bezüglich der deutsch-chinesischen Beziehungen. Als Germanist bin ich natürlich interessiert an ihrem Gedeihen. Im Bewusstsein meiner eigenen fachlichen Inkompetenz möchte ich mehr über die Vergangenheit als über die Zukunft sprechen und mich hauptsächlich auf meine germanistischen Leseerfahrungen berufen. Für uns Geisteswissenschaftler ist die Geschichte der beste Lehrer.

1.

Lassen Sie mich beginnen mit einem kleinen Liebesbekenntnis zu meiner Disziplin, der Germanistik. Von einem Auslandsgermanisten erwartet man bei der ersten Begegnung immer die Erklärung, warum oder wie er Germanist geworden sei. Bei mir war das Zufall. 1982 nahm ich an der staatlichen chinesischen Hochschulzugangsprüfung teil. Und da ich sie mit hohen Noten bestand, bekam ich einen Studienplatz an der Peking-Universität, der Traumuniversität der 99 von 100 jungen Chinesen. Da ich im Anmeldeformular den Wunsch geäußert hatte, eine der vier Fremdsprachen Englisch, Französisch, Deutsch oder Persisch zu studieren, kam jetzt die Mitteilung von oben: Du studierst Deutsch!

Ich bereue es nicht, dass mein Lebensweg durch diesen Zufall entschieden wurde. Im Gegenteil: Ich bin dem Zulassungsbüro der Peking-Universität ewig dankbar, dass man mich dort dem Fachbereich Germanistik zugewiesen hat. Denn je älter ich werde, desto besser weiß ich zu schätzen, wie schön und wie nützlich es ist, sich mit der deutschen Geschichte, Kultur und Gesellschaft zu beschäftigen, zumal die Deutschen ein beachtliches Volk sind. Durch ihr Schicksal im 20. Jahrhundert haben sie eine ungewöhnliche Lebendigkeit und Zähigkeit an den Tag gelegt: Bekanntlich hatten sie zwei Weltkriege entfacht und waren in beiden geschlagen worden, aber sie sind beide Male schnell wiedererstanden. Zum Zweiten haben die Deutschen Glanzleistungen auf fast allen Gebieten der Kunst, Literatur und Wissenschaft erbracht, die dem Vergleich mit denen von jeder anderen großen Nation standhalten. Sie sind nicht nur das Volk der Dichter und Denker, sondern auch das Volk der Musiker und Wissenschaftler. Angesichts der Tatsache, dass die deutsche Kultur infolge der Sprachbarriere in

Prof. Dr. Huang Liaoyu, ist Direktor des Zentrums für Deutschlandstudien (ZDS) an der Peking University.

https://doi.org/10.1515/9783110624731-022

China – hierzulande beherrschen mehr Leute Französisch, Russisch und Japanisch – unterpräsentiert ist, hat man als Germanist einerseits Empfindungen der Eile und Unruhe, andererseits fühlt man sich geehrt, weil man Zugang zu einem großen Wissensschatz hat, den viele Menschen nicht haben. Zum Dritten sehe ich, je älter ich bin, desto mehr deutsche Mitwirkung an der Geschichtsentwicklung in China. Wie Deutsche seit der Neuzeit mit ihren Taten und Ideen direkt oder indirekt am Schicksal Chinas mitgewirkt haben, dafür möchte ich bei meinem beschränkten Wissenshorizont zumindest folgende Beispiele anführen.

Zuerst möchte ich auf Martin Luther hinweisen, weil seine Reformation auch Folgen für den Fernen Osten hat. Die Reformation hat nicht nur zur Spaltung der Christenheit geführt, sondern auch die Gegenreformation provoziert. Einer der prominentesten Gegenreformatoren ist bekanntlich Ignatius von Loyola, der wichtigste Mitbegründer des Jesuitenordens. Die Jesuiten, die die christliche Kirche in alter Pracht restaurieren wollten, waren Idealisten mit Weltblick. Als Missionare begaben sie sich auch nach China und wurden dadurch Akteure in der chinesischen Geschichte. Des Zusammenhangs zwischen Luthers Reformation und der christlichen Missionierung Chinas bin ich mir bewusst geworden, als ich *Die Christenheit oder Europa. Ein Fragment* (1799) von Novalis gelesen habe. Die folgenden Worte aus seinem berühmten Essay finde ich besonders aufschlussreich: „Was in Europa verloren war, suchten sie in den andern Welttheilen, in dem fernsten Abend und Morgen, vielfach wieder zu gewinnen, und die apostolische Würde und Beruf sich zuzueignen und geltend zu machen. Auch sie blieben in den Bemühungen nach Popularität nicht zurück, und wußten wohl wieviel Luther seinen demagogischen Künsten, seinem Studium des gemeinen Volks zu verdanken gehabt hatte. Ueberall legten sie Schulen an, drangen in die Beichtstühle, bestiegen die Katheder und beschäftigten die Pressen, wurden Dichter und Weltweise, Minister und Märtyrer, und blieben in der ungeheuren Ausdehnung von Amerika über Europa nach China in dem wunderbarsten Einverständniß der That und der Lehre.“[1] So kamen also die Jesuiten und andere christliche Missionare ins Reich der Mitte. Sie betätigten sich hier nicht nur als Gottes Seelenjäger, sondern auch als Übersetzer, Wissenschaftler, Techniker usw. Einige von ihnen brachten es sogar zum Berater und Lehrer am Kaiserhof und nahmen große Einflüsse auf die technische, die kulturelle und auch die politische Entwicklung im chinesischen Kaiserreich. Eine repräsentative Persönlichkeit von ihnen ist zum Beispiel Adam Schall von Bell, der in Köln geboren wurde und in Peking starb. Er, der zu Lebzeiten hoher Mandarin am chinesischen Kaiserhof geworden war, liegt begraben auf dem heutigen Gelände der Parteischule der Pekinger Stadtregierung. Ihn bewundern wir nicht nur als Maschinenbauer und Geschützgießer, dem die ersten 20 großkalibrigen Kanonen made in China zu verdanken sind, sondern auch als Optiker und Astronomen, dem wir unseren Mondkalender zu verdanken haben. Dass sich diese Missionare bewusst oder unbewusst als Kulturvermittler in entgegengesetzter Richtung betätigten, indem sie Schriften aus dem Chinesischen übersetzten und auch positive Berichte über die chinesischen Verhältnisse nach Europa schickten, versteht sich von selbst. Es ist bekannt, dass die europäischen Frühaufklärer ein paar geistige Anregungen aus China erhalten haben. Zu nennen sind beispielsweise Gottfried Wilhelm Leibniz und sein Schüler Christian Wolff, der 1723 wegen seiner sinophilen „Rede über die praktische Philosophie der Chinesen" seine Professur aufgeben und die Stadt Halle innerhalb von 48 Stunden verlassen musste. Dass die europäische Aufklärung ohne China undenkbar sei, wurde auch seitens der deutschen Sinologen konstatiert.

Dann ist daran zu erinnern, dass die Geburt und der Untergang des Zweiten Deutschen Reichs (1871–1918) auch nicht ohne Folgen für China waren. Zum einen wurde 1872 im Zeichen der deutschen Reichsgründung – die Preußen, die die Franzosen geschlagen hatten, waren auch Gegenstand der Bewunderung im letzten chinesischen Kaiserreich geworden – das Fach Deutsch an der Kaiserlichen Akademie für Fremdsprachen und Übersetzung eingerichtet. Nur hieß damals Deutsch im Chinesischen *Pu Yu*, also Preußisch. So gilt 1872 als das Geburtsjahr der chinesischen Germanistik. Zum anderen entstand durch Qingdao, die Kolonie des Deutschen Reichs, eine merkwürdige Schicksalsverbundenheit zwischen China und Deutschland: Als Qingdao nach dem Ersten Weltkrieg nicht an China zurückgegeben, sondern an Japan abgetreten wurde, obwohl China theoretisch zu den Siegermächten gehörte, brach hierzulande eine Revolution aus. Die Pekinger Studenten, die vom gerechten Zorn gegen den Versailler Vertrag erfüllt waren, gingen am 4. Mai 1919 auf die Straße und protestierten gegen Imperialismus und Feudalismus. Diese Massenbewegung, die als „Bewegung des 4. Mai" in die Geschichte eingegangen ist, gilt als erste Aufklärungsbewegung und gleichzeitig als erste patriotische Studentenbewegung in China und hatte große und langfristige Einflüsse auf die chinesische Kultur und Gesellschaft. Der 4. Mai ist übrigens der offizielle Tag der Jugend in China und der Feiertag der Pekinger Universität.

Der eminenteste Beweis jedoch für den deutschen Einfluss auf China ist der chinesische Sonderweg, von dem wir schwerlich abzubringen sind: der sozialistische Weg chinesischer Prägung. Das kann man von drei Aspekten erklären:

Erstens: Der Marxismus, also die Staatsideologie Chinas, ist eine deutsche Erfindung. Der Erfinder dieser Ideologie ist bekanntlich ein Philosoph, Soziologe und Ethiker aus Trier, dem ein Gesinnungsgenosse aus Wuppertal assistiert hat. Das ist uns bewusst. Daher ist Trier eines der beliebtesten Reiseziele für chinesische Touristen; daher hat die Stadt, die uns durch die fehlende bildliche Darstellung ihres großen Sohnes im Stadtbild aufgefallen war, im vergangenen Mai eine überlebensgroße Karl-Marx-Statue aus dem fernen China geschenkt bekommen, geschaffen von Wu Weishan, einem der besten Bildhauer Chinas.

Zweitens: Ohne die russische Oktoberrevolution wäre der Marxismus vielleicht nie zur Staatsideologie geworden. Dass die kommunistische Revolution in Russland, durch die die Welt des 20. Jahrhunderts gewaltig erschüttert und verändert wurde, in hohem Maße auf das Konto des Wilhelminischen Deutschland geht, ist relativ wenig bekannt. Es war die Regierung des Deutschen Reichs, die Lenin und seine Kampfgefährten, die im Exil in der Schweiz lebten, mit einem Sonderzug nach Russland brachte, damit sie das zaristische Regime stürzten. Dadurch halfen sie den Deutschen, deren großes Problem mit den doppelten Fronten zu lösen. Lenin, der großzügige finanzielle Unterstützung von der Reichsregierung erhalten hatte, tat wie erwartet seine Schuldigkeit. Die Bolschewiki schlossen kurz nach ihrer Machtübernahme den Friedensvertrag von Brest-Litowsk mit den Deutschen. Durch diesen Vertrag bekamen die Deutschen nicht nur Ruhe an der Ostfront, sondern auch viele andere Vorteile. Nur konnte die Niederlage Deutschlands im Ersten Weltkrieg nicht durch den Sieg der Oktoberrevolution und das Wohlwollen der Bolschewiki verhindert werden. Das Zweite Deutsche Reich ging unter, während die UdSSR in Kürze zur einflussreichen Weltmacht aufstieg: Seit sie existierte, brachen überall auf der Welt Revolutionen aus. Auch in China. Und hier hat die Revolution letztendlich gesiegt. „Die Geschützsalven der Oktoberrevolution brachten uns den Marxismus-Leninismus",[2] fasste Mao Zedong 1949 – kurz vor der Gründung der Volksrepublik – im Rückblick mit Freude und Dankbarkeit diesen geschichtlichen Zusammenhang zusammen. Zum Verständnis dieses Wortes sei daran erinnert, dass die von Lenin geführte Kommunistische Internationale (Komintern) bei der Geburt der Kommunistischen Partei Chinas (KPCh) als Hebamme gedient hatte. Das Fazit: Ohne die sowjetische Unterstützung wäre die Gründung der KPCh so wenig denkbar gewesen wie die Geburt der UdSSR ohne die reichsdeutsche Unterstützung.

Drittens: Ein deutscher Kommunist aus München wirkte in einer der wichtigsten Geschichtsphasen der KPCh an der chinesischen Revolution mit und leistete einen großartigen negativen Beitrag zu ihrem Gelingen. Die Rede ist von dem Schriftsteller Otto Braun, der aus der deutschen Novemberrevolution hervorgegangen ist und 1928 nach einem aufsehenerregenden Ausbruch aus dem Berliner Gefängnis in die Sowjetunion floh. 1933 kam er im Auftrag der Komintern nach China, wo es die chinesischen Kommunisten schwer hatten: Die KPCh begann kurz nach ihrer Gründung im Jahr 1921 auf Anregung der Komintern, mit der 1894 von Sun Yat-sen gegründeten bürgerlichen Partei Guomindang (GMT; „Chinesische Volkspartei") zusammenzuarbeiten. Die Zusammenarbeit war so gut, dass 1923 sämtliche Kommunisten „individuell" der GMT beitraten und führende Mitglieder der KPCh und der GMT gute Kommilitonen in der Sun-Yat-sen-Universität in Moskau waren, die 1924 gegründet worden war, um chinesische Revolutionäre auszubilden. Aber Misstrauen seitens der GMT führte dazu, dass Tschiang Kai-Shek, der nach dem Tod von Sun Yat-sen Parteichef der GMT geworden war, im Frühjahr 1927 die Entscheidung traf, die KP zu vernichten. Seitdem befanden sich die beiden Parteien im Kriegszustand. Dabei waren die Truppen von Tschiang Kai-Shek die zahlenmäßig und waffentechnisch weit überlegene Regierungsarmee und die der KP die „Banditen", die ihre Stützpunkte in den Bergen in Südchina hatten, um von dort einen Partisanenkrieg gegen ihre Gegner zu führen.

Otto Braun, der eigentlich als Militärberater der Chinesischen Roten Armee dienen sollte, war infolge der damaligen Machtverhältnisse in der Führung der KP praktisch ihr Oberbefehlshaber geworden und führte die Armee im Kampf gegen den 5. Ausrottungsfeldzug der GMT-Truppen. Seine militärische Führung hatte jedoch katastrophale Folgen: Die Rote Armee verlor unter seinem Kommando eine Schlacht nach der anderen, und jede verlorene Schlacht kostete das Leben von 2.000 bis 3.000 Soldaten. Angesichts dieser Situation kam Braun auf die Idee, die Rote Armee von ihren Hauptstützpunkten Richtung Westchina zu evakuieren. Aus diesem Rückzugsgefecht wurde der Lange Marsch von über 10.000 Kilometern, der Heldenmythos der KPCh. Der Lange Marsch ist nicht nur eine einmalige militärische Glanzleistung, der von Edgar Snow nachgesagt wird, Hannibals Marsch über die Alpen habe daneben wie ein Ferienausflug ausgesehen.[3] Vielmehr markiert er einen machtpolitischen und zugleich einen militärstrategischen Wendepunkt in der Geschichte der KP. Durch den Langen Marsch wurde es einerseits Mao ermöglicht, das militärische Kommando zu übernehmen, andererseits fand die Rote Armee im nordchinesischen Yan'an, dem Zielort des Langen Marsches, einen Stützpunkt, an dem sie überleben und wachsen konnte. Davon zeugen die Zahlen: Als man sich im Oktober in Yan'an traf, waren von den ca. 300.000 Soldaten, die den Marsch mitgemacht hatten, nur knapp 30.000 übrig. Zehn Jahre später, als der Bürgerkrieg begann, war die in „Befreiungsarmee des Chinesischen Volkes" umbenannte Rote Armee bereits 1,2 Millionen Mann stark und hatte eine unglaubliche Schlagkraft: Innerhalb von drei Jahren gelang es ihr, die 4,3 Millionen Mann starken Truppen von Tschiang Kai-Shek zu schlagen, sodass dieser mit dem Rest seiner Truppen auf die Insel Taiwan fliehen musste.

Otto Braun ist also nicht nur der Initiator des Langen Marsches, sondern auch der einzige Ausländer, der die 12.500 Kilometer mitmarschiert ist. Dass er trotz seiner Entmachtung kurz nach Beginn des Langen Marsches der KPCh und Mao persönlich treu geblieben ist, sei ebenfalls zu seinen Ehren gesagt. Er, der in Yan'an mit einer Schauspielerin verheiratet war, der Mitglied der KPCh geworden war und bis zum Lebensende in China zu leben vorhatte, wurde an einem Augustmorgen des Jahres 1939 plötzlich nach Moskau zurückgerufen und sollte China und seine zurückgelassene Ehefrau nicht wiedersehen. Otto Braun ist in China eine allseits bekannte Persönlichkeit – allerdings unter seinem chinesischen Namen: Li De, Li, der Deutsche.

2.

Ich bin froh, dass ich Germanist bin. Die Beschäftigung mit deutscher Kultur bedeutet für mich eine enorme Horizonterweiterung. Für einen solchen geistigen Gewinn ist man besonders dankbar, wenn man aus China, also dem Reich der Mitte, kommt. „Reich der Mitte" kann man im doppelten Sinne verstehen. Zum einen ist es Ausdruck eines milden Kulturchauvinismus, der ungefähr besagt, man sei das Kulturvolk und zugleich der Nabel der Welt, und alles, was zur Peripherie gehört, sei barbarisch. Dieser milde Chauvinismus führte dazu, dass man hierzulande in der Han-Dynastie, circa 150 v. Chr., schon mit dem Bau der Großen Mauer anfing, um sich gegen die Barbaren abzugrenzen. Ähnliches taten die Griechen und die Römer zeitgleich in Europa. Die Römer errichteten sogar eine kleine Große Mauer – den Limes –, um die zivilisierte

Welt vor den Germanen zu verteidigen. Zum anderen passt die Bezeichnung „Reich der Mitte" genau zur Lebensphilosophie der Chinesen, die als eine Philosophie der Mitte definiert werden kann und schon bei Konfuzius ausformuliert worden ist. Dieser lehrt nämlich: „Maß und Mitte sind der Höhepunkt menschlicher Naturanlage."[4] Diese Philosophie, die zu Maß und Gleichgewicht gebietet, scheint in ihrer jahrtausendelangen Anwendung das Mittelmaß überschritten zu haben und ist maßgeblich daran schuld, dass wir uns, wie ein Schriftsteller spottet, nicht einmal dazu überwinden können, den Kopf zu überanstrengen,[5] und infolgedessen das Reich der Mitte eine Welt der Immanenz geworden ist, die keine geistigen Höhenflüge zulässt. Von der Philosophie der Mitte zur Philosophie des Mittelmäßigen ist es offensichtlich nur einen Schritt weit. Zum Stolz auf die Philosophie der Mitte besteht für uns also nicht viel Grund.

Ich bin glücklich, dass ich durch meine germanistischen Studien eine geistige Gegenwelt zur chinesischen kennengelernt habe. Und ich konnte inzwischen feststellen, dass ich mich bei meiner germanistischen Forschungsarbeit bewusst oder unbewusst durch die Liebe zum Gegensätzlichen antreiben lasse. Was mir in der deutschen Kultur, was mir an den deutschen Geistern als Erstes auffällt und am meisten imponiert, ist ein Idealismus, der weder die Welt noch das Maß kennt und gerade deswegen aus chinesischer Sicht als etwas Ungewöhnliches und Geniales zu bewundern ist. Sollte ich also den Unterschied zwischen der chinesischen und der deutschen Kultur auf eine kurze Formel bringen, dann würde ich sagen, dass die eine brave Realisten hervorbringt und die andere wilde Idealisten.

Im Folgenden möchte ich mit Beispielen erklären, was ich unter dem deutschen Idealismus, der sich schwer ins Chinesische übersetzen lässt, verstehe. In der chinesischen Übersetzung heißt Idealismus entweder *Li Xiang Zhu Yi*（理想主义）oder *Wei Xin Zhu Yi*（唯心主义）. Ist das eine der Idealismus im negativen Sinne und bedeutet – ins Deutsche zurückübersetzt – „nur der inneren Stimme gehorchend", ist das andere der Idealismus im positiven Sinne und bedeutet „nur dem Ideal gehorchend".

Mich beeindruckt zunächst der Idealismus der Deutschen, der ihnen dazu verholfen hat, sich gegen Ende des 18. Jahrhunderts als eine Respekt gebietende Kulturnation hervorzutun, als es noch kein geeintes Deutschland gab. Das haben sie erstaunlicherweise innerhalb von wenigen Jahrzehnten geschaffen.

England und Frankreich ist es bereits im 17. Jahrhundert gelungen, einen starken modernen Nationalstaat zu gründen, der auch durch eine Kulturblüte glorifiziert wird. Doch das Heilige Römische Reich Deutscher Nation, wie das damalige Deutschland so pompös hieß, blieb bis ins 18. Jahrhundert hinein zersplittert und schwach. Es war, wie Leibniz 1670 beklagte, nichts als „der Ball, den sich die Mächte gegenseitig zuspielen".[6] Hinzu kommt, dass Deutschland im Kulturbereich auch rückständig war. Die deutschen Schlösser waren Kopien von Schloss Versailles und trugen häufig französische Namen wie Sanssouci und Bellevue, die deutschen Fürsten bevorzugten Französisch als Alltagssprache, und Friedrich der Große sprach nur noch Französisch. Die Sprache der Wissenschaftler und Gelehrten war auch nicht Deutsch, sondern

Lateinisch oder Französisch; selbst die Philosophie, deren Sprache – das sagte Martin Heidegger in einem *Spiegel*-Interview unter Berufung auf die Franzosen – entweder Deutsch oder Griechisch sein müsse,[7] begann erst 1706 Deutsch zu sprechen, als Christian Wolff an die Universität Halle berufen wurde. Deutsche Dichter und Künstler mit europäischem Ruf waren Raritäten. Die Deutschen waren also bis Mitte des 18. Jahrhunderts eher Schüler, Nachahmer und Importeure in der Kultur. Das änderte sich schnell, als die „deutsche Bewegung", wie sie der Wilhelm-Dilthey-Schüler Herman Nohl nannte,[8] aufkam: der Sturm und Drang, die Weimarer Klassik und die deutsche Romantik. Nun fingen die Deutschen an, auf kulturellem Gebiet ihre Nachbarn zu überholen. Daraus gingen Geist- und Kulturgrößen hervor: die Stürmer und Dränger, das Weimarer Viergestirn, die Romantiker, die Musiker und die Philosophen. Sie beglückten die Welt mit neuer Kunst und neuen Ideen, auf die die Deutschen ewig stolz sein können und für die wir ihnen ewig dankbar bleiben: der Geniekult, die Autonomieästhetik, die Kunstreligion. Kein Wunder, dass die Deutschen bald den Ehrentitel „Volk der Dichter und Denker" bekamen und zur führenden Kulturnation aufstiegen. Bertrand Russell meinte – ich zitiere ihn sinngemäß – sogar, ein Kant genüge, um die intellektuelle Überlegenheit Deutschlands sicherzustellen.[9]

Die Deutschen haben ein Wunder geschaffen: das Wunder der Blüte der Nationalkultur ohne einen Nationalstaat – Deutschland wurde bekanntlich erst nach der Reichsgründung 1871 zu einer machtvollen Stimme in der Weltpolitik. Dieses Wunder unterscheidet die Deutschen deutlich von fast allen anderen Nationen. Auch Russland wurde zuerst Anfang des 18. Jahrhunderts unter Peter dem Großen zum starken Nationalstaat zur Weltmacht, um etwa 100 Jahre später seine Kulturblüte zu erleben.

Dass die Deutschen an der Wende vom 18. zum 19. Jahrhundert diese kulturelle Heldentat vollbringen konnten, hängt wohl zusammen mit ihrem gleichsam angeborenen Idealismus, der auffallenderweise gekennzeichnet ist durch eine gewisse Weltferne und Weltfremdheit – und dazu noch eine Prise Weltverachtung. Beispielsweise ließen sich die Idealisten in Weimar nicht im Geringsten davon beeindrucken, dass sie in einem Krähwinkel lebten und wirkten und die Briten hingegen ein riesengroßes prosperierendes London und die Franzosen ein riesengroßes prosperierendes Paris hatten. Sie waren stolz auf ihr geografisch winziges Weimar, weil es schon die geistige Höhe eines Athen oder Bethlehem erreicht habe,[10] und nicht sehr traurig darüber, dass das Heilige Römische Reich Deutscher Nation zersplittert und politisch schwach war. Schiller meinte sogar, die deutsche Würde bleibe doch unangefochten, wenn auch das Imperium untergehe. Ähnliches wurde später in Wagners *Die Meistersinger von Nürnberg* verkündet. Diese Haltung hat keiner so gut zusammengefasst wie Heinrich Heine in seinem *Deutschland, ein Wintermärchen*: „Franzosen und Russen gehört das Land / Das Meer gehört den Briten / Wir aber besitzen im Luftreich des Traums / Die Herrschaft unbestritten."[11]

Jede Sache hat ihre zwei Seiten. Der Idealismus auch. Dass die Idealität des deutschen Denkens auch zur Hybris, Radikalität oder Skurrilität führen kann, wurde in der Vergangenheit schon öfter bewiesen. Hier sind ein paar Beispiele:

Friedrich Schlegel konstatierte in einem seiner *Athenäums-Fragmente*: „Die Französische Revolution, Fichtes Wissenschaftslehre und Goethes *Meister* sind die größten Tendenzen des Zeitalters."[12] Ich weiß nicht, ob es einen zweiten Menschen gibt, der darauf verfallen würde, einem Buch so viel Bedeutung beizumessen wie der Französischen Revolution.

Hoffmann von Fallersleben schrieb 1841 ein Gedicht, um sein Vaterland zu besingen. Es beginnt mit einem Aufruf, der die ganze Welt gespannt aufhorchen lässt: *Deutschland, Deutschland über alles*. Das als *Deutschlandlied* populär gewordene Gedicht wurde 1922 trotz großer Widerstände zur deutschen Nationalhymne der Weimarer Republik erklärt und 1952, nachdem seine ersten zwei Strophen gestrichen worden waren, zur Nationalhymne der Bundesrepublik Deutschland. Heute gilt es mit der Hayden'schen Musik zusammen als die „zarteste Lyrik" unter den Nationalhymnen der ganzen Welt.

Emanuel Geibel schrieb 1861 ein Gedicht mit dem Titel *Deutschlands Beruf*, in dem es heißt: „Und es mag am Deutschen Wesen / Einmal noch die Welt genesen."[13] Dieser Satz ist so umstritten und erklärungsbedürftig wie die erste Zeile des *Deutschlandlieds*: Die Deutschen können es nicht verhindern, dass die zwei Gedichte im Ausland falsch, das heißt als Ausdruck deutscher Hybris, missverstanden werden.

In puncto Selbstbewusstsein ist Friedrich Nietzsche nicht zu übertreffen. Er schrieb eine Autobiografie, die Kapitelüberschriften wie die folgenden enthält: *Warum ich so weise bin, Warum ich so klug bin, Warum ich so gute Bücher schreibe, Warum ich ein Schicksal bin*. Die Rede ist von seinem Werk *Ecce homo* (1888/89).

Kurz nach Ausbruch des Ersten Weltkriegs veröffentlichte Werner Sombart sein Buch *Händler und Helden. Patriotische Besinnungen* (1915), das die Engländer als verächtliche Händler und die Deutschen als bewundernswerte Helden auszuweisen suchte. Der erste Satz dieses Buches lautet: „So wie des Deutschen Vogel, der Aar, hoch über allem Getier dieser Erde schwebt, so soll der Deutsche sich erhaben fühlen über alles Gevölk, das ihn umgibt und das er unter sich in grenzenloser Tiefe erblickt."[14]

Thomas Mann erwies sich als Kriegspublizist ebenfalls als ein großer Idealist. Zunächst nannte er in seinem Essay *Gedanken im Kriege* (1914) die Deutschen das Volk der Kultur und die Franzosen das der Zivilisation. Das Erstere zeichne sich durch eine stilvolle Wildheit aus, das Letztere habe eine Tendenz zum Antidämonischen, Antiheroischen und Antigenialen.[15] Interessanterweise erwähnte er dabei uns Chinesen auch: Er wies uns ein Platz unter den in diesem Sinne zivilisierten Völkern zu. Zum anderen erklärte er, dass er „kein Lebens- und Sterbensinteresse an deutscher Handelsherrschaft" habe und im Lande Kant'scher Ästhetik einem Deutschlands Sieg ohne Interesse gefallen würde.[16]

Und schließlich imponiert mir ein Plakat mit der Aufschrift *Sind wir die Barbaren?* aus dem Jahr 1915, das dazu dienen sollte, den Vorwurf der Barbarei gegen die Deutschen zurückzuweisen. Dieser war erhoben worden, nachdem die deutschen Truppen die uralte Bibliothek von Löwen beschädigt, die geschichtsmächtige Kathedrale von

Reims beschossen hatten. Den Briten und den Franzosen wurde es insbesondere durch den Umstand, dass Wilhelm II. am 27. Juli 1900 in Bremerhaven die sogenannte Hunnenrede vor den Soldaten des deutschen Ostasiatischen Expeditionsfreikorps gehalten hatte, leicht gemacht, die Deutschen Barbaren zu nennen, obwohl sie im Zweiten Opiumkrieg noch Schlimmeres und noch Barbarischeres in China angerichtet hatten – so zerstörten sie unseren wunderschönen alten Sommerpalast gänzlich. Dieses von Louis Oppenheim entworfene *Barbaren*-Plakat, das die große Überlegenheit Deutschlands gegenüber England und Frankreich im Hinblick auf die jährlichen Leistungen der Sozialversicherung, Ausgaben für Schulwesen, Büchererzeugung, Nobelpreise und Patente präsentiert, gefällt mir so sehr, dass ich mir eine Kopie habe anfertigen lassen und diese zum Hauptornament in meinem Büro gemacht habe. Zu den ersten, die sich auf meine Einladung das Plakat angeschaut haben, zählen der Dekan der Englisch- und der der Französisch-Fakultät der Pekinger Universität. Dabei waren sie fast so beeindruckt wie ich.

3.

Nachdem ich versucht habe, den deutschen Idealismus und einige seiner Vertreter zu porträtieren, möchte ich nun zwei Erklärungen abgeben, um Missverständnissen vorzubeugen.

Erstens: Bei jeder Nation gibt es Idealisten und Realisten. Aber die deutsche Kultur und Gesellschaft ist nach meinen Eindrücken mehr vom Idealismus im guten und auch im vielleicht weniger guten Sinne geprägt als die anderen Kulturen und Gesellschaften, und die deutschen Idealisten sind insgesamt „idealistischer" oder radikaler als Idealisten anderer Nationen. Das spricht nicht unbedingt gegen sie. „Radikal sein ist die Sache an der Wurzel fassen", belehrt uns Karl Marx.[17]

Zweitens: Der Idealist kann Pausen machen und sogar einen Anfall von Realismus haben, wenn er mit der harten Realität konfrontiert wird. Dies habe ich zum Beispiel mit Verwunderung an meinem Lieblingsschriftsteller Thomas Mann beobachtet. Er, der sich in seiner Kriegspublizistik auch deswegen als Idealist erwiesen hat, weil er bei seiner großen Liebe zur russischen Literatur, deren Heroenpaar Tolstoi und Dostojewski er nicht minder verehrt als das deutsche Heroenpaar Goethe und Schiller, für das deutsch-russische Militärbündnis plädierte, obwohl Russland zur Triple Entente gehörte, hat in seinem Bildungsroman *Der Zauberberg* ein Russlandbild gezeichnet, durch das sich die Russen wenig geschmeichelt fühlen und wir Chinesen mitbetroffen sind, weil die Russen als enteuropäisiert und asiatisiert dargestellt werden. Nach der Romanfigur Lodovico Settembrini, seines Zeichens Aufklärer und Eurozentriker, ist Russland ein Land, für das „Dschingis-Khan und Steppenwolfslichter, Schnee und Schnaps, Knute, Schlüsselburg und Christentum" stehen.[18] Die Russen, die einem im Sanatorium „Berghof" begegnen, werden nicht nur als unzivilisiert in der Kleidung, im Benehmen und im Umgang mit fremden Leuten geschildert, sondern auch als uneuropäisch in ihrem Aussehen mit ihren schmalen Augen und hohen Backenknochen. Settembrini, der Europa gefährdet sieht, hält es für nötig, in der Halle des Sanatoriums Pallas Athene einen Altar zu errichten,[19] und er warnt den Protagonisten Hans Castorp vor den russischen Einflüssen mit den Worten: „Diese Leute [...] richten Sie sich innerlich nicht nach ihnen, lassen Sie sich nicht von ihren Begriffen infizieren, setzen Sie vielmehr Ihr Wesen, Ihr höheres Wesen gegen das ihre, und halten Sie heilig, was Ihnen, dem Sohn des Westens, des göttlichen Westens [...] heilig ist [...]!"[20] Wer in diesem Ton spricht, der erinnert uns Chinesen unweigerlich an das Gemälde *Völker Europas, wahrt eure heiligsten Güter*, das der Maler Hermann Knackfuß 1895 nach einem Entwurf Wilhelms II. anfertigte, um es Zar Nikolas II. zu schenken, der Europa vor der „gelben Gefahr" aus dem Osten beschützen sollte.

Thomas Mann war ursprünglich antiwestlich und russophil. In den *Betrachtungen eines Unpolitischen* (1915–1918) gelingt es ihm nicht nur, Deutschland mit wenigen Stichworten als einen alten Kämpfer gegen den Süden und den Westen zu präsentieren – die Hermannsschlacht, die Kämpfe gegen den Papst in Rom, Wittenberg, 1813, 1870 –, sondern auch, das Deutschland von 1914 gegen England und Frankreich abzugrenzen. Als er kurz nach dem Krieg seine Arbeit an *Der Zauberberg* fortsetzte, vollzog sich bei ihm ein deutlicher Gesinnungswandel. Nun ist Deutschland nicht mehr ein Land, das dem Westen mit Ablehnung und Feindschaft gegenübersteht, sondern das Land der Mitte, das zwischen Ost und West schwankt wie Hans Castorp zwischen Naphta und Settembrini; die Russen sind derweil ein Volk geworden, das eher unangenehm auffällt. An diesem Gesinnungswandel sind – das ist in der Thomas-Mann-Forschung längst bewiesen worden – Gerüchte und Nachrichten aus Paris schuld, wo der Friedensvertrag von Versailles ausgehandelt wurde. Da hieß es beispielsweise einmal, dass der französische Politiker Raymond Poincaré am Rhein den *Limes romanus* errichten wolle, um die Deutschen in die skythische Wildnis zurückzuwerfen,[21] und ein anderes Mal, dass der französische Staatsmann Georges Clemenceau wünsche, in dem Hotelsaal, in dem der Friedensvertrag unterzeichnet wurde, eine Pallas Athene aufzustellen. Thomas Mann war darüber, wie viele andere deutsche Intellektuelle, ärgerlich und besorgt, und diese Sorge führte zu einem Wandel in seinem geopolitischen Denken. Da ließ er einerseits Settembrini die Russen als „Parther und Skythen" beschimpfen, gegen die Pallas Athene Europa beschützen solle; andererseits versuchte er in der Tagespresse unter Hinweis auf die neu entstandene Gefahr im Osten, also den Bolschewismus, ein verändertes Bild der Deutschen beziehungsweise ihre neue geschichtliche Rolle darzustellen: Das deutsche Volk sei es, „das sich mit letzter Kraft und einer wahren Landsknechtbiederkeit dem Bolschewismus entgegenstemmt". Also wollte Deutschland jetzt Europa vor der roten Gefahr aus dem Osten verteidigen wie das ehemalige zaristische Russland Europa vor der gelben Gefahr.

Was Thomas Mann hier zur Stilisierung der Deutschen zum antikommunistischen Vorkämpfer bewogen hat, war weder Hass noch Angst vor den Bolschewiki, sondern eine Art nationaler Opportunismus. Er ist nie in antikommunistische Hysterie verfallen. Im Gegenteil: Nicht nur in der Weimarer Republik, sondern auch im Exil und in der Zeit des Kalten Kriegs erwies er sich im Umgang mit dem Kommunismus als ein ideologisch Unbefangener. Er schrieb sogar, er könne nicht umhin, „in dem Schrecken der bürgerlichen Welt vor dem Wort Kommunismus, diesem Schrecken, von dem der Faschismus so lange gelebt hat, etwas Abergläubiges und Kindisches zu sehen, die Grundtorheit unserer Epoche zu sehen".[22] Diese Unbefangenheit erweckte das Misstrauen des House Commitee on Un-American Activities, das Mann vorlud. Das Unbehagen, das ihm dieses Komitee beziehungsweise die McCarthy-Ära bereitete, war der Anlass, trotz seines hohen Alters von 78 Jahren und seines amerikanischen Reisepasses in die Schweiz umzusiedeln.

4.

Als die Weimarer Republik ausgerufen wurde, kündigte Friedrich Ebert Deutschlands Wandlung vom Imperialismus zum Idealismus an. Die politisch kränkelnde Weimarer Republik hat tatsächlich kulturelle Blüten hervorgebracht. Die zweite deutsche Republik, die Bundesrepublik Deutschland also, vermittelt einem oft den Eindruck, dass sie die Wandlung vom Idealismus zum Realismus vollzogen habe. Denn sie ist nicht nur in den von den USA geführten Westen integriert worden, sondern auch zur Wirtschaftsmacht Nr. 3 in der Welt und zum führenden Staat in der EU geworden. Ihre Spitzenpolitiker haben bewiesen, dass es den Deutschen nicht an politischer Begabung fehlt. Und sie sind im Bereich der „Taten und Handlungen" so erfolgreich, dass schon die Klage erhoben wurde, sie seien tatenvoll, aber gedankenarm.[23] Man ist traurig, dass Deutschland in der Kunst, Wissenschaft und Philosophie nicht mehr die Rolle spiele, die es in der Vergangenheit gespielt habe. Und man stellt mit gemischten Gefühlen fest, dass sich die Zahl der verrückten deutschen Genies drastisch verringert habe.

Ich bin zwar nicht ohne Verständnis für solche Klagen, doch glaube ich, dass der Idealismus im positiven Sinne den heutigen Deutschen nicht abhanden gekommen ist und die Deutschen ein Kulturvolk bleiben. In diesem Glauben werde ich nicht zuletzt bestärkt durch meine Beobachtungen im Alltag. Ich sehe, dass die Deutschen in diesem Bildschirm begaffenden Zeitalter – davon zeugen auch die Statistiken aus dem Buchhandel – lesefreudig bleiben und dass sie weiterhin den Ehrentitel „Volk der Dichter und Denker" verdienen. Das sieht man auch an ihrem ausgeprägten Interesse für Autorenlesungen. Mir ist kein zweites Land bekannt, in dem so viele Lesungen mit so vielen Besuchern stattfinden und die Lesenden so gut und so großzügig behandelt werden. Mich beeindruckt es am meisten, dass es bundesdeutsche Spitzenpolitiker gibt, die Zeit und Interesse für Literatur, Literaten und Literaturveranstaltungen haben. Zu erwähnen sind hier Bundespräsident Horst Köhler, der im Februar 2008 nach Weimar kam, um der „Urlesung" aus dem Goethe-Roman von Martin Walser beizuwohnen, Bundeskanzlerin Angela Merkel, die im Mai 2008 in Hamburg Marcel Reich-Ranicki als „eine Ikone des Feuilletons" würdigte,[24] und Bundespräsident

Joachim Gauck, der im September 2013 bei der Trauerfeier auf dem Hauptfriedhof in Frankfurt einen Kranz am Sarg Marcel Reich-Ranickis niederlegte.[25] Auf diese Ereignisse bin ich auch deswegen aufmerksam geworden, weil ich einerseits Walsers Übersetzer in China und andererseits ein eifriger Reich-Ranicki-Leser bin. Der Roman *Tod eines Kritikers*, den ich ins Chinesische übersetzen durfte, wurde im vergangenen Jahr wieder neu aufgelegt und 2018 durch die Pekinger Tageszeitung *Xin Jing Bao* in die Liste „guter Bücher" aufgenommen.

Tendenzen zum Idealismus sind auch im politischen Handeln der deutschen Politiker bemerkbar. Beispielsweise habe ich mit Spannung und Bewunderung beobachtet, wie sie auf die Wahl Donald Trumps zum amerikanischen Präsenten reagiert haben: Während die Bundeskanzlerin es sich in ihrem offiziellen Gratulationsschreiben am 9. November 2016 an den Wahlsieger Trump erlaubte, diesen an die Werte zu erinnern, welche die Bundesrepublik und die USA verbinden, und diese Werte zur Basis ihrer künftigen Zusammenarbeit zu erklären, schrieb Bundesaußenminister Frank-Walter Steinmeier: „Mit der Wahl Donald Trumps ist die alte Welt des 20. Jahrhunderts endgültig vorüber."[26] Gleichzeitig setzte sich Steinmeier für den Erwerb des Thomas-Mann-Hauses in Pacific Palisades durch die deutsche Bundesregierung ein, dessen Bedeutung er auf der Einweihungsfeier für das zum Forum für den transatlantischen Dialog umfunktionierte Haus am 18. Juni 2018 – jetzt in seiner Rolle als Bundespräsident – erklärte: Es sei „das andere Weiße Haus".[27] Um was für ein Anti-Trump-Manifest es sich bei dem Steinmeier'schen Wort handelt, weiß man erst, wenn man den berühmten Satz kennt, den Thomas Mann am 21. Februar 1938, als er mit dem Schiff in New York ankam, Richtung Nazideutschland aussprach: „Where I am, there is Germany." Also: Wo ich bin, ist Deutschland. Mit anderen Worten: Was gestern vor Hitlerdeutschland in die USA emigrierte, kann sich heute vor Trumps Washington nach Kalifornien ins Exil zurückziehen. Insofern hätte Steinmeier den Ehrentitel „The Liberal West's Last Defender", der Merkel von der *New York Times* verliehen bekam, mit dieser teilen können.

Merkel und Steinmeier sind aus chinesischer Sicht mutige Politiker, weil sie Kritik an einem Land üben, das immer noch der Lehrer, der große Bruder und theoretisch der Beschützer der Bundesrepublik Deutschland ist. Doch sie sind nicht ohne Realitätssinn, was ich auch selbst erleben durfte. Als ich zum Beispiel in einer Gesprächsrunde mit Bundeskanzlerin Merkel in Peking ihren Kommentar über die in der Gelehrtenwelt viel besprochene und viel bewunderte These vom „Ende der Geschichte" von Francis Fukuyama hörte, empfand ich fast Schadenfreude. Ihre lakonische Bemerkung lautet nämlich: Die Geschichte sei schon mehrmals beendet worden.[28]

Was bedeutet also die deutsche Tendenz zum Idealismus für die deutsch-chinesische Beziehung? Als chinesischer Germanist stelle ich nicht ohne Melancholie fest, dass die deutsch-amerikanische Beziehung trotz Trump und vieler anderer transatlantischer Streitfragen hundertmal besser und zäher ist als die deutsch-chinesische, obwohl China Deutschlands größter Handelspartner ist und Deutschland der größte Handelspartner Chinas in Europa, und obwohl die chinesische Regierung an einer

guten Beziehung zu Deutschland interessiert ist und weite Teile der chinesischen Bevölkerung das *Made in Germany* – von deutschen Autos, deutschem Bier und deutschem Fußball über deutsche Musik, deutsche Kunst und Philosophie bis hin zur
deutschen Vergangenheitsbewältigung – schätzen. Die diplomatische Beziehung zwischen China und Deutschland ist nicht schlecht zu nennen. Man kann sogar von einer
engen Beziehung der beiden Länder sprechen, wenn sich dies an der Häufigkeit der
gegenseitigen Staatsbesuche bemisst. Gleichwohl lässt sich diese Beziehung schwerlich als eine Freundschaftsbeziehung bezeichnen.

Für eine echte Freundschaftsbeziehung zwischen China und Deutschland bestehen meines Erachtens drei Haupthindernisse: Das eine ist die Verschiedenheit der Gesellschaftssysteme der beiden Länder – der Idealist legt selbstverständlich großen Wert
auf die Prinzipienfragen in der Politik; das andere ist die kulturelle Inkompatibilität der
beiden Länder, die zum Beispiel dazu führt, dass chinesische Literatur in Deutschland
viel weniger Resonanz findet als in anderen westlichen Ländern einschließlich der
USA, und dass es für einen chinesischen Schriftsteller zudem äußerst schwierig ist, in
Deutschland einen Literaturpreis zu bekommen, obwohl in diesem Land jährlich so
viele Literaturpreise vergeben werden wie in kaum einem zweiten; das dritte Hindernis
für eine Freundschaftsbeziehung zwischen China und Deutschland ergibt sich aus dem
Umstand, dass es Deutschland infolge seiner geografischen Mittellage und seiner ideo-
logischen und militärischen Westorientierung nicht leicht fällt, eine selbstständige
China-Politik zu machen, ohne Rücksicht auf seine Verbündeten respektive seinen
großen Bruder jenseits des Atlantiks. So könnte es leicht passieren, dass China den
Turbulenzen in der Beziehung zwischen Deutschland und den USA zum Opfer fällt.

Mögen Deutschland und China gemeinsam in Bewegung bleiben, um all diese
Hindernisse für eine Freundschaftsbeziehung zwischen den beiden Ländern zu beseitigen.

Anmerkungen

1 Novalis, „Die Christenheit oder Europa. Ein Fragment" (1799), in: Ders., *Schriften*, Bd. 1, 4., vermehrte
Aufl., Berlin 1826, S. 187–206; http://www.deutschestextarchiv.de/book/view/novalis_christenheit
_1826?p=9 (letzter Aufruf: 27.12.2018).
2 Mao Tse-Tung, *Über die Diktatur der Volksdemokratie*, Peking 1968, S. 7.
3 Edgar Snow, *Roter Stern über China*, übers. von Gerold Dommermuth/Heidi Reichling, Augsburg 1993,
S. 268.
4 Konfuzius, *Gespräche*, übers. von Richard Wilhelm, Wiesbaden 2005, S. 115.
5 Lin Yutang, *Ausgewählte Werke in zwei Bänden*, hg. von Zhang Minggao/Fan Qiao, Peking 1990, Bd. 1,
S. 418.
6 Brendan Simms/Benjamin Zeeb, *Europa am Abgrund. Plädoyer für die Vereinigten Staaten von Europa*,
München 2016, S. 38.
7 Rudolf Augstein/Georg Wolff, „Nur noch ein Gott kann uns retten". Interview mit Martin Heidegger,
in: *Der Spiegel*, 31.5.1976, S. 193–219.
8 Daniela Gretz, *Die deutsche Bewegung. Der Mythos von der ästhetischen Erfindung der Nation*, München 2007, S. 23.

9 Bertrand Russell, *Philosophie des Abendlandes. Ihr Zusammenhang mit der politischen und der sozialen Entwicklung*, München u. a. 1999, S. 727.

10 Dieter Borchmeyer, *Was ist deutsch? Die Suche einer Nation nach sich selbst*, Berlin 2017, S. 54.

11 Heinrich Heine, *Werke in fünf Bänden*, hg. von den Nationalen Forschung- und Gedenkstätten der Klassischen Deutschen Literatur in Weimar, Berlin/Weimar 1978, Bd. 2, S. 108.

12 Friedrich Schlegel, *Schriften zur Literatur*, hg. von Wolf Dietrich Rasch, München 1985, S. 45.

13 Emanuel Geibel, Werke, hg. von Wolfgang Stammler, Leipzig/Wien 1920, Bd. 2, S. 220.

14 Wolfgang Mommsen unter Mitarbeit von Elisabeth Müller-Luckner (Hg.), *Kultur und Krieg. Die Rolle der Intellektuellen, Künstler und Schriftsteller im Ersten Weltkrieg*, München 1996, S. 65.

15 Thomas Mann, *Ausgewählte Essays in drei Bänden*, hg. von Hermann Kurzke, Frankfurt am Main 1977, Bd. 2: Politische Reden und Schriften, S. 23.

16 Thomas Mann, *Betrachtungen eines Unpolitischen*, mit einem Nachwort von Hanno Helbling, Frankfurt am Main 1983, S. 33.

17 Karl Marx/Friedrich Engels, Werke, Bd. 1, Berlin 1981, S. 385.

18 Thomas Mann, *Der Zauberberg*, hg. und textkritisch durchgesehen von Michael Neumann, Frankfurt am Main 2002, S. 366.

19 Thomas Mann, *Der Zauberberg*, hg. und textkritisch durchgesehen von Michael Neumann, Frankfurt am Main 2002, S. 366.

20 Thomas Mann, *Der Zauberberg*, hg. und textkritisch durchgesehen von Michael Neumann, Frankfurt am Main 2002, S. 368.

21 Thomas Mann, *Der Zauberberg*, hg. und textkritisch durchgesehen von Michael Neumann, Frankfurt am Main 2002, S. 207.

22 Thomas Mann, *Gesammelte Werke in dreizehn Bänden*, Frankfurt am Main 1990, Bd. XII, S. 934.

23 Dieter Borchmeyer, *Was ist deutsch? Die Suche einer Nation nach sich selbst*, Berlin 2017, S. 928.

24 Angela Merkel, „Es ist Zeit, eine Ikone des Feuilletons zu ehren", in: *Frankfurter Allgemeine Zeitung*, 10.5.2008, https://www.faz.net/aktuell/feuilleton/medien/bundeskanzlerin-merkel-ueber-marcel-reich-ranicki-die-zeit-ist-reif-eine-ikone-des-feuilletons-zu-ehren-1543801.html (letzter Aufruf: 27.12.2018).

25 „Abschied vom Großkritiker", in: *Hannoversche Allgemeine*, 27.9.2013, http://www.haz.de/Nachrichten/Panorama/Uebersicht/Abschied-vom-Grosskritiker-Marcel-Reich-Ranicki-in-Frankfurt (letzter Aufruf: 27.12.2018).

26 „Welt des 20. Jahrhunderts endgültig vorbei: in: *Welt*, 22.1.2017, https://www.welt.de/newsticker/dpa_nt/infoline_nt/brennpunkte_nt/article161393485/Welt-des-20-Jahrhunderts-endgueltig-vorueber.html (letzter Aufruf: 27.12.2018).

27 Hannah Lühmann, „Das ist das ‚geistige Weiße Haus' der Deutschen", in: *Welt*, 19.6.2018, https://www.welt.de/kultur/article177812306/Das-andere-Weisse-Haus-Steinmeier-eroeffnet-die-Thomas-Mann-Villa.html (letzter Aufruf: 27.12.2018).

28 Der Verfasser war Teilnehmer an dieser Diskussion mit Kanzlerin Merkel.

Ian Johnson
3.4 Zwischen Staat und Gesellschaft: Chinas Suche nach Werten

Jahrzehntelang haben wir China als Land betrachtet, in dem Religion, Glaube und Werte nur Randerscheinungen sind. Unsere Vorstellungen vom chinesischen Volk sind überwiegend wirtschaftlich oder politisch geprägt: fleißige Arbeiter in gewaltigen Fabriken, Neureiche, die ihren Reichtum zur Schau stellen, Bauern, die sich auf schadstoffbelasteten Feldern abschuften, oder Dissidenten, die weggesperrt werden. Wenn wir von Chinesen und Glauben hören, dann geht es entweder um Opfer – chinesische Christen, die gezwungen sind, ihren Glauben im Geheimen auszuüben – oder exotische Geschichten über exzentrische Menschen, die rückwärts durch Parks spazieren, Bäume umarmen oder unheimlichen Kulten folgen.

All dies existiert und stimmt auch, vernachlässigt jedoch das Wesentliche, und zwar die Tatsache, dass Abermillionen von Chinesen von Zweifeln an ihrer Gesellschaft geplagt sind und sich auf der Suche nach dem Glauben Antworten zuwenden, die sie in der radikal säkularen Welt, die rund um sie herum errichtet wurde, nicht finden. Sie fragen sich, was außer Materialismus es im Leben noch gibt und was ein gutes Leben ausmacht. So wie es eine meiner Interviewpartnerinnen ausgedrückt hat: „Wir dachten, wir seien unglücklich, weil wir arm waren. Aber heute sind viele von uns nicht mehr arm, und dennoch sind wir immer noch unglücklich. Wir erkennen, dass etwas fehlt, und zwar ein spirituelles Leben."

Was am überraschendsten ist: Dieses Streben nach Werten hat sein Zentrum im Kernland Chinas, einem riesigen Streifen Land, der sich von Peking im Norden bis Hongkong im Süden, von Shanghai im Osten bis Chengdu im Westen erstreckt. Ein Gebiet, das gemeinhin als das „eigentliche China" bezeichnet wird und das 25 Jahrhunderte lang das Zentrum chinesischer Kultur und Zivilisation, die Geburtsstätte seiner Dichter und Propheten, den Schauplatz seiner berühmtesten Kriege und Staatsstreiche, die Szenerie seiner Romane und Theaterstücke, die Heimat seiner heiligsten Berge und seiner ehrwürdigsten Tempel darstellte. Hier nahm die chinesische Zivilisation ihren Ausgang, von hier aus blühte sie auf und hier konzentriert sich noch immer das wirtschaftliche und politische Leben des Landes.

Seit Langem ist bekannt, dass Chinas ethnische Minderheiten – vor allem die Tibeter und die Uiguren – Religion bisweilen als Form des Widerstands gegen einen repressiven Staat schätzen. Doch heute finden wir einen ähnlichen oder sogar noch größeren spirituellen Hunger unter den ethnischen Chinesen, die etwa 91 Prozent der Bevölkerung des Landes ausmachen. Davon profitieren jedoch nicht Chinas Rand-

Ian Johnson, Pulitzer-Preisträger, lebt seit über zwanzig Jahren in Peking, wo er über Politik und Gesellschaft unter anderem für die *New York Times* und *New York Review of Books* schreibt.

https://doi.org/10.1515/9783110624731-023

gruppen. Es ist vielmehr die Suche nach Bedeutung durch jene Bevölkerungsgruppe, die am meisten von Chinas wirtschaftlichem Aufschwung profitiert hat. Ethnische Chinesen oder Han-Chinesen beherrschen Chinas wirtschaftliches, politisches und geistiges Leben; ihr Weg ist wohl oder übel auch Chinas Weg.

Nicht alle Chinesen sehen diese Suche in spiritueller Hinsicht. Regierungskritiker betrachten sie oftmals rein politisch: Das Land benötigt bessere Regeln und Gesetze, um die Übel der Gesellschaft zu lösen. Reformer innerhalb des Systems sehen es eher technokratisch: Gäbe es bessere Verwaltungsstrukturen und bessere Dienstleistungen, dann würden Apathie und Ärger zurückgehen.

Doch die meisten Chinesen sehen das Problem umfassender. China braucht bessere Gesetze und Institutionen, ja, doch es benötigt auch einen moralischen Kompass. Diese Sehnsucht nach moralischer Gewissheit ist in China aufgrund seiner Geschichte und Tradition besonders ausgeprägt. Über Jahrtausende wurde die chinesische Gesellschaft durch die Vorstellung zusammengehalten, dass Gesetze alleine die Menschen nicht vereinen können. Stattdessen argumentierten Philosophen wie Konfuzius, dass die Gesellschaft auch gemeinsame Werte benötige. Die meisten Chinesen sind immer noch dieser Ansicht. Für viele besteht die Antwort darin, sich in irgendeiner Art von spiritueller Praxis zu engagieren: einer Religion, einer Lebensweise, einer Form moralischer Kultivierung – Dinge, die ihrem Leben mehr Bedeutung verleihen und dazu beitragen, die Gesellschaft zu verändern.

Insgesamt lässt es sich kaum als übertrieben bezeichnen, dass China eine geistige Erneuerung durchmacht, ähnlich den religiösen Erneuerungen, die sich im 19. Jahrhundert in westlichen Ländern abspielten. Wie zum Beispiel die Vereinigten Staaten im Zuge des „Great Awakening", ist ein Land in Bewegung großen sozialen und wirtschaftlichen Veränderungen und damit Verunsicherungen unterworfen. Die Menschen wurden in neue, entfremdende Städte gesteckt, wo sie keine Freunde und keinen Unterstützerkreis besaßen. Religion und Glaube bieten auch Möglichkeiten, uralte Fragen zu betrachten, mit deren Beantwortung alle Menschen – überall – zu kämpfen haben: Weshalb sind wir hier? Was macht uns tatsächlich glücklich? Wie erreichen wir Zufriedenheit als Individuen, als Gemeinschaft, als Nation? Was ist unsere Seele?

Einer der überraschenden Aspekte dieses religiösen Wiedererwachens in China – und tatsächlich der chinesischen Gesamtgesellschaft im Allgemeinen im Lauf des vergangenen halben Jahrhunderts – ist die Rückkehr des Staats. Einige Jahre lang schien dies höchst unwahrscheinlich. Nach dem Tode Mao Zedongs übernahmen Ende der 1970er-Jahre gemäßigte Kräfte die Macht im Land und waren bestrebt, durch eine Lockerung der Kontrolle Glaubwürdigkeit in der Bevölkerung zu erlangen. Ihr Ziel war es, die wirtschaftliche Entwicklung anzukurbeln, indem sie die Menschen so agieren ließen, wie diese es wollten, solange sie der Parteienherrschaft nicht in die Quere kamen.

Während dieser Periode, so dachten – oder hofften – Beobachter, würde die Entspannung auf unbestimmte Zeit fortgesetzt werden und schließlich zur Schaffung einer freieren Gesellschaft führen. Es war eine optimistische Epoche, vor allem nach dem Kalten Krieg, als es den Anschein hatte, dass sich Gesellschaften auf der ganzen Welt unaufhaltsam in Richtung Freiheit und Demokratie bewegen würden. Selbst als China mit der Niederschlagung der Tian'anmen-Proteste 1989 einen Rückschlag erlitt, sollten wirtschaftliche Reformen und Technologie erwartungsgemäß eine offenere Gesellschaft nach sich ziehen. Und tatsächlich lässt sich die Gesellschaft in einem Großteil dieser Periode als zunehmend offen bezeichnen. Zum Teil wurde dies von Regierungsseite gelenkt, denn im Kielwasser des Zusammenbruchs der Sowjetunion schloss man darauf, dass Reformen und Offenheit langfristig zur Kontrolle beitragen könnten, da sich so der Wohlstand erhöhe und Gegenstimmen abschwächten.

Doch seit etwa 2008 hat die Regierung ihren Kurs geändert. In diesem Jahr veranstaltete Peking die Olympischen Sommerspiele, der Westen schlitterte in eine Wirtschaftskrise, und die chinesische Führung begann zu glauben, dass das Land tatsächlich wieder auf dem Weg sei, zum ersten Mal seit seinem Niedergang im späten 18. Jahrhundert eine Position als führende Nation in der Welt einzunehmen. Diese Selbstgefälligkeit führte zu einem verminderten Druck Reformen durchzuführen und leitete eine Periode der Kürzungen ein. Selbst moderate Reformer, wie Menschenrechtsanwälte, wurden eingesperrt, das Internet beschränkt und Sozialbewegungen zu Gehorsam der Regierung gegenüber aufgerufen, da sie ansonsten mit Repressionen zu rechnen hätten. Eine Zeit des Stillstands brach damit an. Tatsächlich lässt sich ohne Übertreibung behaupten, dass die Zeit der Reformen vorbei ist und wir uns in einer neuen Ära befinden, die durch eine Rückkehr zu Traditionen und ein Eindringen des Staats in das Leben der Chinesen zu Hause und im Ausland, durch Außenpolitik und ein wachsendes Militär gekennzeichnet ist.

Im Bereich von Religion und Glauben versuchte die Regierung jedoch eher, die Gruppierungen zu vereinnahmen als sie zu zerschlagen – klug griff sie die Phrasen und Vorstellungen des traditionellen, politisch-religiösen Staats auf, der China mehr als zwei Jahrtausende lang prägte.

Vor allem seit Xi Jinpings Machtübernahme im Jahr 2012 investierte die Regierung großzügig in buddhistische, daoistische und volksreligiöse Tempel und unterstützte sogar religiöse Aktivitäten durch Kulturprogramme für „immaterielles Kulturerbe". Regierungsslogans imitieren konfuzianische Konzepte der sogenannten kindlichen Pietät, Beamte der Kommunistischen Partei belegen Kurse zum daoistischen Klassiker Daodejing, und Führungspersönlichkeiten wie Xi treffen regelmäßig mit buddhistischen Klostervorstehern zusammen.

In der Zukunft werden diese Tendenzen wohl auch weiterhin bestehen und der Staat wird – wie auch chinesische Regierungen vergangener Jahrhunderte – die Kontrolle des moralischen Lebens im Land nicht abgeben. Stattdessen wird er dem, was er als Chinas traditionelle Religionen betrachtet, mehr Raum zugestehen, da sie seiner Ansicht nach so leichter kontrollierbar sind.

Das heißt nicht, dass China mit Russland gleichziehen wird, mit einer nationalistischen Staatskirche und Staatsoberhäuptern, die regelmäßig beten, oder dass die

Kommunistische Partei Chinas sich in eine chinesische Version der Indischen Volkspartei (BJP) verwandelt, die ein nationalistisch-religiöses Programm vertritt. Die Kommunistische Partei strebt ihren Machterhalt an, aber ihr Griff ist noch nicht so
schwach, dass sie sich einer solch offenkundigen Instrumentalisierung von Religion
bedienen muss. Doch wie die Dynastien der Vergangenheit wird auch sie fortfahren,
akzeptable Formen des Glaubens zu fördern, um so ihre Stellung als Instanz für Moral
und geistige Werte der Nation zu stärken. Wie Xi Jinping in einer Rede 2015 sagte:
„Wenn die Menschen Glauben haben, dann hat die Nation Hoffnung, und das Land
Stärke."

Die Einmischung des Staats in die Religion ist jedoch auch höchst problematisch
und führt zu erhöhten Spannungen – im Inland wie auch im Ausland. Eines ihrer vor-
rangigen Ziele ist die Beschränkung ausländischer Einflüsse auf jegliche Elemente der
Gesellschaft. So mussten wir in den vergangenen Jahren die Einführung neuer Gesetze
für NROs miterleben, welche die ausländische Unterstützung solcher Gruppen beschnitten haben, selbst jener, die eine Politik vertreten, die sich in Einklang mit den
Prioritäten der Regierung befindet – wie Umwelt, Rechtsstaatlichkeit und Antikorrup-
tion.

Was die Religion betrifft, erließ die Regierung 2016 ebenfalls neue Bestimmungen, die das Verbot religiöser Verbindungen mit dem Ausland noch einmal betonen.
Dies gilt für den Buddhismus und den Daoismus, obwohl die ausländischen Verbindungen hier minimal sind, und zielt in erster Linie darauf ab, den Einfluss des Dalai
Lama, des im Exil lebenden spirituellen Oberhaupts der Tibeter, auf den tibetischen
Buddhismus zu beschränken. Was den Staat jedoch wirklich beunruhigt, das sind die
beiden anderen legalen Glaubensrichtungen in China: das Christentum und der Islam.

Besonders deutlich sind die Spannungen, was das Christentum angeht. Der Protes-
tantismus weist etliche Aspekte auf, die dem Staat Sorge bereiten, darunter auch die
rasche Ausbreitung des Glaubens – von einer Million im Jahr 1949 bis zu 60 Millionen
heute –, seine Beliebtheit bei der Bildungselite, die das Land für seine Modernisierung
benötigt, sowie die Tatsache, dass vermutlich zwei Drittel der Protestanten in nicht re-
gistrierten Kirchen (auch als „Untergrund"- oder „Hauskirchen" bezeichnet) beten. In
einem Versuch, wieder Kontrolle über diese Gruppen zu gewinnen, ließ die Regierung
in einer Region Kreuze von den Kirchen entfernen, während sie in etlichen anderen
Gebieten Kirchen abreißen ließ – im Grunde genommen ein Schuss vor den Bug, im
Versuch, die Gläubigen zu einer Registrierung bei der Regierung zu bewegen.

Bei den Katholiken wandte die Regierung eine andere Praktik an, nämlich die
Diplomatie. 2018 traf sie eine Vereinbarung mit dem Vatikan, derzufolge Rom alle
durch Peking ernannten Bischöfe anerkennen werde, im Gegenzug sollte der Papst
Einfluss auf die Ernennung zukünftiger Bischöfe haben. In China leben etwa zehn
Millionen Katholiken, und gut die Hälfte davon übt ihren Glauben in Untergrund-
kirchen aus. Theoretisch bedeutet das Abkommen, dass diese Kirchen überflüssig
sind, da Rom die vom Staat betriebenen Gotteshäuser nun legitimiert hat. Ob Chinas
Katholiken das akzeptieren, bleibt abzuwarten, aber die Vereinbarung zeigt Pekings

Bestreben, religiöse Gruppierungen zu eliminieren, die außerhalb seiner Kontrolle liegen. Für den Vatikan könnte der Einsatz noch viel höher sein und sich als Lackmustest für die Reformen von Papst Franziskus I. herauskristallisieren – und wenn es schiefgeht, als Möglichkeit den Papst anzugreifen.

Weitaus problematischer ist die Einstellung der Regierung zum Islam, der von zehn nichtchinesischen ethnischen Gruppierungen, vor allem den Hui und den Uiguren, praktiziert wird. Hier ist das Thema nicht nur die Kontrolle, sondern die erzwungene Assimilierung dieser Völker und die vom Staat sanktionierte Politik – anders kann man es nicht bezeichnen – antiislamischer Maßnahmen.

Offiziell verfolgt der Staat in der im äußersten Westen des Landes gelegenen Provinz Xinjang eine Strategie der Terrorismusbekämpfung, und tatsächlich besteht dort ein Gewaltproblem, einschließlich seltener Fälle von Terrorismus. Doch der Hauptgrund für Unruhe ist die schwere Hand des Staats, der eine Politik der Ressourcenentnahme und der Umsiedlungsmaßnahmen betreibt, um den Bevölkerungsanteil ethnischer Chinesen zu erhöhen. Die daraus resultierende Gewalt hat eine Abwärtsspirale von Repression und noch mehr Gewalt nach sich gezogen, die in den aktuellen Maßnahmen gipfelte, welche gegen den Islam selbst gerichtet sind. Geschäfte in Xinjiang wurden gezwungen, Alkohol und Tabak zu verkaufen, während es Universitätsstudenten untersagt wurde, während des Ramadan zu fasten. Frauen mit Kopftuch und Männer mit Bart wurden systematisch von der Verwendung einiger lokaler öffentlicher Verkehrsmittel abgehalten.

Am schockierendsten war jedoch die Wiedereinführung der sogenannten Umerziehungslager der Mao-Zeit. Zunächst schien es sich noch um ein Gerücht zu handeln, doch schließlich bestätigte der Staat deren Existenz und rechtfertigte diese als notwendig, um den Extremismus zu kontrollieren. Zudem verpflichtete die Kommunistische Partei in den vergangenen vier Jahren eine Million ethnischer Chinesen dazu, mit den Uiguren zu leben, um diesen die Freuden des weltlichen Lebens näherzubringen. Wie dies der Anthropologe Darren Byler in umfassenden Recherchen beschrieb, umfasst dies auch das Ausschauhalten nach vermutetem extremistischem Verhalten, wie dem Nichtkonsum staatlichen Fernsehens oder dem Anbringen religiöser Devotionalien an den Wänden. In den vergangenen Monaten haben sich die Anzeichen dafür gehäuft, dass sich die Kampagne über Xinjiang in die Hui-Gemeinden in anderen Teilen des Landes hinausbewegt hat. Islamische Kuppeln und arabische Schriftzeichen werden ebenso entfernt, wie der Ruf zum Gebet untersagt wird.

Diese Politik des Auswählens von Gewinnern und Verlierern in der Religion könnte gut dazu führen, dass wir China bald in einem anderen Licht sehen. Bis jetzt waren es Indien, Pakistan oder Indonesien, die einem in den Sinn kamen, wenn man an große asiatische Länder dachte, in denen die Vermischung von Religion und Politik zu Konflikten und Gewalt geführt hat. In Zukunft könnte sich auch China auf der Liste dieser Staaten befinden.

Länder wie Deutschland stellt dies vor ernsthafte außenpolitische Herausforderungen. Bislang verfolgte Deutschland China gegenüber im Großen und Ganzen eine merkantilistische Politik. Obwohl Deutschland im Jahr 2017 China erfolglos dazu aufforderte, den Nobelpreisträger Liu Xiaobo freizulassen, der später in chinesischem Gewahrsam verstarb, und sich 2018 erfolgreich für die Freilassung seiner Witwe, Liu Xia, einsetzte, zielte doch der Großteil der deutschen Maßnahmen auf die Verbesserung des Handels ab. Chinas Zufriedenheit mit der deutschen Politik lässt sich im Licht der überschwänglich positiven Darstellung des Landes im chinesischen Staatsfernsehen und in Regierungsmitteilungen erklären, die Deutschlands „Business-first"-Politik den vermeintlichen US-Einmischungen in Taiwan oder in Chinas territoriale Ambitionen im Ausland gegenüberstellen. Dies war möglich, da Deutschland im Pazifikraum kein Militär und nur wenige strategische außenpolitische Interessen hat, weshalb es sich beispielsweise aus Chinas expansionistischer Politik im südchinesischen Meer heraushalten kann.

Religiöse Themen könnten Berlin jedoch vor schwierige Entscheidungen stellen. Deutschlands staatlich geförderte Kirchen haben gegen das permanente Durchgreifen gegen protestantische und katholische Kirchen bereits lautstark ihre Stimmen erhoben. Wenn Peking seine Politik der Bevorzugung von Buddhismus, Daoismus und Volksreligionen sowie die Diskriminierung von Christentum und Islam fortsetzt, könnte das vermehrt Anhörungen im Bundestag nach sich ziehen, aber auch stärkeren Druck von deutschen Bürgerrechtsgruppen, um die Regierung dazu zu bewegen, eine härtere Linie gegen die chinesische Politik zu fahren.

Gleichzeitig stellen Chinas an der Basis angesiedelte Verfolgungen von Werten eine Möglichkeit für deutsche zivilgesellschaftliche Akteure dar, mit chinesischen Religionen und spirituellen Organisationen zu interagieren. Wie sich dies langfristig abspielen wird, lässt sich schwer voraussagen, es ist jedoch klar, dass sich die chinesische Gesellschaft durch ihre Hinwendung zu geistigem Streben – jenseits der Ebene von Regierung und Diplomatie –Tendenzen annähert, die auch in der deutschen Gesellschaft vorhanden sind.

Die größte Herausforderung für die Regierung besteht jedoch darin, dass Chinas Großes Erwachen ein nationales Bewusstsein zu neuem Leben erweckt. Wenn ich die Sehnsüchte der Menschen mit einem Wort zusammenfassen müsste, dann wäre das „Himmel". Das Konzept des Himmels – chinesisch *tian* – ist ganz wesentlich dafür, wie Chinesen, von Konfuzius bis zum heutigen Tag, eine geordnete Gesellschaft betrachten. Es transportiert ein Gefühl von Gerechtigkeit und Respekt und ist etwas, das über der Regierung steht. Christen behaupten gerne, dass nur ihre Religion eine Vorstellung der von Gott gegebenen Rechte beinhaltet, doch das stimmt nicht. Alle Religionen haben Ideale, die weltliche Mächte übertreffen. Für Konfuzianer waren dies die Lehren des Weisen, für Buddhisten die Ideale in den Sutras, für Daoisten die Vorstellungen des *ziran* oder *dao* und für gewöhnliche Menschen ist es ein Gefühl der Gerechtigkeit – ein Glaube an das Himmelreich.

Dies unterscheidet sich von dem, was wir in früheren Jahrzehnten gesehen haben, und es hat umfassendere Konsequenzen. Während der Jahrzehnte der kommunistischen Herrschaft gab es im Land Dissidenten, darunter auch Persönlichkeiten wie den

Nobelpreisträger Liu Xiaobo. Doch im Großen und Ganzen waren sie den gewöhnlichen Menschen egal. Viele betrachteten sie im besten Fall als wohlmeinend, jedoch unpragmatisch. Als die Menschen nach politischer Veränderung strebten, wollten sie damit in erster Linie kleine Ziele erreichen: Bauern protestierten gegen unfaire Besteuerung oder Stadtbewohner gegen die Zerstörung ihres Zuhauses. Es waren beeindruckende Menschen, doch ihre Motivation war in erster Linie persönlich und nicht Teil einer alles überspannenden Ideologie oder eines Drangs, das System zu verändern.

Die Sehnsucht nach spirituellem Wandel liegt tiefer und ist tiefgreifender. Religiöse und spirituelle Bewegungen haben ebenfalls selbstsüchtige Zwecke, verfolgen jedoch oftmals Ziele, die den Status quo infrage stellen. Es stimmt, dass der Glaube eine Flucht aus der Politik sein kann, doch dieser innere Fokus ist nur ein Teil der Geschichte. Glaube ist auch eine Inspiration für soziales Handeln. Es ist kein Zufall, dass in der großen Bewegung aktivistischer Rechtsanwälte, *weiquan*, eine überproportional große Anzahl an Christen vertreten ist oder dass andere Aktivisten Inspiration im Buddhismus oder im Daoismus gefunden haben. Sogar der Konfuzianismus, der oftmals als Säule des Establishments bezeichnet wird, ist Teil davon. In den konfuzianistischen Klassikern ermahnt der Weise, dass Veränderung damit beginnt, Ordnung im eigenen Herzen zu schaffen. Doch das ist nur ein Anfang. Die Veränderung fließt hinaus, in die Familie, die Gemeinschaft und die Nation.

Dies sind jedoch amorphe Sehnsüchte und kaum so fokussiert wie das Manifest eines Dissidenten. Doch sie bilden die Grundlage für Veränderungen auf breiterer Basis. Im alltäglichen Leben ist es bereits zu einigen Veränderungen gekommen, so wurden einige der Unannehmlichkeiten des chinesischen Lebens abgeschliffen und einige Menschen wurden ein wenig zuvorkommender und hilfsbereiter. Es sind Werte, die dazu beitragen, die Welt zu verbessern, auch wenn sie von den Regierungsmaßnahmen zur Einschränkung gemeinnütziger Organisationen und NROs beschnitten werden.

Daraus entsteht ein China, das mehr ist, als nur die hypermerkantilistische, fragile Supermacht, die wir kennen. Es ist ein Land, dessen Menschen sich in einem internationalen Dialog engagieren möchten, der uns alle betrifft, nämlich im Hinblick auf die Fragen, wie sich die Solidarität wiederherstellen und der Wert von Gesellschaften fassen lässt, in denen Wirtschaft die Grundlage der meisten Entscheidungen bildet. Vielleicht ist es der rücksichtslose Angriff chinesischer Traditionen in den vergangenen Jahrzehnten – und deren Ersetzen durch eine nackte Form des Kapitalismus –, die dazu geführt hat, dass sich China tatsächlich an vorderster Front dieser weltweiten Suche nach Werten befindet.

Es handelt sich dabei um universelle Sehnsüchte, und – wie überall sonst auf der Welt – haben auch die Menschen in China das Gefühl, dass diese Hoffnungen noch von etwas anderem getragen werden, als nur von einer bestimmten Regierung oder einem Gesetz. Sie werden vom Himmel getragen.

4 Kulinarisches Nachwort

Cornelia Poletto
4.1 China – Von Glutamat und Linsen

Als ich vor vielen Jahren das erste Mal nach China reiste, ahnte ich noch nicht, dass viele weitere Trips ins „Reich der Mitte" folgen würden. Mein erster Besuch war rein privater Natur. Eine Gourmetreise, die ich zusammen mit einigen Freundinnen jedes Jahr unternehme, führte uns nach Hongkong – eine kulinarisch sehr reizvolle Stadt. Wir schlemmten uns durch viele beeindruckende Restaurants, bummelten über Märkte und tauchten voll und ganz in diese ganz andere Welt von Gastronomie und Küche ab.

Jahre später lernte ich auf einer großen Konsumgütermesse in Deutschland Ma Lifeng, Geschäftsführer der Zwilling J. A. Henckels Shanghai Ltd., kennen. Er kam auf die Idee, mich, die kleine blonde Köchin aus Hamburg, in einer chinesischen Teleshopping-Show zu platzieren. 2015 flog ich also erstmals nach Shanghai und verkaufte für Zwilling – ein Simultan-Übersetzer war an meiner Seite – in knapp zwei Stunden was-weiß-ich-wie-viele Töpfe, Pfannen und Messer im chinesischen Fernsehen. Der Grundstein für eine intensive Zusammenarbeit mit Zwilling auf dem asiatischen Markt war gelegt.

Das Solinger Traditionsunternehmen hatte sich überlegt, in Shanghai die sogenannte Culinary World zu erschaffen. So entstand direkt am Eingang des exklusiven Einkaufzentrums Taikoo Hui Mall der weltweit größte Flagship Store der Marke samt Shop, Restaurant und Gourmet-Kochschule. Für die beiden zuletzt Genannten durfte ich die Konzeptverantwortung übernehmen und flog deswegen in den vergangenen drei Jahren rund 20 Mal nach Shanghai. Im April 2018 eröffnete in der chinesischen Metropole nach arbeitsintensiven Jahren auf 640 Quadratmetern und zwei Etagen die „Culinary World by Zwilling". Die Opening-Zeremonie im Beisein des chinesischen Superstars Huang Xiaoming und wichtigen Vertretern der Stadt Shanghai war atemberaubend. Eine echte Entertainment-Show, die die gesamte West Nanjing Road begeisterte. An diesem Tag hatte ich das Gefühl: Das hier ist ganz großes Kino, das hier ist China!

Im Zuge der Zusammenarbeit lernte ich auch die Chinesen kennen – als Menschen, die unheimlich gastfreundlich sind, außerordentlich respektvoll mit Frauen umgehen, immer ein bisschen so wirken, als seien sie auf der Flucht, die überall schlafen und essen, aber ohne Smartphone dicht vorm Gesicht nicht U-Bahn fahren können, die ihre ganz eigenen Regeln haben und auch einen eigenen Geschmack. Davon will ich erzählen.

Das Vorurteil besagt, die Chinesen stünden auf kräftige Glutamatküche, äßen fast alles außer Autos und Flugzeugen, würden schlürfen und schmatzen und hätten für

Cornelia Poletto, ist Unternehmerin und Köchin. Sie betreibt Restaurants in Hamburg und Shanghai.

https://doi.org/10.1515/9783110624731-024

europäische Küche nichts übrig. Falsch. Alles falsch. Ich hätte zum Beispiel nie im Leben gedacht, dass sich die Chinesen so salzarm ernähren. Kräftige reduzierte Saucen, wie wir sie in Deutschland lieben, kommen bei den Chinesen gar nicht gut an, denn sie sind ihnen schlichtweg zu salzig. Mit vielen verschiedenen Food Tastings im Vorfeld der Eröffnung des von mir geführten Restaurants „The Twins by Cornelia Poletto" haben mein Team und ich uns ganz langsam an den Geschmack der Chinesen herangetastet. Dabei habe ich versucht, mich nicht zu verbiegen oder plötzlich asiatisch zu kochen. Stattdessen habe ich meine mediterran beeinflusste italienische Küche nach Shanghai gebracht und hier und da etwas angepasst, damit sie auch den Chinesen Spaß macht.

Und über die Tischmanieren meiner Gäste kann ich mich übrigens nicht beschweren. Nebenbei bemerkt haben sie oftmals sogar mehr Respekt vor der Leistung der Köche als deutsche Gäste. Die Wertschätzung von hochwertigem Essen, Top-Produkten, einem erstklassigen Service, tollen Weinen und so weiter ist in China eine andere. Dort wird weniger geknausert und mehr genossen.

Die größte Herausforderung vor Ort in China ist, einige Produkte zu bekommen, die für meine Küche essenziell sind. Ich hätte nie im Leben gedacht, dass es im Reisland China der Suche nach dem goldenen Vlies gleicht, Risotto-Reis aufzutreiben. Das ist nahezu unmöglich. Wir haben es aber geschafft, und nun steht ein herrliches Safran-Risotto mit Hummer auf der aktuellen Karte. So etwas macht mich stolz. Ebenso wie die Tatsache, dass mein Signature Dish, das „Pollo alla Poletto", es wie in Hamburg auch in Shanghai an die Spitze der im Restaurant meistverkauften und beliebtesten Gerichte geschafft hat. Meine Gewürzmischung, die dafür ganz wichtig ist, dürfen wir übrigens nicht importieren. Deswegen hat mein Küchenchef sie quasi vor Ort „nachgebaut" – der Erfolg des halben Hühnchens zeigt, dass er das ziemlich gut hinbekommen hat.

Aber kommen wir noch mal auf die deutsch-chinesischen Unterschiede zu sprechen. Im Hamburg lebt meine Küche davon, dass sie sehr pur, sehr aufs einzelne Produkt bedacht und eher schlicht angerichtet ist. Mit einem Teller aus meinem Hamburger Restaurant müsste ich in Shanghai nicht um die Ecke kommen. Der Chinese liebt es aufwendig und pompös. Wenn es glitzert, zischt und dampft, ist es für ihn gerade richtig. Unsere Austern servieren wir mit Trockeneis, sodass dabei mystischer Rauch über den Tisch zieht. Woran ich mich auch erst einmal gewöhnen musste, ist die Tatsache, dass es mir in China passieren kann, dass es von heute auf morgen ein Produkt nicht mehr gibt oder dass einige schlichtweg verboten sind. Wir hatten zum Beispiel mal ein ganz witziges Gericht auf der Karte, bei dem wir Beluga-Linsen in einer Kaviardose serviert haben. Das sah toll aus und kam super an. Trotzdem mussten wir es mir nichts dir nichts aus dem Angebot streichen, weil wir partout keine Beluga-Linsen mehr bekommen haben. Ich gehe fest davon aus, dass davon noch jede Menge in Shanghai gelagert waren, doch sie wurden einfach nicht freigegeben. Lavendel, der hierzulande oft als Deko oder sogar echte Zutat mit auf dem Teller landet, darf in China gar nicht verarbeitet werden. Zutaten, die in Deutschland selbstverständlich sind – wie verschiedene Pfeffersorten beispielsweise – gibt es in China nicht. Da hört es nach schwarzem, weißem und Szechuan-Pfeffer auch schon auf. Dafür gibt es wunderbares Seafood, wie die berühmten Shanghai Crabs, das wir hier wiederum nicht bekommen.

Ganz begeistert bin ich von der Streetfood-Szene in Shanghai. Während mein Restaurant ja sehr hochpreisig ist und nur eine bestimmte Klientel anzieht, findet auf der Straße eine ganz wunderbare Ess- und Kochkultur statt. Da gibt es frische Dumplings, Eintöpfe, einfach alles. Und während sich hier alle immer schütteln, wenn ich sage, dass ich Innereien gerne esse, treffe ich in Shanghai auf Gleichgesinnte. Die Hemmschwelle der Chinesen, Dinge zu probieren, liegt deutlich unter der der Deutschen. Neulich habe ich meine Köche zum Hot-Pot-Essen eingeladen. Ob Schweinsdarm, Blättermagen, Froschschenkel oder Blutpudding, es landet alles im Hot-Pot und wird gegessen. Ich muss zugeben, dass ich mich dabei aber auch nicht an alles herangetraut habe. Beeindruckend finde ich neben den vielen bunten Streetfood-Küchen das schier grenzenlose Lieferservicenetz. Überall in der Stadt rasen Chinesen auf Elektrorollern durch die Gegend und liefern Essen aus. Und zwar zu jeder Tages- und Nachtzeit. Ich habe Köche im Team, die, ohne gefrühstückt zu haben, morgens im „The Twins" aufschlagen und sich dann dorthin ihr Frühstück liefern lassen. Verrückt. Gegessen wird dann irgendwo zwischen Tür und Angel – genauso wie geschlafen. Beides scheinen die Chinesen überall tun zu können. Ich bin immer völlig fasziniert davon, welche Plätze sie sich aussuchen. Alles in Shanghai geht so wahnsinnig schnell, deswegen müssen vermutlich auch Dinge wie Pausen und die Nahrungsaufnahme immer sofort vollzogen werden – ohne Rücksicht darauf zu nehmen, wo man sich gerade befindet. Anders kann ich mir das nicht erklären.

Was mir auffällt, ist, dass Frauen in China ein sehr hohes Ansehen haben. Wichtige Positionen in Politik und Wirtschaft sind häufig von Frauen besetzt. Und überdies habe ich das Gefühl, dass das klassische Familienoberhaupt in China nicht unbedingt immer männlich ist ... Wo, wann und wofür Geld ausgegeben wird, das entscheiden in Shanghai die Damen. Vielleicht fühle ich mich deswegen so wohl in dieser Stadt!

Aber Spaß beiseite. Shanghai pulsiert und der schnelle Takt dieser immerfort wachsenden Stadt reißt mich immer wieder mit. Mittlerweile fühlt es sich fast schon wie ein kleines Nach-Hause-Kommen an, wenn ich in mein Hotel einchecke, aus dem Fenster schaue und in Gedanken die Skyline von heute mit der vom letzten Besuch abgleiche. Shanghai ist in einem permanenten Umbruch, immer auf dem Weg, noch bunter, noch greller, noch schriller zu werden. Doch eins bleibt immer gleich: die Herzlichkeit, mit der ich in Shanghai empfangen werde. Und deswegen freue ich mich immer sehr darüber, wenn mein Flieger gen Reich der Mitte startet, das in den vergangenen Jahren auch ein kleiner Teil meiner eigenen Mitte geworden ist.

www.ingramcontent.com/pod-product-compliance
Lightning Source LLC
Chambersburg PA
CBHW061750260326
41914CB00006B/1052

* 9 7 8 3 1 1 0 6 2 1 4 1 9 *